教育部哲学社会科学研究后期资助项目（12JHQ060）

立宪主义与近代中国政治变革

张继良 褚江丽 叶立周◎著

CONSTITUTIONALISM AND POLITICAL REFORM IN MODERN CHINA

中国社会科学出版社

图书在版编目(CIP)数据

立宪主义与近代中国政治变革／张继良，褚江丽，叶立周著．—北京：中国社会科学出版社，2017.12

ISBN 978－7－5161－9870－4

Ⅰ.①立…　Ⅱ.①张…②褚…③叶…　Ⅲ.①宪法－研究②政治改革－研究－中国－近代　Ⅳ.①D911.04②D691

中国版本图书馆CIP数据核字(2017)第031363号

出 版 人　赵剑英
责任编辑　任　明
特约编辑　乔继堂
责任校对　石春梅
责任印制　李寡寡

出　　版　中国社会科学出版社
社　　址　北京鼓楼西大街甲158号
邮　　编　100720
网　　址　http：//www.csspw.cn
发 行 部　010－84083685
门 市 部　010－84029450
经　　销　新华书店及其他书店

印刷装订　北京君升印刷有限公司
版　　次　2017年12月第1版
印　　次　2017年12月第1次印刷

开　　本　710×1000　1/16
印　　张　26.75
插　　页　2
字　　数　440千字
定　　价　115.00元

序　言

近代中国政治社会变革是一个很值得深入研究的历史课题，这不仅因为当代中国是由近代中国发展而来的，而且无论从哪个角度讲，近代中国政治社会变革都不像西方国家政治社会变革那样改变了国家政治社会传统。在自身传统发展基础上、受西方文化影响发生的近代中国政治变革，与传统中国政治社会相比较所呈现出来的“变”与“不变”，以及没有使中国实现由传统国家向现代国家转型、中国人民离过上现代政治社会生活仍很遥远的现实，足以引起每个现代人的深思和继续检讨。有人或许会说，你这是在责难历史、苛求古人！当然不是。因为我们并不否认历史是一个自然过程，每一代人都生活在特定的历史关系当中，他们只能做历史允许他们能够做的事情。不过，我们也清楚地看到，每个时代都产生过许多杰出的历史人物，他们或者为了维护国家利益、实现国家富强，或者为了改变国家命运、实现民族复兴，孜孜不倦地探索适合本国国情的改革和政治发展道路，比其他国家的同时代人遭受了更多灾难，作出了更多牺牲。近代中国历史上不乏这样的人，他们为了改变不合理的政治社会现实，不辞艰辛，上下求索，前赴后继，不懈奋斗。康有为、孙中山、毛泽东等是这些人物当中最杰出的代表，他们分别代表着不同的时代、不同阶级的利益、不同的发展道路。在政治道路的选择上，他们有的主张建立“君民一体”的君主立宪政体，有的主张实行资产阶级民主宪政，有的则主张建立人民民主专政的国家制度。他们解决国家富强、民族复兴问题的政治方案虽然不同，但目的都是构建合乎正义原则的理想的国家和社会生活模式，而且他们在设计未来国家的政治体制的时候，都深入探讨了如何构建公正、和谐的国家与社会、政府和人民的关系问题。

近代中国政治变革的发生，与西方政治文明的输入和影响有很大关系，但真正的起因却是中国社会自身的发展和演变，所以，近代中国政治变革的价值取向与着力于保障个人自由权利的西方宪政文明有着显著差异。近代西方资产阶级革命的政治目标，是构建资产阶级掌控国家权力的民主宪政，他们所追求的核心价值是实现、保障个人自由和权利；近代中国政治变革的发动者、参与者，其出身背景十分复杂，政治态度迥然不同，既有传统士大夫阶层，又有新兴资产阶级，还有社会最底层的工农群众代表及各种小资产阶级出身的群众，他们的社会出身不同、文化素养不同、政治信念不同，在政治诉求上存在明显差异。近代西方宪政改革的领导者所关心的核心问题，是如何配置、运作资产阶级国家权力，以最大限度地保障资产阶级自由和权利问题；而近代中国政治变革的发动者和参与者所关心的核心问题，是如何实现由自己所代表的阶级掌握国家权力问题。所以，西方资产阶级在设计他们所追求的价值体系时，既注意到了国家权力的科学配置和有效运作，又注意到了如何预防国家权力被政府滥用，并为在宪政架构内实现自己的经济、政治、文化和社会利益扩张预留了空间；而近代中国政治变革，由于受到诸多历史因素和现实因素的制约及影响，各社会主体的政治稳定性较差，时常被新产生的政治实体所取代，他们对自己所追求的目标体系，往往缺乏长远的、缜密的、科学的、合理的理论构思和具体实施方案，所以，不免陷于应付时局变化而缺乏切实可行的长远战略，以达到引领社会历史潮流的被动状态。如此一来，有些社会阶层的政治主张和诉求，经不住历史的考验，很快就被历史潮流所淘汰，有的则处于被动的守护既得利益的慌乱之中，他们所提倡或建立的政治体制，时常受到滑向传统的个人专制的威胁。戊戌变法的失败、晚清宪政改革的夭折、资产阶级革命的挫折、国民党在政治上的蜕变，都证明了这一点。共产党领导的新民主主义革命，虽然在政治上取得了胜利，但由于中国缺乏下层人民当家做主的历史传统和政治经验，新生人民政权的领导者对国家政治体制的构想和设计，尚存在短期难以克服的理论和制度上的缺陷，在切实保障人民有效履行民主权利，真正实现人民当家做主方面远未达到预期。这也就是近代历史在形式上虽然已经终结，但被宣布破产的近代一些政治派别选择的“政治道路”，尤其是“中间道路”，即使在当今仍然没有被一些人所抛弃，而作为历史必然选择的政治道路，因为没有全面充分地展现其优越性，不断受到中外反对势力的攻击而不得不继续探索，并经受着历史考验。

显然，近代中国政治变革及各政治派别对政治道路和政体问题的探讨，比西方资产阶级主导的宪政实践受到了更多的局限，这些局限虽然被后人归结为历史局限性和阶级局限性，但如果加以仔细观察和深入分析，后人看待历史问题的这种历史观本身并不是理性的，至少存在着将生动的复杂的历史问题抽象化、简单化和模式化的缺陷。而把近代中国不同阶级或政治集团主导的政治变革的局限性，细化为利益局限性、思想局限性、历史局限性、制度局限性、社会环境等多种更加复杂、更加具体的局限性，比将近代中国政治变革所遭受的挫折，笼统地归结为历史局限性和阶级局限性所造成的，更有利于真实地反映近代中国政治变革的本质和规律，更有利于深化对有关问题的探讨和解决。

眼前呈现给读者的这部著作，除了对近代中国政治变革的过程、内容和历史作用进行了客观论述和深入分析之外，其最大的特点，在于凸显了对于近代中国政治变革的研究所具有的历史视野和国际视野。该著不仅强调从政治变革的发动者、参与者的阶级局限性和个性缺失相统一的视角，考察近代中国政治变革的成败得失，而且为了写出一部令人信服的真实的近代中国政治变革史，深刻总结近代中国政治变革的客观历史经验和教训，达到以史为鉴、服务现实、开拓未来的目的，笔者运用了对比分析的写作手法，对近代中外政治理念、政治变革过程和后果的差异性，以及对导致这些差异性的社会历史条件和其他客观因素进行了全面的深入的探讨。与以往的有关研究成果注重描述近代中国政治变革的过程及其效果不同，该著作把注意力和重点用在了考察和分析影响近代中国政治变革的过程及其后果的深层次的社会原因、制度环境和文化传统上，这对于帮助人们加深对近代中国政治变革的艰难性、曲折性、复杂性、长期性的认识和理解，对于帮助人们摆脱传统因素对于推进社会政治变革的困扰，无疑是更加有益的。基于对本书以上价值和特点的考虑，应笔者之约，特奉献以上文字，是为序。

季正聚*

2016年8月30日

* 序言作者系中共中央编译局副局长、教授、博士生导师。

目　录

导论 …………………………………………………………………（1）
一、写作目的 ……………………………………………………（4）
二、基本内容和主要观点 ………………………………………（11）
三、研究方法 ……………………………………………………（22）
第一章　立宪主义的概念、内容与价值 ………………………（23）
第一节　立宪主义的概念 ……………………………………（23）
一、宪法的含义 …………………………………………………（24）
二、立宪主义的界定 ……………………………………………（27）
三、宪法与立宪主义的关系 ……………………………………（30）
第二节　立宪主义的内容 ……………………………………（33）
一、立宪主义理论 ………………………………………………（34）
二、立宪主义实践 ………………………………………………（38）
三、立宪主义制度 ………………………………………………（43）
第三节　立宪主义的价值 ……………………………………（58）
一、价值与法律价值 ……………………………………………（58）
二、立宪主义价值的内涵 ………………………………………（60）
三、立宪主义的基本价值 ………………………………………（63）
第二章　立宪主义在近代中国的传播 …………………………（71）
第一节　传播的动因 …………………………………………（71）
一、晚清时局的变化 ……………………………………………（72）
二、立宪救国思潮的兴起 ………………………………………（74）
三、对西方宪政文明的向往 ……………………………………（78）
第二节　传播的过程和内容 …………………………………（82）
一、对宪政制度的初步介绍 ……………………………………（83）
二、立宪主义理论的传播 ………………………………………（87）
第三节　立宪主义的演化 ……………………………………（102）
一、演化的原因 …………………………………………………（102）

二、演化的表现 …………………………………………………………（108）
三、演化的后果 …………………………………………………………（112）
第三章 中央政府主导的立宪 ……………………………………………（115）
第一节 清政府的立宪 ……………………………………………………（115）
一、清政府的立宪动机 …………………………………………………（116）
二、清政府的立宪过程 …………………………………………………（121）
三、清政府立宪的历史反思 ……………………………………………（125）
第二节 北洋政府的立宪 …………………………………………………（127）
一、袁世凯统治时期的制宪历程 ………………………………………（127）
二、“后袁时代”军阀的立宪历程 ……………………………………（130）
三、北洋政府的立宪评析 ………………………………………………（138）
第三节 国民政府的立宪 …………………………………………………（141）
一、南京国民政府对孙中山训政思想的扭曲 …………………………（142）
二、维护“一党专制与个人独裁”的立宪闹剧 ………………………（149）
第四章 资产阶级立宪理论与实践 ………………………………………（163）
第一节 革命派的立宪理论与实践 ………………………………………（163）
一、民主权利意识 ………………………………………………………（164）
二、三民主义 ……………………………………………………………（167）
三、宪政制度设计 ………………………………………………………（171）
四、立宪实践 ……………………………………………………………（174）
第二节 人权派的诉求与抗争 ……………………………………………（182）
一、揭露与抗争 …………………………………………………………（183）
二、人权观念 ……………………………………………………………（185）
三、国家功用 ……………………………………………………………（188）
四、法治价值 ……………………………………………………………（190）
五、人权运动的终结与评价 ……………………………………………（193）
第三节 中间路线的形成与失败 …………………………………………（195）
一、中间路线的形成及特征 ……………………………………………（195）
二、中间路线的失败及其评价 …………………………………………（203）
第五章 新民主主义宪政的构建 …………………………………………（208）
第一节 新民主主义宪政理论 ……………………………………………（208）
一、新民主主义宪政的概念 ……………………………………………（208）
二、新民主主义宪政的内容 ……………………………………………（211）

三、新民主主义宪政的特质 …………………………………………（217）
第二节　新民主主义宪政实践 …………………………………………（221）
一、宪法性文件的颁布 …………………………………………（221）
二、选举法的制定实施 …………………………………………（232）
三、人权立法与人权保障 …………………………………………（241）
第三节　新民主主义宪政制度 …………………………………………（248）
一、苏维埃制度 …………………………………………（248）
二、参议会制度 …………………………………………（254）
三、人民代表会议制度 …………………………………………（259）
四、新民主主义宪政向社会主义民主政治的转变 ………………（267）

第六章　近代中外立宪政治比较 …………………………………………（273）
第一节　实行立宪政治的基础比较 …………………………………（273）
一、实行立宪政治的经济基础不同 …………………………………（274）
二、实行立宪政治的政治基础不同 …………………………………（280）
三、实行立宪政治的思想基础不同 …………………………………（283）
四、实行立宪政治的社会基础不同 …………………………………（294）
第二节　近代中外立宪目的与价值取向比较 …………………………（305）
一、西方国家的立宪目的及价值取向 ………………………………（306）
二、中国不同时期的立宪目的及价值取向 ……………………………（318）
第三节　近代中外立宪主体与宪政进程关系比较 ……………………（350）
一、近代西方立宪主体与宪政进程的关系 ……………………………（350）
二、近代中国立宪主体与宪政进程的关系 ……………………………（385）

结语 ……………………………………………………………………（389）
一、构建实施民主的政治基础 ………………………………………（391）
二、确定符合本国实际的改革目标 …………………………………（394）
三、探索适合本国国情的民主制度及其实现形式 ………………（397）
四、培养与现代政治生活要求相适应的理性公民 ………………（400）

参考文献 ………………………………………………………………（406）

后记 ……………………………………………………………………（418）

导　论

近代是中国进入全面变革（包括国家领域和社会领域的变革）的历史时期，其中变革最为剧烈的领域当属政治领域。由于近代中国国力衰微，政治动荡，社会混乱，外敌入侵，经济凋敝，民不聊生，政治变革的起因和环境与西方国家的变革截然不同。后人对近代中国政治变革的认识和研究，也常常与近代西方国家的政治变革进行比较。很显然，近代中国政治变革与近代西方国家的政治变革具有显著差别，而这种差别是由多方面深层原因造成的。

第一，近代中国政治变革的起因，与近代西方国家政治变革的起因不完全相同。近代中国政治变革是基于国内原因并受到外来因素影响而发生的，其中，国内因素是主因，外来因素是次因，但没有外因的刺激，内因就不会被迅速唤醒。近代以前，中国社会基本上是农民阶级和地主阶级两元对立的农业社会；近代以后，在外国资本主义侵略和渗透之下，中国的小农经济逐渐解体，资本主义经济关系缓慢增长，经济社会结构发生了深刻变化，出现了由传统农业社会向现代工业社会缓慢发展和转型的趋势。外国资本主义入侵还导致中国传统社会结构和阶级关系发生了巨大变化，除传统的古老的农民阶级和地主阶级及其相互之间的矛盾之外，又增添了无产阶级和资产阶级、民族资产阶级和官僚资产阶级、中华民族和帝国主义及其相互之间的矛盾。各种社会矛盾和民族矛盾相互交织、相互作用，既推动了中国社会政治变革，又造成了中国社会政治变革的复杂性、多变性、艰难性和曲折性。通过中西方国家政治变革的比较可以发现，近代西方国家的政治变革基本是西方社会自然发展的产物，起因比较简单，由于资产阶级在经济上和文化上逐渐取得优势地位，驱使其要求建立资产阶级民主国家，以取代封建地主阶级的国家政权，并要求改变传统的封建专制的政府形态，从而引发了近代西方国家的政治变革。

第二，近代中国政治变革的任务比西方国家复杂和艰巨，变革的目标和路径因阶级力量对比关系的经常变化而不确定。近代中国是一个在经济、政治、外交上丧失了独立性的国家，中国政治变革的任务不只是解决国家权力转移、建构符合20世纪发展趋势的政府形式问题，更重要的是要完成争取民族独立、民权自由和民生幸福的任务。由于近代中国的经济、政治和社会关系极不稳定、不成熟，没有任何阶级能够依靠本阶级的力量，独立地完成政治变革的历史任务，而且由于不同社会阶级所追求的政治目标不同，甚至存在着严重的矛盾和斗争，从而增加了近代中国政治变革的复杂性和艰巨性。近代西方国家的政治变革则不同，资产阶级主导的政治变革，主要任务是解决国内问题，即反对封建专制，构建资产阶级民主政治，变革的目标明确，任务单一。加之中世纪晚期至近代初期，多数西方国家都发展为独立的民族国家，资产阶级又在经济、政治、文化和社会资源上取得了优势，其政治变革普遍采取了资产阶级革命或由上而下的政治改良的方式，不仅最终取得了成功，而且比中国政治变革进行得顺利。

第三，近代中国思想文化领域的状况比西方国家复杂，政治变革的思想阻力远远大于西方。中国传统文化的内在结构比较稳固，世界上任何国家的文化结构的稳定性都无法比拟，这是中国封建社会比其他国家封建社会漫长的文化根源。到19世纪中叶以后，随着资本主义文化、社会主义文化和各种小资产阶级文化输入中国并逐渐传播，在中国文化领域形成了古今中外各种思想文化互相交织、互相碰撞、互相渗透、鱼龙混杂的局面。资本主义文化虽然在世界上表现出优势，甚至成为中国资产阶级产生以后所追求和向往的生活方式，但始终不能成为中国社会的主流文化。与资本主义文化激烈对抗的首先是本土文化，即以儒家文化为核心的中国传统文化；其次是社会主义文化，社会主义传入中国以后，它所张扬的公平、正义、平等、民主等价值观念很快被广大民众所了解和接受，并且在意识形态领域逐渐占据了主导地位。中外文化在近代中国汇集之后，虽然产生了激烈的碰撞和矛盾，但它们之间也相互渗透和吸收，尤其社会主义文化对中国传统文化人文关怀因素的吸收，对外国文化的合理因素的积极借鉴和吸纳，奠定了马克思主义中国化的文化基础。然而，不同文化毕竟属于不同的价值体系，各种文化体系之间的价值冲突，以及近代中国人对本土文化和外来文化的清理、认识和选择，更多地受到了工具理性的影响，不能很好地把价值理性和工具理性有机结合起来，导致中国不同文化受体对中国政治变革及社会发展问题的认识、主张存在着严重抵牾，中国政治变革来自文化领域的阻力及现代文化体系建构的缺失的影响，远远超过世界上任何文化对本国政治变革的影响，而且在近代中国政治变革进程中，任何一种文化都难以在文化领域取得绝对优势，从而助长了中国政治变革进程中的不确定因素。近代西方国家的政治变革则不同，由于资本主义经济不断扩张，资产阶级文化在意识形态领域取得优势地位，资产阶级凭借自己在经济、文化上的优势，强行推进宪政改革，而且能够比较容易地冲破各种阻力，按照资产阶级的诉愿，建立了资产阶级民主宪政国家。

第四，以上三个因素及其不同的结合方式，造成了近代中西方政治变革的过程和后果之间的巨大差异。西方国家的政治变革，起因于经济结构、社会结构内部的变化，有经济力量强大、政治上和思想上成熟的资产阶级领导，有资产阶级文化氛围的有力配合与支持，并且推进政治变革的各种因素形成了合力和正向效应。近代中国政治变革的起因、过程和结果则表现为，政治变革不是完全起因于国内经济结构、社会结构的变化，外部因素的影响起了很大作用；政治变革的目标不能在社会各阶级之间形成共识，而是随着阶级力量对比的变化而不断发生转变；文化领域的斗争和矛盾异常复杂和激烈，缺乏政治上成熟和一贯的阶级力量对政治变革的持续推动。所以，近代中国政治变革的任务难以完成，向现代国家、现代社会转型的过程尤其艰难和漫长，并为后来的政治变革和国家现代化建设留下了许多隐忧和难题。

近代历史在一天一天的远离我们，而由于近代中国政治变革的任务没有彻底完成，中国人民虽然从时间维度上看，已经走进了现代，但从他们所从事的事业本身的性质和特点来看，有许多工作仍属于近代没有完成的事业。今天，我们可以通过经济领域的改革，迅速补上市场经济这一课，而在政治和社会领域所进行的变革，从建立法治经济、法治社会、法治国家、法治政府甚至法治政党，进而培养实行法治所必需的法律文化和道德文明的要求来看，即使在今天仍然有太多工作要做，仍然不是一件容易的事情。从新文化运动发生一百多年来的实践来看，在政治、文化和社会领域彻底清除封建遗毒，实现人民真正当家做主，建立公正的民主政治和法治社会，比发展经济、构建市场经济体制要复杂得多、艰难得多，尤其政治体制变革，直接涉及当政者或既得利益阶层的特权，所遭遇的阻力和抵制更加难以想象。中国历史上多数变法革新失败的教训表明，统治阶级对权力的垄断、既得利益格局的固化等因素对变革的阻碍，是形成中国传统政治惰性，严重阻塞各社会阶层流动，妨碍构建社会公正和良好政治秩序，导致周而复始地采用以暴易暴方式压制社会矛盾，而不是通过政治改革解决社会矛盾、扩大民众政治参与，以避免政治危机和社会危机的根本原因。

中国近代，政治变革屡屡受挫，专制政治难以铲除，民权政治不能建立，社会文明进步的成果被少数人所垄断，广大民众不能合理地分享。所以，我们应该清醒地看到，近代历史留给后人的主要不是惠及他们的文明进步的福祉，还有许多困扰着政治文明、社会文明进步的历史难题等待后人解决。正是近代政治变革的诸多缺憾，使我们不得不正视、善待中国近代这段极不平凡的历史，否则，我们可能会再次失去振兴国家、实现中华民族伟大复兴的历史机遇，再次延缓近代中国人民开始追求，至今仍未实现的建设独立、自由、民主、富强、文明的现代化国家的中国梦。

一、写作目的

撰写本书的目的是探讨中国传统社会的经济结构、政治结构、文化结构、社会结构的变化及其与近代中国政治变革的关系，分析中国近代知识分子引进立宪主义，把其作为改造中国传统政治的工具的原因及清末以来各种政治势力推行宪政改革的目的，研究立宪主义价值理念与近代中国政治现实的脱节、冲突等因素对近代中国政治变革的复杂影响，澄清学术界关于立宪主义与近代中国政治变革二者关系的模糊认识和错误观念，消除这些模糊认识和错误观念对中国政治社会发展产生的消极影响，进而通过确认以下历史事实，从历史经验和教训当中吸取营养元素，为继续深入探索和构建符合中国国情的政治哲学、政治道路、政治制度及其实践模式提供借鉴。

第一，政治变革是近代中国的历史主题，其首要目的是救亡图存、实现国家独立富强和人民自由幸福，这一主题集中展现了中国人民争取民族解放、民权自由、民生幸福的价值诉愿和政治愿景。近代中国的政治变革，是在西方资本主义掌控世界话语权、中国丧失国家主权的特殊环境下进行的，各社会阶级及其政治集团的政治变革方案，不同程度地引入或涉及了立宪主义因素。孙中山提出的“民族、民权、民生”三大主义，毛泽东认为近代中国“主要的就是少了两件东西，一件是独立，一件是民主”①，资产阶级中间派代表人物周鲸文把“人民争人权，国家争国权”②视为近代中国的两大主题。从宪政改革的视角来看，他们的主张都内含着立宪主义元素，但从近代中国政治变革过程和民生诉求的实际效果来看，各阶级依次主导的近代中国政治变革，并不是在立宪主义轨道上运行的。所以，弄清近代中国政治变革的起因、性质、特点、过程和效果，从多维度对其进行审视和深入研究，对于准确把握近代中国政治变革的规律，从中吸取经验教训，使其服务于当今的政治建设，是大有裨益的。

第二，目前学术界、理论界关于中国近代思想史、近代政治史、近代宪政史的不少著作和研究成果，从不同角度对近代中国政治变革问题进行了研究，其中不少研究成果具有一定的历史价值，但从还原历史、适应和满足当今中国经济、政治、文化和社会发展的客观要求来看，这些研究成果在立意、史实描述、价值评判、实际效果等方面尚未达到人们的预期，对近代中国立宪运动失败的历史原因、近代历史主题和政治嬗递规律的判断、把握上，与客观历史事实存在一定出入；对一些重大历史事件和实践问题的认识还存在偏差，尤其对近代军阀政治扭曲、破坏宪政的历史效应的认识，研究得不够深入，没有触及问题的本质；对于近代宪政改革的复杂性、艰巨性及新生政治事物成功需要反复实践的曲折性的认识，流于表面，估计不足；对于近代政治家、思想家、法学家宪政思想的研究带有片面性，没有把对他们的思想研究和解读他们的著述、探究他们的全部理论活动结合起来；对于晚清政府和国民政府的立宪活动、近代各个时期制定的宪法性文本的研究，缺乏客观、真实反映其历史全貌的高水平的学术成果；等等。因此，有许多涉及近代中国政治变革的问题亟须深入研究，并在全面把握历史事实的基础上，获得对近代中国政治变革的经得起历史考验的新认识、新观念、新结论。

第三，在对近代中国政治变革的价值评判、历史思维和研究方法上，理论界、学术界的认识和评价，在一定程度上存在着脱离具体历史环境，或囿于狭隘的民族文化本位，盲目排斥西方文化；或盲目推崇西方政治文化，从西方文化视角观察中国政治变革；或从抽象原则及个人偏好出发，

① 《毛泽东选集》（第2卷），人民出版社1991年版，第731页。

② 周鲸文：《论中国多数人的政治路线》，《时代批评》1947年第4卷第86期。

曲解立宪主义及其在近代中国传播、演变、遭受挫折的事实及原因，缺乏历史视野、世界视野、民众视野和开放情怀，忽视近代中国经济社会发展的落后性、政治文化的传统性、国民性格的封闭性和保守性与实行现代民主政治发展要求的巨大反差，无法科学、准确地评价近代中国政治变革的历史意义和现代价值；或者虽然看到了立宪主义产生的西方社会基础、制度环境、文化传统、民族精神与中国相关因素的异质性，认识到这种差异性是导致中西方近代立宪运动遭受不同命运的主要原因，但又僵化地、片面地以中西方时代差异和文化差异为借口，否定西方近代政治文明较之中国封建政治文明的进步性，否定中国学习西方、发动立宪运动的合理性因素。同时，无视西方文明对世界的影响和世界不同民族文化相互交融的趋势，看不到中国传统文明已经向现代文明转型的历史趋势，不适当地夸大中西方文化差异对中国政治变革的目标、任务、道路和路径选择的制约，把近代中国政治变革遭受挫折的根源完全归结于外部因素的影响，从而取消了近代中国政治变革的必要性与合理性基础。事实上，近代中国政治变革的价值取向和道路选择，不是由某一个或某几个因素决定的，而是由近代中国传统经济、政治、文化、道德、法律等因素的特殊性和中国近代社会发展的滞后性等综合因素决定的，即近代中国人与西方人生活环境的殊异性及在两种环境中形成的不同政治态度和生活态度，才是决定近代中国政治变革遭受挫折甚至失败的深层原因。

就立宪主义而言，实质上，它只是一种产生于西方而逐渐在世界范围内产生广泛影响的政治哲学、政治制度和政治生态。所以，没有必要对它产生过分的反应。近代以来，它之所以引起中国人的关注，主要缘于西方宪政国家都是世界强国，缘于民主宪政比专制政治具有进步性这一事实，至于立宪主义能否消除资本主义带来的不平等和种种罪恶，能否实现社会公平正义，能否造福于人民，并不是当时人们最关心的紧迫问题。在近代，立宪主义是在工具理性驱使下被引入中国的，并作为救亡图存的工具得到了传播和运用。因此，当时人们对于西方宪政价值的考量，主要不是从构建民主政体和民主生活的实际需要出发，在坚持本民族优秀传统文化的基本价值、借鉴和吸收西方宪政文明的合理因素的同时，努力克服西方资产阶级宪政民主的虚伪性、私利性，以便使西方宪政文明的合理性因素更好地和本民族的传统优秀文化相结合，并在弘扬本民族传统优秀文化的基础上重构中华民族的文化价值体系和价值观，而是以带有合理性的功利主义态度看待立宪主义、运用立宪主义，这种合理性的依据就是立宪救国。所以，评价中国近代立宪运动，应该从立宪主义价值的多样性及其适应解决中国近代历史主题的角度来考量，从而避免笼统地、盲目地全盘否定或全盘肯定西方宪政文明。

在世界政治文明进程中，由于不同时期不同国家的社会结构、阶级力量对比存在很大差异，制定宪法、实行宪政的背景和起点不同，不可能采用完全相同的立宪政体，非西方国家尤其封建传统比较深厚的东方国家，实施民主宪法或民主政治的阻力更大，应该更加认真考量选择何种立宪政体、采用何种民主形式，才更加符合本国国情和本民族文化的特点。西方立宪政体的形成、资产阶级宪政制度的完善，是建立在西方特定的社会环境和文化基础之上的，它在西方获得成功的重要原因，主要是资产阶级垄断、控制了经济的和社会的主要资源，并适应了资产阶级的利益诉求，设计了一套完整的适合资产阶级需要的宪政制度及其运行机制。而近代中国的立宪主义者，要求在完全不同于西方国情和社会环境的中国，实行资产阶级三权分立的宪政制度，不仅缺乏阶级基础，而且缺乏文化支撑。

清末民初发生的效仿日本明治维新、欧美资产阶级宪政的立宪运动之所以先后失败，就是因为当时的中国缺乏实行资产阶级宪政的阶级力量、社会力量、文化氛围和舆论环境，也就是宪政尚不是当时的多数中国人所追求的政治理念和政治生活，不仅封建统治集团不肯真正实施宪政，资产阶级没有能力实施宪政，广大民众也对宪政文明没有认同感。没有走出传统国度的近代中国，急于学习现代西方国家的政治经验，移植西方先进的政治事务，因而出现了宪政改革与社会发展阶段错位、封建文化与资本主义文化冲突，下层民众与上层统治集团的对抗，多数人民对于宪政改革，如隔岸观火，茫然不为其所动。由此可见，任何一场真正的政治变革，如果失去民众的认知和广泛参与，自然难以取得成功。

清朝末年，迫于挽救政治危机的压力，清政府摈弃立宪主义精神，选择君主立宪途径，有限度地改造君主政治，达到“皇权永固”的目的，最终没有逃脱覆灭的厄运。但清政府的制宪和立法活动，开启了中国法制现代化的历程，这是即将退出历史舞台的清王朝所做的一件具有历史意义的事。清王朝被推翻以后，资产阶级革命派模仿西方宪政模式，试图建立三权分立的资产阶级共和政体，最终也由于自身不具备推行宪政的条件，缺乏民众认同和支持等原因而归于失败。

辛亥革命以后，窃取革命果实的袁世凯和北洋政府，在“世界潮流，浩浩荡荡，顺之者昌，逆之者亡”的历史趋势和政治背景下，不得不采取立宪形式，确认自己的独裁统治，这种挂羊头卖狗肉的伎俩固然可悲，但确实是被20世纪初期的世界民主潮流和国内进步舆论逼出来的。封建帝制被推翻以后，新旧势力之间的矛盾依然存在，相互之间的冲突时起时伏，中国政治依然没有跳出传统政治的樊篱。

南京国民政府上台以后，随着资本主义经济因素的增长，社会结构进一步变化，大地主大官僚资产阶级、民族资产阶级、小资产阶级和工农劳动阶级之间的政治分野日渐凸显，资本主义文化和社会主义文化都得到广泛传播。他们对政治变革的态度和政治道路的选择，有了更多的参照，由于利益上的矛盾和受不同政治理念的影响，分别选择了三种不同的立宪政体。以蒋介石为代表的国民党，在形式上继承了孙中山的三民主义和五权宪法，建立了五院制政府，实际上仍然固守封建政治传统，实行个人集权专制的党国一体政制；共产党代表工农劳苦大众，在其领导的革命根据地，依据苏俄宪政体制，制定临时宪法，建立苏维埃工农民主政权，后来又根据国内阶级矛盾的变化，采用“三三制”的民主政权体制，实行新民主主义宪政，并以此为基础，积极向人民共和的政治目标迈进，建设社会主义民主政治；民族资产阶级及其政党自称第三种势力，在政治上选择了既不同于国民党也不同于共产党的第三条道路，继续照搬西方模式，坚持建立三权分立的资产阶级宪政。三种政治势力及其不同发展道路之间的博弈，以及20世纪三四十年代跌宕起伏的宪政运动，伴随着思想文化领域的矛盾和斗争，构成了五四新文化运动爆发以来波澜壮阔的政治图景，而且正是这些矛盾和斗争，促使国民政府在1947年颁布了中国第一部正式的资产阶级性质的宪法，并且国民政府被迫宣布实行宪政。

但是，由于受既得利益的局限和传统政治的消极因素的影响，国民政府一再丧失宪政改革的机会，共产党领导的革命力量崛起之后，迅速发起了对国民党专制政权的攻击，充斥着腐化堕落气息的国民政府已无回天之力。在这期间，中间势力的存在及其对资产阶级宪政的追求，构成了对国民党独裁政权的不小压力，也促使共产党更加谨慎地构思中国未来的政治图景。中间势力提出的关于政治民主和未来政治前景的各种主张，对于构建新中国的政治生活，尤其对于制定《中国人民政治协商会议共同纲领》以及构建新中国建立初期的政府模式、施政纲领都产生了一定的积极作用。

由上可知，国体和政体变革构成了近代中国政治变革的主旋律。近代中国政治变革的历史经验再次表明，政治的任何形式上合理的和进步的事物，其合理性和进步性在现实中的实现程度，主要取决于它们在政治的两极之中聚焦点的大小，即在多大程度上反映了人民和统治者的共同利益和共同诉求，二者的共同点愈多，政治变革的基础愈牢，成功的机会愈大；而如果二者不同点或矛盾愈多，政治冲突就愈甚，政治变革成功的几率就相对减少。同时，任何美好的政治事务，一旦脱离它们依存的生存土壤和社会环境，都将难以生存或失去原来的功效。所以，在政治生活当中，任何阶级主导的政治变革，如欲达到预期效果，都应该走内源性的自觉发展道路，以便使其合理性与其所需要的主客观条件有机结合起来，或在虽然具备了相应的经济社会基础和政治文化条件，而自身却缺乏实际经验的情况下，才不得不寻求外援，目的是少走弯路。但这并不意味着否定走外源性发展道路的合理性和可能性，因为政治社会发展的自然过程性，并没有否定政治的可塑造性和政治道路的可选择性，所以，在政治上抱守残缺、因循守旧，或采取激进路线，都是不可取的。

以上是我们研究近代中国政治变革的主要目的和所坚持的基本立场、采取的基本态度。历史经验告诉我们：如何认识和看待历史，不只是历史态度和历史思维问题，也关系到对待社会现实的态度。片面地肯定或否定历史，将导致片面地肯定或否定现实，以历史的批判的态度研究历史、分析历史，才能正确地揭示、真实地认识历史规律，才能从历史经验和历史规律中找到改造现实、完善现实生活的道路。今天的中国，仍处于深刻的社会变革和文化转型过程之中，中国人民正在历史的基础上致力于“发展社会主义民主政治、建设社会主义政治文明”，这不仅需要“借鉴人类政治文明的有益成果”，而且必须坚持走“人民自己选择的政治发展道路”；[①] 勇于进行理论创新和制度创新，尤其在中国这样一个人口众多、经济文化发展不平衡、社会矛盾错综复杂、公民法律意识淡薄、民主制度不健全的发展中国家，建设社会主义民主政治，应该始终做到“五个坚持”，即坚持以马克思主义民主理论为指导，坚持中国共产党的政治领

① 政协全国委员会办公厅、中共中央文献研究室编：《人民政协重要文献选编》（下卷），中央文献出版社、中国文史出版社2009年版，第751页。

导，坚持依法治国，坚持人民当家做主的价值取向，坚持整体设计和分步推进的方针。在社会主义民主政治的价值目标、支持条件和制度体系的构建上，坚持目标体系、实践程序和制度体系的整体性和相互和谐原则；在民主模式的选择上，坚持内源性和自主性原则，走中国特色社会主义民主发展道路。我们反对走西方立宪主义的老路，但我们需要了解和研究世界各国的历史文化和政治文明，不排斥借鉴和吸收世界各国尤其是西方发达国家政治文明的有益成果。只有在这样一条道路指引下，从中国民主政治建设的现实要求出发，立足于本国实际，坚持社会主义的主体地位，借鉴、整合古今中外一切有利于社会主义民主政治发展的合理因素，才能最后形成符合中国政治发展规律的社会主义民主模式。这是一条以超越本国政治传统和西方宪政模式、综合吸收和积极借鉴人类政治文明的有益成果与独立自主的理论创新、制度创新、实践创新相结合的社会主义民主发展道路。

建设社会主义民主政治，之所以必须立足于本国现实，必须借鉴外国的成功经验和做法，主要是因为，本国的政治和社会现实是人们构建现代生活的基础、依据和出发点，借鉴外国经验则可以使自己少走弯路。对于西方政治文明，我们应该从人类社会政治文明发展的共同诉求、从世界各国具体国情的多样性出发，从各国历史的发展过程、发展阶段和具体要求等多维视角加以观察、审视、研究和评价。在破除西方立宪政体普适性神话的同时，应还原其作为人类政治文明的一个组成部分、一种政治形态、一种历史形式的本来面目，并应该看到西方政治文明中包含着对其他国家政治发展有益的、可资借鉴的合理性因素。所以，完全否定西方政治文明内含着的合理性因素，否定其所有价值，看不到其仍然具有自己的发展空间，忽视其相对于封建政治文明的进步性，是不利于人类政治文明进步和构建更加公正合理的政治体制的，也不符合马克思主义关于对待历史文化和人类文明成果，应该采取的批判继承、改造吸收的基本态度和观点。而且即使在西方资本主义宪政国家充满严重利益冲突和社会矛盾、西方宪政体制因私有制和自由市场机制的运作而面临种种危机的情况下，我们也必须看到，它们的危机是资本主义高度发展的产物，是自由市场经济不断打破资本主义内在平衡体系的反应，是资产阶级国家对金融资产阶级的垄断利益和普通民众的社会利益实行不平等政策造成的，与非资本主义国家存在的贫富两极分化、社会分配不公、政府权力腐败等弊端相比，属于不同性质、不同阶段、不同层面的社会政治问题。前者源于部分社会成员享有过度的自由和民主，后者源于普通民众享有的自由和民主过少。对于过度自由和民主造成的问题与不够自由和民主造成的问题，应采用不同的态度和政治方案来解决。

二、基本内容和主要观点

"社会经济形态的发展是一种自然历史过程"，[①] 而"物质生活的生产方式制约着整个社会生活、政治生活和精神生活的过程"。[②] 即政治生活、文化生活和社会生活的发展的过程性，是由社会经济形态的发展的过程性决定的，它们的变革不能超越社会经济形态的发展阶段。所以，对于历史变革而言，超越历史思维的运用，无异于拔苗助长。本书坚持用马克思主义唯物史观考察和研究近代中国政治变革，并通过对近代中西方所处的不同社会发展阶段、不同生活环境、不同文化价值的比较，探讨立宪主义在中国的传播和演变与近代中国立宪运动、议会运动、民主共和制度的创立、中西文化论争、马克思主义的传播和发展、新民主主义宪政实践及中国政治结构、社会结构变化的关系，分析立宪主义在中国演变的经济、政治、文化和社会根源，探寻和分析近代中国政治变革的制约因素，在此基础上，总结近代中国政治变革的基本经验和主要教训，进而为顺应中国政治和社会发展的大趋势，探讨应采取的战略和策略。

全书由导论、结语、后记和六章正文组成，在内容上可以分为八个部分。

第一部分为导论，是全书的总纲，主要介绍本书的写作目的、研究范围、主要观点、学术创新、学术价值以及研究方法。

第二部分为第一章，介绍立宪主义的概念、内涵和特征，分析立宪主义的历史价值和现实价值。

首先，关于立宪主义的概念。本书全面阐述了宪法和立宪主义概念，并从宪法和立宪主义概念生成的视角，深入分析了二者的关系。一般而言，宪法概念有两种含义，第一种是形式意义上的宪法，即以"宪法"名称所命名的规范性文件；第二种是实质意义上的宪法，即具有实质性规

---

① 《马克思恩格斯全集》（第23卷），人民出版社1972年版，第12页。

② 《马克思恩格斯选集》（第2卷），人民出版社1995年版，第32页。

定内容的宪法，其中，当这种实质性规定内容，特指通过限制国家公权以期实现广泛保障公民权利时，被称为“立宪意义上的宪法”。宪法是立宪主义的载体和文本化。立宪主义是依宪治国的政治哲学，是一种限制国家权力、保障公民权利的思想或原理。近代以前，西方某些国家已经产生了立宪主义元素，非西方国家则完全处于传统的专制政治阶段。到近代时期，西方国家普遍走上立宪主义道路，而非西方只有个别国家仿效西方，进行了立宪主义尝试。所以，近代立宪主义一般是指西方立宪主义或资产阶级立宪主义。① 从世界政治进程来看，宪法与立宪主义有着密切关系，二者的关系在不同国家具有不同的表现形式，反映着世界各国不同的政治进程和发展道路。一方面，宪法既是一个国家立宪主义运动或人权运动、民主运动的产物，又是一个国家立宪主义的规范性形式和依据，或者是对人权和民主事实的法律确认。在实践领域，宪法是依据分权原则配置国家权力、建构现代民主法治国家的最高依据，而争取人权、民主或实现国家权力的科学配置，就是立宪主义的实现过程。就中国而言，宪法的产生则铭记着资产阶级与封建专制主义相抗争，无产阶级和人民大众与帝国主义、封建主义、官僚资本主义相抗争的斗争历史及其历史成就。但近代中国政治变革的目的和任务具有特殊性，由此决定了不同时期制定的宪法，也具有鲜明的中国特色。这种特色表现为，制定宪法的目的不是重构国家形态和政治体制，而是为现实的或潜在的当政者掌控国家权力提供法理依据，所以在制宪和建国程序上，表现为建国在先、制宪在后，而且各种宪法对国家权力的配置，不同程度地偏重于行政权和中央集权，缺乏权力监督或权力制约机制的构建和运作。另一方面，在世界范围内，宪法实施是立宪主义实现的主要途径，宪法能否为实现立宪主义提供保障，关键在于宪法能否实施。在宪法实行了分权原则、权力被有效监督的国家，宪法一般能得到社会各界的尊重和有效实施；在宪法设计缺少分权原则、权力不能被有效监督的国家，宪法往往不受尊重而被闲置。所以，重视权力监督、权力制约机制的构建和运作，有效实施宪法的国家，法治进程则快；忽视权力监督、权力制约机制的构建和运作，宪法不能有效实施的国家，法治进程则迟缓甚至停滞。

---

① 本书讲的立宪主义也是指西方立宪主义，如有特指则作具体说明，读者可根据前后文的关系进行判断。

第二，关于立宪主义内容及结构形态。从立体角度审视立宪主义，它是由立宪主义理论形态、实践形态、制度形态三个不同层次的元素构成的有机统一体。也就是说，立宪主义结构是由三个不同层次的内容和要素构成的完整体系，只有三者之间的紧密结合，才构成了真正意义上的立宪主义，因此，对立宪主义内容及其内在关联性的认识，应从以下三个方面进行把握，即：立宪主义理论引领和指导立宪主义实践及其制度建设；立宪主义实践是立宪主义理论的源泉和基础，是实现和扩展立宪主义价值的过程，并在实际上构成了立宪主义理论和立宪主义制度之间的桥梁；立宪主义制度是由立宪主义理论经过立宪主义实践转化来的，是在实践的基础上，对立宪主义理论的规范化、制度化、程序化。

（1）立宪主义理论。在西方，立宪主义理论主要由限权、人权、法治理论构成，其理论基础是契约论和自由主义。契约论是西方立宪主义思想的渊源，它是关于政府权力来源和运行机制的理论，研究契约论有助于理解诸如民主、代议制、人权、限权、分权和法治等立宪主义的构成要素。自由主义是西方立宪主义的主要思想基础，西方立宪主义宪法具有浓厚的自由主义色彩，是其与非立宪主义国家宪法区别的主要标志。限制权力、保障人权，是立宪主义理论的核心价值，也是立宪主义政治哲学区别于传统政治哲学的基本标志。限制权力、保障人权，需要一系列法治化的制度设计，限权、人权和法治是分不开的，否则，立宪主义价值就不能实现。这也是近代以来，不仅西方学者而且非西方学者也日益重视法治，并且将限权、人权、法治紧密结合起来进行探讨的根本原因。所以，限权理论、人权理论、法治理论，是立宪主义理论最重要的构成元素。

（2）立宪主义实践。英国是最早产生并实行立宪主义的国家，13 世纪初就颁布了《自由大宪章》，因此被称为“宪政母国”。对于世界立宪主义进程而言，13 世纪以后的英国宪政实践经验，尤其在 17 世纪末至 18 世纪初，《权利法案》《王位继承法》等宪法性文件的制定和颁布，使英国成为近代立宪主义运动的先驱。1787 年，美国宪法的制定和实施，在世界宪政运动史上开启了制定刚性宪法和成文宪法的先河，美国宪法之父所创立的共和制的宪政形式、联邦制的国家结构形式，对世界宪政运动的发展做出了重要贡献。1789 年，法国大革命爆发后，立宪主义理论和实践在欧洲取得了继 17 世纪英国光荣革命以来的重大突破。受 18 世纪末期美国、法国立宪运动和成文宪法的影响，立宪运动席卷欧洲大陆，各国纷纷制定成文宪法。社会主义国家的立宪实践，起源于1918年的《俄罗斯社会主义联邦共和国宪法（根本法)》(简称《苏俄宪法》)。中国的立宪运动从清朝末年开始，至南京政权在大陆被推翻结束，在这期间，传统政治势力、新兴资产阶级、无产阶级和人民大众等不同阶级的政治代表，分别制定了三种不同性质和类型的宪法，即晚清政府和北洋军阀制定的专制宪法，民族资产阶级和国民党政府制定的资产阶级性质的宪法，工农民主政府制定的新民主主义共和国宪法。新中国成立后，中国的制宪发生了质的飞跃，并逐渐步入了常态化，1954年宪法和1982年宪法是其中的代表。

（3）立宪主义制度。主要包括代议制度、分权制度、政党制度和人权保障制度。从立宪主义在西方的产生和实践来看，西方学者和宪政国家，针对权力扩张、权力易被滥用的特性，在防范政府恣意妄为和个人专权方面，设计了代议民主制及其运行程序，严格实行政府官员选举制和任期制，以防止少数贪图权势或平庸之人垄断权力、以权谋私。鉴于集权专制带来的权力腐败和权力滥用，资产阶级启蒙思想家设计了三权分立的政府模式。分权制度的价值和功能在于，有利于制定兼顾统治阶级各阶层利益的法律，有利于政权稳定及公开公正运行，能够防止专制集权带来的权力腐败，对于民主制度、私有制和自由市场的运作具有自我修补功能，因而有利于保护和发展资产阶级人权，而且由于国家机关职责分明，相互有效制约，并实行选举制、任期制、责任追究制，任何权力运作一旦发生偏差，可以较快得到纠正。分权制充分体现了资产阶级内部的利益平衡、权力制约和平等参与原则，它是保障资产阶级权利和自由的最有效的制度安排。政党产生以后，提出了建立公正的竞选制度、严密的竞选程序的要求，否则，政党竞选就会陷入混乱并出现舞弊，甚至引发社会动荡和政治动乱。所以，通过立法规范政党活动被提上了政治日程，并推动了政党制度的形成和发展。保障资产阶级人权是近代立宪主义的核心价值。在宏观上，虽然代议制、政党制和分权制都对保障资产阶级人权具有重要意义，但没有具体的人权保障机制，立宪主义价值就难以实现，所以，在法律上推动了权利救济制度或司法审查制度的建立和完善，并形成了系统的立宪主义政体及其运行机制。

第三，关于立宪主义价值。宪法既反映事实关系，也反映价值关系，法律价值对于确定立宪主义价值十分重要。立宪主义的价值内涵与法的价值理论有着本质上的同一性，其主要内容表现在以下两个方面。

(1) 宪法的目的性价值。宪法的目的性是人类立宪历史开始后一直探讨的问题，其中自由主义和国家主义构成立宪主义价值的两大选择，而决定选择自由主义或国家主义的表层原因是利益关系，深层原因则是文化，并且国家政治进程也对立宪主义价值选择具有重要影响。人民主权、基本人权、权力制约、民主、法治等构成了现代宪法的价值标识，没有这些价值标识或违背了这些原则的宪法，在本质上就不能称其为宪法。

(2) 宪法的价值评价标准。价值评价是指一定价值关系主体对这一价值关系的现实结果或可能后果的反应。由于宪法对客观的价值标准的反映和表现，可能存在一定的局限性，因而价值评价对宪法发展和社会进步具有重大影响。立宪主义的基本价值在各国宪法文本和宪政运动中均有体现，其探讨的角度和层次也是多维度、多层面的。本书将从价值的主体、价值主体与法律价值的关系入手，阐述立宪主义的国家价值、社会价值和法律价值。

第三部分（第二章）介绍、分析立宪主义在中国的传播及演化。本书从中国不是立宪主义本源国的历史事实出发，对立宪主义在中国传播的状况进行介绍，并以此为前提分析立宪主义价值遭到扭曲的原因。

第一，本书认为，1840 年鸦片战争之后，清朝统治下的中国逐渐沦为半殖民地半封建社会，中华民族陷入生存危机，各种救亡思潮迅猛兴起，中国有识之士基于资本主义较之封建主义的优越性，把学习西方资本主义作为救亡图存的战略选择，从而推动了立宪主义在近代中国的传播。

第二，本书从制度介绍和理论传播两个方面，把立宪主义在中国的传播分为四个阶段：鸦片战争至戊戌维新运动之前，为中国人初步接触和零散介绍立宪主义阶段，表现出对立宪主义政治的羡慕和赞赏；戊戌维新运动至辛亥革命时期，为立宪主义在中国比较系统的传播和初步实践阶段，表现出对立宪主义政治的效仿；辛亥革命以后至新文化运动前期，为先进的中国人结合反思近代中国政治历史变革，而有重点的宣传西方资产阶级文化阶段，表现出对立宪主义政治有选择的学习；从新文化运动后期开始，中国思想文化的发展进入了多元并存的阶段，并形成了中国传统文化、马克思主义、资本主义文化三足鼎立的文化格局，表现出对立宪主义政治的学习兼批判。

第三，除从经济、政治上分析立宪主义在中国演化的表层原因之外，着重从社会发展和文明演进的时代差异、文化差异两个视角，分析立宪主义在中国演化的深层原因，并将立宪主义演化的表征概括为人权价值缺失、限权功能弱化、权力配置失衡和实施程序错置四个方面。在此基础上，对立宪主义演化造成的消极后果进行了归纳、总结和评价。

第四部分（第三章），探讨近代中国中央政府主导的立宪，主要研究清政府、北洋政府、南京国民政府的立宪主张和立宪实践。

第一，从社会转型的视角，把清政府、北洋政府、南京国民政府的立宪改革特别是法律制度变革，作为近代中国政治社会转型过程中一个个具体的环节或连接点加以研究，透过它们主导的立宪和立法现象，探寻近代中国政治演进的规律，进而对它们移植、抄袭、扭曲立宪主义而遭致挫折和失败的认识，超越了以往仅从阶级局限性、历史局限性的视角进行分析和评价的思维定式，指出它们对于中国政治和法制现代化的作用是很复杂的，不能完全否定它们主导的制宪和立法在法制现代化进程中所内含的正面效应。所以，对于清末立宪运动，着重从政治社会转型的历史过渡视阈、从政治运作的一般规律和特殊性相结合上进行研究，既从统治阶级维护自身利益和特权的政治立场或心态上去把握，又客观分析清政府采取“外患渐轻”“内乱可弭”“皇位永固”的立宪方针的历史原因，从而增强对于清末立宪改革历史的真实感。指出清政府的“守旧”是由它在历史关系中所处的地位决定的，利益博弈、执政地位和历史错位，导致其立宪动机和价值选择必须服从其阶级利益，但阶级关系又必须服从历史关系的变动，晚清统治者做不到这一点，所以，必然遭致被历史淘汰的结局，这也是历史上一切统治阶级共同的命运。

清末立宪运动的失败，主要源于当时的中国尚不具备实行宪政的经济条件、社会基础、制度环境、文化氛围和公民意识。具体表现为，封建政府是一个地地道道的专制政府，当时的中国完全处于皇权至上、权力至上的政治氛围中，不可能真正实行宪政，而且中国传统政治文化又缺少对先进事物的理性选择、自然淘汰等嬗替机制，国民素质尤其政治素质表现为习惯于循规蹈矩，中国人几千年来形成的对于国家和政府的依赖、服从心理难以改变。从西方宪政实践的内源性和自发性特点来看，立宪主义是西方历史和社会自然发展的结果。近代中国实行立宪政治，或走西方发展道路，照搬西方模式；或参照西方经验，走自己独创的道路，但无论选择何那种道路，没有相应的基础支撑和条件保障，都不可能取得成功，尤其不能形成强有力的推动宪政改革的政治力量和社会基础，这也是清末至民国，虽有立宪之名，而无宪政之实，不能真正实行宪政的根本原因。

第二，北洋政府的统治，是近代中国政治不可超越的一个阶段，因此，对于北洋政府统治时期的立宪活动，也应历史地辩证地进行分析和评价。辛亥革命的成果被袁世凯窃取以后，北洋政府在形式上并没有抛弃也无法阻止由清末开启，改良派、革命派都积极推动的立宪运动。在立宪政治潮流的涌动和冲击之下，袁世凯和北洋政府采取了迎合、利用和歪曲立宪政治的方针，他们推行的立宪，扼杀了立宪主义的本质和原则，把保障人权、限制权力等资产阶级宪政原则，变成了威胁、恫吓、拉拢、打击、绑架、暗杀、穷兵黩武以及贿选等肮脏的政治交易。他们操控的立宪和议会选举，被扭曲成了实现个人野心、维护独裁统治、捞取个人私利的工具。但是，从人类政治文明的发展进程来看，中国经历了两千多年的封建统治，旧势力、旧传统、旧习惯、旧风俗根深蒂固，在新的社会阶级和进步势力的优势地位没有完全确立的情况下，不经过一定历史时期的新旧势力的反复较量，不经过国民的艰难选择和认知，甚至不经过一定程度的社会动荡，新的国家制度和社会制度就难以建立起来。所以，北洋政府时期的议会闹剧和民主乱象，是新旧制度交替过程中难以完全避免的历史现象。

第三，南京国民政府的“训政”和宪政，在本质上并没有跳出传统政治，但在形式上已不同于传统政治。从 1927 年蒋介石发动“四一二”政变、建立南京国民政府并实行“训政”，到 1947 年国民党政府颁布《中华民国宪法》，宣布适时地实行宪政，再到 1948 年“行宪国大”选举国民政府总统和副总统为止，在这 21 年间，国民党在政治上推行一党专制、领袖独裁，完全歪曲了孙中山“五权宪法”思想的革命性和民主精神，但在形式上又组织了“五院制”政府，并且按照孙中山设计的“革命程序”组建了制宪机构，进行政治运作。国民党统治大陆期间，一直断断续续地进行制宪和立法活动，逐渐形成了国民政府实行统治的“法统”。国民党的“法统”毕竟不同于传统的“道统”。“五权制”的政府形式，虽然没有跳出独裁专制和政治腐败的怪圈，但与中国传统政治形式相比，已经发生了很大变化，至少在形式上和法制上比封建帝制统治有了进步。

但是，独裁专制、压制民主、限制自由、不顾民生、实施暴力，使国民党政府陷入了自相矛盾和腹背受敌的境地，不仅共产党对其展开了针锋相对的斗争，也激起了国民党内部的民主派和中间党派为代表的其他进步力量的强烈抗议，形成了20世纪三四十年代颇具规模的人权运动、国民参政运动、政协运动等民主宪政运动。这一系列政治运动，再次展示了近代中国政治变革的脉动与世界民主进步潮流的契合与一致性。

第五部分（第四章）研究资产阶级领导的宪政改革的政治价值和历史作用。对于近代中国资产阶级立宪理论和立宪实践的评析，主要从资本主义经济关系代替封建经济关系、资产阶级民主政治代替封建专制政治的历史进步性上去把握；同时，对于资产阶级立宪思想和立宪实践的历史命运，除结合资产阶级自身状况和特征进行分析外，主要从历史环境和社会环境对资产阶级宪政改革的影响着眼，以期客观揭示中国近代国家形态和政府形态嬗递的政治规律。

第一，从孙中山等革命派提出的“建立民国”“创立合众政府”等政治主张入手，逐步展开对资产阶级立宪理论和立宪实践的研究。19世纪末期，孙中山就提出了“驱除鞑虏，恢复中华，创立合众政府”的政治纲领，明确表示“以人群自治为政治之极则，故于政治之精神执共和主义”，[①] 要求建立法美式的民主共和制度。20世纪伊始，他制定的《中国同盟会革命方略》和在《民报》创刊周年庆祝大会上的讲话，进一步表达了建立民主立宪政体的信念，指出“我们推倒满清政府”，“从颠覆君主政府那一方面说，是政治革命，政治革命的结果，是建立民主立宪政体。照现在这样的政治论起来，就算汉人为君主，也不能不革命”，“凡革命的人，如果存有一些皇帝思想，就会弄得亡国，因为中国从来当国家作私人的财产”。“所以我们定要有平民革命，建国民政府。”[②] 这就是说，孙中山等革命民主派，所要建立的是没有皇帝的资产阶级共和国，并且由宪法规定中国人的政治生活，这种主张完全符合中国政治进程和世界民主潮流，是资产阶级革命派受西方“人民主权”思想熏陶的结果。邹容在其撰写的《革命军》中就曾重申卢梭的社会契约论思想，指出：“无论何时，政府所为，有干犯人民权利之事，人民即可革命，推翻旧日之政府，而求遂其安全康乐之心。”陈天华同样将“主权在民”思想作为建立民主

---

① 《孙中山全集》（第1卷），中华书局1981年版，第172页。

② 同上书，第325—326页。

共和政体的理论依据，认为“国家断然是公共的产业”，不是某些人的私产，指出君主专制和君主立宪政体都不是好政体，“最美最宜之政体亦宜莫共和若”。[①] 资产阶级革命派所描绘的民主共和国的立宪主义蓝图，在人权理念、政治思想、制度设计和具体实践等方面都有充分体现。尽管资产阶级革命派绘制的政治蓝图，因抄袭西方政治制度、脱离国情而遭到失败，但它符合未来中国实行民主政治的大趋势。

第二，研究资产阶级知识分子或不同政治派别基于对中国民主进程遭受挫折的思考，发起的人权运动和以中间道路为代表的资本主义化运动。20 世纪 20 年代末 30 年代初发生的人权运动，是由国民党实行“训政”引起的，运动的发起者是具有海外留学背景的自由主义知识分子。这些信仰自由理性的知识分子，“在暴力的时代主张丢弃暴力，在欺诈的时代执著于对善良意志的信仰，在一个混乱的世界中固执地赞颂着理性高于一切”。[②] 他们从自由理性和实用主义哲学出发，审视中国政治现实和人权状况，在中国历史上破天荒地对人权概念、范畴、意义、实现人权的国家条件及社会基础、人权与宪法法律的关系以及国民党“训政”下的人权状况，进行了全面阐释、探讨和揭露。正是基于对自由理性和实用理性的判断，促使他们在国家危难之际中止了国内的人权斗争，而转入了挽救民族危亡的抗日洪流。中国近代的这场人权运动虽然短暂，却留下了一笔值得进一步深究的思想资料。中间道路是由民主革命时期介于国共两党之间的中间党派，在日本投降之后的国共两党对峙时期提出来的既不同于国共也不同于美苏，而是介于资本主义和社会主义之间、国共两党之间兼顾各方之长的“中间路线”。中间党派和中间路线是中国社会发展到近代阶段的产物，它反映了中国客观存在的中间阶级要求按照自己的诉求改造国家和社会，并以自己的方式参与政治生活的愿景。从不同维度考察中间党派和中间路线，对其地位和作用会得出不同的认识，从历史视野来看，它既有积极的、进步的、符合民主潮流的一面，又有消极的、脱离实际的一面。

第六部分（第五章），研究共产党的新民主主义宪政思想和宪政实

---

① 陈天华：《警世钟》《猛回头》《论中国宜改创民主政体》。

② ［美］格里德：《胡适与中国的文艺复兴——中国革命中的自由主义（1917—1937）》，鲁奇译，江苏人民出版社 2010 年版，第 270 页。

践。在新民主主义革命时期，中国共产党积极推动宪政改革并领导根据地政权实施人权立法和新民主主义宪政。1927 年中国共产党开始在农村创立苏维埃政权，1931 年在江西瑞金建立了与国民党政权相对峙的中华苏维埃共和国，并颁布了《中华苏维埃共和国临时宪法大纲》，还制定了一批苏区生产、生活和军事斗争急需的法律。苏维埃政权的产生和运作，是在马克思列宁主义和新民主主义宪政理论指导下进行的。新民主主义宪政理论是马克思主义国家学说与中国共产党领导的新民主主义宪政实践相结合的产物，是新民主主义理论的重要组成部分。它的产生、形成和发展，反映了在半殖民地半封建社会环境中建立的革命政权的性质和特点，反映了苏区社会关系的变化和中国新型政治关系的初步形成。在新民主主义革命时期，根据中国社会结构和政治关系的变动，中国共产党在国家问题上重点探讨了新民主主义政权的阶级构成和组织形式，由于受政治进程影响，较少从权力制约的层面设计和探讨规范国家权力运行的政治体制。在延安时期建立的参议会制度和“三三制”的抗日民主政权，在根据地和解放区制定的选举法、组织法，以及在抗战和内战时期创立的各式各样的民主选举形式，都证明了这一点。所以，新民主主义宪政具有鲜明的时代性、从属性和过渡性特征。

第七部分（第六章），对中外宪政实践进行比较研究。本书认为，中西方宪政实践是在不同的经济、政治、文化和社会环境下进行的。在西方宪政进程中，最早产生和实施宪政的国家，具有主权独立、商品经济关系成熟、政治结构复杂、社会主体多元、思想文化多元、公民素质高等特点，而且立宪主体和市民阶级对宪政价值的诉求强烈，宪政实践的实效性突出，表明宪政完全是在西方社会内在因素的驱动下产生的。相比之下，近代中国的宪政运动和实践是在国家主权缺失、封建经济衰败、商品经济刚刚兴起、传统政治笼罩着国家生活、传统文化精神支配着人的思想和言行的社会环境下，受外来因素刺激而发生的。西方宪政文化与中国社会现实及政治主体的宪政诉求之间存在巨大落差，近代中国宪政起点低，实施宪政的条件比较恶劣，立宪主体更加看重宪政的功能性价值，而忽视对宪政价值目标的诉求。由于近代中国不具备实行宪政所必需的主客观条件，因此造成了宪政改革的外源性特征。中西方宪政之间存在的上述差异，是造成西方在宪政制度设计上重视保障人权、限制权力，而中国在这方面做得不够的主要原因。

第八部分（结语），分析近代中国政治变革的历史过程，总结近代中国政治变革的历史经验和教训，研究近代中国政治变革的发展趋势。通过对清末以来中国立宪运动和政治变革的回顾与思考，可以发现，近代中国各种政治势力或有影响的政治集团，几乎都与立宪主义和立宪运动有着某种关系。这种令人深思的政治现象究竟说明了什么？如果说近代中国政治关系的变化催生了实行立宪政治的主观要求，这确实是客观现实；但如果认为近代中国各社会阶层都要求实行立宪政治，这肯定是不真实的。即使在主张实行立宪政治的各种力量当中，由于实行立宪政治的态度存在很大差别，他们对宪政的理解及实施路径的选择上也存在严重矛盾和冲突。在宪政模式的选择和构建上，清政府选择了适宜其专制统治的英、日君主立宪模式；民国初年的革命派选择了法、美资产阶级民主宪政模式；北洋政府和国民政府在政治形式上也选择了与法美较接近的宪政模式，但它们都不是真心地推进宪政；共产党则另辟蹊径，选择了与苏俄宪政模式相接近而又有别的新民主主义宪政道路。从立宪主体的社会属性来看，如果将当时中国社会阶级分为上、中、下三个层级，在宪政价值的取向上，上层社会所追求的是维护少数人的特权，他们不可能真正实行宪政；中间社会以确认资产阶级财产权和政治权利为诉求，他们追求的是资产阶级民主宪政；下层社会是中国社会的最大主体，他们更加追求社会公正、平等权利的实现和生活幸福，体现了社会主义民主政治的特点和发展趋势。

清末以来政治变革的历史进程表明，中国权利主体和政治变革的推动力量，是逐渐由社会上层向社会中下层转移的；政治变革的民主取向则由少数人的民主逐步向社会中下层的民主转移；在对待和实施民主政治的态度上，体现了由被动到主动、由被迫到自觉、由盲目模仿西方到审慎选择的变化。政治变革的进程愈深入，上层社会愈远离改革阵营，甚至走向反面，而随着国民党在大陆的垮台，近代中国政治变革也带着未竟的缺憾落下了帷幕。但是，随着新生政治力量的崛起和人民民主政权的建立，中国经济关系、社会关系、阶级关系的变动和文化转型也加快了速度，中国实行民主政治的经济、政治、文化和社会基础进入了艰难的建构过程中，虽然这一过程显得漫长，甚至经受了严重挫折。但是，“人创造环境，同样，环境也创造人”。① 走向民主、法治和人权政治，既反映了现代人类

① 《马克思恩格斯选集》（第1卷），人民出版社1995年版，第92页。

生存和发展的要求，也是建构现代民主法治国家和现代民主法治社会的题中应有之义。

三、研究方法

由于本书涉猎的内容比较广泛和繁杂，从时空两个维度来看，纵穿古今，横跨中西。在研究范围上涉及政治学、法学、社会学、历史学和经济学等诸多领域，因此，本书在坚持马克思主义基本理论、历史唯物主义研究方法的同时，更多地运用了比较分析和逻辑论证的方法。在叙述方法上严格按照时间顺序，较多地采用历史分析方法。同时，由于研究的范围和对象存在许多跨时代、跨学科领域的内容，使用任何一种研究方法，都难以全面、客观地解释错综复杂的政治社会问题，所以，为了尽可能减少理论分析和实践研究中的主观性、片面性及方法运用上的简单化倾向，以便客观揭示近代中国政治变革的内在规律性，本书对具体政治问题和政治学说的研究，坚持依据具体事物的本质特征和客观要求，从多视角、多层次着眼，综合运用经济社会学、政治社会学、法社会学以及历史分析、实证分析和比较研究方法。但是，由于作者对于相关学科领域的了解、研究仍不够深入、系统和全面，更由于受到有限的学科知识及研究方法的束缚，特别受篇幅和写作目的的限制，本书对西方立宪主义和近代中国立宪主义的介绍，不够系统和全面，对于某些相关理论的把握和阐述，多属一孔之见，难免挂一漏万，恳请读者批评指正。

第一章　立宪主义的概念、内容与价值

立宪主义（Constitutionalism）是一种依宪治国的政治原理，其精髓在于以宪法和法律来规范国家权力的配置与行使，并借此防止其侵害人民的私权利。立宪主义是西方文明的产物，也是人类文明的共性追求。近代立宪主义首先产生于英国、美国和法国等欧美资本主义国家，这些国家的历史传统、政治文化和民族精神的差异性，导致其对于立宪主义的运用及由此形成的具体模式、制度规范也存在一定差异。立宪主义传入中国后，在主张实行立宪主义的政治集团的推动下，经过宪政思想家们的思考和探讨，基本形成了反映中国政治特征和文化传统的中国式的立宪主义。

第一节　立宪主义的概念

关于立宪主义概念，学术界有两种截然不同的观点。一种观点认为，立宪主义是一种政治形态，具有鲜明的阶级性；另一种观点认为，立宪主义仅仅是一种学说和观念。如果从词汇学角度分析，可以看出，英语中指代立宪主义的词汇，是 Constitutionalism 而不是 Constitutional government，前者是指依宪法监督国家权力并保障人权的政治原理，后者是指宪法政治或立宪政体。按照这种认识，应该将立宪主义定位在保障人权、制约政府权力的政治原理上，换句话说，立宪主义是指依据宪法治理国家的政治，即以近代宪法为依据的政治。立宪主义与专制主义相对立，其产生的依据是基于对人的尊严和权利的价值考量，是出于对权力滥用和不可靠性的心理防范和制度规制。立宪主义与宪法具有不可分割的内在联系，研究立宪主义必须研究宪法规范和宪法文本，而对于宪法文本和规范的研究，又离不开对宪法含义的探讨。因此，在探讨立宪主义概念之前，首先应对宪法的含义进行界定。

一、宪法的含义

宪法和立宪主义是宪法学的基本概念，两者从不同角度描述了国家、社会与公民之间的相互关系，“如果说宪法概念表现一种静态的价值体系的话，立宪主义概念则反映一种指导社会生活的动态的价值体系”[①]。

宪法一词，在现实中具有多义性，在不同的情景下有不同的指称，一般认为，宪法概念出现在以下两种不同的情境中。第一种是形式意义上的宪法，即以“宪法”名称所命名的规范性文件，此种命名与内容无关。第二种是实质意义上的宪法，即具有实质规定性内容的宪法。此种“实质意义上的宪法”，又根据其所运用的不同情境，分别具有如下两种不同的含义：其一，“固有意义上的宪法”，即认为宪法是国家统治的根本法，这种根本法在任何国家、任何时代都存在，前提是其内容涉及国家统治权力的基础和构造。其二，“立宪意义上的宪法”，指的是通过限制专断习惯权力以广泛保障人权的国家基本法。这种宪法具有一种本质精神，此种精神便是通过限制专断性权力，广泛地保障人民的基本权利。只有符合这种精神层面的规定性的宪法，才能称为“立宪意义上的宪法”。[②]

立宪主义意义上的宪法产生于西方，“讲到宪法，资产阶级是先行的。英国也好，法国也好，美国也好，资产阶级都有过革命时期，宪法就是他们在那个时候开始搞起来的”[③]。十七八世纪，英、美、法等国先后爆发了资产阶级革命，其中，英国是资产阶级革命发生最早的国家，也是最早实行宪政的国家。关于立宪主义意义上的宪法的定义，各国学者有不同的主张，大致可分为实证主义定义法和规范主义定义法两种。前者主要表现为经验描述，反映了宪法产生以来的立宪主义实践经验；后者则从立宪主义价值出发，注重对宪法所应体现的价值的研究。

首先，关于实证主义的宪法定义。在宪法学发展史上，19世纪中叶，实证主义方法被引进到宪法学研究之中。实证主义方法的理论特征是，以实证材料为依据研究实在法，着重分析实在法的结构和概念，而不是研究正义法或理想法。采用这一方法对宪法概念进行研究的代表人物，是德国

① 韩大元：《亚洲立宪主义研究》，中国人民公安大学出版社1996年版，第1页。

② 林来梵：《宪法学讲义》，法律出版社2011年版，第32—33页。

③ 《毛泽东选集》（第5卷），人民出版社1977年版，第127页。

的拉邦德和椰林内克。拉邦德的宪法理论建立在实证的方法论基础之上，完全以现行有效的宪法为基础，直接地去解释当时德意志帝国宪法的规定。① 椰林内克的宪法学理论，主张宪法是规定国家最高机关、机关类型、彼此关系与作用范围，以及个人与国家权力彼此关系的法规范整体。② 总之，实证主义宪法学强调的是实在法，即国家制定的法，认为只有实定的宪法规范，才能成为宪法学的研究对象。对此，欧美学者和亚洲学者也都对实证主义宪法进行了探讨。

1978 年，荷兰学者马尔塞和唐在对 157 部成文宪法进行比较时，依据各国宪法所具有的共同特征，对宪法进行定义，指出各国宪法都有以下特征：宪法是国家资格的证书，是国家主权独立和民众政治成熟的标志；宪法是政权合法性的依据；宪法是建设政府的工具，载明政府的组织机构、活动范围和相应权力；宪法是根本法，具有至上性，是其他法律的依据，其修改机关和修改程序不同于普通法律。③

国内学者徐秀义、韩大元通过比较美、法、英等国学术界关于宪法的定义，发现它们具有三个相同点：一是都从法律特征上揭示宪法的特点；二是强调宪法在权力运行中的调整功能；三是从广义上确定宪法内涵。比如，美国宪法学者认为，宪法是刚性的，因此具有最高的法律效力，是治理国家的根本法；宪法规定了国家权力机关的职权及相互之间的关系，是对国家公权的约束；宪法的组成既包括成文的法典，也包括具有公信力的惯例和法院的判例。法国宪法学者对宪法的定义是，宪法是规定国家政治制度的法律，比普通法律程序更严格，效力更高，从狭义上讲，其主要功能在于规范一个国家的政治制度，包括政府的职能及其与其他部门的关系。④ 英国学者对宪法的定义颇为典型，詹宁斯认为，宪法是规定国家行政机关的机构设置，行政权力的范围及运行方式以及政府与议会，政府与公民之间关系的一般原则的规范性文件。⑤《牛津法律大辞典》指出："宪

---

① 王广辉：《比较宪法学》，武汉大学出版社 2010 年版，第 18 页。

② 陈慈阳：《宪法学》，台湾元照出版有限公司 2004 年版，第 39 页。

③ 刘守刚：《西方立宪主义的历史基础》，山东人民出版社 2005 年版，第 16 页。

④ 徐秀义、韩大元：《现代宪法学基本原理》，中国人民公安大学出版社 2001 年版，第 14 页。

⑤ ［英］W. Lvor 詹宁斯：《法与宪法》，龚祥瑞、侯健译，生活·读书·新知三联书店 1997 年版，第 24 页。

法，指某一特定政治社会政府的基本政治和法律结构，解决诸如国家首脑、立法、行政和司法机构，它们的构成权力及关系之类的事项。每个国家都有宪法，因为，每个国家都是依据某些原则和规则进行运转的。”①

亚洲一些国家也有与欧美宪法学界持相同观点的学者，日本学者铃木安藏指出：“宪法是国家的根本法，但国家根本法并不马上形成宪法。只有在被支配阶级参与并控制国家权力的时候和地方，国家根本法才变为宪法。从这种意义上讲，宪法就是以法律确认政治支配的参加权，是一种阶级的契约。”② 实证主义的宪法概念在我国也很普遍，我国《宪法学辞书》将宪法解释为：“宪法是国家的根本大法。在国家整个法律体系中，它居于至高无上的地位，具有最高法律权威和效力，是其他一切普通法的立法依据。”③

从以上论述可以看出，实证主义宪法学家对宪法概念的表述虽各不相同，但都把宪法概念理解为“国家法的基本秩序”，从而追求理想中的宪法状态。

其次，关于规范主义的宪法定义，主要是指从宪法规范的角度把握宪法的概念，突出宪法的价值功能。林来梵在《从宪法规范到规范宪法——规范宪法学一种前言》一书中指出，从规范的角度研究宪法，必须把价值命题和事实命题加以相对区别，然后在此前提下，致力于妥当的解决规范与价值、价值与事实之间的关系。这里所言的“规范”，包括宪法典、宪法性文件以及宪法判例和宪法理论等。也就是说，宪法规范不仅指的是那些构成宪法典的具体条款，而且主要指的是那种综合意义上的宪法规范体。

规范宪法是从事实和价值分立的二元方法论入手，倡导以规范为焦点、终点和起点，围绕规范并且是围绕处于核心地位的基本权利规范形成思想。宪法概念的规范定义法，特别强调宪法关于制约和限制政府强制性权力与保障人权的属性和价值。据此，当代宪法学者更加重视对于立宪主

① ［英］戴维·M. 沃克：《牛津法律大辞典》，李双元等译，法律出版社 2003 年版，第 201 页。

② 徐秀义、韩大元：《现代宪法学基本原理》，中国人民公安大学出版社 2001 年版，第 17 页。

③ 姜士林等主编：《宪法学辞书》，当代世界出版社 1997 年版，第 1 页。

义起因和价值的研究，而不是局限于对宪政历史的事实描述，如现代西方学者“用‘立宪主义’来指代国家的强制性权力受到了约束这种观念”。就是说，对于宪法的解读必须坚持其固有的立宪主义精神，而“立宪主义都有一个根本的性质：它是对政府的法律制约……真正的立宪主义的本质中最固定的和最持久的东西仍然与其肇端时几乎一模一样，即通过法律限制政府”[①]。美国学者萨托利也持有这样的观点，认为宪法“意味着一个基本法，或者一系列基本的原则以及一组相互之间联系紧密的制度安排，它可以制约绝对权力并保障‘有限政府’”。[②] 中国多数学者受宪法的立宪主义价值论的影响，也认为应该从规定国家体制和政权组织、保障公民权利的角度规范宪法定义。

上述从实证主义和规范主义角度定义宪法的两种方法，是学术界比较普遍的探讨宪法概念的方法。其中，实证主义只强调实证的规范价值，忽略社会现实的宪法理论与当时的宪法实践之间发生的冲突与矛盾；规范主义方法因强调立宪主义价值目标的实现，而更能反映宪法的权力制约和权利保障的核心价值。除此之外，学术界还有从政治决断和国家整合的角度来定义宪法的，前者认为宪法具有效力的根据并不在于规范的结构，而在于国民共同体的政治生活方式的一种“政治的决断”；后者认为宪法是国家的法秩序，是生活的法秩序，即国家整合过程中的秩序。[③] 这些宪法观及与此相适应的宪法概念，各具特点，从不同角度反映了学者们对宪法概念的认识与探讨，为人们更客观地认识宪法现象和宪法价值，提供了可供选择的思考方式。

二、立宪主义的界定

如同对宪法概念的界定一样，在立宪主义概念界定的问题上，中外学者同样众说纷纭。学者们大多赞成这样的认识，即确定立宪主义的概念时，不必追求统一、划一的模式和标准，而应允许不同认识的存在。但

---

① ［美］斯科特·戈登：《控制国家——从古代雅典到今天的宪政史》，应奇等译，江苏人民出版社 2005 年版，第 5 页。

② ［美］萨托利：《“宪政”疏议》，晓龙译，载刘军宁等编《市场逻辑与国家观念》，生活·读书·新知三联书店 1995 年版，第 104 页。

③ 韩大元、林来梵、郑贤君：《宪法学专题研究》，中国人民大学出版社 2004 年版，第 60—61 页。

是，对于立宪主义的客观定义，大都认为应从立宪主义的本原、目的和发展过程三个不同层面着眼，将立宪主义的目的和宪法实现过程相统一，并将宪法的内容规范、形式规范和价值规范也统一起来，以达至规范国家权力、保障公民权利的目的，换言之，近代以后的立宪主义宪法，以规定国家组织和个人享有的基本人权为内容。实际上，立宪主义是否必然与国家联系一起，在内容上是否将人权作为根本目的来追求，也经历了一个发展过程。

首先，特许状制度暗含着立宪主义思想。"特许状"（Charter）是欧洲封建社会时期，封建国王为答谢臣属而赏赐给他们土地的同时所颁发的一种证明文书，不仅证明封建贵族对土地的所有权，同时也代表贵族在其领地内享有不受国王代理人管辖之权。特许状承认封建贵族在自己的领地内具有独立的行政管理权、等级司法审判权，他们对国王统治的服从除交税之外，大多是形式和名义上的。因此，特许状制度的存在，说明王权并非绝对的至高无上，国王和贵族之间通过订立契约互为权利主体，同时，国王统治权的享有必须以被统治者的同意和维护被统治者的权利为前提。由此，特许状制度的产生与立宪主义思想具有一致性，或者说作为特许状的宪法，是立宪主义的最早表现形式。正如一些著名的法学家在对欧洲历史上的特许状制度进行研究之后，认为特许状"既是政府组织的特许状，又是市民权利和特权的特许状，在实效上，它们是最早的近代成文宪法"① 或"宛若成为一部微型宪法"②。

其次，国王与臣民之间的契约体现了立宪主义精神。欧洲封建主义是一种国王与其臣民、领主与其附庸相互承担义务的契约关系。例如，英国1215年的《自由大宪章》就是大封建领主、骑士、城市市民和教会迫使英王约翰签订的，其主要内容是限制国王征税的权力，保障自由人的人身权利。通过订立契约而产生的权利义务关系，虽然因享有权利主体的地位不同而存在着一定的差别，但是其隐含着已被契约规定的义务必须遵守，否则，任何违背这些义务的行为都有可能导致对方的强烈反抗，同时也隐

① ［美］伯尔曼：《法律与革命》，贺卫方等译，中国大百科全书出版社1993年版，第497页。

② 王广辉：《比较宪法学》，武汉大学出版社2010年版，第29页。

含着所有的政府和统治权都基于契约而产生、受契约的影响之意[①]，因而一定意义上体现了立宪主义的精神。

最后，作为制度意义的宪法的产生，标志着立宪主义思想的形成。制度意义上的立宪主义，主要是英国的发明。在英国人的观念中，立宪主义主要是指“代议制”这种政治制度，即人民通过选出代表，组成议会这样一个代表机关，代表人民行使国家权力。英国人将其所确立的立宪政体的政治制度称为立宪主义，其目的就是限制国家权力、保障人民的权利和自由。英国著名宪法学家詹宁斯曾指出：“如果宪法仅指成文文件，那么，很明显，大不列颠没有宪法。在具有这种文件的国家，宪法一词意即成文文件。但是，这种文件本身只不过是叙述那些决定政府机构的设置和运行的规则，很明显，大不列颠是具有这样一些机构和一些规则的；所谓英国宪法就是用于描述这些规则的用语。”[②]

以上仅仅以英国为参照，介绍了立宪主义的形成过程。实际上，立宪主义是通过各国的宪法实践而实现的，因此，除了英国式立宪主义，还有美国和法国的立宪主义。同样，中国在长期的历史发展进程中，也有反映本国现实的立宪主义。因为“凡是有宪法的国家没有一国不根据他们的政治背景和革命历史来制定。一个国家凡是在没有经过革命牺牲以前是没有宪法的。有的虽无整个成文的宪法，但其立宪精神是很严密，是根据几百年来的政治背景与其历史过程。”[③] 因此，立宪主义的形成和发展是与本国的宪法理念、宪法产生的历史以及政治、经济和文化的发展密不可分的，各国的立宪主义都应是对本国历史和现实的抽象与概括。[④]

为了更好地探讨立宪主义的共性，学者们提出了立宪主义的标准问题，认为只有符合立宪主义标准，就是说能有效地制约政府权力，保障个人基本权利的宪法，才是真正的宪法，并由此引申出了立宪主义的定义及其内涵的界定问题。其中，美国学者萨托利对立宪主义的定义包括以下几个要素：有一部被称为宪法的高级法，包括成文宪法和不成文宪法；确立

---

① 王广辉：《比较宪法学》，武汉大学出版社 2010 年版，第 29 页。

② ［英］詹宁斯：《法与宪法》，龚祥瑞、侯健译，生活·读书·新知三联书店 1997 年版，第 26 页。

③ 吴经熊、黄公觉：《中国制宪史》，商务印书馆 1947 年版，第 743 页。

④ 韩大元：《市场经济与中国特色立宪主义走向》，《法学家》1994 年第 6 期。

监督宪法实施的司法审查制度；有司法独立的法院系统，并由其进行违宪审查；有法律的正当程序原则及制定法律时必须遵循约束程序以有效控制单纯的愿望。[①] 香港学者雅施·盖伊理解的立宪主义是：政府和立法机关的权力由宪法界定和限制，宪法享有基本法的地位以及拥有通过不同形式的司法审查实施这些限制的权威。[②] 美国学术团体联合会主席凯茨博士将学者们对立宪主义的认识概括为三点：第一，是由一组用于制定规则的自足或自觉的规则构成的，即宪法是“法之法”；第二，是由意识形态和文化决定的一系列特殊道德观点，如尊重人的尊严，承认人生而平等、自由并享有幸福的权利；第三，考虑到“合法性”（国家权力、公共政策和法律的合法性）和“同意”（人民对政府及其行为的承认和赞同）。[③]

参照立宪主义的标准，大多数国内学者认为，立宪主义是一种限制国家权力、保障人权的思想或原理，其特点更加“注重制宪过程的指导原理（经济、社会和文化背景）以及政治权力运行中宪法原理（不仅仅是宪法规范的实现）的运用。”[④] 因此，在一定程度上，立宪主义是运行中的宪法和实践中的宪制。

三、宪法与立宪主义的关系

宪法与立宪主义具有内在的历史关系和逻辑关系。

首先，宪法是一个国家立宪主义运动的结果，又是一个国家立宪主义的规范形式和依据。近代宪法是对民主事实的法律确认，而争取民主事实的过程，就是立宪主义的过程。从西方社会立宪运动的历史来看，立宪主义是支撑西方宪政制度的思想渊源。

立宪主义理论在西方国家经历了很长的发展过程。封建社会末期，资产阶级启蒙思想家基于资产阶级自身利益和政治、经济要求，进行了长期的关于民主政治的思想启蒙运动，通过这些活动，资产阶级在获得政治上的统治地位后，以法律形式对民主事实做出肯定和确认。以美国立宪运动

① ［美］萨托利：《“宪政”疏议》，晓龙译，载刘军宁等编《市场逻辑与国家观念》，生活·读书·新知三联书店 1995 年版，第 100—120 页。

② 李龙：《宪法学基础理论》，武汉大学出版社 2001 年版，第 143 页。

③ 同上。

④ 韩大元：《亚洲立宪主义》，中国人民公安大学出版社 1996 年版，第 13 页。

为例，1787年美国宪法是继英国不成文宪法后，于美洲大陆产生的世界上最早的一部成文宪法，是在独立战争时期的《独立宣言》《邦联条例》等宪法性文件的基础上产生的。

《联邦党人文集》第51篇的篇名即为“政府结构必须能使各部门之间有适当的控制和平衡”，清晰地表达了立宪主义关于权力制约的如下原则：“防止把某些权力逐渐集中于统一部门的最可靠办法，就是给予各部门的主管人抵制其他部门侵犯的必要法定手段和个人的主动。在这方面，如同其他各方面一样，防御规定必须与攻击的危险相称。野心必须用野心来对抗。人的利益必然是与当地的法定权利相联系。用这种方法来控制政府的弊病，可能是对人性的一种耻辱。但是政府本身若不是对人性的最大耻辱，又是什么呢？如果人都是天使，就不需要任何政府了。如果是天使统治人，就不需要对政府有任何外来的或内在的控制了。在组织一个人统治人的政府时，最大困难在于必须首先使政府能管理被统治者，然后再使政府管理自身。毫无疑问，依靠人民是对政府的主要控制；但是经验教导人们，必须有辅助性的预防措施。”①

上述这段文字说明了人具有天生的弱点，这种弱点无时无刻不体现出来，掌握权力时必须通过各种途径对权力加以限制，其中以权力限制权力是最有效的，因为“野心需要野心来对抗”。美国宪法制定过程中的权力制约思想，集中体现在其宪法典的第一、二、三条当中，即规定：立法权属于国会，但总统对国会立法有批准和否决权，国会也可在一定条件下推翻总统的否决；行政权属于总统，但总统任命政府高级官员和缔结国际条约时须经国会批准，国会有权弹劾总统；司法权属于法院，联邦最高法院有权审查国会立法是否违宪，有权审判经国会弹劾的总统，但其法官由总统经国会同意后任命，等等。受美国宪法的影响，现代资本主义国家的宪法均以不同形式确认了分权原则。

社会主义国家宪法的制定过程也同样如此。中国宪法的产生是同封建专制主义、国民党专制独裁统治相抗争的过程，其中，清政府、北洋军阀和国民党政府打着制宪招牌所抛出的一部部宪法，代表了地主买办阶级的利益和要求，是确认地主买办阶级专制统治的政治制度，维护半封建半殖

① ［美］汉密尔顿、杰伊、麦迪逊：《联邦党人文集》，程逢如、在汉、舒逊译，商务印书馆2006年版，第264页。

民地社会的经济、政治秩序，以民主招牌欺骗人民的政治法律文件。正如毛泽东所揭露的那样："他们的宪法也好，总统也好，都是假东西……他们一面谈宪政，一面却不给人民以丝毫的自由。"① 而资产阶级民主共和国的宪法，反映了资产阶级革命派发展资产阶级民主制度，反对封建专制制度的要求；人民民主主义性质的革命根据地政权制定的宪法性文件，体现了劳动人民的意志和利益，代表了中国人民在共产党领导下为争取国家独立、民族解放而斗争的总方向。新中国成立后颁布的起临时宪法作用的《共同纲领》以及 1954 年宪法，均体现了民主集中制和保障公民基本权利的原则，而这些原则恰好是中国百年立宪运动得出的经验总结。

其次，宪法的实施是实现立宪主义的基本途径。宪法能否为立宪主义的实现奠定基础，关键在于宪法能否实施。立宪主义的最高表现形式是宪法具有最高的法律效力，成为国家与社会的最高规范和规则。因此，如何保障宪法实施、统一宪法秩序的形成，是立宪主义的关键。换句话说，制定了符合立宪主义精神的宪法，并不一定代表着立宪主义的自然实现，宪法仅仅是立宪主义的规范形态，从规范形态成为现实形态还需要有一个过程。因为现实生活中，宪法可能受到来自两方面的威胁、扭曲而形同虚设，一种可能是法律、行政法规等下位法违反宪法，另一种可能是违宪性质的权力行使。

为保障宪法的实施，必须加强宪法制度的完善，包括在宪法典中规定宪法的最高法规范地位，如中国现行宪法序言第 13 段，规定宪法国家的根本法，具有最高的法律效力，宪法是公民、政党、社会团体和企事业组织根本的活动准则，必须保障宪法的实施。此外，还包括宪法修改的刚性程序制度的规定，如中国现行宪法第 64 条第 1 款，规定了宪法修改提案程序和比普通法律修改更为严格和复杂。同时，更为重要的是建立宪法实施监督制度，学术界又称之为违宪审查制度，即对违反了宪法的法律、法规和公权力进行复核、审查的一种制度。违宪审查制度是宪法实施的最重要制度，也是立宪主义实现的重要保障。

为了保障宪法实施，保证统一宪法秩序的形成，维护宪法的权威和宪法秩序，各国都在政治、法律等领域建立了保障宪法实施的制度，如美国

① 《毛泽东选集》（第 2 卷），人民出版社 1991 年版，第 736 页。

的司法审查制、英国的议会审查制、法国的宪法委员会审查制以及德国和俄罗斯的宪法法院的审查制，等等。中国的宪法监督制度近几年来也有较大发展，2000 年全国人大常委会通过《立法法》，2015 年 3 月进行了较大范围修改，其中许多条款的修改强化了对公民权利的保障、对国家权力的制约，如将第一条修改为："为了规范立法活动，健全国家立法制度，提高立法质量，完善中国特色社会主义法律体系，发挥立法的引领和推动作用，保障和发展社会主义民主，全面推进依法治国，建设社会主义法治国家，根据宪法，制定本法。"将第五条修改为："立法应当体现人民的意志，发扬社会主义民主，坚持立法公开，保障人民通过多种途径参与立法活动。"将第六条修改为："立法应当从实际出发，适应经济社会发展和全面深化改革的要求，科学合理地规定公民、法人和其他组织的权利与义务、国家机关的权力与责任。"等等。2005 年全国人大常委会修改的《行政法规、地方性法规、自治条例和单行条例、经济特区法规备案审查工作程序》、2005 年全国人大常委会制定的《司法解释备案审查工作程序》、2006 年全国人大常委会通过的《中华人民共和国各级人民代表大会常务委员会监督法》对属于中国法范畴的规范性法律文件的审查作了比较详细的规定，明确了违宪审查的对象、启动主体和审查程序，对于强化中国宪法权威，保障宪法实施具有重要意义。

第二节　立宪主义的内容

关于立宪主义的内容，国内外学者有不同的表述。国外学者普遍认为，立宪主义由以下内容构成：（1）根据宪法建立的政府；（2）权力分立；（3）人民主权和人民政府；（4）宪法的司法审查；（5）司法独立；（6）政府必须服从人权法案；（7）控制警察行为；（8）平民控制军队；（9）政府无权或只有在非常有限和严格界定的情况下，才有权停止一部分或全部宪法的适用。[①]

中国理论界在借鉴国外学者以上观点的基础上，认为立宪主义应包括以下内容：（1）宪法正当性原则；（2）法治原则；（3）权力制约原则；

① 刘守刚：《西方立宪主义的历史基础》，山东人民出版社 2005 年版，第 45 页。

(4) 尊重和保障人权原则；(5) 宪法法典化。①

中外学者关于立宪主义内含的表述虽然不尽相同，但都抓住了立宪主义的核心问题，即限制国家权力、保障公民权利。其中，对于如何限制国家公权、保障公民权利，西方学者提出了权力分立和司法审查的办法；中国学者则强调了权力制约和法治原则。之所以会有上述差异，主要是受到各国宪政进程和宪政关系发展的制约。

实际上，如果从立体角度审视立宪主义形态结构，它是由立宪主义的理论形态、实践形态和制度形态构成的有机统一体，换言之，立宪主义结构是由三个不同层级的内容构成的完整体系，而我们对立宪主义内涵的认识，也应从这三个角度来把握。其中，立宪主义理论引领和指导立宪主义实践及其制度建设；立宪主义实践是立宪主义理论的来源和基础，并且践行和发展立宪主义理论，它是在立宪主义精神和原则指引下，公民通过公共参与，实现对公共权力的控制，公共权力依据宪法化的人民意志进行运作，以实现立宪主义价值目标的过程；立宪主义制度是通过立宪主义理论指导立宪主义实践，并将立宪主义理论规范化、制度化和程序化，它是控制政府权力、保障人权的价值理念的宪法化或法制化，为立宪主义的实施提供载体和组织程序上的保障。进而言之，立宪主义实践是立宪主义理论和立宪主义制度的实施；立宪主义制度是立宪主义理论和实践的载体，立宪主义制度的发展和完善，要求立宪主义理论不断创新，要求立宪主义实践不断深化和规范。总之，立宪主义是一种控权理论和控权体制。

一、立宪主义理论

作为一种依宪治国的政治原理，立宪主义是由近代资产阶级启蒙思想家首先创立的，社会契约论、自由主义和共和主义是其最重要的理论基础。

(一) 社会契约论

社会契约论是西方立宪主义思想的基本源流，这一理论经过诸多思想家的发挥和不断创新，取得了越来越持续的思想魅力，其对政府权力来源、边界、效力和归宿的解释力一直延续到今天。“契约”的深层意蕴是

① 徐秀义、韩大元：《现代宪法学基本原理》，中国人民公安大学出版社 2001 年版，第 47—49 页。

指政治主体之间自由而平等的关系，以及为保障这种关系而建立的平等协商、分权制衡、宪法监督等必需的制度设计。但其本身是一个民法术语，然而，若作为国家政治权威基础的社会契约所强调的政治义务建立在民法基础之上，显然是荒谬的。[①] 英国学者迈克尔·莱斯诺夫指出，作为立宪国家政治基础的“社会契约论”，不同于一般民事契约，因为它是建立在自然法基础之上的契约。[②]

建立在自然法基础之上的契约论的重要代表人物是英国的洛克。洛克对契约论的重大贡献在于，他第一个以天赋的、不可剥夺的自然权利理论来为建立契约、限制政府权力作辩护。社会契约论始终围绕着一个核心而发展，这就是自然权利问题，倘若人民不享有权利，也就无所谓人民有权缔约、有权监督，以及统治权归属于人民之说。正如《独立宣言》所说的，人人生而有不可剥夺的自然权利，为了保护这些权利，人们建立了政府，政府的正当权力则是经被统治者同意授予的。

社会契约论有助于对诸如民主、代议制、人权、限制公权力、分权和法治等立宪主义现象的解释。第一，民主的逻辑源于这个国家是全民通过契约成立的，因而不仅国家属于全体人民，而且国家对人民也负有义务；第二，代议制的逻辑认为，国家是由人民缔约而成的，所以国家公权力的行使，必须经民意授权才具有合法性；第三，国家公权力的逻辑来源，说明其存在的目的首先应体现为对公民权利的保护；第四，国家公权力之所以受到限制，是因为公权力的形成离不开个体的授权，所以为了不侵犯其权力来源者的利益，公权力应当自我约束和制衡；第五，制约公权力主要依靠权力的分立制衡和法治等途径，这便是分权和法治的逻辑来源。

从以上分析可知，现代立宪主义政体下的制度，都能从社会契约论当中找到合理的解释逻辑。这样一种契约思想观念，为构建侧重于限制公权力的立宪主义提供了较为深刻的思想基础。

（二）自由主义理论

自由主义是西方立宪主义的主要思想基础，西方各国立宪主义宪法，

---

① 朱海波：《论现代立宪主义的文化基础——理性主义与自然法哲学》，法律出版社 2008 年版，第 161 页。

② ［英］迈克尔·莱斯诺夫等：《社会契约论》，刘训练等译，江苏人民出版社 2005 年版，第 9 页。

都或多或少反映了自由主义精神，其立宪主义制度和运行机制，也可以从自由主义传统中得到解读。自由主义“源自启蒙运动个人主义”，“强调自由与理性的关联”，主张“利用国家权力来拆除累世遗传的权威结构”，免除“人类的生活被过度管制”，恢复“由一系列自然而然环环相扣的和谐系统构成”的世界本然状态。[①] 自由主义源于西方人的习性和传统。自从启蒙运动产生个人主义以来，经洛克提出自由主义思想、约翰·密尔和斯宾塞等人进一步发挥之后，追求自由的传统和习性演变为西方人代代相传的理念，这种理念深刻地渗透到国家和社会生活领域，成为构建新型国家和政府的基本原则。

排斥国家对个人和社会生活的干预，是自由主义的核心理念，这种理念在西方社会各个领域都有展现，到“18 世纪末叶，已有相当大量的进步意见，主张社会如果不受干预，本质上就能自我调节”[②]。例如，亚当·斯密极力倡导经济自由主义，而功利主义者边沁则持之更力。18 世纪末 19 世纪初的自由主义学说，承认国家权力可以用来促进社会改革，但更警惕它对社会的危害。

约翰·密尔是由传统自由主义向新自由主义过渡的代表人物。鉴于市场导向引起的社会矛盾的变化，新自由主义对市场和私领域的态度也有所变化，产生了政府“有原则的干预”经济和私领域的倾向，并“在格林的理论和格莱斯顿或自由主义的实践中走上干预主义立场”。[③] 但总体来看，自由主义始终对国家干预保持警惕，并致力于构建和完善捍卫个体自由、个人幸福的国家制度。英国现代著名新自由主义代表哈耶克曾说：“剥离一切表层之后，自由主义就是立宪主义。”

现代学者将自由主义思想的共同要素归纳为六个方面，这六个方面可以看作自由主义的基本内容，包括个人权利、多元宽容、立宪政府、国家中立、私有财产和市场经济。其中，“个人权利”是指个体具有自主性及个体之所以为个体的价值，其他个体或集体必须对个体价值高度尊重；“立宪政府”意指政府是必要的恶，但为了保障人权而又必须存在。为了

---

① ［美］约翰·麦克里兰：《西方政治思想史》，彭淮栋译，海南出版社 2003 年版，第 479—480、469 页。

② 同上书，第 532 页。

③ 同上书，第 534 页。

防止政府滥用权力，必须以宪法为根本规范，将自由列为不可侵犯的基本人权。现代学者认为，自由主义要想实现上述主张，根本手段是建立民主立宪政体。换言之，只有通过宪法规制和实施立宪主义，才能在社会生活中实现自由主义的目标。[①]

（三）共和主义理论

共和主义认为，政治权威来自人民的同意，所以反对君主和王朝统治。共和主义作为一种平衡的规范性思想观念，不仅追求内部制衡的共和政体、公民对组织国家与国家行为的决定性参与，而且追求法治政府之下公民的合法的自由。[②] 一般认为，共和主义是由柏拉图创立的，经由西塞罗、罗马法学家的发展，到近代的马基雅维利、卢梭等人的阐释逐步发展完善。

例如，意大利政治思想家马基雅维利认为，共和国宪政国家与新式君主制国家相比，有以下明显的优势特征：第一，它能够确保国家与个人的自由，进而增进私人与公共的福利；第二，它以平等为假设而确保人民生活在公正的法治之下。“建立共和制的地方，存在着或能产生显著的平等；与此相反的制度，则存在着显著的不平等。”第三，它不是单纯的多数人统治的民主制，而是由人民代表、贵族代表、选任的国家元首同时参与政治权力的最稳固的混合宪制形态。[③]

此外，在西方宪政思想史上，卢梭还通过“社会契约”的独特规定性，根本性地终结了君主主权的旧的君主制国家的幻想，开创了个人自由、平等参与政治生活的共和政体的思想体系。卢梭认为，基于人民主权的特性，政府只能是主权的受托者，而政体的划分也是以“行政权力受托者的数量原则”来划分的。在卢梭看来，人民主权的共和政体的基本性质包括：第一，人民主权是不可转让的。因为“公意”赖以形成的“意志”，只能由主权者自己表达，只要一旦出现一个主人，就立刻不再有主权者了。第二，人民主权是不可分割的。“因为意志要么是公意，要

① 江宜桦：《自由主义的宪政民主认同》，载《宪政主义与现代国家》，生活·读书·新知三联书店2003年版，第62—63页。

② 王广辉：《比较宪法学》，武汉大学出版社2010年版，第32页。

③ 黄基泉：《西方宪政思想史略》，山东人民出版社2004年版，第92—93页。

么不是；它要么是人民共同体的意志，要么就只是一部分人的”[①] 意志。第三，人民主权是不能被代表的。“主权在本质上是由公意所构成的，而意志又是绝不可以代表的……因此人民的议员就不是也不可能是人民的代表，他们只不过是人民的办事员罢了。”[②] 卢梭的共和主义思想，不同于传统的宪政思想家，正是他所主张的人民主权的共和主义思想，“使得西方文明获得了新生”。[③]

根据共和主义的精髓，国内学者将共和主义归纳为以下几方面内容：(1) 以每个人作为共同体的平等成员为逻辑起点；(2) 强调公民的德行与义务，公共利益高于个人利益；(3) 追求法治政府下的公民无支配的自由，自由作为公共事务而非个人行动；(4) 公民对组织国家与国家行为的决定性参与；(5) 追求一种内部制衡的共和政体；(6) 政治多元主义；(7) 公民自治与地方自治；(8) 人民主权而非君主主权或宗教主权。[④]

二、立宪主义实践

英国是最早产生并实现立宪主义的国家，即所谓的“宪政母国”，因此，对于立宪主义实践来说，17 世纪英国建立宪政制度的经验是至关重要的。1640 年英国爆发了资产阶级革命，一方是英王查理斯一世及其支持者，另一方是以国会为基础的政治力量和在宗教上持异议的清教徒。从此，英国进入了社会动荡的历史时期，至 1688 年“光荣革命”止，先后经历了内战阶段、克伦威尔独裁时期、斯图亚特王朝复辟。“光荣革命”发生的时候，英国正处于斯图亚特王朝的詹姆士二世统治时代，詹姆士二世被推翻以后，王位由玛丽及其丈夫荷兰亲王威廉继承，他们继承王位的前提，就是必须接受国会在 1689 年通过的限制王权、保障人民各项权利的《权利法案》。《权利法案》对英国宪政体制形成的意义是直接的、深远的。

---

① ［法］卢梭：《社会契约论》，何兆武译，商务印书馆 1980 年版，第 36—37 页。

② 同上书，第 125 页。

③ ［美］弗里德里希·沃特金斯：《西方政治传统》，黄辉、杨建译，吉林人民出版社 2001 年版，第 65 页。

④ 王广辉：《比较宪法学》，武汉大学出版社 2010 年版，第 33—34 页。

英格兰传统中的“王在法下”“法律至上”“议会至上”等宪法理念，不仅在《权利法案》中充分展现出来，而且由于这一法案具有持续性、稳定性的法律效力，这些宪法理念在后来的宪政实践中被牢固地确定下来。英国也因此成为世界上最早的君主立宪国家。在这种宪政体制下，国王的权力受制于法律和政府，法律必须由国会通过并经国王签署，国王逐渐丧失了实际的统治权，成为虚位国家元首，而且形式上是国王和国会分享国家最高权力，实际权力完全掌握在议会手中。1701 年，国会通过了《王位继承法》，这部法律不仅旨在解决谁有资格作为英格兰的君主继承安妮女王的王位问题，而且增加了很多十分重要的对《权利法案》的补充条款，其中包括确立司法独立原则的规定。虽然英国是立宪主义先驱，但英国没有制定一部完整的成文宪法，其立宪主义原则，主要贯彻在宪法惯例和日常的实际政治生活当中。

成文宪法是指一部内容完备的宪法典，主要用来调整国家权力与公民权利的法律关系。一般而言，成文宪法是由国家全体公民（或其代表）所制定的，其条款清晰、结构严谨、内容系统全面、稳定性强，是国家的根本大法。1787 年美国宪法便是这种成文宪法的鼻祖和典范。除了英国等极少数国家之外，实行立宪主义的现代国家都拥有一部成文宪法。

美国宪法的产生是与美国革命联系在一起的。美国宪法的历史轨迹，大致经历了由发表《独立宣言》宣告独立，到大陆会议制定《邦联条款》，再到制宪会议制定美国联邦宪法的历史过程。其中，《独立宣言》第一次以政治纲领的形式，向全世界宣告了民主共和的原则，它所宣扬的人权观念、政府有限性原则以及正当性原则，成为美国立宪主义文化的重要元素，其对美国宪法的影响是不言而喻的。《邦联条例》虽然对推进独立革命的进程、加强各州之间的联系起了不可忽视的作用，但是，它并未在美国导致全国性政府的产生，邦联没有行政部门，没有全国法院系统，不能征税，也没有任何直接统治公民的权力。为改变这种被麦迪逊称为“头脑听从四肢的动物”的体制，建立强有力的政府，制宪会议制定了美国宪法，根据宪法构建了三权分立的政府。美国立宪主义继承了英国普通法的法治传统、法国 18 世纪启蒙时代凭理性建构更完美的政治秩序的精神，发扬了英国思想家洛克的社会契约理念和自然权利的人权思想，以及法国思想家孟德斯鸠的三权分立政制设计思想，同时充分体现了突破欧洲政治传统的原创性，并表现为以下几个方面。

第一，美国在国家结构形式上创立了世界上第一个大的联邦制共和国，这种联邦制是与三权分立原则相结合的，包括国家行政机关、立法机关和司法机关之间的横向分权和制衡，以及联邦中央与各州之间的纵向分权和制衡。联邦主义是美国的制度创新，被誉为美国对政治科学最伟大的贡献之一。

第二，在宪政体制内容上确立了三权分立与相互制衡的政治体制。美国宪法的分权与制衡原则体现在宪法前三条当中，这三个条文分别设立了国会、总统、联邦法院三个部门，各自行使不同的权力，但又相互制约和平衡，没有任何一个部门可以完全脱离其他部门的制约。“权力分立和相互制约以求平衡，是美国宪法分权原则的核心。”①

第三，在形式上创立了统一的法典，成为世界上第一部成文宪法。美国宪法由序言和 7 条正文组成，确立了分权制衡、联邦主义、代议制共和政府、司法审查等宪法原则，规定了宪法修改的特别程序。1791 年通过的 10 条宪法修正案组成的“权利法案”，确认和保障了个人的基本权利。

美国立宪主义的内容和形式，为后世许多国家所效仿。1789 年，法国大革命爆发，立宪主义理论和实践在欧洲取得了继 17 世纪英国革命以来的重大突破。法国大革命最主要的思想导师是卢梭，他关于“主权在民”的主张，在长期奉行君主制的欧洲具有革命性的意义。相对于美国二百多年来仅有一部宪法而言，法国大革命以来的历史上共产生过 15 部宪法，其间连续经历过 3 次君主立宪制、2 次帝制、5 次共和制。自 1789 年第一部宪法问世，至 1958 年第五共和国宪法产生，这一百多年间，平均每隔 11 年就有一部新宪法问世，宪法更新之频繁为世界所罕见。立宪活动与每次政体之争、政权更替形影不离，宪法以新换旧变成了激进与保守势力较量的不可或缺的一环，更是一派战胜另一派的显著标志。② 法国大革命时期最有代表性和对后世影响最大的立宪主义文献，是国民议会在 1789 年 8 月颁布的《人和公民的权利宣言》（简称《人权宣言》）。《人权宣言》把自然的、不可剥夺的和神圣的人权阐明于庄严的宣言之中，并规定：“在权利方面，人们生来是而且始终是自由平等的”（第 1 条）；“凡权利无保障和分权未确立的社会，就没有宪法”（第 16 条）等内容，

① 王名扬：《美国行政法》（上），中国法制出版社 1995 年版，第 92 页。

② 韩大元：《外国宪法》，中国人民大学出版社 2009 年版，第 51 页。

从而在法国确立了国民主权、自由平等、财产不受侵犯、权力分立的宪法原则，不仅成为法国“大革命和自有的信条”，也是“新时代的信条”，“它可以看作政治民主和社会民主的宪章，成为法国所有宪法和迄今为止世界上大多数宪法的基础”。[①]

受18世纪末期美国、法国立宪的影响，立宪运动席卷欧洲大陆，各国相继制定成文宪法。进入20世纪以后，西方国家的宪法在内容上出现一些新的趋势，一方面变得越来越趋向于民主，选举权逐渐扩展到不分种族不分性别的全体公民；另一方面政府对经济和社会领域的介入越来越深，公民权利除传统的人身权、财产权和表达自由之外，经济权利和社会权利逐渐被纳入公民权利范畴。1919年，德国《魏玛宪法》的诞生，便是20世纪立宪主义新思潮的标志。

此外，各国宪法还适当调整了立法、行政、司法三机关的关系，强化宪法监督制约机制；调整中央与地方的关系，给予或扩大地方自治权等，从而使宪法的民主性得到了加强。目前，随着社会政治、经济和文化事业的飞速发展，以及科学技术的不断进步，当代宪法更加重视人权保障，扩大公民权利；更加重视宪法实施和监督，维护宪法权威；同时，也更加重视国际协作，维护世界和平。

社会主义国家的立宪实践，起源于1918年的《俄罗斯社会主义联邦共和国宪法（根本法）》（简称《苏俄宪法》）。1917年，俄国十月革命胜利后，苏俄共产党创立了世界上第一个社会主义国家，标志着社会主义民主政治的开端。1918年7月，第五次全俄苏维埃代表大会颁布的《苏俄宪法》，是世界上第一部社会主义性质的宪法，它宣布国家政权属于劳动人民，实行无产阶级和贫农的专政。这部宪法对苏俄社会主义过渡时期的革命和建设发挥了重要作用。1924年1月，全联盟苏维埃第二次代表大会通过了第一部苏联宪法，1936年又通过了第二部苏联宪法，标志着苏联已经进入了完全的社会主义社会。

中国的立宪运动从清朝末年开始，“一百多年以来，中国革命同反革命的激烈的斗争没有停止过。这种激烈的斗争反映在国家制度的问题上，

---

① 洪波：《法国政治制度变迁——从大革命到第五共和国》，中国社会科学出版社1993年版，第57页。

就表现为三种不同的势力所要求的三种不同的宪法"①。这三种不同的宪法是从晚清皇帝、北洋军阀政府一直到国民党政府所炮制的伪宪法，中国民族资产阶级所向往的资产阶级共和国宪法，工人阶级领导的、以工农联盟为基础的人民共和国宪法。它们在制宪背景、主体、内容、性质、实现程度等方面各有特色、差距巨大，共同演绎了中国宪法产生和发展的历史过程。其中，以孙中山为首的资产阶级革命派，于1912年3月颁布的《临时约法》，是中国仅有的一部资产阶级民主共和国性质的宪法，它以根本法的形式确立了主权在民、人人平等、三权分立等资产阶级民主原则，树立了民主观念，具有反封建的重大进步意义。

新中国成立后，中国共产党根据当时的形势、建国后各个历史阶段的国情及其特点，领导人民政权先后制定、颁布了《中国人民政治协商会议共同纲领》(以下简称《共同纲领》)、"五四宪法""七五宪法""七八宪法"和"八二宪法"。"五四宪法"以《共同纲领》为基础，记载了中国人民一百多年来英勇斗争的胜利成果，总结了新中国成立五年来革命和建设的经验，确立了社会主义原则和人民民主原则，确认了生产资料公有制和实行社会主义建设、改造的基本路线。

1954年宪法作为中国第一部社会主义类型的宪法，无论是它的指导思想、基本原则、主要内容还是结构形式，都受到了人们的普遍称赞。1982年宪法继承和发展了1954年宪法的基本原则，规定了国家的根本任务和发展措施，充分体现了社会主义民主法制精神，具有广泛真实的群众基础和极其深厚的社会基础，成为新中国建立以来最好的一部宪法。1982年宪法在实施过程中，已经经过四次部分修改，通过了31条修正案，增加和修改了诸如"中国共产党领导的多党合作和政治协商制度将长期存在和发展""国家实行社会主义市场经济""中华人民共和国实行依法治国，建设社会主义法治国家""国家尊重和保障人权"，以及"公民的合法的私有财产不受侵犯"等条款。1982年宪法及其修正案表明，在改革推动下的宪法发展，有了更为明确的走向和特点。在宪法精神鼓舞下，人民的宪法意识日益觉醒并不断提高，执政党依宪执政、政府依宪行政、司法机关公正司法成为当前和未来治国理政的新要求和新特点，国家权力受

① 刘少奇：《关于中华人民共和国宪法草案的报告》，《人民日报》1954年9月16日。

宪法和法律约束的理念深入人心，公民权利日益得到尊重和保障，宪法解释和宪法监督制度建设已经起步。

三、立宪主义制度

立宪主义制度主要是通过政治权力多元分配，从而控制政府强制性权力的政治制度。[①] 立宪主义制度是由一系列具体制度构成的，它是在国家机关具体运作权力及合作互动中，通过改变传统社会中国家分裂或集权专制状态，从而把国家改造成为维护政治正义和社会公正的机器，进而在实现有效控制政府权力和保障人权的过程中，才最终建立起来的。通过对各国宪法的比较研究发现，它们都在总体框架上存在着一些共性的制度结构，正是这些共性的制度结构搭建了一个国家的立宪主义制度，因此，把握这些制度形态及制度理念，对于完善立宪主义制度有着重要的借鉴效应。具体说来，这些制度主要包括代议制度、分权制度、政党制度和人权保障制度，它们共同构成了立宪主义制度的基本框架。其中，代议制度是立宪主义制度的核心，是现代民主政治的重要载体，是限制政府权力、保障人权的基石，也是政党制度的前提。

（一）代议制度

代议制是议会制或代议民主制的简称，其具体形式在不同时期、不同国家有着很大差异。代议是“指由某一个人代表某一特定的群体，同另一代表其他群体的人，就彼此共同面临的问题（或事务）进行商议、讨论，必要时共同做出决定，以便他们所代表的群体，能采取相互一致的行动”[②]。代议制是与直接民主制相对应的，最早产生于古希腊的城邦共和制国家，13世纪英国出现著名的“大会议”和“模范会议”的代议制形式，中世纪一些欧洲封建城市共和国相继采取的代议制的内容和形式，如法国的“三级会议”，德国的“帝国议会”，但是这时的代议制，形式大于内容，本质上还是封建专制，不能称为真正意义上的代议制度，或者说，主要是封建贵族对抗王权的代议制。

近代意义上的代议制度起源于英国，英国议会被称为“议会之母”。

---

① ［美］斯科特·戈登：《控制国家——西方宪政的历史》，应奇等译，江苏人民出版社2001年版，第62页。

② 田穗生等：《中外代议制度比较》，商务印书馆2000年版，第1—2页。

1688 年“光荣革命”后，产生了等级代表会议，到 1689 年和 1701 年，议会先后通过了《权利法案》和《王位继承法》，从法律上确立了议会的权威，确认了议会在国家的最高立法机构和最高权力机关的地位，英国实现了由中世纪封建国家向现代资产阶级国家的转型。到 19 世纪中叶，英国最终确立了责任制政府，即政府必须得到平民院多数议员的支持和信任才能执政，从而使议会成为国家生活的核心。1911 年制定的《议会法》、1949 年通过的新的《议会法》进一步加强了平民院的优先地位。

继英国之后，其他资产阶级国家纷纷效仿英国，建立本国的议会民主制度。美国国会是根据 1787 年宪法设立的。联邦宪法第 1 条明确规定："本宪法所授予的立法权，均属于由参议院和众议院所组成的合众国国会。"与英国不同的是，美国国会为联邦立法机关，而不是国家最高权力机关，但是美国国会所享有的权力比其他西方国家立法机构所拥有的权力要大。纵观美国宪政发展史，我们可以看到，自美国宪法颁布实施到 20 世纪初这一个半世纪的绝大部分时间里，国会在美国政治生活中都居于主导地位。目前，美国国会像所有其他国家一样，其权力与行政部门相比正在下降，但国会仍然就国内外政策、政府在社会中的作用，以及政府活动获得资金的方法等方面继续发挥着重要作用。①

与英国议会相似，法国的议会也起源于封建社会的三级议会，它是国王为了消除教会势力支持的封建领主的分权倾向，实现国王专制集权，同市民阶层结盟的产物，但是三级议会基本上只是国王的咨询机关和御用工具，而不是现代意义上的国会。1791 年 9 月法国制定了第一部宪法，宪法设立的一院制议会为最高立法机关，从此，现代法国资产阶级议会正式建立。此后，法国又经历了几次复辟与反复辟的斗争，到 1875 年才确立了资产阶级代议制民主共和政体。法国现行的议会制度，是根据 1958 年第五共和国宪法确立的。根据该宪法的规定，议会由国民议会和参议院两院组成，行使立法权。但与其他国家不同的是，法国议会立法权的行使需要政府的密切协调合作，被称为“理性化的议会制”。英、美、法三国是世界上最早确立议会制度的国家。此后，议会制很快传播到欧洲大陆各国，到 20 世纪中叶，一批民族国家结束了殖民统治，建国后也大都建立

① 韩大元：《外国宪法》，中国人民大学出版社 2009 年版，第 257 页。

了议会制度。

社会主义国家的代议制最早起源于 1918 年的《苏俄宪法》，该宪法规定，全俄苏维埃代表大会为最高国家权力机关，它有修改宪法、制定法律，决定国家内政外交等重大政策的权力。中国的代议制是人民代表大会制度。中国现行宪法规定：中华人民共和国全国人民代表大会是最高国家权力机关，它的常设机关是全国人民代表大会常务委员会。全国人民代表大会及其常务委员会行使国家立法权。

中国的人民代表大会与西方国家的代议制不同，其差异表现为：

第一，西方国家的代议制实行三权分立制；而人民代表大会制度以“议行合一”、民主集中制作为组织国家政权机关的基本原则。

第二，西方除议会制国家之外，立法机构、行政机构、司法机构是独立的，立法、行政、司法三权之间互相制约；而中国人民代表大会则是国家最高权力机关，国家行政机关、审判机关、检察机关都由人民代表大会产生，对它负责，受它监督。因此，人民代表大会的法律地位高于西方国家的议会。

第三，西方国家的议会议员是专业化的，议员一般为专职议员，不得在国家其他机构兼任职务；而中国人民代表大会代表实行兼职制度，在代表资格认定、产生、履职方式等方面不同于西方国家议员。

总之，人民代表大会制是中国政治社会发展的产物，是符合现阶段中国国情的代议制度。中国人民代表大会制度建立以来，虽然在国家生活中没有发挥出如同西方议会那样强有力的影响，但是，近年来随着政治制度改革的推进，人民代表大会的职能正在得到加强，特别是人大的立法职能愈发显著，《物权法》《反垄断法》《劳动合同法》《立法法》《监督法》等一系列影响社会经济、政治发展的重要法律的制定，凸显了人大在国家权力系统中的核心地位。同时，人大代表选举制度也正趋完善。

（二）分权制度

分权制度是立宪主义制度的重要组成部分，是限制政府权力的关键。分权制度包括分权和制衡两个要素。立法权、行政权、司法权既相互独立，又互相合作与制衡。一般而言，立法机关由代表选举产生，行政机关在议会制国家中由议会选举产生，在总统制国家中由选民通过直接或间接方式选举产生，司法机关一般由政府提名，经过代表机关的批准。分权制度的分权是将立法、行政、司法权分别交由三个国家机关行使，互不干涉。此外，三权之间还相互制衡。例如，在议会制国家中，议会可以通过不信任案迫使政府辞职，政府也可以解散议会。在总统制国家中，总统可以否决国会的法案，国会也可因总统违宪而对其弹劾。立宪主义的分权制衡制度防止了公权力的滥用和专断，对于保障公民自由和权利具有重要意义。[①] 分权制度是近代资产阶级启蒙思想家们提出来的制度构想，资产阶级革命胜利后，在国家政治生活中得以贯彻。

1. 分权制度的传统含义。立法、行政、司法三权分立学说的首创者是法国的孟德斯鸠。他在《论法的精神》一书中指出："一切有权力的人都容易滥用权力，这是万古不变的一条经验。有权力的人使用权力一直到遇有界限的地方才休止。" "从事物的性质来说，要防止滥用权力，就必须以权力约束权力。我们可以有一种政制，不强迫任何人去做法律所不强制他做的事，也不禁止任何人去做法律所许可的事。"[②] 孟德斯鸠将国家权力分为立法、行政和司法三种权力，其中"立法机关……受行政权的约束，行政权又受立法权的约束"，而司法机关是独立于立法和行政机关的。孟德斯鸠对分权学说的重大贡献，在于他提出了独立的司法权的思想，这一思想较之于洛克的两权分立思想前进了一步。在孟德斯鸠那里，司法机关的独立性表现为，它可以对一切社会成员、社会团体的行为进行监督，而不受立法机关或行政机关干涉。通过孟德斯鸠对国家权力的划分和制度安排，使三权之间形成了既各自独立又相互制约的环链，从而能够达到约束国家公权和保障人民权利的目的。孟德斯鸠的权力分立理论，也成为美国革命时期的经典政治信条，"他们全心全意地接受孟德斯鸠的学说，并据以行事。先辈们坚信除非政府的三种权力——立法权、行政权和司法权——分立，每种权力都单独设立一个政府机关，否则政治自由就靠不住"[③]。

联邦党人将三权分立理论运用到美国的宪政实践之中，并在实践中进一步发展和完善了这一学说：（1）主张双重分权。双重分权是针对单层分权而言的。单层分权的代表即孟德斯鸠，它是指在中央集权的单一制国

① 韩大元：《外国宪法》，中国人民大学出版社 2009 年版，第 252 页。

② ［法］孟德斯鸠：《论法的精神》，张雁深译（上册），商务印书馆 1982 年版，第 154—156 页。

③ ［美］梅里亚姆：《美国政治学说史》，朱曾汶译，商务印书馆 1988 年版，第 42 页。

家结构形式中，中央国家权力机关之间横向的分权。双重分权的基础则是联邦制的国家结构形式，在这种结构形式中，既有中央国家机关之间、地方国家之间的横向分权，又有中央和地方之间的纵向分权，如此形成一种双重分权模式，也称为立体分权或网络状分权。（2）主张相对分权。相对分权是和绝对分权相对而言。绝对分权即权力之间完全分开，无任何联系。而相对分权则是在权力的主要内容和行使方式等方面，采取分立的形式，而权力之间由于为达到某一目的也相互联系。如，美国人事任免权的行使，就需要国会和总统权力的联合行使。正如汉密尔顿所说："只要各个权力部门在主要方面保持分离，就并不排除为了特定目的予以局部的混合。此种局部混合，在某些情况下，不但并非不当，而且对于各权力部门之间相互制约甚至还是必要的。"① （3）加强司法机关的地位，建立司法审查制度。司法独立的思想虽然早已提出，但是在刚刚独立的美国，联邦司法机关却是最弱的，人们宁可担任州的州长，也不愿意做联邦司法法院的法官，因为联邦法院相对于掌握行政权的总统和财政权的国会而言，其仅有判断权，因而常常受到挤压。为提高联邦法院的地位，汉密尔顿认为："法院必须有宣布违反宪法明文规定的立法为无效之权，如无此规定，则一切保留特定权力与特权的条款将形同虚设。"②

2. 分权制度的实践。分权制度在不同时期、不同国家表现形式不同。如果说议会主权是英国宪法最核心的原则，那么分权则是美国宪法中最核心的原则。当然，20 世纪以来，随着英国将《欧洲人权公约》纳入国内法律体系，其议会主权原则也受到了一定影响，表现为司法机关可以通过宣布议会法律违反《欧洲人权公约》而加强司法机关的宪法监督权，并且事实性地削弱了议会的主权。司法机关获得否定立法机关的机会与能力，对于英国宪法传统的"议会至上"的原则是一种动摇，其结果是在走向或体现了分权与制衡的宪法原则。美国是三权分立的典型国家，通过复杂的纵向分权、横向分权、刚性分权、柔性分权以及各权力内部的分权设计，制宪者创造了一套以冲突求平衡、以变动求稳定的国家制度，较好

① ［美］亚历山大·汉密尔顿、杰伊、麦迪逊：《联邦党人文集》，程逢如、在汉、舒逊译，商务印书馆 1980 年版，第 337 页。

② 同上书，第 391—392 页。

地解决了制度稳定性与灵活性之间的内在冲突。[①] 具体表现为，国会行使立法权和财政权，如果总统的决定违背国会的立法意愿，可以通过国会立法对总统加以限制，甚至通过立法手段对行政系统的财政经费进行控制，这样，便可以使立法机关有效地制约以总统为代表的行政机关。而总统又可以基于宪政制度，否决国会的一些在行政系统看来不利于国家的法案。较立法和行政机构而言，联邦法院既无财权也无军权，在三权中相对较弱。但是，1803 年发生的马伯里诉麦迪逊案，创设了司法审查的先例，从此，联邦最高法院获得了对立法和行政活动进行合宪性审查的权力，也就是说，在联邦最高法院看来，只要立法和行政权侵害了国家和公民个人利益，就可以利用违宪审查制度予以否决。至此，形成了所谓三权分立、彼此制衡的宪政结构。正是分权与制衡的追求和制度设计，使得美国宪法对后世具有普遍的参考意义。

3. 分权制度的现代变形。随着现代社会的发展，权力分立制度的内含也随之变化。根据各国宪政发展的实际，日本学者将权力分立制度在现代的变化概括为三个方面：（1）由于 20 世纪积极国家和社会国家的形成，行政活动的任务飞速增加，行政权异常强大；作为法的执行机关和行政机关，在形成与决定国家基本政策时，事实上扮演中心角色的“行政国家”现象愈益显著。(2）作为连接公民与议会组织的政党，愈益发达；在形成国家意志时，由政党扮演事实上主导角色的“政党国家”现象产生；传统上议会与政府的关系，功能地变化为政府执政党与在野党的对抗关系。其结果是，传统议会内阁制的各种特征，像政府对议会的连带责任，及由国会立法与监督行政诸原则等所具有的政治意义大为变化；规范与现象未必一致。(3）由法院执掌的违宪审查制已渐建立，司法权能控制议会与政府活动的“司法国家”现象也愈益发展。[②] 此外，如果说传统的分权学说只不过是国王、贵族或资产阶级之间的阶级分权，那么现代分权理论则是众多社会利益集团之间的分权，包括社会权力与国家权力之间的分立与制衡；人权与政权之间的分立与制衡等。这种分权已经从传统的强调内部分权与制衡走向日益关注外部分权与外部控制，从传统的阶级分权理论走向不同的社会群体的分权，而人民的政治自由才真正是现代分权

---

① 胡锦光：《外国宪法》，法律出版社 2011 年版，第 58 页。

② ［日］芦部信喜：《宪法》，李鸿喜译，台北月旦出版公司 1995 年版，第 255—257 页。

制衡学说的根本动因和直接目的。[①]

以权力制约权力，是近代各国宪法的重要原则和核心内容之一。中国一般不把“三权分立”看作宪法原则，而是普遍确认权力的统一和民主集中制原则。中国宪法理论认为，国家权力从来是统一的、不可分的，所谓“三权分立”只是国家机关之间的分工而非“分权”。同时，中国宪法理论也承认资产阶级启蒙思想家关于任何权力都应当受制约的一般原理，也就是说，权力制约机制的原理普遍适应于包括中国在内的以宪法为根本法的国家。但是，权力制约作为社会主义国家的宪法原则，其理论基础必然是马克思主义人民主权的基本原理，其外在表现形式也不可能照搬西方国家的“三权分立”。中国的权力制约原则在理论上确认国家权力的不可分割性，在实践中以人民的代表机关为统一行使国家权力的机关。当然，民主集中制并不排斥行使国家权力的各部门之间的分工，也不排斥权力的监督制约机制，而是以代表人民意志的全国人民代表大会和地方各级人民代表大会作为统一行使国家权力的机关，其他国家机关都由民主选举产生，对它负责，受它监督。因此，民主集中制一方面体现了人民是国家一切权力的源泉，另一方面国家权力制约的关系也十分明确，但是其前提必须是在人民代表机关统一行使国家权力的前提下。

（三）政党制度

如果民主政治有一条“铁律”的话，那就是任何现代民主政体都离不开政党政治。19世纪以来，民主制度之所以获得成功并受到推崇，很大程度上有赖于政党制度的发展。

近代意义的政党是随着资本主义商品经济、议会斗争、自由民主思想的发展而出现的。具体来说，随着社会经济的发展，利益冲突与阶级冲突日益明显并公开化，人们也同时有了为自己的利益而干预权力的强烈欲望，这一欲望通过议会的竞选活动得以实现。因此，议会制度的形成，催生了政党政治和政党制度。议会政治消除了个人垄断国家权力的可能性，在议会政治之下，任何人若想实际控制国家权力，必须依靠有组织的力量和正确的政策和策略，并且能够赢得人心。议会竞选是力量、政策和人心的较量，只有将分散的力量组织起来，才能赢得竞选，这是政党产生的直

① 何勤华主编：《20世纪西方宪政的发展及其变革》，法律出版社2005年版，第86页。

接原因。

在历史上，资产阶级政党起源于17世纪70年代英国的辉格党和托利党。当时辉格党和托利党还只是议会中不同的政治派别，其中，托利党代表没落的封建地主阶级利益，他们是资产阶级的死敌。辉格党的成分比较复杂，既有在资产阶级革命中兴起的新贵族，也有精于谋财治业的商人、金融家和自由职业者，他们一方面同意保留君主制；另一方面，又坚持限制王权，扩大议会权力。19世纪30年代后，随着《选举改革法》的实施，选举范围日益扩大，竞选者要想在选举中获胜，必须依靠政党的力量，此时，辉格党和托利党进一步发展，并逐渐演变为自由党和保守党，从而确立了全国性的政党制度。

美国独立战争后，在讨论和批准1787年宪法时，内部出现了不同的政治倾向，形成了联邦党人和反联邦党人两个派别，其中，前者以亚历山大·汉密尔顿、詹姆斯·麦迪逊和约翰·杰伊等人为代表，赞成新宪法，并主张建立强有力的联邦，他们以“普布利乌斯”为笔名，在报纸上连续发表了85篇文章，形成《联邦党人文集》。与此相对应，尽管没有一种一致的反联邦党人思想，但在联邦与各州权限以及公债、设立国家银行等问题上，与联邦党人存在着严重分歧的一派，被称为“反联邦党人”，并最终导致共和党和联邦党的出现。共和党于1791年成立，代表资产阶级民主派、州权派等利益，主张对宪法从严解释，反对授予联邦政府太多的权力，要求扩大州权、保障自由，认为应该在宪法中加上保障人民权利的条款后，再批准其实施。共和党的领袖是国务卿杰斐逊，因此又被称为杰斐逊共和党，该党于1794年改称为民主共和党。联邦党成立于1795年，代表东北部大资产阶级、大商人利益，主张对宪法从宽解释，建立强有力的联邦政府，要求批准联邦宪法，其领袖是财政部长汉密尔顿。此后两党经过多次分裂组合，最终演变为民主党和共和党。南北战争结束以后，形成两党轮流执政的政治格局。

在法国，1789年资产阶级革命爆发后，围绕赞成君主制还是共和制的争论，在议会中形成左、中、右三派，政权在各政党之间频繁更替，政体极不稳定。在法国政治进程中，先后有十余个党派登上政治舞台，并且每次政体之争和政权更替，都与立宪活动形影不离。自1791年第一部宪法颁布到1958年第五共和国宪法为止，法国历史上共出现15部宪法，宪法频繁更迭是一派战胜另一派的显著标志，也是激进与保守的政治势力较量的结果。1870 年法国第三共和国建立时，多党制在法国正式确立。1958 年法国第五共和国建立以后，最终形成了“四党两派”的政党格局，并且一致延续至今。

继英、美、法之后，世界上其他国家和地区也相继建立了政党。第二次世界大战后，西方资本主义国家已经形成了比较成熟的政党政治，与此同时，社会主义国家的政党也已形成。1847 年，在伦敦建立的共产主义者同盟，是世界上第一个以科学社会主义为指导的无产阶级政党。俄国十月革命后，世界上出现了第一个社会主义政权，受其鼓舞，社会主义政党在世界许多国家纷纷建立，中国共产党也于 1921 年成立。二战后，随着一些国家的共产党相继执政，政党几乎成了各国普遍的政治现象，在政治实践中发挥着越来越大的作用，表现为：政党“是民主政府的必要机构。它们筛选领袖、形成议题、结合利益、组织政府并制订政策。正如德国宪法法院所承认的，在具有成千上万选民的现代国家，政党是履行这些职能的理性和民主手段：理性是因为它们为选民提供了政策选择；民主是因为它们提供了多数规则和在人们赞同下统治的机制”①。

但是，不同国家的政党制度，对国家政权机制的实际影响并不相同。例如，资本主义国家的两党制与多党制，对国家政权机制的影响就不一样。在英美等两党制国家，建立的政权机制通常是两党轮流执政，一党为执政党，包揽一切立法和行政大权，另一党为在野党，负责对执政党的活动进行监督。而欧洲大陆的以多党制为基础的政府，在议会制度下就不稳定，政党四分五裂，政府往往依靠各党的联合执政来运行。即便同是两党制的英国和美国，各自也有其不同的特点。英国是议会制国家，议会中的多数党就是执政党，政党与政府彼此协同，合二为一。美国是总统制国家，国会中的多数党不一定是执政党，只有赢得总统选举的政党才是执政党。

在社会主义国家，无论在政权组织还是在政权运行中，共产党都处于政治领导地位，并且始终代表着最广大人民的利益。换言之，整个政党制度和政权机制，都服从于一个根本目的：维护和实现广大人民的利益。尽管自政党产生后，各国政治实践中都非常重视政党的作用。但由于在制定

---

① 张千帆：《宪法学讲义》，北京大学出版社 2012 年版，第 388 页。

宪法时，现代意义上的政党还不存在，因此许多国家的宪法并没有提到政党。直到二战以后，有些西方国家出于对法西斯主义、共产主义等的恐惧，才越来越明确要求把政党法律化，使政党的活动纳入资产阶级法治轨道。例如，法国第五共和国宪法第4条规定："各政党和政治团体协助进行选举。各政党和政治团体可自由地组织并开展活动，它们应该遵守国家主权原则和民主原则"，等等。在社会主义国家的宪法中，同样也包括这方面的内容。其规定大体有两个方面：一是明确规定无产阶级政党在国家中的领导地位；二是在存在民主党派的国家，一般都明示或暗示这些民主政党的合法地位以及与无产阶级政党的合作关系。例如，中国现行宪法规定：中国共产党是各族人民的领导政党，中国共产党领导的多党合作和政治协商制度将长期存在和发展。

总之，以上分析可以看出，政党制度是民主宪政发展的产物，反过来，政党制度又通过解决民主宪政中不同群体间的矛盾和冲突、扩大政治参与等措施，促进了近现代民主宪政的发展。

（四）人权保障制度

保障人权是立宪主义的最高价值。近代宪法产生以来，各国都以根本法的形式确定了人权内容及其保护措施，并逐渐在立法、司法实践中形成不同层次的人权保障机制。尽管各国宪法对人权立宪模式不同，但各国立宪对人权保障的形式基本相同，即明确规定人权基本原则或只规定公民的基本权利，同时大都对人权做了基本分类，并认为人权原则有赖于具有操作性的违宪审查制度的落实。

1. 英国的人权立宪及其保障机制

英国是现代人权保障原则的发源地，1215年签订的《自由大宪章》首先引入了法定诉讼程序和陪审团审理案件的概念，但是《自由大宪章》的产生，是贵族与国王斗争的结果，因此其所主张的权利主要是指贵族特权；1689年国会签署的《权利法案》，承认言论自由、选举权、申诉权、不得受到残酷的惩罚等个人权利和自由，并将国王的多数权力限制在议会允许的范围内，如未经议会同意，国王不得实施和废除法律、收税、在和平时期招募和保持常备军。《权利法案》是英国资产阶级革命取得的重要成果，它进一步限制了王权，确定了"议会至上""王在法下""法律至上"的原则，尽管这一法案主要涉及议会在君主面前的自由，而不是每个公民的个人自由，但是，它已经暗含着一般的人权保障原则。

《权利法案》颁布后，英国一直没有制定专门的保障人权的法律，英国现代关于权利法案的争论始于1968年。自那时起，有议员多次提出议会应将《欧洲人权公约》纳入国内法，在人权问题上给予司法机关类似美国最高法院的违宪审查权。1977年，英国上院设立关于权利法案问题的特别委员会，但其调查结论认为，专门的权利法案是对英国传统宪法的明显背离，因为可能会导致议会主权原则的变更，而即使是对议会主权原则较为温和的变更也是不可接受的。20世纪80年代后，质疑这一传统观念的呼声日益上升并且占据了优势，导致英国最终于1998年11月通过了《人权法案》。《人权法案》的实施，不仅体现了较充分的对于公民基本权利的确认与保护，更重要的是，司法机关可以通过宣布议会法律违反《欧洲人权公约》而加强司法机关的宪法监督权，并且事实性地削弱了议会的主权。[①]《人权法案》包括22个“条款的议定”和4个附件。其权利内容为生命权、禁止酷刑、禁止奴隶制和强迫劳动、自由和安全、法无规定不受处分、尊重个人和家庭生活的权利、思想良心和宗教自由、言论自由、集会和结社自由、结婚的权利、禁止歧视、禁止滥用权利、财产保护、教育权、自由选举权和废除死刑，等等。

总之，1998年《人权法案》将《欧洲人权公约》引入国内法，使公民在英国法庭可以直接引用公约条款保护自己的权利，并规定了公共权力机构行为与公约权利保护一致的义务，无疑加强了对人权的保护。

2. 美国的人权立宪及其保障机制

保障人权是美国宪法的一项基本原则，然而，美国在最初制定宪法时，几乎没有提到个人权利，因为宪法之父们认为，他们正在创立的权力有限的全国性政府，不会成为个人自由和财产的威胁。但是，托马斯·杰斐逊对于宪法中没有规定保障公民权利的条款深感失望。1791年，美国国会批准了保障公民权利的十个宪法修正案即《权利法案》，除此之外，关于保障公民权利的法案，还包括南北战争期间及战争结束后制定的宪法第13条、第14条、第15条修正案，1919年制定的宪法第11条修正案，第二次世界大战后制定的第24条和第26条修正案，1972年制定的第27条修正案。纵观美国各个历史时期制定的关于公民基本权利的宪法条文，

---

① 胡锦光：《外国宪法》，法律出版社2011年版，第9页。

其公民权利可概括为以下几个方面。

（1）正当法律程序的权利。宪法第5条修正案规定，未经正当法律程序，不得剥夺任何人的生命、自由和财产。凡私有财产，非有恰当的补偿，不得收为公有。第14条修正案规定，任何州不得未经正当的法律程序而剥夺任何人的生命、自由和财产。在美国最高法院的解释和宪法学中，法律的正当程序一般可分为两类：实体性正当程序和程序性正当程序。前者是指："宪法保护任何人不应被专横地剥夺生命、自由或财产。实体性正当程序的实质是不受专横和无理行为侵犯的保护。"后者指："宪法修正案第14条规定对人民自由和财产的保护，程序性正当程序的中心是其权利受影响的当事人应被听取，合理的通知和被听取的机会并提出任何要求或辩护，都体现在'程序性正当程序'一词中。"[①] 美国宪法一般用于实体性正当程序保护的权利主要有：隐私权、婚姻和家庭权利等；用于程序性正当程序保护的，有生命、自由和财产权，尤其突出的是司法程序权内容丰富，包括实行陪审制、不得强迫被告自证其罪，以及人身不受非法定程序的拘捕、搜查和扣押等。

（2）平等保护的权利。美国宪法规定的平等权，主要体现为公民在适用法律上平等、种族平等、男女平等、社会地位以及选举权等方面平等。例如，关于种族平等，第13条修正案废除了奴隶制，第15条修正案规定：合众国或其任何一州不得因种族、肤色或曾为奴隶而拒绝或剥夺合众国公民的投票权。即黑人享有与白人一样的选举权，各州不得因人种、肤色不同而剥夺公民选举权。

（3）言论和宗教自由。《权利法案》第1条规定："国会不得制定关于下列事项的法律：确立国教或禁止信教自由；剥夺言论自由或出版自由；或剥夺人民和平集会和向政府请愿伸冤的权利。"在宪法修正案中，这是最重要的一条，是美国宪法的灵魂所在，成为继任政府不能以紧急状态、战争状态或其他任何非常状态为借口，剥夺、削减或限制人民的宗教、言论及出版自由的正当理由，同时也是联邦法院判决的重要依据和社会争议的焦点。关于宗教自由包含两层含义：一是不得设立国教，这一条款与西方传统的政教合一制度不同，它规定国家没有权力或资格在宗教事

① 沈宗灵：《比较宪法》，北京大学出版社2002年版，第85页。

务中担当仲裁者的角色，其所治理的只是社会公共事务；二是宗教实践自由，也就是说第一修正案条款确保了在不违法的前提下，可以自由地实践，公共权力不能加以制止。

（4）个人保护的权利。宪法第9条修正案规定，联邦宪法未作列举而被认为应由人民所保留之权利，不得予以取消或轻视。第10条修正案规定，联邦宪法未授予联邦或未禁止各州行使的权力，由各州和公民继续保留。上述两个修正案，使宪法未列举的公民权利也能得到有效保障。

3. 法国的人权立宪及其保障机制

法国是世界上立宪最频繁的西方国家，在法国大革命的每一阶段，都有作为革命纲领和成果的宪法性文件和宪法颁布。自1791年第一部宪法颁布到1958年第五共和国宪法为止，法国历史上共出现过15部宪法，其中具有代表性的有1791年宪法、1793年宪法、1795年宪法、1799年宪法。然而，比上述宪法更具有世界意义的是1789年的《人权与公民权利宣言》（简称《人权宣言》）的发表。

《人权宣言》以美国的《独立宣言》为蓝本，采用18世纪的资产阶级启蒙学说和自然权利理论，不仅阐明了其对人权本身的诉求，而且确立了构建新社会的政治原则、组织原则和理论基础。《人权宣言》共17条，其中第1、2、6、10、11、17条规定了“人的天赋的和不可侵犯的权利”：自由、平等、财产、安全、反抗压迫、宗教信仰、言论著述和出版自由；第3条规定了“国民是一切主权之源”；第4、5条规定了对自由的限制；第7、8条和第16条分别规定了司法原则和分权原则。概括而言，《人权宣言》的人权价值和原则包括：

（1）国民主权原则。它宣布，整个主权的本原主要寄托于国民，法律是公意的体现，所有公民都有亲身或选派代表参与制定法律的权利。

（2）人权原则。《人权宣言》宣布：人权是人的自然和不可动摇的权利。在法律面前，所有公民都是平等的，依其能力平等地担任一切公职，赋税应在全体公民之间按其能力平等地分摊。

（3）分权原则。它宣布：凡权利无保障和分权未确立的社会，就没有宪法。分权既是为了制约权力，也是保障人权的需要。

（4）法治原则。它宣布：法律对于所有的人，无论是施行保护或处罚都是一样的，只有根据法律及其所规定的程序，才能控告、逮捕或拘留人，法律只应规定确实需要和显然不可少的刑罚，任何人在其未被宣告为犯罪以前应推定其无罪。

(5) 私有财产神圣不可侵犯。《人权宣言》宣布：财产是神圣不可侵犯的权利，除非当合法认定的公共需要所显然必需时，且在公平而预先赔偿的条件下，任何人的财产不得受到剥夺。

总之，和美国的《独立宣言》一样，法国《人权宣言》标志着一个旧时代的终结和新时代的开始，正如其前言所说：宣言的目的是为了使公民“在这些简单明确的原则指导下，公民的未来要求将会始终有助于维护宪法和公民的幸福”。

《人权宣言》发表两年后，1791年9月，法国颁布了第一部资产阶级性质的宪法，也是一部君主立宪制的宪法。该宪法将《人权宣言》作为序言全部收入，但是它实行有财产资格的选举权，将公民划分为“积极公民”和“消极公民”。1793年的共和国元年宪法，不仅以共和制取代了君主立宪制，而且以新的《人权宣言》取代旧的《人权宣言》作为序言。

新的《人权宣言》提出了“人民主权论”，突出了实现人民主权的普选权的重要意义，进一步凸显了平等原则和民主精神，并特别强调“社会权利”。例如，它规定：“所有权就是各个公民有随意享受和处分其财产、收入、劳动成果和实业成果的权利”；它宣布“社会的目标是共同幸福”，并且把“平等”列为最重要的权利，其次才是“自由、安全、财产”。新的《人权宣言》的另外一个特点是，规定了“反抗压迫权和起义权”。它规定：“法律应当保护公共的和个人的自由来对抗执政者的压迫”，又说，“反抗压迫乃是另一些人权的当然结果”，“当政府违反人民权利时，对于人民及一部分人民而论，起义就是最神圣的权利和最不可缺少的义务”。

1795年宪法在结构上仍分为两部分：《人权宣言》和宪法正文，并且《人权宣言》保留了1789年宣言的不少内容。1799年宪法被称为“结束法国革命的宪法”，这部宪法不再以《人权宣言》为序言，也找不到国民主权的字眼，没有提到自由、平等、博爱，显得“简短而含糊”。

但是，法国资产阶级革命后，由于人权观念已经深入人心，并且法国众多宪法自始就注意通过实体法和程序法相互结合的形式保障人权，因此，后来的历部宪法都强调对人权的保护，1946年第四共和国时期制定的宪法，不仅在序言中再次确认了1789年《人权宣言》所赋予公民的权利和自由，而且突出了社会权利和经济权利在宪法中的地位，第五共和国宪法除继续确认公民的宪法权利、人权的宪法保障制度外，还特别强化了人权保障机构——宪法委员会，以防止立法权对公民权利和自由可能的侵犯，从而形成了对人权的立体保护。

中国宪法在公民基本权利的保障方面，不断增加权利保障的条文数量，拓宽权利保障的内容范围，使权利保障的体系日趋合理，理念更为科学。第一，从权利保障的条文数量看，1954 年宪法是 14 条，1975 年宪法和 1978 年宪法分别是 2 条和 13 条，1982 年宪法则达到 20 条之多。第二，从权利保障的内容来看，在条文数量增加的同时，1982 年宪法关于保障公民基本权利的内容也不断增加，涵盖了平等权、政治权利、精神自由、人身自由和人格尊严、社会经济权利和获得救济的权利等广泛内容。2004 年宪法修正案，将“国家尊重和保障人权”写入宪法，拓宽了基本权利的主体范围，也拓宽了公民基本权利的范围。第三，从基本权利的体系看，中国公民基本权利体系框架形成于 20 世纪 50 年代，其后随着宪法变迁而日趋合理。目前中国公民基本权利体系由四大部分构成：一是公民参与政治方面的权利与自由；二是公民人身自由和信仰自由；三是公民的社会、经济、教育和文化方面的权利；四是特定人的权利。以上由四部分组成的公民权利体系，是在马克思主义权利观指导下，结合中国国情，将人民的生存权、发展权放在首位，依法保障全体公民的平等参与、平等发展的权利，促进公民政治权利与经济、社会、文化权利以及个人权利与集体权利的协调发展的产物。① 第四，基本权利的理念更为科学。主要表现为公民基本权利的结构顺序安排得更加合理、公民权利观念更为理性。前者是指在公民基本权利和国家权力的结构顺序安排中，前三部宪法都是将国家机构作为第二章的内容，放置于公民权利之前，而现行宪法则将国家机构作为第三章，放在公民权利的后面。这种权利和权力序位的变化反映了人权价值理念的变化。对此中国宪法学者评价说：“新宪法在结构上和前三部宪法不同，它把公民基本权利和义务的规定从国家机构之后移到了国家机构的前面，使之与总纲直接相联，更体现它对公民基本权利的重视，体现我国国家制度与社会制度的民主本质。”② 后者是指，公民权利观念

① 董云虎：《从中国人权发展看西方认知的误区》，《人民日报》2010 年 10 月 21 日。

② 许崇德、何华辉：《我国新宪法同前三部宪法的比较研究》，《中州学刊》1983 年第 1 期。

在价值取向上，由国家权力本位向公民权利本位转变，由限制公民权利向规范和约束国家权力转变，从而使公民权利理念更为理性和科学。

除宪法保障以外，中国在部门法律以及行政和司法保障方面，也取得了前所未有的进步。与此同时，中国还注重加强人权的政治保障、思想保障、文化保障、经济保障和社会保障，从而形成了完整的人权保障系统。总之，中国在人权保障方面的特点是综合性的，是各种要素的有机结合。

第三节　立宪主义的价值

宪法既反映事实关系，也反映价值关系。也就是说，宪法既是对社会民主事实的确认，对国家政治生活的规范，也是对人类政治思想的指引，甚至可以说，宪法本身是一个充满活力的价值体系，它从国家根本法的角度体现着人类社会的总体发展目标。[①] 立宪主义价值观集中反映了人权至上的政治理念，并通过控制公共性、强制性权力的制度安排和程序设计，保障人的尊严和权利，实现人的自由和幸福，它是对传统的国权至上理念的颠覆和矫正。

一、价值与法律价值

“‘价值’这个普遍的概念是从人们对待满足他们需要的外界物的关系中产生的。”[②] 一般认为，价值是事物的客观有用性与人的主观需求的统一。由于人的需求的多样性，价值也是多元的。价值多元取决于事物的本质、功能、特征的奇特性和人的需求的多样性，并为人的价值判断、价值选择提供客观依据和可能性。

价值多元是价值体系理论的基本范畴，价值体系则是由价值目标、价值功能和价值手段等元素构成的矛盾统一体。价值目标、价值功能和价值手段分别处于价值结构的不同层次。其中，价值目标处于价值结构的最高端，体现人类追求美好事物的目的性；价值功能是事物所具有的实现价值目标的效能，即事物的有用性；价值手段是价值功能的具体体现，是实现价值目标的具体方法和措施，三者密切相连，共同构成事物的价值体系。

---

① 周叶中主编：《宪法》，高等教育出版社、北京大学出版社 2001 年版，第 152 页。

② 《马克思恩格斯全集》（第 19 卷），人民出版社 1963 年版，第 406 页。

价值目标、价值功能和价值手段相互渗透、相互交叉、相互转化，具有重合性和客观性。价值判断和价值选择是基于事物的性质和功能做出的评价和取舍，它们更多地受到人的自身需求和主观因素的影响，因此，具有主观性和相对性。[①] 由于立宪主义是以法治为条件，以宪法为实施依据的民主政治形态及其运行过程，因此，立宪主义的价值是法治的基础和核心，是法治“价值合理性”的渊源，其与法治社会中法的价值理论有着本质的同一性。

另外，在近现代社会中，宪法包含何种价值，或者能够促进何种社会价值，以及如何实现这些价值，往往与法的一般价值的设定与实现相一致，并且通过部门法各项价值的实现得以体现和实现。所以，法律价值对于立宪主义的价值确定十分重要。正如庞德所言：“价值问题虽然是一个困难问题，它是法律科学所不能回避的。”[②] 博登海默也说过：“一种完全无视或根本忽视上述基本价值中任何一个价值或多个价值的社会秩序，不能被认为是一种真正的法律秩序。”[③] 法律价值是个广泛的概念，根据不同标准，可有不同的分类。例如，从主体的法律价值追求和法律的实际效应关系来划分，法律价值可分为法律的正价值、无价值和负价值。其中，法律的正价值有利于法律所保护的利益和权利的实现，而一旦法律与社会实际脱节，或法律规范过于空泛，不便操作或不能操作时，就会使法律没有实现的可能而成为一纸空文，从而导致无价值的情况出现。

至于法律的负价值，往往是对被统治阶级而言的，因为在阶级对立的社会里，法律只能是统治阶级意志的体现，对被统治阶级一般只能是一种束缚，此时，法律也只能出现负价值。法律价值之所以有上述价值的分类，主要是因为法律价值关系的主体是复杂的，一般包括社会主体、群体主体和个人主体。而不同层次的社会主体、群体主体和个人主体之间的需要和利益有一致的地方，也有相互矛盾的地方，法律对这些主体是有利的，可能对那些主体则是不利的。因此，对立法者来说，应当力求实现法

---

① 张继良：《近代中国政治社会变革研究》，北京大学出版社2013年版，第115页。

② ［美］庞德：《通过法律的社会控制 法律的任务》，沈宗灵等译，商务印书馆1984年版，第55页。

③ ［美］博登海默：《法理学：法律哲学与法律方法》，邓正来译，中国政法大学出版社1999年版，“前言”。

律的正价值，避免法律的无价值和负价值。①

另外，从法律满足某种需要的主体来看，法律价值可分为社会价值、群体价值和个人价值。其中，法律的社会价值是人类全体或社会整体与法律之间结成的价值关系，而正义、秩序、进步以及基本人权等，常常是法律社会价值的价值标准、价值目标或价值评价标准。法律的群体价值是法律与社会群体结成的价值关系。在法律的各种群体价值中，统治阶级或处于领导地位的社会集团与法律结成的价值关系往往起着领导作用。法律的个人价值，就是个人与法律结成的价值关系，人权是个人价值的典型形态。法律的社会价值、群体价值和个人价值是相互联系的，从表面看来，法律的个人价值应该服从法律的社会价值和群体价值，因为，后者往往代表着更多的个人需要和利益。但从实质上看，社会和群体都只是特定范围的个人，都是由个人构成的，并且以个人为归宿和最终目的，因此，法律的社会价值和群体价值的实质还是法律的个人价值。②

除此之外，法律价值还有多种分类，包括法律的目的性价值与工具性价值、法律的政治价值与经济价值以及法律的认识价值与实践价值等。这些分类虽然着重点不同，但其实质都是对法律价值内容的揭示和概括。对于法律价值形态的表达方式，法学家们有不同的看法。一般认为法律价值形态包括公平、效益、自由、平等、人权、秩序、安全和正义等内容，③并且严格意义上讲，这些价值形态并不是并列的，而是分为层次的。

有学者认为，自由是法律的最高价值或终极价值，处于第一层次；公平、正义、秩序等是法律的从属性价值，是实现自由的手段，处于第二层次；基本权利、社会和谐稳定是法律保障的价值，是位于第三层次的价值。④

二、立宪主义价值的内涵

立宪主义价值是指宪法在其与人和社会的关系中体现出来的积极意义或有用性，它是宪法产生、存在的合理性依据。由于立宪主义的价值内涵

---

① 李龙：《宪法基础理论》，武汉大学出版社 2001 年版，第 207—209 页。

② 谢鹏程：《基本法律价值》，山东人民出版社 2000 年版，第 19—21 页。

③ 李龙：《宪法基础理论》，武汉大学出版社 2001 年版，第 209 页。

④ 谢鹏程：《基本法律价值》，山东人民出版社 2000 年版，第 19—21 页。

与社会中法的价值理论有着本质的同一性，因而与法的价值内涵一样，立宪主义价值范畴至少应包括以下三个方面含义。

第一，宪法的目的性价值。立宪的终极目的在于借助宪法的最高权威和最高法律效力，实现对人权的保障，这一保障既要通过授予公民一定的基本权利的形式加以实现，又离不开限制政府和其他国家机关的公权。宪法的目的性问题是人类立宪历史开始后一直探讨的问题，其中自由主义和国家主义构成立宪主义价值的两大选择。自由主义立宪道路和国家主义立宪道路的分界线十分明了，前者以人的自由、权利为立宪的方向，它们认为，宗教信仰、个人隐私、言论和财产等是任何政府都不能随意侵犯的个人自由；而后者则以国家为立宪的方向，为了国家的利益可以否认个人的最高价值。因此，在自由主义立宪体制下，“宪法是自由国家的法律”，宪法相对于国家来说有无上的权威，政府只是一种“有限政府”，其利益和意志受到宪法严格的约束；而在国家主义立宪体制下，政府是“无限政府”，可保障国家富强、统一、繁荣和个人的自由。为了国家利益，既可以否认个人的最高价值，也可以否认宪法的权威性。[①] 由此可以看出，国家主义的立宪目的，常常以国家利益为借口，取消宪法的最高权威性，取消有限政府，其本质上是反立宪主义的，是与立宪主义背道而驰的。

第二，宪法本身所具有的价值因素。这实质上是指宪法不仅是实现一定目的的手段，同时它本身也有着特定的价值。宪法这一范畴本身就意味着防止政府（包括民主政府）权力的滥用（即有限政府），维护公民普遍的自由和权利；意味着对人民主权原则、基本人权原则、权力制约原则和法治原则的确立和实施，而违背了这些原则的宪法在本质上就不能称其为宪法。

第三，宪法的价值评价标准。马克思主义认为，价值评价是指一定价值关系主体对这一价值关系的现实结果或可能后果的反映。由于宪法价值是一个包含众多价值诉求的庞大体系，并且各种不同的价值之间可能会产生冲突或矛盾，例如，言论自由和公民的隐私权之间、生命权和财产权之间等，都可能发生冲突的情形，因此，在价值评价中，确认一种符合客观的价值评判标准，对于解决价值之间的冲突具有十分重要的意义。价值评

---

① 钟群：《比较宪政史研究》，贵州人民出版社 2003 年版，第 417 页。

价标准一旦确立，那么就可以按照这一标准来确定什么样的要求、行为或利益是正当的、值得保护的，并根据每种价值的大小来确定其在宪法价值体系中的位次，同时寻求各种价值得以共存的条件，或者在价值发生冲突时确定如何取舍。①

价值评价对宪法发展和社会进步具有重大影响，其原因在于宪法在对客观的价值标准的反映和表现可能存在一定的局限性，表现为宪法规范的原则性和概括性需要通过价值分析加以明晰化，宪法规范的历史性和稳定性需要通过价值评价使其和社会发展相适应。这样人们通过对宪法的价值评价，可以将宪法及其所代表的价值转化为内在宪法观念，并指导自身的行动。

总之，立宪主义价值范畴所包含的以上三种含义是相互联系、相互依存的统一体，它们共同构成宪法价值的完整内涵。其中，宪法的核心价值是宪法在社会生活中最应促进和保障实现的价值，它对于实现宪法利益和保障人权的终极目的最为重要，同时在社会关系的调整和宪法作用的发挥方面起着关键作用；宪法本身所具有的价值因素是保障宪法核心价值的有效手段，它关系到宪法是纸上的宪法还是现实中的宪法，关系到宪法能否发挥根本法作用的问题。宪法的价值评价标准是目的性价值的延伸，反映了宪法对于它所促进的各项价值的重视和表现程度，体现着宪法的发展趋势。

以上三方面的要素共同作用，使宪法的价值体系成为统一的整体。②立宪主义价值的含义表明，立宪主义价值具有如下特点。

其一，它是社会性与阶级性的统一。立宪主义的主体身份本身具有二重性，它既是社会中的一员，又是某个阶级中的一员，同时任何阶级的宪政又必须以执行公共职能为基础和前提，换言之，宪政的客体也具有二重性，而立宪主义价值必须体现其主体、客体的二重性。

其二，它是主观性和客观性的统一。立宪主义根据人民民主、法治等原则，人为设计的限制国家公权、保障公民权利的一系列制度措施，具有主观性。同时立宪主义原则和制度措施等又是客观现实的反映，因此又同时具有客观性。

---

① 周叶中主编：《宪法》，高等教育出版社、北京大学出版社 2001 年版，第 153 页。

② 同上。

其三，它是相对性和绝对性的统一。相对性是指立宪主义的价值不是固定不变的，在不同时代、不同社会、不同阶级和群体，立宪主义价值呈现出差别性和多样性。绝对性是指立宪主义价值的普遍性，同一时代、同一社会以至不同时代、不同社会的人们，对立宪主义价值的评判总有某些共同的标准，这些标准具有全人类普遍认同的因素，也是不同类型、不同时期的宪政都应当遵循的普遍准则，如人权保障、权力的制约与合理配置等。

其四，它是普遍性与特殊性的统一。立宪主义虽然首先产生于西方，但立宪主义价值并非专属西方，民主、法治、人权、有限政府并不是西方的专利。从立宪主义关于限制权力、保障人权的基本原理和基本价值来看，它们适用于其产生以来的任何时代和任何国家，因此，立宪主义价值具有普遍性。立宪主义价值不仅是普遍的，不同国家的政治传统和不同民族文化的多样性，决定了立宪主义不应仅仅具有一种模式，决定了立宪主义模式的多样性或立宪主义功能价值选择的多样性。具体而言，西方国家与非西方国家在经济、政治、文化、社会、历史条件和地理环境等方面存在差异，已经建成的立宪主义国家或正处于构建过程中的非西方立宪主义国家，不应该也不可能采用完全相同的立宪主义模式，甚至对立宪主义根本价值的强调也会因时间、地点和条件的差异、变化而有所不同，不同国家的客观历史环境和政治发展进程，决定了对国家权力的制约途径和具体方式、对人权内涵及其实现程序的理解与其他国家的立宪模式有所不同。总之，就推动人类政治文明进步而言，只有坚持把立宪主义价值的普遍性与本国具体国情的特殊性结合起来，才能将立宪主义价值由理念变为现实。①

三、立宪主义的基本价值

立宪主义的基本价值，在各国宪法文本和宪政运动中均有体现，其探讨的角度也是多维的。例如，可以从价值体系的构成要素即价值目标、价值功能和价值手段入手，具体研究立宪主义的价值目标、立宪主义的价值功能和立宪主义的价值手段；也可以从价值的主体国家、社会等角度探讨

---

① 张继良：《近代中国政治社会变革研究》，北京大学出版社2013年版，第116—118页。

其对国家和社会的价值；另外，由于立宪主义价值与法律的一般价值有着本质的同一性，因此，还可以研究其对法律的价值。本书将从价值的主体和其与法律价值的关系入手，阐述立宪主义的基本价值。

（一）立宪主义的国家价值

立宪主义的国家价值，是指国家对宪法的需求和宪法对国家的实际效益。据此，立宪主义的国家价值表现为以下几方面。

1. 立宪主义是立国的政治宣言。用宪法作为立国的政治宣言，几乎是各国的通例。且不说法国资产阶级革命时期的诸多宪法，将《人权宣言》作为其序言而明显地具有政治宣言的性质，就是二战以后各国颁布或修改的宪法，亦大都如此。[①] 中国1954年宪法的目的之一，就是要解决国家权力来源的合法性问题，即新中国是依据法律而建立的。现行宪法更是鲜明地体现了立国政治宣言的特质。如中国宪法在序言中确立了它的指导思想，并将四项基本原则作为中国的立国之本，同时还对中国的国家性质、政党制度、民族关系、统一战线及主权归属等问题，都做了明确规定，从而为依法治国、建立社会主义法治国家奠定了基础。总之，宪法之所以是立国的政治宣言，是因为宪法在内容上规定了国家最根本、最重要的问题，诸如国家的性质、政权组织形式和结构形式以及国家的基本国策等，同时宪法经过严格的制定程序，以规范的形式公之于世，与其他法律相比，宪法具有最高的法律效力，是一切国家机关、社会团体和全体公民的最高行为准则。

2. 立宪主义宪法是强国的经济宪章。宪法与经济密不可分，就宪法产生而言，宪法是资产阶级革命的产物，也是近代市场经济发展的结果。市场经济的核心是自由、平等、效率和契约，这些价值与法治内涵的平等原则、自由精神和人权保障思想一脉相承，从而在市场经济的形成和发展中，宪法和法律也逐渐确立并完善。法治与市场经济的关系是显而易见的，一方面，市场经济的充分发展是法治要素充分展现其精神的基础；另一方面，法治要素的充分发展，必然带来市场经济的大繁荣。因此，对市场经济进行确认并加以规范和引导的宪法，既能保障市场经济的充分发展，也能促进法治建设的进步。

---

① 李龙：《宪法基础理论》，武汉大学出版社2001年版，第213页。

宪法作为一国的经济宪法，将维护公平正义和提高经济效益有机地结合起来。[①] 古典宪法属于政治法，主要表现为规范政治生活，随着国家对经济生活的干预，宪法价值的重心和基点从传统人权和政治领域转变到经济领域，开始由政治立宪向经济立宪转化。1919 年德国魏玛宪法是最早的经济宪法的文本形式。20 世纪以后，经济宪法成为许多国家宪法的共同特征，这些宪法中出现了大量的规范经济活动的条款。如魏玛宪法的第 7 条至第 11 条规定的联邦立法权中，就包含了救济制度及游民保护法、劳工法、公用征收法以及经济企业社会化和土地制度、公共福利制度等大量的经济生活内容。

此外，经济宪法中还规定了许多公民经济权利的内容。经济权利是一种独特的权利类型，其实质是宪法确保个人对私人经济和企业活动的参与，主要包括劳动的权利、男女同工同酬的权利、未成年人的劳动权利保护、休息的权利，以及罢工的权利、失业救济权利和获得职业教育的权利等。相对于政治宪法主要保障公民的政治参与权，经济宪法中公民的参与权更重视对经济生活的参与，同时政治参与是公民在公共领域和公共事务中的参与，而经济参与则是个人在私人企业或领域中的参与，这一转变是政治民主向经济民主延伸的表现。与此同时，公共权力所及的“公共领域”和个人权利所在的“私人领域”划分更加明显，需要政府把握好干预经济和保障公民经济权利的界限，而宪法对政府权力的限制和违宪审查制度的建立，则是社会经济发展和公民经济权利的最好保障。总之，经济宪法的出现，标志着古典宪法向现代宪法的转型，也意味着国家突破传统的活动领域和范围，深入市民生活的内部。[②]

（二）立宪主义的社会价值

立宪主义的社会价值是指，社会以及作为组成社会的人对宪法的需求和宪法对社会和人的实际效应。一般而言，人类社会的发展，包含经济、政治和文化发展等三个方面的基本内容。宪法根据社会生产力的发展水平，以直接或间接的方式确定并以国家强制力维护一定的生产资料所有制，选择符合国情的经济发展模式，并通过建立一定规则，保证社会资源的合理、优化配置，从而保障和推动着社会经济的持续稳定发展；同时，

① 汪习根：《论宪法对构造法治国家的价值》，《政治与法律》1999 年第 6 期。

② 韩大元等：《宪法学专题研究》，中国人民大学出版社 2004 年版，第 83—89 页。

宪法还根据社会经济关系和利益关系的发展变化，对既有政治关系不断进行调整，对权利、义务、权力和职责的分配形式做出各项变更，建立教育、宗教等思想文化制度，从而不断推动政治关系和社会文化的发展和进步。宪法的社会价值是极为丰富的，涉及的法律价值形态可包括正义、秩序、安全等。

1. 立宪主义与正义。立宪主义的社会价值首先在于维护社会正义。正义是人类普遍认同的崇高价值，社会正义主要指社会制度的公正性、合理性，其核心是社会分配制度的公正性问题。[①] 立宪主义和正义之间的关系，是手段和目的的关系，也可以说宪法是正义的仆人，服务于正义。亚里士多德曾说：实现正义包括分配正义和矫正正义。要实现正义必然处理好如何分配正义和矫正正义。“分配正义主要关注的是如何将权利、权力、义务和责任分配给一个社会或群体的成员的问题。”[②] 宪法分配正义的方式有多种，如通过民主集中制的人民代表大会制，制定体现正义原则的法律；通过对国有经济、集体经济和民营经济等各种所有制经济发展的不同态度，确定生产资料和社会财富的分配方式。如中国宪法规定，对于国有经济，国家保障其经济的巩固和发展；对于集体经济，国家鼓励、指导和帮助其经济的发展；而对于私营经济则采取鼓励、支持和引导的态度，并在规定社会主义公共财产神圣不可侵犯的基础上，规定了公民的合法的私有财产不受侵犯。此外，宪法还通过公民平等权的规定，体现了对弱势群体的保护。为了使宪法的体现公平正义的条款和原则得以落实，各国还通过其宪法监督制度的确立加以保障。总之，实现正义价值过程中出现的矛盾和偏差，只有通过宪法监督进行协调和纠正，才能确保法律对于社会价值促进作用的最大发挥。

2. 立宪主义与社会秩序。社会秩序是人类生活于社会共同体中，遵循一定的社会规律和规则进行活动，它分为社会自在或自发秩序以及自觉创设的秩序。前者是基于人类的天性和长年的生活习惯所自发形成的规范，如有序的生产方式、生活方式、分配方式等；后者则是社会共同体为了维护自己的生存和发展，而制定的各种社会规范。[③] 一般说来，民主法

---

① 周叶中主编：《宪法》，高等教育出版社、北京大学出版社 2001 年版，第 155 页。

② 杨一平：《司法正义论》，法律出版社 1999 年版，第 57 页。

③ 郭道晖：《法理学精义》，湖南人民出版社 2005 年版，第 214 页。

治的社会秩序是立宪主义社会得以维持和发展的基本前提之一，为此，宪法通过规定立法、行政、司法权力主体产生的方式，以及权力主体之间的权限，建立起较为有序的权力运行秩序；通过对公民权利的广泛列举和人权原则的确立，以实现公民权利的有效保障。同时，随着经济和社会关系的变化，宪法也不断调整着权利、权力之间的以及不同权力之间的制约、协调关系，从而推动社会秩序的发展和进步。另外，需要指出的是，法律秩序是维护社会秩序的直接的可靠的保证，以宪法为依据制定的法律、法规，可以公平的分配和协调权利，配置和制衡权力，因此，一方面要建立完善的法律制度和体系，以保障稳定的法律静态秩序；另一方面，还要使公众能够遵守法律规则和制度，以进行各种社会活动或私人活动，形成良好的法律动态秩序。

3. 立宪主义与安全。和秩序一样，安全也是立宪主义所追求的价值目标。秩序和安全的关系是形式和内容的关系，秩序是社会结构的有序状态，安全是这种秩序结构的内在价值。社会稳定，没有动乱，一般也是维持社会安全的条件。① 安全作为一项重要的公民权利，很早就被资产阶级法学家提出。例如，洛克曾认为，安全是与自由、财产和反抗压迫这三项自然权利相并列的一项重要权利，而且是自由与财产权的保障；功利主义法学家边沁提出了保证社会幸福的四项指标——生计、富裕、平等和安全，其中，安全也是主要的基本目标之一。安全在法律中有其重要的地位和作用，保障安全是宪法的一项重要义务。英国的宪法性法律，几乎都对公民安全提出了特别的保护。法国的《人权宣言》第 2 条规定："一切政治结合的目的在于保全人的不因时效而消灭的自然的各种权利。"这些"各种权利"除"自由""财产""反抗压迫"之外，还列举了"安全"。中国宪法虽然没把安全作为一项公民权利进行特别列举，但是保障国家安全、公民安全自然是宪法价值应有之义。同时，中国通过刑法、治安管理处罚法，保障社会秩序；通过各种社会立法，对公民的劳动就业、医疗保健、失业救济等予以安全保障；通过经济立法，保障国家的经济安全、金融安全等。

（三）立宪主义的法律价值

立宪主义的法律价值，包括法律对宪法的需求以及宪法对法律的实际

① 郭道晖：《法理学精义》，湖南人民出版社 2005 年版，第 215 页。

效应。法律对宪法的需求表现为宪法是国家的根本法，是“法律的法律”。在中国，宪法是一般法律制定的基础和依据，一般法律与宪法相抵触即无效。具体而言，其内容包括两个方面，其一，一般法律不能与宪法的条款相互抵触，这里的条款既包括宪法明确列举的条款，也就是明示的条款，也包括默示的兜底条款。关于默示条款的解释，中国和西方国家不同。中国一般由人民代表大会和人大常委会对其进行解释，而美国则由普通法院来解释。其二，一般法律也不能同宪法精神和原则相抵触。宪法的精神和原则包括法治、人权、人民主权和分权等内容。宪法作为立法的基础，其确定的原则对部门法起着重大的指导作用。如人民主权原则不仅要体现在宪法中，而且也要体现在其他法律、法规中。对此，中国现行宪法第 2 条规定：“中华人民共和国的一切权力属于人民。人民行使国家权力的机关是全国人民代表大会和地方各级人民代表大会。人民依照法律规定，通过各种途径和形式，管理国家事务，管理经济和文化事业，管理社会事务。”而选举法、地方各级人民代表大会组织法，以及地方各级人民政府组织法也都体现了人民主权原则。

宪法对法律的实际效应，是指宪法要以法治为基础，没有法治，就不可能产生实质意义上的宪政。因为法治是立宪主义的题中应有之义，立宪主义本身就是法治的最后与最高阶段，如果政府与公民不能认真对待普通的法，那么，他们也必然不能认真对待“更高的法”。然而，实现法治并非易事，它要求形成以宪法为基础的较完备的法律体系；法律真正具有至高无上的权威，任何组织和个人都没有超越宪法和法律的特权；制定的法律得以切实地实施等。

实行法治，还必须做到法律面前人人平等。法律面前人人平等，是宪法的法律平等价值的切实反映，也是宪法确立且应设法实现的重要原则。中国对这一原则的理解有多种，大多数学者认为，应包括立法、适法和守法上的平等。其中，守法平等即人人都必须遵守法律，任何人都没有超越宪法和法律之上的特权，任何人的违法犯罪行为都要受到法律的追究，这是法治国家的常识，得到大家的普遍认可。适法平等较为复杂，是指法律应同等地适用于同类社会主体的同类行为，就是我们通常所说的任何公民都平等地享有宪法和法律规定的权利，同时平等地履行宪法和法律规定的义务。立法平等更为复杂，它强调享受权利的资格平等，在中国主要体现为阶级敌人是否享有立法上的平等权。实际上，法律面前人人平等的主体是公民，而不是以阶级成分或阶级出身为标准，实践中，只要没有被剥夺政治权利的公民，都应享有立法上的平等权。

与宪法的法律平等价值相对应的是宪法的“正当程序”原则。程序问题是宪政的关键问题，也是实现法治的前提和保障。正当程序原则的重要性在《牛津法律大辞典》中表述为：“一个社会的立宪政体的生存主要取决于基本规则及其实践与该地大多数人民的行为、习惯和思想方式相一致的程序。”[①] 由此可见，法律程序对社会的重要意义。对此，美国宪法第5修正案规定：未经正当法律程序不得剥夺任何人的生命、自由或财产，宪法第14条修正案重申了这一原则。这两个修正案对正当程序条款做出了概括抽象的规定。除此之外，美国还有大量关于诉讼程序方面的规定。联邦高等法院大法官W. 道格拉斯评论说：“权利法案的大多数规定都是程序性条款，这一事实绝不是无意义的。正是程序决定了法治与恣意的人治之间的基本区别。”[②]

中国对于程序在宪法实施中的地位问题，存在着两种不同的观点。一种观点认为，“宪政的关键问题是程序问题”，因为程序能保证政府行为的形式合理性和形式正义性，能使当事人的选择更具有理性。另一种观点认为，宪政的关键在于实体，因为宪政首先表现为一套成熟的价值体系，如自由、尊严、尊重少数人权利等，程序虽然重要，但不是灵丹妙药，不能把许多重大问题纳入“程序的架构中进行解决”。[③] 以上两种观点，实际上都主张重视程序，分歧仅在于重视的程度不同。应该说，在实施宪治的过程中，程序和实体都很重要，但鉴于目前中国程序性条款的规定在宪法中所占篇幅很少，程序规定“残缺不全”所带来的问题，应该尤其重视发展宪法程序。程序是宪法通向实践的通道，离开程序，宪法只是一种可能性，只能停留在纸上。有了可操作的程序，特定的国家机关和工作人员就可将宪法的实体规范与社会关系相结合，使宪法具有更强的现实性，从而使宪法不断得到完善，也使社会关系不断调整和规范，同时也更有利于建立公正、公平的社会秩序。

---

① ［英］戴维·M. 沃克：《牛津法律大辞典》，李双元等译，法律出版社2003年版，第201页。

② 吕世伦：《当代西方理论法学研究》，中国人民公安大学出版社1997年版，第221页。

③ 谢维雁：《从宪法到宪政》，山东人民出版社2004年版，第189页。

另外，宪法的正当程序还可以促使法律活动，包括立法、执法、司法、守法和法律监督，都必须按照程序办事。不讲程序，便无法治可言，这在中国具有一定的现实意义。

必须指出的是，对于立宪主义价值，应该从全球性、历史性和区域性等多维度进行审视和评价。立宪主义价值具有普遍性和特殊性，是普遍性和特殊性的统一。我们既反对借口本国特色否认立宪主义的一般价值，也反对不顾本国具体的历史条件和民族文化传统而抹煞立宪主义价值的特殊性。近代中国的立宪图景，是由清末立宪派、南京临时政府、北洋政府、国民政府和中国共产党等众多政治实体领导的立宪，是由资产阶级学者或其他进步政治势力，或依附于不同政权的政治思想家们的立宪活动构成的，其立宪主义实践表明，近代中国立宪主义是世界立宪主义的一部分，它既反映了立宪主义的一般特征，也具有一般立宪主义所不具有的中国元素或中国特色。

第二章　立宪主义在近代中国的传播

立宪主义被作为一种救国方案传入中国，并引发人们研究和宣传的热情，是从19世纪70年代之后开始的。但近代中国人对于立宪主义的理解，始终没有超出本国政治传统及本民族思维方式所给定的范围，立宪主义引起中国人关注的真正原因，是西方国家的富强，而不是立宪主义制度的先进性及其政治价值本身。清末发生立宪运动的背景、立宪者的动机、立宪价值选择及立宪政治的历史命运，与中国近邻——日本宪政改革的相关因素相比，都有显著差别。清政府是在改良派的强烈要求和革命派的巨大压力下，为了维持自己的统治而被迫实行立宪的。立宪主义进程的启动和道路选择，对于晚清政府乃至大清帝国而言，都不是自身经济社会关系自然演化的结果。清政府被推翻以后，资产阶级革命派依据三权分立原则，建立资产阶级临时政府，颁布宪法性的"临时约法"，然而，其宪政的历史命运大体与清末立宪无异。随着民国政权被袁世凯所窃取，革命派倡导的宪政运动实际上已经夭折了。值得回味的是，在根本不具备实施宪政的社会历史条件下，辛亥革命失败以后，北洋政府却继续玩弄立宪把戏和议会政治，以合法形式掩盖专制政府的非法统治。北洋军阀倒台以后，中国社会上的许多政治派别都有实行宪政的要求，甚至积极推动宪政运动，但在半殖民地半封建社会的历史条件下，在本土文化与各种外来文化激烈碰撞和交融、主流社会难以形成文化共识的氛围中，近代中国政治变革不可能为实行民主政治铺垫必需的基础，更不可能带来中国政治社会的彻底转型，这其中的许多缘由至今仍值得深思和探究。

第一节　传播的动因

19世纪70年代以前，立宪主义的某些元素已经传入中国，但没有与中国政治社会变革结合起来。19世纪70年代以后，中国社会经济结构急剧变化，资本主义发展趋势日渐凸显，至19世纪末20世纪初，在国际大气候和国内社会经济结构深刻变化的背景下，中国进步政治思想家和进步知识分子开始自觉地引入立宪主义，并试图依据资本主义国家的蓝图全面改造中国。

一、晚清时局的变化

19世纪中期是中国历史由封建时代向现代转型的一个拐点。清政府经过两次鸦片战争、太平天国农民起义、资产阶级改良运动和资产阶级革命等历史事变的沉重打击，陷入了严重的政治危机。清末立宪就是在这种背景下发生的。

为了回应朝野改良派强烈要求立宪的呼声，抵制蓬勃兴起的资产阶级革命，缓和阶级矛盾，巩固封建统治，清政府被迫启动了立宪进程。光绪三十二年七月八日（1906年8月26日），载泽的《奏请宣布立宪秘折》集中反映了清朝政府立宪的动机和态度。他说："海滨洋界，会党纵横，甚者倡为革命之说，顾其所以煽惑人心者，则曰政体专务压制，官皆民贼，吏尽贪人，民为鱼肉，无以聊生，故从之者众。今改行宪政，则世界所称公平之正理，文明之极轨，彼虽欲造言，而无词可籍，欲倡乱，而人不肯从，无事缉捕搜拿，自然冰消瓦解。"① 当时的资产阶级革命党，以三民主义为旗帜，以建立民主共和政治为追求目标，以自由、平等、博爱相号召，接连发动反清武装起义。在民间，会党、道门等社会组织也不断发动反对清朝统治、洋教和列强侵略的起义、民变、抗捐、抗税斗争。尤其孙中山领导的资产阶级革命，斗争锋芒直指封建君主专制，主张以资产阶级民主政治代替封建主义专制政治，建立民主宪政的国民政府。清王朝内部的一些权贵大臣也认为，与其由革命党以实行民主共和为由，推翻清朝政府，不如由清朝政府自己实行宪政改革，这既可以消除革命派推翻清王朝的借口，泯灭人民的革命意志，也可以达到巩固清朝政权的目的。

在野的立宪派强烈呼吁实行宪政改革，也是促使清政府实行立宪的重要原因。戊戌变法失败以后，维新派的政治主张仍有很大市场，并且逐渐形成了以实行君主立宪为诉求的政治阵营，在帝制存废问题上，他们与资

① 《东方杂志》1906年第3卷第13期。

产阶级革命派相对立，被称为立宪派或改良派。这些人对清朝政府推行的“新政”也心存芥蒂，认为中国如果不改变君主专制政体、实行立宪政治，武备、实业皆不能兴，而清政府推行的“新政”只不过是弥合、缓兵之计，不能真正挽救民族危机和政治危机。当清朝政府宣布实行预备立宪时，他们欢呼雀跃，热烈拥护，竭力推动，并利用这一有利时机，纷纷组织团体，宣传自己的宪政主张。在预备立宪期间，影响较大的立宪团体，海外有帝国宪政会和政闻社，国内有预备立宪公会和宪政讲习会。此外，还有一些有影响的地方性立宪团体，如粤商自治会、湖北宪政筹备会、贵州宪政预备会、湖南宪政公会等。据不完全统计，当时国内外建立的立宪团体有 80 余个。[①] 这些团体的政纲虽然存在分歧，但在要求实行君主立宪政体方面，却大体相同。国会请愿运动发生以后，各立宪团体，或互相联络，或遥相呼应，组织了全国性的大联合，壮大了立宪派声威。

1906 年 9 月 1 日，清政府在宣布实行预备立宪的同时，还颁布了《议院未开以前逐年筹备事宜清单》，但仅把改革官制列入筹办大事，对于政体改革问题竭力回避，而且一再拖延立宪，甚至规定了九年预备立宪期限，反映了清朝政府消极立宪的态度。例如，在筹备立宪事宜清单中，对于和实行宪政密切相关的“司法独立”“地方自治”，要拖拖拉拉筹备七年才能完成；而对于立宪派要求最迫切的“开国会”，则要拖延到第九年才能办理，因此引起了立宪派的强烈不满。1907 年 10 月，宪政讲习会负责人熊范舆领衔向都察院上书，请求速设“民选议院”，以实际行动开国会请愿运动之先河。他们在请愿书中声称：“国家不可以孤立，政治不可以独裁。孤立者国必亡，独裁者民必乱。”并要求赋予国会三项职能：第一，行使立法权力；第二，监督政府行政；第三，监督全国财政。[②] 请愿书明确提出了在一两年内迅速开设民选国会的要求。

请愿书发表后，迅速得到全国各省积极响应。1908 年 3 月，在河南发起请愿签名运动的影响下，形成全国性的国会请愿高潮，各省均派出代表入京呈送请愿书。各省在请愿书上签名者少则数千，多者如江苏达到 1.3 万余人。各省咨议局成立以后，由其发起或受其影响发生的国会请愿运动共有 3 次，它们虽然都失败了，但由于参加签名者人数众多，规模宏

① 张学仁、陈宁生主编：《二十世纪之中国宪政》，武汉大学出版社 2002 年版，第 28 页。

② 同上书，第 33 页。

大，有的多达30万人，不仅对全国民众影响甚巨，而且对清朝政府震慑很大。在请愿运动的压力下，1910年10月26日，资政院通过了请速开国会的奏稿，11月4日，清政府发布上谕，决定提前三年即于宣统五年（1913年）开设议院。

继国会请愿运动之后，因清朝政府决定把民办的川汉、粤汉铁路修筑权卖给外国银行团，全国人民纷纷起来反对，又掀起了保路运动。面对严重的政权危机，清朝政府在如何应对时局上形成了两派，即招抚派和镇压派。招抚派主张实行立宪，缓和紧张局势，其代表人物之一、资政院总裁世续奏请清朝政府"本标兼治，以救危局"。治本的办法是"请朝廷斟酌情势，迅速组织完全责任内阁，以一事权而明责任。并于明年提前召集国会，共筹大局，俾人心有所维系。……内阁国会为行政立法之根本，而宪法尤为行政立法上根本之根本，关系綦重。与其以少数人意思编纂宪法，使天下之民不能谅圣朝实行立宪之苦心，致将来不免陈请改正，互生猜忌，曷若仿照泰西立宪各国通例，准议院得以协定"。[①] 清廷经过权衡利弊，最终被迫采纳了立宪派的要求，于宣统三年九月九日（1911年10月30日），即武昌起义爆发后的第20天，颁发了《实行宪政谕》，向国人许以组织责任内阁、召开国会、实行立宪，同时，仓促制定了《重大信条十九条》。清朝政府对于立宪的态度，从拖延、被动应付到仓促制定宪法，显然是受到各种客观因素压力，不得已而采取的权宜之计。

二、立宪救国思潮的兴起

在近代各种救亡思潮提出的政改方案中，"立宪救国"是与中国政治传统最难吻合的选择。但自从1842年清朝政府在第一次鸦片战争中失败之后，各帝国主义国家紧步英国后尘，纷纷加入了侵略、瓜分和掠夺中国的行列，拥有几千年悠久历史和灿烂文化的中华民族，遭受了亘古未有的生存危机和奇耻大辱。1900年，当世界刚刚跨入20世纪门槛的时候，中国又发生了震惊世界的两件大事：一是义和团反帝爱国运动；二是八国联军入侵北京。时局的急变再次引起了国人的深刻反思，并激发了中国人学习西方的强烈欲望。

---

① 故宫博物院明清档案部编：《清末筹备立宪档案史料》，中华书局1979年版，第363—365页。

从第一次鸦片战争到辛亥革命爆发，为了救亡图存，先进的中国人有过两次大的自我反省，由此推动了知识界对中西文明优劣性的探讨。① 第一次大反省发生在第一次鸦片战争之后至中日甲午战争结束。这一时期，地主阶级改革派和洋务派，在中国政治舞台上先后扮演着引领不同社会进步潮流的主要角色，前者以林则徐、龚自珍、魏源为代表，后者以曾国藩、李鸿章、左宗棠、张之洞为代表，他们都把西方国家富强的原因归结于“船坚炮利”，把清朝失败的原因归结于物质文明落后。基于这种认识，他们先后提出了“师夷之长技以制夷”和“自强、求富”的口号。但在这个时期，由于接触西方文明的时间较短，中国人的“西方文明观”是很模糊和肤浅的，而且注意力集中在了物质文明层面上，在认识上表现为“物质文明决定论”。洋务派发动洋务运动就是这种认识的生动表现。

始于19世纪60年代的洋务运动，经过洋务派30年的苦心经营，终于使清政府拥有了一批近代企业和装备精良、亚洲一流的新式海军，但在1894—1895年的中日甲午海战中，仍然没有逃出全军覆没的厄运，这也证明“物质文明决定论”是不可信的。在这种情况下，先进的中国人又开始了第二次大反省。

1904—1905年，日本与沙皇俄国为争夺中国东北和朝鲜的利益，在中国境内发动了日俄战争，庞大的沙俄帝国败于只有弹丸之地的岛国——日本，导致海内外舆论哗然，人们纷纷立言，认为日本战胜俄国，不单单是军事上的胜利，而且是“立宪”对“专制”的胜利。这些历史事件在一定程度上加深了中国革命危机，促使先进的中国人进一步自觉地探讨西方富强、中国贫弱的根源，并推动了清末宪政运动的发生。宪政运动的发生，表明中国人在认识上开始超越“物质文明决定论”，而转向“制度文明决定论”，即认为，中国积弱积贫，俄国对日战争失败，绝非完全源于物质上的原因，实乃制度不如人，是专制之国败于立宪之国。

以上表明，中日甲午战争和日俄战争的结局，推动了中华民族思想上的进一步觉醒，在救国方略的选择上，无论立宪派还是革命派，抑或其他进步政治团体，在实行改良还是革命、君主立宪还是民主共和问题上，各派政治势力之间虽然存在严重分歧，但都主张抛弃传统的君主专制政治。

① 张继良：《从否定传统文化到“国学热”的兴起》，《河北学刊》1996年第6期。

而君主立宪制和民主共和制，并不是两种根本对立的政治制度，从世界范围来看，它们只是近代资产阶级所建立的两种不同的政府形式，都是对君主专制政体的超越，都具有限制君权或政府权力的特征。

严格地讲，采取何种政府形式与救亡图存并没有直接关系，但与政治的清明状况、社会风尚、民心向背、经济发展不无关系。近代以来，虽然实行君主立宪制的国家，不一定都是经济发达、军事强大、人民富裕的国家，而实行君主专制的国家却没有不走向衰败的，这在全世界也是不争的事实。这种现象足以有理由让近代先进的中国人相信：在不同的政治文明的较量中，君主专制最终是无法战胜立宪政治的。这个道理在早期改良派代表人物郑观应的言论中就有表露，他说："余尝阅万国史鉴，考究各国得失盛衰，而深思其故"，"欲行公法，莫要于张国势；欲张国势，莫要于得民心；欲得民心，莫要于通下情；欲通下情，莫要于设议院。中国而终自安卑弱，不欲富国强兵为天下之望国也则亦已耳，苟欲安内攘外，君国子民持公法以永保太平之局，其必自设立议院始矣！"[①] 议会作为立宪主义国家的立法机构和主权所在地，在表达民意、反应民情、凝聚民心、团结民力等方面的作用是不可低估的。所以，资产阶级改良运动以前提出的政治改革方案，并没有把实行立宪放在第一位，而是把设立民意机构放在首位。郑观应曾经说："中国户口不下四万万，果能设立议院，联络众情，如身使臂，如臂使指，合四万万之众如一人，虽以并吞四海无难也。"[②] 在郑观应看来，西方国家的强盛与设立议会有着密切关系，中国应该效仿西方立宪国家，把设立议会作为政治改革的头等任务。这时的中国，虽然没有产生西方中世纪市民阶级"不出代表不纳税"的政治理念，但对于议会的功能和作用，还是有所认识的。

到19世纪90年代后期，资产阶级改良派充分表达了对西方资产阶级政治制度的赞赏。康有为明确提出，西方国家的富强同制定宪法、开国会、实行三权分立具有密切联系，进而把制定宪法、开国会看作定国安邦、刷新政治的大政方针，甚至把"定宪法"作为"维新之始"。他在《请定立宪开国会折》中奏称："臣窃闻东西各国之强，皆以立宪法开国

① 夏东元编：《郑观应集》（上册），上海人民出版社1982年版，第314页。

② 同上书，第314—315页。

会之故”。[①] 又在《请君民合治满汉不分折》中说，西方富强的原因，“非其政治之善，军兵炮械之精也。在其举国君民，合为一体，无有二心也”。“盖民合于一，而立宪法以同受其治，有国会以合其议，有司法以保护其民，有责任政府以推行其政故也。”[②] 梁启超对康有为的上述思想作了这样的评价：“先生以为欲维新中国，必以立宪法，改官制，定权限为第一要义。”[③] 不可否认，由于康有为的封建意识依然比较严重，其所追求的是君主立宪政体，绝不会主张实行民主宪政，他提出的“变法维新”中的“变”，只是一种温和的政治改良，但这种改良具有资产阶级民主性质，因为他提出的变法的根本目标，是变“君主专制”为“君主立宪”，而梁启超对康有为的评价也是中肯的。不过，康有为的立宪、改官制、定权限，在政治文明发展路径上，尚未达到资产阶级民主政治的水平，还不属于真正意义上的宪政。

康有为、梁启超发动的旨在救国和挽救清朝政权的改良运动，遭到了以慈禧太后为首的封建顽固派的血腥镇压。但清王朝的倒行逆施，不仅没有阻挡改良思潮和革命思潮的发展，反而进一步加剧了国内固有的各种矛盾。革命派坚持武装反清，清廷内部的立宪派捡起了康梁的立宪救国主张，慈禧太后则不情愿地接受了立宪派的要求。但清王朝的救亡，首要目的不是挽救中华民族的危亡，而是挽救清朝政府的危亡，即主要出于维护自身统治的考量。关于立宪的目的，清朝立宪派的言论与遭到镇压的改良派的言论没有多少区别。作为清末立宪“设计师”的载泽，虽然主张实行立宪政治，对宪法功能却做了完全功利主义的诠释。他说：“窃维宪法者，所以安宇内，御外侮，固邦基，而保人民者也。”[④] 其实，就宪法功能而言，他所看重的不是其“保人民”的功能，而是认为通过立宪可以实现“皇位永固”“外患渐轻”“内乱可弥”的功效。载泽还辩称：“今日外人之侮我，虽由我国势之弱，亦由我政体之殊，故谓为专制，谓为半开化而不以同等之国相待。一旦改行宪政，则鄙我者，转而敬我，将变其

① 中国史学会主编：《戊戌变法》（第2册），上海人民出版社、上海书店出版社2000年版，第236页。

② 同上书，第236—240页。

③ 夏新华、胡旭晟整理：《近代中国宪政历程：史料荟萃》，中国政法大学出版社2004年版，第16页。

④ 《辛亥革命》（第4册），上海人民出版社1957年版，第24页。

侵略之政策，为平和之邦交。”① 这表明，载泽的立宪主张，根本没有触及立宪主义的实质。

清朝另一位重臣端方，同样从立宪有利于国家富强的角度来理解西方立宪主义和宪政体制。他批评洋务派“练陆军、设海军以求强，筑铁路、兴航路、务工商以求富。然求强而反以益弱，求富而反以益贫者，此非富强之不可期”，实乃由于舍本求末所致。他所说的“本”，就是指西方的宪政体制。所以，“内政不修，专制政体不改，立宪政体不成，则富强之效将永无所望”，因此，“中国为救亡计”，应该“采用立宪政体”。② 宪政大臣达寿对于立宪与救亡的关系的认识，也反映了清朝政府的态度，他说：“数年以来，朝野上下，鉴于时局之阽危，谓救亡之方只在立宪”，“非实行立宪，无以弭内忧，亦无以消外患；非钦定宪法，无以固国本而安皇室，亦无以存国体而巩主权”。③ 正是宪政大臣们认为立宪可以巩固皇权、阻止列强侵略、消除国内革命、实现国家富强，并反复劝谏清朝最高当政者，才促使清政府有条件地采纳了立宪建议。清政府在《宣示预备立宪谕》中强调：“各国之所以富强者，实由于实行宪法。”④ 从中国刚刚接触宪政开始，就把制定宪法、实施宪法与国家富强直接联系在了一起，把宪法变成了实现国家富强的工具。清王朝抱着“立宪救国”的功利主义态度所开创的这一立宪格局，不仅影响了清朝立宪运动的命运，对后来的中国宪政运动也产生了深远影响。

三、对西方宪政文明的向往

推崇和向往西方宪政文明，是资产阶级改良派和民主派的共同特征。如果说立宪派把西方国家富强的原因归结为实行立宪主义，由此得出“立宪救国论”是中国立宪派推演出来的一种历史逻辑或其经验思维、意象思维的表象，那么，“立宪政体优越论”的提出，则是这种历史逻辑的理论升华，是对西方宪政国家的强国经验由历史逻辑到学理上的总结概括，虽然说这不符合西方人的思想逻辑，却是近代中国政治进程和思想历

① 《东方杂志》1906 年第 3 卷第 13 期。

② 《端忠敏公奏稿》卷六。

③ 《东方杂志》1908 年第 5 卷第 8 期。

④ 《东方杂志》1906 年第 3 卷第 13 期。

程深化的一种表现，而完成这一思想演进过程的是资产阶级改良派和革命派。

改良运动的宣传鼓动家梁启超，在维新变法失败以后，并没有放弃改良主义道路。在《立宪法议》中着力揭露了君主政体的弊端，阐述了君主立宪政体的优越性，也为革命派超越他的思想做了铺垫。他说："君主立宪者，政体之最良者也。……君主专制政体，朝廷之视民如草芥，而其防之如盗贼；民之畏朝廷如狱吏，而其疾之如仇雠。故其民极苦，而其君与大臣亦极危。"① 梁启超既看到了君主专制政体对民众生活的危害，也看到了它给统治者带来的政治风险，所以，坚决要求抛弃君主专制政体，采取君主立宪政体。但作为一个半中半西、常从中西交错的视点观察政治问题的中国近代知识分子，他采取了以向君权妥协的方式否定君主专制的策略，同时也反对实行民主立宪政体。他的理由是，实行民主立宪政体，允予民众广泛参与，因众口难调，施政方略变数太大，选举总统时竞争太过激烈，必置国家安定和人民幸福于不利，因此认为民主立宪政体在中国没有合理性和可行性。改良派要求保留君权，实行君主立宪的主张，遭到了资产阶级革命派的猛烈抨击。革命派不仅否定君主立宪政体，还超越了"立宪救国论""立宪强国论"等改良主义的局限，从理论上论证了民主立宪政体的优越性，揭示了中国政治变革必须走民主宪政道路的历史趋势。资产阶级革命派选择民主宪政道路，既与他们受西方自由民主思潮的影响有关，也与他们对中国政治现实的认识有关。他们发动革命的根本目的就是打破封建经济政治关系对资本主义的束缚，建立保障资产阶级及其他民众权利和自由的民主宪政国家。

20 世纪初期发生的中国资产阶级革命，是在中西方政治文明的优劣对比已经凸显的前提下，由拥有现代政治理念、政治知识、政治眼光的资产阶级民主派发动并领导的。革命先行者孙中山像当时大多数先进知识分子一样，也接受了西方资产阶级的"进化论"和"天赋人权论"，并把它们和中国资产阶级革命紧密结合在一起，用进化论诠释自然界和人类社会的发展规律，将革命视为加快中国政治进程的催化剂。在政治体制上，他选择法美模式，表明从改良派到革命派，对民主的认识已经发生深刻变

① 李兴华、吴嘉勋编：《梁启超选集》，上海人民出版社 1984 年版，第 148—154 页。

化。在题为《中国民主革命之重要》的演说中，孙中山对改良派提出的“各国皆由野蛮而专制，由专制而君主立宪，由君主立宪而始共和，次序井然，断难躐等；中国近日亦只可为君主立宪，不能躐等而为共和”的机械进化论不以为然，并以修铁路为例加以反驳。他说：“铁路之汽车，始极粗恶，继渐改良；中国而修铁路也，将用其最初粗恶之汽车乎？抑用其最近改良之汽车乎？于此取譬，是非瞭然也。”[①] 显然，孙中山在政治上反对渐进主义的改良，而主张革命性变革和跳跃式发展。在他看来，当今中国革命乃为国民革命。所谓国民革命，就是全体国民应该树立西方人首倡的“自由、平等、博爱”精神，完全负起革命的责任，[②] 而且只能走民主共和之路，绝不能走君主立宪道路。

孙中山等革命派基于君主立宪不能摆脱君主专制羁绊的事实，毅然选择了民主共和政体，尤其在西方主权理论及自由、平等、民主和人权理念启发下，牢固树立了以下信念：“中国者，中国人之中国，中国之政治，中国人任之。”[③] 既然中国是中国人民的公产，不是少数人的私产，当然不能由少数人所控制，成为宰割人民的工具。而清朝统治者恰恰把中国变成了任意杀戮人民的屠宰场，自从260年前，“乘中国多事，长驱入关，灭我中国，据我政府，迫我汉人为其奴隶，有不从者，杀戮亿万。……满洲政府穷凶极恶，今已贯盈”。因此，只有推翻清朝政府，建立民国，“政治之害，如政府之压制，官吏之贪婪，差役之勒索，刑罚之残酷，抽捐之横暴，辫发之屈辱”，[④] 等等，才能与满洲反动势力同时斩绝。

上述表明，革命派要求推翻清政府，绝不仅仅因为它是异族统治，也不只是为了实现国家独立，主要因为它是逆历史潮流而动、置人民自由幸福于不顾的封建专制政府。在中国，只有推翻君主专制，制定中华民国宪法，建立民选的国民政府，才能保障人民政治上的平等参与权；只有促进社会改良进步，保障文明进步的成果为国民所共享，弃绝垄断和控制国民生命的专制政治，才能构建人民所需要的民主国家。孙中山满怀信心地指出：“国民循序以进，养成自由平等之资格，中华民国之根本，胥于是乎

① 《孙中山选集》（上卷），人民出版社1956年版，第66页。

② 同上书，第68页。

③ 同上书，第69页。

④ 同上书，第68—69页。

在焉。”他所憧憬的未来的理想国家和社会，是所有人民“一切平等，无有贵贱之差、贫富之别，休戚与共，患难相救，同心同德，以卫国保种自任”[①] 的国富民强的国家和公平正义的社会，而在这种基础之上建立起来的国民政府，应该“凡事以人民为重，军人与官吏，不过为国家一种机关，为全国人民办事”而已。孙中山对政府目的和职能的阐释，体现了资产阶级社会契约论的精神，如其所说：“人民终岁勤动，以谋其生，而官吏则为人民所养，不必谋生。是人民实共出其所有之一部，供养少数人，代彼办事”，“至于官吏，则不过为国民公仆，受人民供应，又安能自由？”[②] 以此逻辑推断，人民供养的官吏如果不为人民办事或失职渎职、贪污腐化，人民当然有权更换他们。

资产阶级革命派之所以主张建立民主立宪政体，与19世纪末20世纪初中国商品经济发展、社会结构变化、政治发展进程具有密切关系。随着资本主义商品经济的发展，资产阶级积蓄了一定的经济力量，经过与世界先进国家的交往，眼界大开，产生了进一步扩大自身经济利益和参与政权的要求，而中国现实的封建经济、政治和社会关系，严重阻碍了资产阶级利益扩张的要求，堵塞了资产阶级参与政权的道路。所以，创建新型的适应资产阶级利益和要求的国家形态或政府形式，是资产阶级实现其经济政治利益的根本出路。正是实现自身利益及其政治理想的诉求，驱动着资产阶级及其代言人担负起了向封建政治宣战、创立资产阶级民主宪政的历史重任。

孙中山等资产阶级革命派，由于受中国实业发展困境的刺激及封建经济、政治和社会关系的困扰，特别经过长期游历、考察西方立宪政治后而形成的对中西政治文明反差的认识，很自然地激发了他们检讨自己和学习西方的政治热情，创立适合资本主义发展趋势、符合资产阶级利益的政治国家，是他们毕生追求的目标。但是，中国资产阶级革命发生在20世纪初期，这时的中国，无论在经济、政治、文化和社会领域的哪一方面，都还没有从旧的传统中走出来，而此时的西方资本主义国家不仅进入了现代社会，建立了现代国家，而且经过一百多年的原始积累、对外掠夺和自身建设，已开始向后现代社会和后现代国家转型，资本主义高速发展所带来

---

① 《孙中山选集》(上卷)，人民出版社1956年版，第70页。

② 同上书，第90页。

的新的社会矛盾和弊端开始充分暴露。其最突出的矛盾表现为：在经济领域，财富的积累反导致分配不公日益严重，贫富差距愈来愈大；在政治领域，民主的运作反使多数人民越来越失去参与和影响政府决策的机会，甚至被边缘化。相比之下，由于所处的社会发展阶段不同，处于半殖民地半封建社会条件下的中国，面临的最紧迫的任务尚不是立即解决如何发展社会生产力问题，而是如何实现国家独立和民族解放，进而实现由传统社会向现代社会的转型，这项历史任务本应通过资产阶级革命来完成。然而，由于中国资产阶级的政治理想与其所处的历史发展阶段的错位，生活在尚未走出传统社会的资产阶级革命派，选择了只有在西方近代社会基础上才能发展起来的政治制度和发展模式，理想与现实的严重脱节决定了资产阶级革命派思想上的矛盾性格，正像孙中山本人所选择的那样，在中国尚不具备现代铁路的条件下，毅然拒绝“粗恶之汽车”，而要求引进现代“改良之汽车”，因此不免造成中国政治变革的“南辕北辙”，甚至将经过改良的西方现代“电气机车”安置在了中国的无轨乡间土路上。先铺路再置车这个浅显的常识，本不应该被忽略，但事实上近代中国的宪政改革，是在封建的经济、政治、文化和社会环境及人文环境中，移植资本主义先进政治文明，不仅水土不服，而且气候环境极不相称。所以革命派倡导的资产阶级立宪运动，其历史命运也就可想而知了。

第二节 传播的过程和内容

19 世纪五六十年代，立宪主义或宪政概念尚未输入中国，依然处于封建政治关系束缚下的中国人民，不可能自发地产生宪法意识或宪政观念。先进的中国人只是在向西方寻求救国救民的真理的过程中，偶然接触到立宪主义某些元素，并把这些元素与关于西方国家的历史地理知识、风土人情、社会组织状况一起介绍到了国内。19 世纪 70 年代以后，随着中国人的视野的逐渐拓宽，立宪主义受到人们正视，一些人开始有目的地传播立宪主义。19 世纪末 20 世纪初，中国政治进程的发展，催生了资产阶级改良派和革命派，立宪主义成为影响他们主导政治变革的重要思潮。中国共产党诞生以后，中国政治和社会转型的资本主义趋势发生转向，旧的资产阶级民主主义思潮逐渐被新民主主义思潮所代替。

立宪主义在中国的传播和实践过程，大体可以分为四个阶段：

(1) 鸦片战争至戊戌维新运动之前的初步接触和零散介绍阶段；(2) 戊戌维新运动至辛亥革命时期较系统的传播和初步实践阶段；(3) 新文化运动时期结合文化反思的自觉宣传阶段；(4) 新文化运动以后的进一步实践及政治转型阶段。

一、对宪政制度的初步介绍

在近代中国，最早介绍立宪主义制度的是地主阶级改良派和资产阶级早期改良派。林则徐主持编撰的《四洲志》是最早反映西方国家历史地理、人物风情、社会风尚、政治制度的中国书籍。他在奉旨禁烟活动中，广泛收集国外书报，命令译员翻译外文书刊，探寻"夷人之长技"，以备御敌之用，无意中将英国议会制度和美国总统制度的某些元素介绍到了国内，向国人传递了有关英美政治制度的信息。《四洲志》在描述英国议会时说：凡"国中有大事，王及官民俱至巴厘满（议会——作者注）衙门公议乃行"，"设有用兵和战之事，虽王裁夺，亦须由巴厘满议允"。在美国，"军国大事，关系外邦和战者"，均由国会议定，若"所见不同，则三占从二。升调文武大吏，更定律例，必询谋和同"。对于美国的总统制，着重介绍了总统的产生和任期，如说美国总统"四年为一任，期满更代。如综理允协，通国悦服，亦有再留一任者，总无世袭终身之事"。由于当时中国人的世界历史、现代政治知识比较匮乏，《四洲志》对英美政治制度的介绍十分简单和粗陋，甚至存在不准确的地方，却抓住了英国议会制和美国总统制等西方立宪主义制度中的核心要素。

魏源在《四洲志》的基础上编撰了《海国图志》，细化了对西方议会和民主选举制度的描述，介绍了议会在英国政治生活中的地位和功能。他发现，凡议决军国大事、王位继承，必须经议会同意。如说："用兵、和战之事，虽国王裁夺，亦必由巴厘满议允。国王行事有失，将承行之人交巴厘满议罚。凡新改条例、新设职官、增减税饷及行楮币，皆王颁巴厘满，转行甘文好司（内阁——作者注）而分布之，惟除授大臣及刑官，则权在国王。各官承行之事，得失勤怠，每岁终会合于巴厘满，而行其黜陟。"① 这些言论已经涉及国家权力配置、职能划分及议会和国王权限等

① 魏源：《海国图志》，中州古籍出版社1999年版，第320页。

问题。

关于美国总统制，魏源写道：“全国公举一大酋总摄之，匪惟不世及，且不四载即受代，一变古今官家之局，而人心翕然，可不谓公乎？议事听讼，选官举贤，皆自下始，众可可之，众否否之，众好好之，众恶恶之，三占从二，舍独徇同，即在下预议之人，亦先由公举，可不谓周乎？”① 其字里行间，充溢着对美国选举制度的赞美之意。在国人被长期禁锢、普遍处于精神麻痹的状态下，大概只有身陷专制囹圄而头脑清醒之人，才可能有如此深切之感受。通过对自身处境与“西土桃花源”的对比，魏源所窥视到的美国，强盛原因是“数百年来，育奈士迭（即美国——作者注）遽成富强之国，足见国家之勃起，全由部民之勤奋，故虽不立国王，仅设总领，而国政操之，舆论所言必施行，有害必上闻，事简政速，令行禁止，与贤辟所治无异，此又变封建郡县官家之局，而自成世界者。”② 并称赞“瑞士，西土桃花源也”。③ 由此表达了19世纪中期中国开明士大夫阶层对西方政治文明的羡慕。

19世纪40年代末期，先进的中国人经过与西方人的初步接触和交往，已经知道西方议会是由两院构成的，徐继畬在《瀛环志略》中写道：“英国之制……都城有公会所，分为两所，一曰爵房，一曰乡绅房。爵房者有爵位贵人及耶稣教师处之；乡绅房者，由庶民推择有才识、学术者处之。国有大事，王喻相，相告爵房，聚众公议，参以条例，决其可否，复转告乡绅房，必乡绅大众允诺而后行，否则寝其事勿论。其民间有利病欲兴除者，先陈说于乡绅房，乡绅酌核，上之爵房，爵房酌议，可行则上之相而闻于王，否则报罢。”关于英国议会两院的职权划分，他认为，“大约刑赏、征伐、条例诸事，有爵者主议；增减课税、筹办帑饷，则全由乡绅主议”。④ 这些介绍说明，徐继畬对英国议会两院的权力划分和运行情况虽然不太了解，但隐约窥出了二者之间的差别。

与此同时，徐继畬还对美国政治制度及其产生的情况作了介绍，他说：“兀兴腾（即华盛顿）既得米利坚之地，与众议曰：得国而传子孙，

① 魏源：《海国图志》，中州古籍出版社1999年版，第369页。

② 同上书，第317页。

③ 同上。

④ 徐继畬：《瀛寰略考》卷七。

是私也。牧民之任，宜择有德者为之。分其地为二十六部，每部正统领一、副统领一，以四年为任满。集部众议之，众皆曰贤，则再留四年（八年之后，不准再留），否则推其副者为正。副或不协人望则别行推择。乡邑之长，各以所推书投匦中，毕则启匦，视所推独多者立之，或官吏，或庶民，不拘资格。退位之统领，依然与齐民齿，无所异也。二十六部正统领中，又推一总统领，居于京城，专主会盟、战伐之事，各部皆听命。其推择之法，与推择各部统领同，亦以四年为任满，再任八年。"①

总之，在第一次鸦片战争之后，由于清王朝战败，一些开明官员和知识分子开始关注西方。除上述介绍西方政治制度的著作之外，还有梁廷枏的《海国四说》《夷氛闻记》《粤海关志》，叶钟进的《英吉利国夷情记略》，等等。其中《海国四说·合众国说》提到了美国的建国程序和宪政秩序，即"未有统领，先有国法"，说明美国先制宪后立国，总统依据宪法选举产生，那时中国人尚不理解这其中的政治意义，更不懂得从法治角度解读这一政治现象，但西方政治制度与中国政治制度之间的巨大差别，凡是当时具备一些世界知识的人都不会无所察觉。随着岁月流逝，西方立宪主义对中国的政治影响终于慢慢地显露出来了。

19 世纪 60 年代之后，由于洋务运动兴起，中国人与西方文化的接触逐渐增多起来，对西方的了解和认识也在不断深化。70 年代出现了以冯桂芬、王韬、何启、胡礼垣、薛福成、马建忠、陈炽、郑观应等为代表的资产阶级早期改良派，他们对西方文明的认识，由只关注物质文明转而重视西方制度文明。1875 年，洋务派大臣郭嵩焘在《条议海防事宜》中指出："西洋立国，有本有末，其本在朝廷政教，其末在商贾。"由此引发了对西方富强原因的本末关系的讨论。郑观应对于西洋富强之本的解释是："议院上下同心，教养得法"；"兴学校，广书院，别考课，使人尽其才"；"讲农学，利水道，化瘠土为良田，使地尽其利"；"造铁路，设电线，薄税敛，保商务，使物畅其流"；"凡司其事者，必素精其事：为文官者必出自仕学院；为武官者必出自武学堂。有升迁而无更调，各善所长，名副其实"。以邓华熙为代表的地方政要也提出："广学校以造人才，设议院以联众志；而又经营商务以足国用，讲求游历以知外情。力果心

① 徐继畬：《瀛寰略考》卷七。

精，实事求是。”这时的清王朝，谈西学、论西政、办洋务，已经成为时尚。

随着对西方政治制度的逐渐了解，人们不再满足于零散地介绍西方议会制、总统制、商政和教育等事物，而是要求深入了解、系统介绍西方国家的政治体制及其运作情况。1880年，郑观应凭借自己对西方政治体制的观察，指出：“泰西有君主之国，有民主之国，有君民共主之国，虽风俗各有不同，而义理未能或异。”[①] 在《盛世危言·议院下》中，他还对英国、法国、德国等十几个西方国家的议会组织及其运作情况做了评介。王韬也对西方国家的政体进行了分类：“泰西之立国有三：一曰君主之国，一曰民主之国，一曰君民共主之国。”“一人主治于上而百执事万姓奔走于下，令出而必行，言出而莫违，此君主也。国家有事，上下议院，众以为可行则行，不可则止，统领但总其大成而已，此民主也。朝廷有兵刑礼乐赏罚诸大政，必集众于上下议院，君可而民否，不能行；民可而君否，亦不能行也，必君民意见相同，而后可颁之于远近，此君民共主也。”[②] 关于这三种政体，君主制在中国已经存在了几千年，是中国人最熟悉的，而民主制和君民共主制，则中国从未有过。

依据资产阶级早期改良派的社会地位和思想状况，在当时环境下，他们不约而同地选择了君民共主。其实，如此选择也符合中国历史发展逻辑和思想进程，因为就在他们之前不久，地主阶级思想家龚自珍就曾沉痛地感觉到，清王朝所面临的形势已是“日之将夕，悲风骤至”，所以，他在批评君主专制的同时，提出了改革政治的设想，其措施之一就是实行“君臣共治”，要求向地主阶级中下层开放政权，实现上下通情，君臣一体。由“君臣共治”发展到“君民共主”，只不过经历了几十年的时间。这一历史现象既反映了中国社会危机的加深，也表明近代中国人为了挽救民族危机，振兴国家，宁愿接受某些外来事物，也不惜搁置对本国文化传统的情感，这虽然反映了中国传统思维方式的工具理性，却是一种具有历史合理性的工具理性。

在“君民共主”框架内所设计的议会政治方案，折射出近代中国政治发展的上层化、贵族化路线和特征。如在议院组成上，汤寿潜提出，隶

① 郑华熙：《郑观应集》（上册），上海人民出版社1982年版，第65页。

② 王韬：《韬园文录外编·重民下》，中州古籍出版社1999年版，第65页。

属“上议院”者须是王公大臣至各衙门堂翰林院四品以上官员，隶属“下议院”者则为堂官四品以下及翰林院四品以下官员；[①] 同时还为议员设定了严格的年龄和财产资格限制，要求应选议员者，“其年必足三十岁，其产必及一千金”。[②] 很显然，19 世纪的中国改良思想家们虽然具有学习西方、改变中国政治现实的要求，但他们既缺乏理论创新意识，又缺乏政改革新勇气，更缺乏必要的社会政治力量的支持。因此，他们无法真正丢弃自己的政治传统，更没有能力促使统治阶级在政治上做出妥协和让步，进而换取上层统治者和下层民众的共存共生；他们尚不懂得立宪主义的真正含义及其政治价值。缺少政治妥协精神，无法真正理解英国；缺少政治勇气，学不来美国，他们只能学习立宪主义的皮毛，而抓不住立宪主义的要领。所以，从历史视角来看，中国虽然于 1842 年鸦片战争之后，就进入了社会变革和文化转型时期，但对于实现这一转型所必需的经济社会基础和政治文化环境，显然还没有引起人们高度重视。

二、立宪主义理论的传播

日本发动甲午战争，标志着西方列强对华侵略升级，对中华民族的生存危机构成了严重威胁，引起了中国社会政治关系的进一步变化，推动了进步社会阶层的形成和觉醒，中国人民探讨救国救民的真理的热情史加高涨。19 世纪末 20 世纪初，在中国出现的君主立宪思潮和在政治上向西方靠拢的趋势，并没有因为“戊戌六君子”的流血牺牲而中止，为这种趋势张目的是资产阶级改良派和部分开明士绅，他们虽然仍高举着儒家学术旗帜，但所宣扬的却是维新思想，要求实行的是有别于中国传统政治的新政。维新志士谭嗣同对封建纲常名教发起的猛烈攻击，预示着儒家学术传统的动摇和新的政治变革时代的来临。改良派倡导新政，无论在形式上还是在本质上，都蕴含某些立宪主义元素。戊戌变法虽然遭到血腥镇压，但改良派的主张却得到了朝野有识之士的认同，甚至连清政府在穷途末路之际，也不得不捡起曾经被他们否定的改良派的某些主张，并在进步历史潮流的推动下，启动了近代中国立宪进程。

---

① 汤寿潜：《议院第五》，见《危言》，光绪十六年石印本卷一，第 9 页。

② 转引自徐祥民《中国宪政史》，中国海洋大学出版社 2002 年版，第 41 页。

（一）改良派对立宪主义的宣传

改良派在政治上选择君主立宪政体，与他们的社会历史观、个人阅历及情感都有密切关系。戊戌变法以前，进化论已经传入中国，并与中国传统“变易”观念相结合，产生了进化论的世界观。改良派的首领康有为，用进化论世界观观察人类社会，把《公羊》“三世”说与《礼记·礼运》中讲的大同、小康思想联系起来，认为人类社会发展要经历“据乱世”“升平世”“太平世”三个时期，“据乱世尚君主，升平世尚君民共主，太平世尚民主”，并认为君主专制、君主立宪制和民主共和制与他的“三世说”是完全一致的，是人类社会由低级向高级发展的三个不同阶段，明确提出“世”不同则“道”不同以及因时立法的变革思想，以此为倡导和实行君主立宪制的理论依据。

1. 康有为、梁启超对立宪主义的宣传

在戊戌变法期间，康有为、梁启超并没有发表系统介绍立宪主义的论著，他们主要是结合维新变法需要，为了论证实行君主立宪的必然性与合理性，才引入并抓住了立宪主义的某些元素。如康有为说：“近泰西政论，皆言三权：有议政之官、有行政之官、有司法之官。三权立，然后政体备。”[①] 他认为，立宪主义的本义在于“君民合治”，所有富强国家全在于“举国君民，合为一体，无有二心”，欧美各国“尤留意于民族之治，凡语言政俗，同为国民，务合一之”。亚洲的日本是“君民合于一，而立宪法以同受其治，有国会以会合其议，有司法以保护其民，有责任政府以推行其政”；“考定立宪国会之法，三权鼎立之义。凡司法独立，责任政府之例，议院选举之法，各国通例具存”。[②]

梁启超以改良派政论家的身份，协助康有为撰写了大量宣传变法维新的文章，但属于宪政范畴的言论并不多见。其真正研究宪政的著作是在戊戌变法失败以后发表的，1901 年 6 月 7 日，由他代人草拟的《立宪法议》，可以看作集中反映改良派这一时期的宪政思想的代表作，主要内容包括以下方面。

第一，以是否实行立宪为衡量标准，对各种政体进行定性。梁启超认

① 谢遐龄编：《康有为文选》，上海远东出版社 1997 年版，第 344—345 页。

② 中国史学会主编：《戊戌变法》（第 2 册），上海人民出版社、上海书店出版社 2000 年版，第 237—240 页。

为："今日之世界，实专制立宪两政体新旧嬗代之时也。"指出："世界之政有二种：一曰有宪法之政（亦名立宪之政），二曰无宪法之政（亦名专制之政）。采一定之政治以治国民谓之政体。世界之政体有三种：一曰君主专制政体，二曰君主立宪政体，三曰民主立宪政体"；"立宪政体，亦名为有限权之政体；专制政体，亦名为无限权之政体。有限权云者，君有君之权，权有限；官有官之权，权有限；民有民之权，权有限"。随后，他按照自己的评价标准对世界各国政体进行分类，并对各种政体进行比较，指出："君主立宪者，政体之最优良者也。民主立宪政体，其施政之方略，变易太数，选举总统时，竞争太烈，于国家幸福，未尝不间有阻力。君主专制政体，朝廷之视民如草芥，而其防之如盗贼；民之畏朝廷如狱吏，而其嫉之如仇雠。"① 很显然，从梁启超对各种政体的评价可以看出，他对君主立宪政体情有独钟。

第二，初步阐释了宪法原理。梁启超说："宪法者何物也？立万世不易之宪典，而一国之人，无论为君主、为官吏、为人民，皆共守之者也，为国家一切法度之根源。此后无论出何令，更何法，百变不许离其宗者也。"② 在他看来，宪法具有三个特征：（1）至上性，任何国家机关和个人必须遵守宪法；（2）为法律之母，宪法是一切法律的立法基础和依据；（3）永恒性，宪法永远不能改变。就梁启超对宪法的基本观点而言，前两点体现了宪法的本质特征，其认识是正确的，最后一点则有悖于宪法发展规律。

第三，介绍宪法的价值和功能。梁启超指出："各国宪法，既明君与官之权限，而又必明民之权限者何也？民权者，所以拥护宪法而不使败坏者也。""一国之大，非能一人独治之也，必假手于官吏。官吏又非区区少数之人已也，乃至千万焉、亿兆焉。天下上圣少而中材多，是故勉善难而从恶易，其所以不敢为非者，有法以限之而已；其所以不敢不守法者，有人以监之而已。乃中国未尝无法以限官吏，亦未尝不设人以监官吏之守法，而卒无效者何也？"因为设督抚以监督道府，设道府以监督州县，"而监之之人，又未必贤于其所监者，掣肘则有万能，救弊则无一效，监者愈多，则治体愈乱，有法如无法，法乃穷。是故监督官吏之事，其势不

① 李兴华、吴嘉勋编：《梁启超选集》，上海人民出版社1984年版，第148—154页。

② 同上书，第148—149页。

得不责成于人民”。梁启超虽然不主张实行民主政治，但其认为官权无限和人民无权是政治腐败的根源，限权的根本途径和有效措施在于使人民有权，将所有官吏置于人民监督之下。所以他说：“欲君权之有限也，不可不用民权；欲官权之有限也，更不可不用民权。宪法与民权，二者不可相离，此实不易之理，而万国所经验而得之也……故欲翊戴君主者，莫如兴民权。”[①] 由此可知，梁启超已经比较清楚地认识到，保障人权和限制君权（或政府权力）是宪法的基本问题。

第四，分析立宪态度对立宪后果的影响。梁启超通过回顾和分析 19 世纪以来的国际政治风云，认为“百年以来，地球各国之转变，凡有四别：其一，君主顺时势而立宪法者，则其君安荣，其国宁息，如普、奥、日本等国是也。其二，君主不肯立宪，民迫而自立，遂变为民主立宪者，如法国及南美洲诸国是也。其三，民思立宪，君主不许，而民间又无力革命，乃日以谋刺君相为事者，如俄罗斯是也。其四，则君民皆不知立宪之美，举国昏蒙，百政废弛，遂为它族夷而灭之者，如印度、安南诸国是也”。[②] 这四者之中，孰吉孰凶，何去何从，绝非难断之事。

除上述之外，梁启超还撰写了大量法律著作，但都是在维新变法失败以后发表的，其中宪法方面的著作包括《各国宪法异同论》《论立法权》《宪法之三大精神》《宪法起草问题答案问》《主张国民动议制宪之理由》，等等。其中，1899 年发表在《清议报》上的《各国宪法异同论》，是中国学者撰写的最早的比较宪法学专论。该文从政体、三权分立、国会、总统、法律命令及预算、臣民权利与义务、政府大臣责任等七个方面，对各国宪法尤其对欧、美、日宪法进行了比较研究。通过比较共和政体与君主立宪政体，得出了君主立宪政体更为优越的结论。[③] 梁启超的这些宪法思想和学术活动，不仅对近代中国宪法学的创立和发展具有启迪作用，而且清末立宪基本上采纳了梁启超的宪法观点和宪政主张。

2. 严复对西方资产阶级学说的译述和宣传活动

严复是中国近代资产阶级启蒙思想家、理论家，也是近代中国系统翻译、介绍西方资产阶级政治学说和学术思想的第一人。严复之所以重视对

---

① 李兴华、吴嘉勋编：《梁启超选集》，上海人民出版社 1984 年版，第 148—152 页。

② 同上书，第 150—154 页。

③ 《清议报》全编卷九。

于以自由主义为核心的西方学说的研究和传播，一则出于他对西方资本主义成功经验的认识和态度，二则与近代中国政治进程和思想进程亟须寻求精神外援密切相关。他在总结西方社会发展和政治变革成功的经验时说：西方“如汽机兵械之伦，皆其形下之粗迹，即所谓天算格致之最精，亦其能事之见端，而非其命脉之所在。其命脉云何？苟扼要而谈，不外于学术则黜伪而崇真，于刑政则屈私以为公而已。斯二者，与中国理道初无异也。顾彼行之而常通，吾行之而常病者，则自由不自由异耳”。[①] 这些结论反映了鸦片战争以来中国人向西方学习的历史进程和思想进程，即鸦片战争时期学习西方的船坚炮利，洋务运动时期学习西方的汽机兵械、天算格致，维新运动以后学习西方的学术和刑政。这也表现出他与康有为等人在学习西方的路径选择上存在明显区别，康有为主张学习西方应从引进立宪主义制度入手；而严复认为，立宪主义制度不是最重要的，立宪主义制度产生的思想根源——自由主义理念才最重要。所以，他拼命翻译近代西方思想家的著作，涉及哲学、经济学、政治学、法学、社会学和逻辑学等多个学科领域。梁启超称赞严复“专翻译英国功利主义派书籍，成一家之言”。[②] 并说：“西洋留学生与本国思想界发生影响者，复其首也。”蔡元培、胡适等都高度评价严复在介绍西洋哲学和近代西方学术思想方面做出的杰出贡献。[③]

严复的译述活动，以戊戌变法为界限，可以分为两个阶段，戊戌变法以前，翻译出版了赫胥黎的《天演论》；戊戌变法失败后，翻译出版了亚当·斯密的《原富》、约翰·密尔的《穆勒名学》和《群己权界论》、孟德斯鸠的《法意》、斯宾塞的《群学肄言》、甄克思的《社会通诠》和耶方斯的《名学浅说》。通过翻译出版这些著作，在国内传播了以下思想。

（1）在哲学方面，通过翻译《天演论》和《群学肄言》，向国人介绍达尔文、赫胥黎、斯宾塞的进化论，把进化论与中国固有的唯物主义结合起来，赋予了进化论世界观的意义，形成了他的“天演哲学”和“世道必进，后胜于今”的社会历史观。通过翻译《穆勒名学》和《名学浅说》，把逻辑学的归纳法和演绎法介绍到国内，并强调了从实际经验中归

① 《严复集》（第1册），中华书局1986年版，第2页。

② 梁启超：《中国近三百年学术史》，上海三联书店2006年版，第26页。

③ 郭湛波：《五十年中国思想史》，山东人民出版社1997年版，第49页。

纳出事物发展规律的方法。

（2）在经济学方面，通过翻译《原富》，宣扬经济自由主义，认为只有给个人从事经济活动的充分自由，才能“利民”；只有利民，才能使国家富强。批判清政府压制私人资本的政策，抨击洋务派对新式工业的国家垄断，指责官督商办是掠夺人民和浪费国家财富，竭力为发展民族工商业鸣锣开道。他还要求改造中国传统的“本末”论和“奢俭”论，强调农业的基础地位和工商业对农业的促进作用，反对“重本抑末”论，主张农业和工商业并重；他看到了消费对生产的促进作用，以“奢俭”范畴来说明积累和消费的关系，认为“俭”的可贵之处在于“有所养”“有所生”。所谓“有所养”“有所生”，就是把消费节余积累起来，使其成为扩大再生产的资本。经过严复的改造，中国传统的“本末”和“奢俭”等范畴变成了说明资本主义经济关系的范畴，这可说是最早把西方学说中国化的尝试。

（3）在政治学方面，除宣传进化论、用以激励中国当政者变法图强之外，严复还积极宣传《群己权界论》《法意》所张扬的立宪主义政治哲学以及自由民主精神，赞赏西方社会政治制度，认为西方社会政治制度的特点是“以自由为体，以民主为用”，其优势是“上下之势不相悬隔”，社会各阶层可以融通，君主和人民都有权。根据天赋人权论原理，他认为人的自由权利是天赋的，对于人的天赋权利，任何人不得侵犯；自由和平等紧密相连，没有平等，就没有自由；只有有了自由，人类才能实现人人平等。依据西方社会契约论，他指出百姓立君，是要君为民办事，民众是君权的来源，是真正的主人，国家是人民的公产。而中国之所以积贫积弱，原因在于颠倒了产权关系，造成君贵民轻，君有权而民无权；中国要变弱为强，就必须实行君主立宪。要实行君主立宪，必须“鼓民力”“开民智”“新民德”。只有把人人改造成为自主自立的新民，才能实行君主立宪制度。而且中国实行君主立宪，只能采取逐步改良的方法，不能“期之以骤”。

严复还通过对中西文化进行比较，指出二者之间存在八大区别：西人力今而胜古，中国好古而忽今；西人首明平等，中国最重三纲；西人隆民，中国尊主；西人尚贤，中国亲亲；西人重讥评，中国多忌讳；西人恃人力，中国委天数；西人乐简易，中国尚节文；西人喜娱乐，中国追淳朴。他认为西学更优于中学，因此，反对“中学为体，西学为用”，大力宣传西方资产阶级平等、自由和民主理念，指责三纲五常、孔孟之道是僵死的教条，宋明理学是“无实”之学，汉学考据以及词章是“无用”之学，“八股文”是锢人智慧、坏人心术、滋人游手，是制造政治愚人的工具。

(4) 在法律方面，他依据西方进化论、三权分立和天赋人权学说，论证改革中国旧法制的必要性。认为中国旧法律，“什八九，皆所以坏民之才，散民之力，漓民之德者也”，都是“为上而立”，帝王以此压制臣民，而自己却“超乎法之上”，因此变成了阻止社会进步的重要障碍。在万事颓废的时局之下，中国要富强就应变法，而在这“事事方为更始”当中，“法典居其最要”。他以民约论为依据，指出法应该“为民而立”，认为“君也臣也，刑也兵也，皆缘卫民之事而后有也”，而卫民之事中的最重要者，就是保护民众享有的“天之所畀”的自由权。他说：“侵人自由者，斯为逆天理、贼人道”，“故侵人自由，虽国君不能，而其刑禁章条，要皆为此设耳”。他把保护人权和提高民力、民智、民德紧密结合起来，正是他思想深刻的反映。

鉴于中国实行人治和历史上明主少、庸君多而导致“昌世少”“乱世多”的现象，严复倡议仿行三权分立原则，实行君权和民权分立。他说：“今日所谓立宪，不止有恒久之法度也巳，将必有其民权与君权分立并用焉。有民权之用，故法之既立，虽天子不可以不循也。”这里所说的民权，是指设立议院，由议院掌握立法权。当然，对于议院行使的立法权，国主可以“准驳之”；对于司法机关行使的司法权，其他机关不得侵犯；法官裁判曲直时，只依据国家法律，不受法律以外的因素的影响。严复在主张法治的同时，还要求重视道德教化的作用，反对专任刑罚，这显然与中国传统治国理念对他的影响有关。

严复对于西方文化及政治学说的介绍和宣传，不仅在改良派当中是最全面最系统的，即使与后来的资产阶级革命派相比，也是最系统、最深入的。由于他翻译的论著多数是在戊戌变法失败以后出版的，并且他所介绍的自由、民主、人权和法治等立宪主义理念超出了改良派的思想范畴，所以对于资产阶级革命及后世的影响，远远超过对于资产阶级改良运动及当时的影响。

(二) 革命派对立宪主义的宣传

由于政治进程和思想理念的差异，改良派以建立君主立宪制为目标，他们的理论宣传以介绍英国立宪主义为重点；而革命派的政治目标是推翻封建帝制，建立民主共和国，所以他们宣传的重点是法美立宪主义理论和经验，并选择了自由、平等、民主、人权理念和民主共和政体。邹容的《革命军》，孙中山的《孙文学说》《三民主义》《建国大纲》和《建国方略》，陈天华等人的著述，这些论著中的许多思想或制度设计都来源于法美思想家的理论和法美政治模式，更多地渗透着美国民主宪政精神。革命派创立资产阶级革命理论的过程，也是西方资产阶级宪政思想在中国传播，并和中国资产阶级宪政实践相结合的过程。

1. 宣传革命思想

资产阶级革命派向往法国革命和美国共和制度，邹容的《革命军》依据天赋人权论，参照美国政治模式，系统勾画了中华共和国的蓝图。在这个共和国当中，权从民出，即总统和政府、议会和议员，均由人民创造或选举；权由民所控，即人民以自己的天赋权利控制或废除政府，罢免不称职的政府组成人员。他说："无论何时，政府所为，有干犯人民权利之事，人民即可革命，推翻旧日之政府，而求遂其安全康乐之心。""然政府之中，日持其弊端暴政，相继仿行，举一国人民，悉措诸专制政体之下，则起而颠覆之，更立新政，以求遂其保全权利之心。"人民保持革命的权利，是组织和威慑政府的必要手段，也是人民自我保护的最后一道屏障，这与社会契约论的基本精神是完全契合的。他在《革命军》中还指出："革命者，天演之公例也；革命者，世界之公理也；革命者，争存争亡过渡时代之要义也；革命者，顺乎天而应呼人者也；革命者，去腐败而存良善者也；革命者，由野蛮而进文明者也；革命者，除奴隶而为主人者也。"他大声疾呼："我中国今日欲脱满洲人之羁缚，不可不革命；我中国欲独立，不可不革命；我中国欲与世界列强并雄，不可不革命；我中国欲长存于二十世纪世界之上，不可不革命；我中国欲为地球上名国，地球上主人翁……我同胞其欲相存、相养、相生活于革命也。吾今大声疾呼，以宣传革命之旨于天下。"① 革命虽然不是促进社会发展的唯一形式，但在20世纪初的中国，却是实现政治变革的唯一选择。孙中山等人莫不想通过改良途径实现政治变革，但在他的改良要求遭受了严重挫折之后，同样选择了以革命手段实现政治变革的道路。

① 郅志选注：《猛回头——陈天华　邹容选集》，辽宁人民出版社1994年版，第182—183页。

2. 宣传外国宪政理念和政治经验

资产阶级革命派的民主宪政思想，主要来源于西方资产阶级的自由、平等、民主、博爱等理念和法、美的民主政治模式，这一点在孙中山的理论创造和革命活动中体现得十分突出。比如，1894 年 11 月，孙中山在美国檀香山创立兴中会时，给资产阶级革命确立的目标是“创立合众政府”；1903 年秋天，在日本《东京训练班誓词》中又提出了“驱除鞑虏，恢复中华，创立民国，平均地权”的革命纲领，这表明，19 世纪末 20 世纪初，中国已经被卷入了世界民主政治洪流之中，而 1905 年孙中山又把“东京誓词”明确确定为同盟会的政治纲领，并基于世界资本主义发展经验，把同盟会政纲归纳为“三民主义”。正如他在解释三民主义的来源时所说：“余维欧美之进化，凡以三大主义：曰民族，曰民权，曰民生。”[①] 他认为，争取民族独立、民权解放和民生幸福，是世界资本主义的发展所经历的三个阶段，欧美已圆满完成了前两个阶段的任务，唯独受民生问题困扰，而“今者中国以千年专制之毒而不解，异种残之，外邦逼之，民族主义、民权主义殆不可须臾缓。而民生主义，欧美所虑积重难返者，中国独受病未深。而去之易”。[②] 基于对国情的这种认识，他把反对清朝满族贵族统治与外国侵略的民族革命、反对君主专制的民权革命、避免资本主义前途和实现民生幸福的社会革命统一起来，既要学习西方资产阶级国家的民主政治经验，又要避免产生西方资本主义国家的社会不公、贫富两极分化现象。

三民主义思想架构的形成，扩大了欧美资产阶级宪政理念的影响，为中国宪政制度的设计提供了指导思想，孙中山本人曾经表示，他最服膺美国林肯，并把三民主义同林肯的“民有、民治、民享”思想相比附。民族主义的要义是民族不分大小，一律平等，这也是现代宪政制度的基本原则。在谈到民族主义的来源时，孙中山认为，“民族主义者，十九世纪之产物，而亦其主人翁也。莫阿之役，美西之役，日本之维新，义和团之扰乱，落落诸大事，无一非由是民族主义者磅礴冲击而成”。1904 年 3 月，他第一次把民族主义和建立民主共和国联系起来，要求革命者提倡民族主义，用民族精神来拯救中国，认为在这方面世界上许多国家为中国树立了

---

① 《孙中山选集》(上卷)，人民出版社 1957 年版，第 71 页。

② 同上书，第 68—69 页。

榜样，如“法兰西革命三次，王纲破而共和；美利坚苦战八年，母国认其独立”。对外而言，民族主义就是“要中国和外国平等的主义，要中国和英国、法国、美国都是平等的主义”。当然，革命派已经认识到，实现民族平等的前提是国家独立和强大，而腐朽卖国的专制政府，连捍卫国家主权和民族利益的能力都没有，更不能指望把自己的国家建设强大，因此，丧失了国家主权和民族独立的国家的人民，在进行民族革命时，尤其不能缺少民权革命，这正是美国独立战争和民主建国的经验，对于中国资产阶级革命而言，也不例外。

同盟会宣言是资产阶级革命派将西方政治理念和本国革命实践融为一体的典范，他们一方面坚持以民主精神指导革命；另一方面又坚持通过平民革命，建立民主国家。如宣言所说：“所谓革命者，一国之人皆有自由、平等、博爱之精神，即皆负革命之责任”，“今者由平民革命以建国民政府，凡为国民皆平等以有参政权。大总统由国民共举。议会以国民公举之议员构成之，制定中华民国宪法，人人共守”。[①] 革命派不仅在革命目标和革命方式上，而且在政体设计和革命程序上也受到了外国经验和教训的启发。如西欧各国从文艺复兴到立宪主义制度最后确立，经历了由启蒙运动到资产阶级革命，再到工业革命的历史发展过程，革命后建立的议会制国家完成了由中世纪向现代社会的转型，但在政府权力与公民权利、国家权力的纵向和横向配置上，却存在严重失衡现象，集中反映了资产阶级的自私性，而且经济革命的成果完全被资产阶级所垄断，造成了新的社会分配不公。针对这些社会现象，孙中山等革命派结合中国实际，在设计革命程序和政体时，提出资产阶级革命必须经过军政、训政和宪政三个时期，才能真正建成民主宪政国家，而且鉴于议会专权、行政舞弊、司法不公等现象，孙中山在比较各国政治制度的基础上，提出了改革三权分立的政治体制的设想，破天荒地设计出“五权分立”的政治体制，这表明资产阶级革命派在政治上的进取精神。

与孙中山服膺美国的政治制度设计一样，邹容在《革命军》中设计的政治制度，基本上照搬了美国宪政模式，其内容是：设立中央政府为全国办事枢纽，各省投票公举总议员，然后由各省议员中投票公举二人为大

---

① 张枬、王忍之编：《辛亥革命前十年间时论选集》（第 1 卷下册），生活·读书·新知三联书店 1960 年版，第 675—676 页。

总统和副总统，全省男女一律平等，均为公民，宪法和自治法参照美国宪法和有关法律制定，设官分职一律仿效美国。由此可以看出，西方的三权分立制、议会制、总统制和依宪治国理念，是资产阶级革命派设计中国民主宪政制度的基本依据。

（三）文化反思与立宪主义理念的传播

继维新变法被镇压之后，辛亥革命也未能逃脱失败的厄运，反动力量的猖獗和革命的艰难，不能不引起人们思考政治变革屡屡受挫的原因。新文化运动的发生及其倡导者对文化与政治关系的探讨，无疑深化了人们对社会政治变革问题的认识，推动了中国文化转型。新文化运动的目标是排除中国政治变革的精神阻力，它本身并未取得直接的政治成果，但中国政治哲学从此跨入了世界话语体系，并时刻受到不断传入的西方社会思潮的影响。新文化运动所传播的不是西方17—18世纪所主张的放任主义和古典自由主义，而是19世纪末期以来在西方广为流传的功利自由主义，以及引入了社会主义因素但仍以个人自由、个体价值为前提的“费边社会主义”“基尔特社会主义”和“民主集体主义”，等等。新文化运动的倡导者对于西方文化不是追本溯源，而是选择集中反映西方文明成果的现代自由主义哲学，并把它作为观察中国命运、改造中国政治的工具，这是由近代国情和中国实用主义文化传统决定的。

由于中国民主进程屡屡受挫，新文化运动的倡导者认为，中国构建现代民主政治的最严重的障碍，在于本国封建主义文化对于人的束缚和个性的摧残，所以改造中国传统文化，向西方寻求文化价值支援，批判儒学意识形态和改造国民性，塑造共和国民的现代公民性格，成为通向民主政治目标的必经之路。陈独秀把自由平等精神视为现代民主政治的伦理基础，认为在一个国民缺乏个性和自由精神的国度里，不可能建成民主政治。因此，他援引西方自由主义理念，把解放个性、摆脱奴性，塑造自主自由的人格，作为改造儒家传统伦理观念的突破口，指出人为性灵、意志和权利的主体，而“所谓性灵，所谓意思，所谓权利，皆非个人以外之物。国家利益，社会利益，名与个人主义相冲突，实以巩固个人利益为本因也”。[①] 胡适更是一个坚定的自由主义者，他把个人自由看作社会进步的

---

① 《新青年》第一卷1号。

基础，认为“社会最大的罪恶莫过于摧折个性，不使他自由发展”，而“社会国家没有自由独立的人格，如同酒里少了酒曲，面包里少了酵，人身上少了脑筋，那种社会国家没有改良进步的希望”。[①] 李亦民则将英美民族强盛归结为实行个人主义，并主张“顺人性之自然，堂堂正正以个人主义为前提，以社会主义为利益个人之手段”。[②] 这些言论表明，当时人们所接受和宣传的是个体优位的自由主义。

在新文化运动中，英美派学者更加青睐功利自由主义。功利自由主义以调和个人利益和社会利益的冲突，提倡“最大多数人的最大幸福”为宗旨，除了英国的边沁、密尔父子为其中坚人物之外，美国的杜威对功利自由主义的提倡和诠释最为有力。杜威功利自由主义的最大特点，是强调自由和民主的结合，提倡个人对公共事务和社会福利的关心与参与，提倡“福利国家”，承认政府的经济干预功能，但在捍卫个人自由、反对国家干预个人领域方面，始终固守着传统自由主义的核心理念和基本原则。胡适作为杜威的学生，留美归国后，以介绍和传播杜威思想为己任。

与胡适不同，张东荪对“费边社会主义”“基尔特社会主义”情有独钟，其宣扬的自由主义容纳了社会主义因素，这主要与20世纪社会主义思潮的兴起和影响有关，反映了资本主义发展造成的劳资关系紧张的事实。他赞同社会主义的公平分配和关心“民生”的原则，但认为社会主义会限制个人自由、妨碍个性发展，而且中国最紧迫的问题不是解决社会财富分配不公，不是实施社会主义，而是应该鼓励发展实业，在努力发展资本主义生产的同时，避免因其发展而带来的社会弊端。

新文化运动初期的价值取向与20世纪初期的西方自由主义在脉动上是一致的，这似乎表明中国政治文化与西方政治文化已经处在了同一发展水平上，但实际远非如此。在西方，自由主义的兴起和发展与传统文化的影响、中产阶级的成长和壮大密切相关，早期自由主义倡导的个体自由、议会政治、限制政府权力的主张，以及放任主义经济学说和个人权利神圣不可侵犯的社会思想，都可以在中世纪的政治和文化生活中找到痕迹，都是中产阶级利益和意志的体现。在近代中国，并不存在19世纪西方中产阶级那样强大的社会阶级，所以自由主义在中国传播的社会基础并不稳

---

① 《新青年》第四卷6号。

② 《新青年》第一卷2号。

固，但它为什么能在中国受到广泛欢迎呢？胡希伟先生曾运用韦伯分析资本主义文明兴起时提出的两个概念——“工具合理性行动”和“价值合理性行动”，来说明这个问题。他解释说：“工具合理性行动是由对处于周围和他人环境中的客体行为的期待所决定的，这种期待被当作达到行动者本人所追求的和经过计算的目的的‘条件’和‘手段’；而价值合理性行动是出于某些伦理的、审美的、宗教的、政治的或其他行为方式的考虑，与成功的希望无关，纯由对特定价值的意识信仰所决定。”① 借用这两种不同合理行动的概念划分，可以发现新文化运动时期人们对自由主义的接受和传播，也是一种“工具合理性行动”，即接受和传播自由主义，是因为运用它可以达到一种合理的目的：救国并改造中国社会。

把自由主义作为救国和改造中国社会的工具，而吸纳到自己的文化体系中来，本来与“夷夏之防”的传统观念相抵牾，但为什么要抛弃自己的民族情感而去学习外人呢？答案似乎很简单，就是为了救亡图存，实现国家富强。从魏源的“师夷之长技以制夷”，到张之洞的“中学为体，西学为用”，再到严复的“以自由为体，以民主为用”，乃至后来马克思主义中国化问题的提出，都是“工具合理性行动”的体现，况且不仅严复甚至孙中山也认为中国人并不缺乏自由，中国人自古就是很自由的，所缺少的只是民主。

为追求富强而学习西方，并把西方社会条件、文化背景下形成的政治理念作为工具之用，这自然会引起西方政治理念本义的变化。就以自由而论，西方传统自由主义所强调的是个体自由的自然状态或内在价值，即非外力干涉的消极自由，19世纪末20世纪初的功利自由主义，将自由的内含修正为个人能力的最大限度的发挥，即提倡个人对公共事务与社会福利的关心和参与，这种被修正的积极的自由主义，显然适应了中国知识分子的参与心态和传统，并被他们继续放大，从而导致以个体主义哲学为主要基础的立宪主义也不得不发生演变。就像中国知识分子不重视自由主义内在价值，而专注于其效用性一样，人们对于立宪救国、立宪图强的追求，远远超过对立宪主义关于保障人权、限制权力的内在价值的重视，长期以来，宪法被当作确权（力）和护权（力）工具，也是出于同一心态和

① 高瑞泉主编：《中国近代社会思潮》，华东师范大学出版社1996年版，第229页。

传统。

在西方，立宪主义被作为一种价值体系而获得了广泛认同，而在20世纪初期的中国，它只是被少数人作为参与政治、改革政治的意愿而已；在西方，立宪主义运动同西欧整个思想传统具有内在联系，是中产阶级利益和意志的集中体现，是工具合理性和价值合理性的有机统一，而立宪主义合理性的取得，又与西方历史上的文艺复兴、宗教改革、启蒙运动等各个时期文化的自然演进，同社会的伦理规范、习俗和宗教信仰密切相关。这表明，西方立宪主义理念是经过几百年的积淀、演化而形成的，是出于根深蒂固的习俗和信仰等非理性因素的信念伦理。在中国，立宪主义政治哲学是为了适应救国救亡、改造中国的需要，由知识分子引进的一种思想观念，他们之所以热心于宣传并要求实行立宪主义，自始就具有十分明确的目的性，而且主要是基于一种责任伦理。责任伦理与信念伦理不同，"前者注重思想理论的实际运用，故重理论如何与现实合一，追求理论的科学精神；后者注重思想理论的内在价值，故重思想理论与历史上思想文化的传承，由此而突出思想观念的人文精神"。[①]

虽然自17世纪以来，西方自由主义形成了以英国经验论哲学为背景和以大陆理性主义为特征的不同流派，立宪主义在个体与整体的关系上，也相应地形成了强调个体优先和强调整体优先的差别，但这种差别更多的不是由经验主义和理性主义哲学本身的差异造成的，而是与两种哲学流派形成的思想文化传统有着内在联系。中国立宪主义的倡导者则不然，他们不仅把立宪主义作为一种政治哲学，而且把它作为他们政治思想的依据，并赋予立宪主义方法论的意义，他们真正看重的是立宪主义对中国政治变革的指导价值，所以，对于立宪政治本身的信仰取代了对立宪主义内在价值的诉求。在缺乏实施立宪主义的社会基础、信仰伦理支持而政治又千变万化的国家，文化精英们对于立宪主义的这种态度，最终导致20世纪初期的中国没有形成声势浩大的、产生实际成果的立宪运动。

（四）立宪主义政治文化的分途

新文化运动时期，基于儒家式人文精神基础而暂时凝聚在启蒙运动旗帜之下的新文化阵营，因参与者的生活经历、知识背景、价值诉求存在差

① 高瑞泉主编：《中国近代社会思潮》，华东师范大学出版社1996年版，第233页。

异，在“政”（政治倾向）、“学”（人文素养和知识结构）、“道”（道路选择）之间亦各有所重。他们的宪政主张的差异及其与改良派、革命派之间的差别，主要表现为由时代差异、身份差异、修养差异所造成的思想程度差别。但随着文化激进主义思潮的流变，救亡图存的新文化运动转化为社会改造的政治运动，进而成为现代革命的序曲时，新文化阵营成员中固有的政治分野立即凸显出来，并公开走向分裂。1919 年夏秋之际，李大钊与胡适之间产生“问题与主义”之争。1920 年，陈独秀与胡适等人围绕《新青年》办刊方针发生的激烈争论，马克思主义与无政府主义之间的论战、关于社会主义的争论等思想冲突相继发生。最后，李大钊、陈独秀等人归宗于马克思主义，胡适等人继续坚持西化主义或自由主义，张东荪、张君劢等人选择了基尔特社会主义。

新文化运动的退潮，还伴随着文化保守思潮的兴起，梁启超游历欧洲后，对西方科学文明提出批评，梁漱溟坚守和宏扬儒家人生理念，为现代新儒学复兴奠定了基础。20 世纪 20 年代末期，即大革命失败后，社会复古势力迅猛抬头，他们千方百计地寻求政治靠山。南京政府祭起孔子亡灵，倡导“尊孔读经”，发起弘扬儒家“礼义廉耻”的“新生活运动”，这是新的当政者急于稳定统治秩序，不再追求政治变革的预定目标的心态，在文化和生活领域的反映。20 世纪 30 年代前后，胡适、罗隆基等人针对南京国民政府践踏人权的立法，发起人权运动，要求实行西式资产阶级民主宪政。20 世纪 30 年代中期十教授发表“本位文化建设宣言”，批评激进派的全盘西化论，主张在文化问题上选择综合态度。这一时期中国思想领域的政治思潮可谓众彩纷呈、莫衷一是，令国人眼花缭乱，但详加分析和梳理后不难看出，各种思潮都越不出激进主义、保守主义和马克思主义三派。

以上各种社会思潮分别代表着特定社会阶级或阶层的经济利益和政治诉愿，是各种政治集团参与政治，以自己的政治风貌改造国家，争相影响国家前途的集中表现。其中，文化激进主义在政治上提出了资产阶级宪政方案，这一方案的设计者和积极践行者，以民族资产阶级政治精英及其知识分子为代表，他们推崇西方自由民主主义，主张建立西方式的议会制、多党制和三权分立制。

文化保守思潮和法西斯主义相结合，在政治上形成了以党治为特征、以个人专制为本质的独裁制度。国民党上台以后，以孙中山训政理论为依据，利用孙中山提出的民主建政的“三阶段论”和“权能分治”理论，实行名为“训政”，实则个人独裁专制的政权体制。但面对近代以来国内外民主宪政思潮汹涌澎湃的巨大压力，国民党政权为了获得合法性基础，采取了召集国民代表大会，实行立法或立宪，组织五院制政府的统治形式，以达到欺骗民众和社会舆论，排除异己和敌对势力，维护封建主义和官僚资本主义联盟，巩固大地主大资产阶级长期统治中国的目的。

马克思主义和中国革命实际相结合，提出了与国民党独裁统治相对立的新民主主义宪政方案。在新民主主义革命时期，中国共产党以马克思主义国家理论和民主理论为指导，实行武装革命，建立工农民主政权，颁布中华苏维埃共和国宪法大纲，制定以工农为主体的人权保障条例，尝试建立各进步阶级合作的联合政府。在政体上，建立了以工农为主体、各阶层人民代表参加的参议会制度和人民代表大会制度。

以上是新文化运动以后中国社会各阶级和思想派别，在相互博弈中提出的宪政方案。国民党逃离大陆以后，在台湾地区实行了三十余年的一党统治，最后建立了西方式的民主宪政制度。大陆的民主政治建设经历了艰难曲折的过程，经过“文革”结束后的拨乱反正，走上了改革发展、建设中国特色社会主义民主政治的道路。

第三节　立宪主义的演化

资产阶级及其知识分子是近代中国要求实行立宪主义的重要主体，但中国下层民众始终没有对其要求做出积极回应，而且立宪主义的传播和实践，与中国政治传统和社会现实始终存在着严重脱节，尤其受到在民众中影响极深的“大一统”“权力至上”“官本位”“安分守己”等传统政治理念、社会习俗的排斥，从而导致立宪主义价值理念、政治形态、政治功能在中国政治实践中的演化和扭曲，并造成了它在中国反复遭受挫折乃至失败的历史命运。

一、演化的原因

立宪主义在中国的演化，有经济、政治、文化、历史和社会多方面的原因，但最主要的是由中西方历史进程的时代差异和文化差异造成的。

（一）时代差异

作为一种政治哲学或政治生态，立宪主义的产生、形成和成熟及其在政治实践中取得成功，是立宪主义运动长期发展的结果。19 世纪中期以后的中国，虽然在时间维度上进入了近代，但在经济、政治、文化和社会环境等方面，还没有摆脱封建传统势力的束缚和外部敌对势力的干扰，或者说，中国社会在本质上仍停留在传统时代，与西方立宪主义产生和实现的社会环境相比，存在明显的时代落差。所以，把立宪主义运用于封建气息笼罩下的中国，发生演变是难免的。

1. 时代差异在经济发展阶段上的反映

17 世纪以后，西欧各国经过资产阶级革命，先后进入了资本主义时代。18 世纪 60 年代以后，经过百余年的技术革命和生产关系变革，至 19 世纪建立机器大工业，实行社会化生产，完成了产业革命，并由现代商品经济发展到资本主义市场经济阶段。市场竞争的激烈化凸显了建立市场规则的重要性，遵守市场规则成为市场主体实现利益最大化的必然选择。而资本的实质及其扩张趋势，驱使有产者强烈要求建立保障产权和经济秩序的政治法律制度，由此催生了以保护私有产权和公民税权为特征的经济立宪主义，又因为经济利益的实现和扩大有赖于个体自由和公民权利的保障，从而促使立宪主义政治哲学和国家制度应运而生。

但在 19 世纪中叶以前，中国还处在中古时期和小生产阶段，其经济形态仍以家庭为生产单位，资本主义经济因素虽然产生，但发展十分缓慢和艰难。1840 年鸦片战争以后，由于外国资本主义入侵和渗透，中国自给自足的自然经济逐步解体，资本主义生产关系已经在局部地区和个别行业产生，并且得到了缓慢发展，但在总体上，地主所有制和封建经济关系依然占据主导地位，小农业和家庭手工业依然是中国经济的主要形态，现代商品经济规模很小，生产技术和设备十分落后，对外贸易仍以传统的茶、丝织品、陶器贸易为主。在这种生产力状况和经济环境下，构建立宪主义国家所必需的现代公民意识，自然难以确立起来。

2. 时代差异在社会领域的反映

16 世纪前后，西欧各国先后由封建社会发展成为市民社会。随着教会势力和贵族势力日趋衰落，市民阶级日益壮大并成为推动政治变革的主要力量，奠定了构建立宪主义国家的政治社会基础。17 世纪以后，西欧各国陆续爆发了反对君主专制的市民阶级革命，多元、自主、自治的近代市民社会彻底取代了国王、教会和贵族统治的封建社会，从此跨入了近代资本主义宪政文明的新时期。

而在19世纪中叶以前，中国仍是一个独立的完整的封建社会。鸦片战争以后，随着外国资本主义在华投资设厂，开办工矿企业，进行经济掠夺，洋务派创办军事和民用企业，民族资本投资设厂，近代工矿企业逐渐发展起来。中国由地主阶级和农民阶级两元对立的传统封建社会，陷入了地主阶级和农民阶级、资产阶级和工人阶级、民族资产阶级和官僚买办资产阶级、人民大众和帝国主义多元对立和相互斗争、社会矛盾异常复杂的半殖民地半封建社会。但由于封建势力、官僚买办势力和外国侵略势力互相勾结，在经济和政治上占据绝对优势，形成压迫工人、农民、小资产阶级和民族资产阶级的政治联盟，中国社会的构成还是封建因素占主导地位，市民阶层的力量十分弱小，不具备西方各国实行政治变革时的社会条件，以至于中国宪政改革只能在半殖民地半封建社会环境里进行。

3. 时代差异在国家领域的反映

16世纪前后，西欧各国逐步从城邦国家、世界帝国和中世纪封建制度中脱胎而出，陆续建立了近代民族主权国家。而对于中国而言，近代只是一个时间概念，在国家形态上还未走出中古时期。

（1）近代西方民族国家实现了政治的世俗化。

西欧各国经过教皇革命、文艺复兴和启蒙运动，国王或皇帝在精神领域的权力被排除，政治权威的宗教职能和宗教特性被取消，尤其经过宗教改革，国家摆脱了教会的精神控制，各国君主在反抗教权控制的斗争中，以人民主权代替上帝主权，把政治权力归因于世俗因素，奠定了政教分离的政治基础。政教分离既表明国家和教会分离，也意味着政治与道德分离。二者的分离使宗教和道德完全变成了个人事务，君主代表的国家行为不再受个人道德约束，从而判断君主行为是否正当不以个人道德善恶为尺度，而看其能否为国家带来和平与安宁。所以，政教分离和“政道分离”是西方政治走向近代政治的重要标志。

（2）近代民族主权国家的形成，为立宪主义提供了政治前提。

主权是指一个国家在其自身地理范围内拥有自主管辖权，或在一个国家内存在着拥有最高政治地位和法律权威的权力实体，以及在这个最高权力之下的等级制结构。[①] 主权具有唯一性、独立性和排他性，意味着最高权威实体可以在自己领土范围内自由实施统治，就是说，在民族主权国家，即使由君主掌握的最高权力也必须得到贯彻，因此，可能导致由贵族和教会制约君主权力的局面不复存在，君主有可能建立个人专制政体。17世纪前后建立的民族主权国家，都有走向君主专制主义的趋势。所以，西方国家在由中世纪向近现代转型过程中，确实出现了“世俗化的危机”，即摆脱了贵族和教会控制的君权，正在向专制方向走去。[②] 在这种情况下，如何限制君主的绝对权力，成为思想家和学者们在理论上致力于解决、市民阶级在实践上力求解决的紧迫问题，所以主权概念和主权国家的产生，为君主专制提供了可能，也为制约君主权力提供了必要。

（3）公民概念和公民意识的产生，是西方由中世纪封建国家走向近现代国家的条件和标志。

中世纪西方国家的政治关系表现为等级身份关系，每一个人都属于特定的等级或团体，并以等级身份从事各种活动，离开特定等级或团体，个人则意识不到自身权利和自由。近代民族国家形成以后，等级团体或集体特权开始消失，贵族和市民不再以等级或团体身份活动，而以个人身份出现，掌握主权的君主由直接面对等级或团体转向面对个人，从而使公民概念取代了臣民概念、公民意识取代了等级意识、自由契约关系取代了身份关系，现代公民便由此而产生。

以上表明，17世纪前后，西欧国家在经济、政治和社会各领域，已经完成了由中世纪向近代的转型，并为构建立宪主义国家奠定了基础。

近代中国则不然。第一，皇权依然神圣。直到辛亥革命以前，皇权的神圣性在清政府制定的宪法性文件——《钦定宪法大纲》和《十九信条》中仍被确定下来，政教合一、政治与道德相结合的政治传统依然在传承，“三纲五常”“四维八德”不仅是政治行为准则，也是个人为人处事的准则，即使在封建帝制被推翻以后，政治的神秘性和少数人垄断政治事务的传统依然没有被打破。

第二，近代中国丧失了主权资格。孙中山创立三民主义，发动资产阶

---

① 刘守纲：《西方立宪主义的历史基础》，山东人民出版社2005年版，第119页。

② 参见［美］弗里德里希·沃特金斯《西方政治传统——现代自由主义发展研究》，黄辉、杨建译，吉林人民出版社2001年版，第32—46页。

级革命，首要目标就是建立民族主权国家，但由于帝国主义和封建主义的联盟，近代中国的每一次政治变革运动，都有传统政治势力的拼死顽抗，都有外国势力的渗透和干预，都没有在政治体制的建构上实现预期目标。

第三，与经济、政治和社会发展状况相对应，近代中国虽然引入了公民概念，但由于社会环境的压迫，国家和社会很少有人从事公民教育活动，甚至在清末民初及以后的立宪中，都绝少使用公民概念，普通人民的公民意识始终难以确立起来。对于一个国家来讲，人民不晓得公民的意义，不具备公民素质，这个国家很难算得上一个具有近代性或现代性的国家，而作为具有现代性的立宪主义政治理念，何以指望其能够在缺少现代性的国家传播和实践而又不演变呢？

（二）文化差异

文化是民族精神的外在表现，是一定民族经过长期生活积淀而形成的思想、道德、信仰、习俗、情感、志趣、意志表达方式等因素的综合，它反映了一个民族的生活态度和生活方式。关于中西文化差异问题，新文化运动时期陈独秀等人提出了进化主义的“中西古今”论，认为中国仍然属于古代文明，西方代表近代文明，把中西文化差异归结为“古代文明”和“近代文明”的差异，前者以儒家纲常伦理学说为核心，以家族、感情、虚文为本位，表现为奴隶、保守、退隐、锁国、想象等；后者以个人、法治和实利为本位，表现为自主、自由、进取、开放、理性等，特点是“举一切伦理，道德，政治，法律，社会之所向往，国家之所祈求，拥护个人之自由权利与幸福而已”。[①] 所以，中西文化之间的差异，实际上是不同时代、不同特质、不同精神、不同信仰的文化之间的差异，中国古代文明显然落后于西方近代文明。

进入近代以后，先进的中国人清楚地看到了中西文明在优劣程度上的落差，因此，先后发动了学习西方物质文明、制度文明和精神文明的洋务运动、改良运动、革命运动以及新文化运动。但是，这一系列运动，除新文化派对中国衰落的文化根源进行过深刻反思之外，洋务派始终认为中国文物制度比西方优越，只是技艺不如洋人，并坚持“中学为体”的立场，到甲午战争清朝彻底战败后，人们才认识到，中国不仅“用”的方

① 《新青年》第一卷1号。

面——技艺不如人，作为“体”的构成部分——制度也不如人，因此才有学习西方制度文明，变革中国传统政制的改良和革命运动。但西方近代文明毕竟是经济、政治、文化和社会的有机结合体，是由各种因素构成的具有严密的内在逻辑关系的、不可分割的整体，政治变革是一项系统工程，把西方文明肢解开来，只输入西方制度及其运作机制，仍是不全面、不彻底、不可行的，所以照搬西方制度的改良和革命都不可能取得成功。

新文化运动中的激进派认为，近代中国政治变革不断遭受挫折甚至失败，原因是学习西方不全面、不彻底，因此应该彻底否定中国传统文化，全盘引进西方文化。这种文化激进主义，以彻底否定中国传统文化为代价，解决中西文化差异，实现政治社会的全面变革，事实上也是行不通的，因为只要一种特定文化所依附的特定民族群体存在，文化的民族性和传承性特征就不会在该民族身上消逝，而且即使在新文化运动以后，以儒家礼教文化为核心的传统文化仍是社会主流文化，“三纲五常”“四维八德”不仅为官方所倡导，也是普通人为人处事的根本，并被视为做官处事的准则。作为专门传播文化知识的教育机构，除少数人有机会接受现代大学教育之外，国学教育仍在中国初、中等教育中占有重要地位，对于没有条件接受学校教育的广大民众来说，他们只能接受从父辈、邻里、乡亲、朋友那里传承下来的传统观念和礼仪的熏陶，多数中国人仍鲜少接受现代文化或公民意识的熏染，现代西方文化观念仍难以在民众中传播，加之中国传统文化与现代文化存在价值冲突，实现中西文化融合，仍是难以解决的历史课题。

我们之所以把文化的差异性与立宪主义在中国的演化联系起来，并认为二者之间存在因果关系，主要基于中国作为国际社会的成员，在被现代化潮流裹入世界历史进程之后，受资本国际化的驱动和帝国主义殖民扩张的影响，已无法完整地坚守自己的传统文明，无法完全置身世界资本主义体系之外，不得不寻求融入世界发展潮流的路径和对策。在这种局势下，实行政治变革，完善和发展自己，适应世界发展趋势，是唯一的选择。但由于实行宪政改革的现实需要与中国传统文化的内在价值之间存在着难以调和的矛盾，中国传统文化当中固有的价值又不可能被完全排除或彻底否定，犹如文化激进主义者曾经尝试的那样，要求在全盘西化的基础上重构中国文化，其结果是“大一统”“权力至上”“纲常礼教”等传统文化理念不仅没有被抛弃，反而在现实生活中一直大行其道。原因在于，“大一统”“纲常礼教”等传统政治理念和中央集权的政治体制，有其特定的生成环境和民族情怀，即使到近代，它们所具有的合理性价值因素也没有完全消失，彻底抛弃了它们，又缺乏适应中国环境的政治理念和制度体系予以替代，中国就难以维护国家统一和政治稳定，立宪主义所追求的人权价值就难以实现。

但是，民主是历史发展的必然趋势，尊重和保障人权是一切现代国家政权合法性的基础，任何现代政治理论，如果不能适应人民的民主要求，忽视对人权的尊重和保障，就将失去价值合理性基础。所以，具有排斥人民主权、人权平等、限制权力等立宪主义因素的中国传统文化，进入近代以后，在文化保守主义者、中西文化调和主义者的坚持下，为了避免使其失去合理性价值，既能适应立宪主义发展潮流，又要抵制西方立宪主义在中国的全面实践，便通过各种方式顽强地表现自己的合理性价值，而且推动和抵制立宪主义在中国传播和实践的不同思潮，在社会上都得到了回应，这是因为社会利益是多元的，不同阶层人民的价值诉求也是多元的。多元社会主体及其多元价值诉求的存在，是立宪主义在中国演化的现实驱动力。如同资产阶级改良运动以后，民权取代君权已经成为进步思想界和知识界的共识，资产阶级革命家孙中山积极倡导和要求实现人民主权，下层民众仍普遍存在“好皇帝”思想、权力崇拜意识和纲常等级观念那样，先觉者走出了一百步，普通民众却迈不出一步，所以他提出了中国历史上既不曾有，西方立宪主义中也不存在的“权能分治”“五权宪法”的宪政方案，并且不是依靠民众的力量，而是依靠掌握“治权”的政治精英实现自己的政治理想。由此说明，立宪主义在中国的演化，是中国文化的固有因素和西方立宪主义价值相互冲突、相互妥协、相互交融的结果，其演化也内含着中国化的元素。

二、演化的表现

立宪主义从西方来到中国，在内涵、形式和实施路径上都发生了演变。

（一）人权价值缺失

自由和人权是立宪主义的内在价值，也是立宪主义合理性的基础，因此，凡是一国之人权利意识淡薄和人权得不到保障的地方，就没有立宪主义。立宪主义运动表明，自由和人权价值并非立宪主义预设的目标，而是立宪主义文明的结晶，或者说，不是先有立宪主义理论，再有立宪主义运动，而是先有立宪主义运动，才形成立宪主义理论，至少立宪主义思想和立宪主义运动是结伴而行的。也可以说，人权意识是人们在适应、利用、改善自身生存环境和生命质量过程中产生的，是社会生产关系发展到一定历史阶段的产物，并且随着生存环境、生活条件的改善而逐渐强化和丰富。所以，人权价值不是外在的和神赐的，而是人作为人应该具有的，是和人的生命、尊严、生存及发展需要紧密联系在一起的。犹如13世纪初宪政运动起源于英国时的情形那样，贵族、教会和自由民向国王讨要的自由和抗税权，是基于习惯的自由和权利而来的，并不因为国王强行征税才有这些权利，更不因为签订了大宪章，人们才应该享有这些权利，它们是权利主体本来就应该拥有的，只是在权利没有遭受侵犯或无保障的时候，它们便处于自然状态。所以，只有建构适应人权实现和人权发展需要的社会政治关系，构建国家层面的人权保障制度，人的自然权利才能转化为法律权利，人权的应然状态才能转变为实然状态，这正是立宪主义产生的价值基础。

但是，中国近代立宪主义运动的起源，不同于西方立宪主义运动的起源。在中国传统社会，权力系统架构严密、组织发达，形成了自上而下纵横交织、君主独揽乾纲的政治结构，而民间社会是碎片化的，有时甚至被代表国家的当政者所分化。普通百姓只要对国家尽了封建义务，并遵守儒家提倡的伦常纲纪，官府也懒得关照百姓之事，民间社会鲜少经济往来，人们的自由和权利处于茫然状态，民众只有生存意识、衣食观念，没有自由权利意识。如果不是近代发生生存危机，民众潜在的权利意识仍难以激活，知识界也不会急于引进立宪主义。

所以，立宪主义在中国的传播和实践，不是基于立宪主义的人权价值，也不是基于本国社会政治发展的内在要求，而是基于中国立宪主义倡导者们救亡图存的工具理性。他们认为，西方立宪主义国家都是近代经济军事强国，其强盛与立宪主义有着某种内在联系；近代中国积弱积贫，不断遭受列强侵略，中国要救亡救贫，就应该实行立宪主义。就事实而论，西方国家的强盛，或许与实行立宪主义、促使国家权力规范运行、政治比较清明、社会比较公正、保护个人产权有密切的关联性，但其强盛的历史逻辑恰恰不似立宪主义倡导者所想象的，英、美、法各国都是在经济发展取得较大成就、国民收入大幅度增长的时候，才发生了市民阶级革命，建立了立宪主义制度，即经济发展在前，社会结构变化次之，政治变革在后。因为经济发展不光意味着国家财富增长，也意味着市民阶级力量扩大，而经济发展还驱动着市民阶级提出更多权利要求，意味着市民社会与政府之间矛盾增多，因此，当国王或各国政府企图从有产者或市民身上搜刮更多财富的时候，冲突也就在所难免了。市民阶级很清楚，他们的经济利益失去政治权利的保障，就会变为不确定的财富，所以，对利益和自由的诉求及由此而产生的人权保障制度，是立宪主义的第一要义和核心价值。但立宪主义在中国的传播和实践、众多宪法性文件及其所体现的立宪主义制度，不仅在形式上，而且在事实上，都没有把保障人权作为立宪主义的第一要义和核心价值。

（二）限权功能弱化

与内在人权价值缺失相关联，立宪主义在中国的实践，彰显了对立宪主义政治功能的蔑视和弱化。在中国近代历次宪政运动的高潮时期，都伴随着立宪活动，但每次立宪都不同程度地存在着试图摆脱宪法对国家权力限制的趋向。清政府设计的宪政制度，国会不是权力中心，而是咨询机构；皇帝有权而无责，内阁有责而无权；宪法不具有限权功能，而是用来巩固皇权、敷衍舆论的。后来的北洋政府，更是把国会和宪法变成了争权夺利的工具，当它们有利用价值时，则立则定；当它们没有利用价值或妨碍其专权时，则废则毁。宪法所具有的限权功能和权力规范功能，完全消失了。

辛亥革命时期可谓宪法争论和制宪的高峰期，立宪派和民主派都十分重视宪政制度的设计问题，孙中山本人也一向重视解决人民主权的实现形式问题，因此在如何制约政府权力方面提出了一些新的设想，如将政权和治权分开，人民掌握政权，政府行使治权，由政权制约治权等①，同时设计了宪政的实现程序，即第一阶段实行军政，主要任务是清除封建残余势力；第二阶段实行训政，主要任务是培育国民的主人意识和参政能力，实行地方自治；第三阶段实行宪政，即实行民选政府和依宪治国。孙中山所设计的政权体制，最大缺陷是缺少人民控权机制，政府一旦滥用职权，贪赃枉法，人民毫无办法制裁他们，而他本人又十分推崇精英政治，这本身

① 依据孙中山权能分离的设想，政权属于人民所有，包括选举权、创制权、复决权、罢免权；治权由政府行使，包括立法权、行政权、司法权、考试权、监察权。

也弱化了对限权制度及其实现途径的探讨。

大革命失败以后建立的南京政府，虽然采用了孙中山设计的政府形式，建立了五院制政府，但由于蒋介石集党、政、军、财等国家大权于一身，又有非常时期欲取欲夺之便的法律加以保障，国民党在大陆统治时期实行的宪政，基本上不具有限权功能，仍然沿袭了强化权力机能、轻视民权保障的政治传统。共产党以建立民主政权和制宪的方式，对国民党的独裁统治进行回应，但在内战接连不断、反侵略战争异常残酷的环境中，一切都须服从战争需要；军事又极其讲究机密性和迅捷性，利用军事手段处理政治问题成为习惯。由于缺乏持续和严肃地实行立宪主义的机会，宣传立宪主义只是打击政敌的手段，政治传统中本已缺失的权力制约机制在战争条件下极易发生对立宪主义功能的扭曲，导致“有宪法无宪政”的奇异现象，甚至演化为新的政治传统。

（三）权力配置失衡

国家权力配置分为纵向配置和横向配置，立宪主义政治功能的发挥，主要是通过合理配置权力实现的。在君主专制时代，一切权力均须对皇权负责，权力的纵向配置和横向配置，以维护君主集权为原则，立法权、行政权和司法权没有明确分工，中央设立专门监察百官的机构和官职，代表皇帝监督百官。立宪主义政体与专制政体相对立，立法、行政和司法分设专司机构，立法机关为民意或最高权力机关，行政机关为国家权力的执行机关，司法机关为审判机关。三权分立的实质，在于实现权力制衡，促使权力公正运行，防止专权和权力腐败，它是较专制政体有较大进步的政体。

但在近代中国，由于受工具理性主义影响，内含权力制衡机制的立宪主义，被错置于救亡救贫的社会政治环境，其内在价值功能被忽视，而其衍生的价值功能被强调。这致使从清末到民国时期的各种宪法性文件或宪法文本，在权力制约和监督制度的设计上，都存在缺失。尤其是《钦定宪法大纲》，对权力制约机制没做任何规定。

辛亥革命时期颁布的《中华民国临时约法》，是一部资产阶级性质的宪法性文件，根据三权分立原则设置了国家机构，体现了权力制约特征，但因临时政府短命，缺乏实施条件，未能得到贯彻。

北洋政府时期，国会废立无常，制宪活动频繁。操纵立宪者，凭借实力穿梭于总统制或内阁制之间，权力中心或在总统，或在执政，政府形态变化无常，唯独国会一贯无权，但无论何者主政，君主专制的本质一以贯之。

南京政府时期，虽设国民会议（后改国民大会）、国民政府主席、五院制政府、军事委员会，行宪国大后又实行总统制，但国大代表不是民选，在中央由蒋介石指定，地方则由各省军政长官指定；国民政府主席的设置，以蒋介石是否出任设定事权，五院院长实际只对蒋介石负责；军事委员会委员长由蒋介石垄断，行宪国大后，蒋介石又任总统一职，所以，南京政府实行独裁专制是不争的事实。但是，国民政府从实行训政到实行宪政，制定了一系列宪法性文件，甚至颁布了宪法典。就政府形式而言，五院制政府机构的设置，毕竟反映了近代分权趋势，也在一定程度上反映了立宪主义进程的进步。当然，在实际上南京政府始终没有跳出个人专权的藩篱。

（四）实施程序错置

根据立宪主义的要求，宪政政府应该依据宪法原则和宪法程序建立。西方宪政国家一般是在资产阶级革命成功之后，或在立宪主义运动中制定了宪法，然后依据宪法原则和宪法程序组织政府。[①] 建立政府的目的和原则，与政府成立后的奋斗目标和活动原则应该是统一的。这表明，宪政政府的目的和活动原则是立宪主义所内含和预设的，是组织政府的依据，不是统治集团依据自己的意志制定宪法，然后单凭自己意志实施统治。制定宪法的活动是人民的聚会，政府依据宪法产生，并依据宪法行使权力。只有这样的政府，才是立宪主义政府。这些原则体现了权从法出，法大于权，依法执政和依法行政的现代法治理念。但在近代中国，由于宪政程序混乱或错置，制宪过程不严肃、不规范，制宪活动往往在专制政府掌控下进行，或宪法多出于已经成立的专制政府之手，对政府权力范围和运作方式缺乏明确的刚性规定，甚至不做任何规定，即使有规定也完全是敷衍舆论，不能约束政府。由于宪法权力规范缺失，公民权利虚置，无人守宪，无人护宪，无法树立宪法权威，民主进程十分缓慢。

三、演化的后果

以上可知，立宪主义输出国与输入国所处的历史时代、社会环境和文化传统的差异，是导致其在近代中国发生演变的根本原因，但不管其

---

① 西方国家议会或议会雏形多产生于资产阶级革命之前，故人们也把议会制等同于宪政。宪法或宪法原则是在资产阶级政府建立以前制定的，政府制度的产生只是宪法原则和宪法精神的体现，在这种意义上，宪法是政府合法性的基础，而不是政府统治的工具。

是内容方面的演变，还是形态方面的演变，只要其核心价值和基本原则不变，输入国能够按照立宪主义基本精神构建宪政国家，就可以促进本国的宪政进程，实现立宪主义价值目标。在这种情况下，即使人们对于人权内涵的解释、民主实现形式和限权制度设计等方面，出现了不同于立宪主义母国的现象，也不致于对立宪主义进程形成障碍，或背弃立宪主义价值原则，但会产生新的立宪主义政治形态。倘若立宪主义的演变违背了立宪主义核心价值和基本原则，偏离了立宪主义道路，实际上已经不属于立宪主义演化的范畴，而是立宪主义的异化。立宪主义的演化和异化，既可能源于立宪主义输入国与立宪主义母国在经济、政治、社会、文化等方面的巨大差异性，也可能出于立宪主义输入国既得利益集团的恶意歪曲，一言以蔽之，是由立宪主义输入国家有没有充分的实施立宪主义的内在驱动力决定的。一个国家的人民如果没有实施立宪主义的内在要求和诚意，只是统治阶层出于维护和扩大自己的权力，或出于某个政治集团为了获得一己私利，打着立宪主义旗号，歪曲立宪主义精神，践踏立宪主义原则，阻挠立宪主义进程，就不可能建立真正的立宪主义国家。一个国家的统治阶层或刚刚夺取政权的政治集团，即使出于不得已仅仅采用了立宪主义形式，而实际上违背了立宪主义精神，也会在政治变革中造成南辕北辙的后果。

如果立宪主义倡导者、制宪者和普通国民功利主义地理解立宪主义，忽视立宪主义价值理性，夸大立宪主义工具理性，把立宪主义运用于不适宜其价值实现的社会环境之中，也会造成立宪主义价值的扭曲和演变，使立宪主义失去原有功能，这是立宪主义价值移植和在新的社会环境里的初期实践阶段难免存在的现象。就像格里德分析自由主义在近代中国失败的原因时所说的那样：在中国，“自由主义之所以失败，是因为中国那时正处在混乱之中，而自由主义所需要的是秩序。……它的失败是因为中国人的生活是由武力来塑造的，而自由主义的要求是，人应靠理性来生活。简言之，自由主义之所以在中国失败，乃因为中国人的生活是淹没在暴力和革命之中的，而自由主义则不能为暴力与革命的重大问题提供什么答案”①。格里德对中国问题的认识可能是肤浅的，因为他不了解中国政治传统和历

① ［美］J. 格里德：《胡适与中国的文艺复兴——中国革命中的自由主义（1917—1937）》，鲁奇译，江苏人民出版社2010年版，第368页。

史文化与现实的中国政治的深厚联系，但其言论并非毫无道理。出于同样的理由，对于立宪主义价值遭致扭曲的现象，至少不应该简单地从经济落后的视角进行分析和把握。

在近代中国，救亡救贫的特殊需求造成中国传统实用理性充分展现，不仅立宪主义来到中国是这样，几乎近代以来的国外各种主义和学说都有人倡导过，甚至尝试过，但没有一种学说能够保持原汁原味。毕竟世界是多元的，各国国情千差万别，中国社会的复杂性及其不同阶层的利益需求的多样性，很容易导致人们对政治事务的理解产生歧义。而立宪主义作为一种政治哲学、一种价值体系和一种政治事务，它本身的价值构成的多样性，也是造成不同利益群体或社会群体对其价值判断产生歧义的原因。在一个缺乏立宪主义内在价值实现基础的国家，受工具理性影响，把立宪主义作为一种救亡济世的方案，也有其历史合理性，但这种合理性并不符合立宪主义价值理性的要求，它至多是拯救近代中国于多灾多难之中的工具理性的体现而已。在这种背景下，立宪主义不可能不发生演变，近代中国也不可能建成真正的立宪主义国家。

把立宪主义作为救世主义，而不是作为治世主义，通常会造成理想与现实之间的脱节、观念与行动之间的矛盾、价值追求与价值现实之间的冲突。一旦主导宪政改革的政治群体脱离实际，或他们一旦实现了眼前利益而不再求取进步，或所追求的政治理想难以实现时，许多人又会折回到出发时的原点。严复由改良派转变为新文化运动的反对派，康有为由改良运动首领蜕变为保皇派，章太炎由革命派转而好古，胡适由“西化派”转向折中主义，甚至到晚年认为宽容重于自由等等，这些人出发时高歌猛进的气魄，在经历了传统和现实的严重冲突和磨难之后，渐渐暗淡下来，由激情点燃的信念很快被平凡的峥嵘岁月渐渐地抹掉了，有棱有角的个性变得圆滑世故了。所以，近代立宪主义演化的后果，并不在于当时是否还能够成就宪政改革大业，而在于一旦背离了立宪主义轨道，扭曲了立宪主义精神，就很难回归立宪主义正途，甚至给后世造成难以消除的影响，尤其在工具理性充斥着一个民族的精神家园的国度，价值理性往往被湮没于工具理性之中。

第三章　中央政府主导的立宪

近代中国社会云谲波诡，西方资本主义列强的入侵打破了清政府统治的“正常”历史延续，国门洞开，割地赔款，丧权辱国，中国渐次沦落成为半封建半殖民地社会。原有的经济、政治、文化格局被打破，各种势力牵动着不同的社会关系展开了复杂的博弈过程。甲午一战的失败，促使中国人走上了从政制变革中觅求救亡图存的艰辛道路，复杂的现实状况又注定了这必定是一条波澜起伏甚至血雨腥风的探险路程。从晚清政府到北洋政府再到国民政府，近代中国立宪政治在独特的时空背景下演绎了一幅幅别样的图景，生动地展示了政制移植过程中的引进与改造、抗拒与异化的扭曲生长状态，给后世留下了值得回味与思索的无限空间。

第一节　清政府的立宪

作为中国历史上最后一个封建王朝，清王朝在沿用旧体制特别是明朝政制的基础上，做了进一步的充实和提高。经由采取多重措施，一方面使君主集权发展到了最高阶段，另一方面也造成了严重的政治、社会和民族矛盾。鸦片战争后，内忧外患，清政府的统治危机更加显现。“随着中国社会政治危机日深，有识有为之士的忧患意识也日盛，他们不忍目睹国家、民族的沉沦，不甘处于受侵略受欺凌被宰割被盘剥的地位，或效命疆场以致力抵抗，或著书立论以期唤起共识，或倡导兴办工商实业以谋富强，进而有针对性地观摩外国国家政治理论及其体制运行要求对本国某些典章制度，重新甄别以定存废。”[①] 也正是在这一探求解危机于乱世的过程中，立宪思想被引入中国，并在各派的争论中得以传播和扩大影响。至

① 高放等：《清末立宪史》，华文出版社2012年版，第42页。

于清政府走上立宪的道路，则是各种势力复杂斗争的阶段性产物。

一、清政府的立宪动机

一般来说，人的行动总是来源于其愿望，而愿望不外是人对其需要的自觉，它总是指向未来的能够满足其需要的某种事物。“凡是引起人去从事某种活动、指引活动去满足一定需要的愿望或意念，就是这种活动的动机。”①

那么，清政府的立宪动机是什么？且看一道上谕：

> 朕钦奉慈禧端佑康颐昭豫庄诚寿恭钦献崇熙皇太后懿旨，我朝自开国以来，列圣相承，谟烈昭垂，无不因时损益，著为宪典。现在各国交通，政治法度，皆有彼此相因之势，而我国政令积久相仍，日处阽险，忧患迫切，非广求智识，更订法制，上无以承祖宗缔造之心，下无以慰臣庶治平之望，是以前派大臣分赴各国考察政治。现载泽等回国陈奏，皆以国势不振，实由于上下相睽，内外隔阂，官不知所以保民，民不知所以卫国。而各国之所以富强者，实由于实行宪法，取决公论，君民一体，呼吸相通，博采众长，明定权限，以及筹备财用，经画政务，无不公之于黎庶。又兼各国相师，变通尽利，政通民和有由来矣。时处今日，惟有及时详晰甄核，仿行宪政，大权统于朝廷，庶政公诸舆论，以立国家万年有道之基。但目前规制未备，民智未开，若操切从事，涂饰空文，何以对国民而昭大信。故廓清积弊，明定责成，必从官制入手，亟应先将官制分别议定，次第更张，并将各项法律详慎厘订，而又广兴教育，清理财务，整饬武备，普设巡警，使绅民明悉国政，以预备立宪基础。著内外臣工，切实振兴，力求成效，俟数年后规模粗具，查看情形，参用各国成法，妥议立宪实行期限，再行宣布天下，视进步之迟速，定期限之远近。著各省将军、督抚晓谕士庶人等发愤为学，各明忠君爱国之义，合群进化之理，勿以私见害公益，勿以小忿败大谋，尊崇秩序，保守平和，以豫

① 曹日昌主编：《普通心理学》，人民教育出版社1987年版，第376页。

储立宪国民之资格，有厚望焉。将此通谕知之。钦此。[①]

这是清政府于1906年9月1日以光绪的名义颁布的一道上谕。这道上谕意在表明为什么要仿行宪政、仿行宪政之核心、仿行宪政的实施步骤及颁布上谕的目的：晓谕士庶人等发愤为学，各明忠君爱国之义，合群进化之理，勿以私见害公益，勿以小忿败大谋，尊崇秩序，保守平和……如果简要归纳清政府的立宪动机，那便是：应对乱局，维护统治。

为什么清政府会形成这样的立宪动机呢？动机反映着有机体意欲达至某一结果的主观原因，它是在需要的基础上产生的。"需要（need）是有机体内部的一种不平衡状态，它表现在有机体对内部环境或外部生活条件的一种稳定的要求，并成为有机体活动的源泉。"[②] 清政府立宪动机的形成大致与以下需要相关。

（一）回应维新的需要

自1840年始，在与西方列强的历次交锋中，清政府均以失败告终，被迫签订了一系列不平等条约。其结果：一方面丧权辱国，颜面尽失，"天朝大国"的权威和尊严已然不复存在；另一方面也使得腐朽专制统治的弊端日益显现，引发了国内多种力量的普遍诟病，社会各阶层要求取消君主专制之声不绝于耳。从龚自珍、林则徐、魏源等开始放眼海外，了解和介绍西方，到代表民族资产阶级的早期改良主义者郭嵩焘、王韬、薛福成、马建忠、郑观应、黄遵宪等人介绍和推崇西方的君主立宪和民主政体，主张君民共主，实行议院制度。虽则大都仅仅体现在文字中，但对于启蒙民众开阔视野，增强变革的社会基础，为戊戌变法提供舆论准备来说，却有着非同寻常的意义。1898年的戊戌维新运动则将早期改良派的思想和理论开始付诸政治实践。戊戌时期，维新人士通过建立学会组织，创办各种新式报刊，开展文艺革新运动，改良社会风俗，将西方的人文科学知识和维新思想传播开来。他们批判专制制度，提倡民权、平等思想；主张设议院，开制度局；建构新的进化哲学；主张改科举、废八股，加强

---

① 故宫博物院明清档案部编：《清末筹备立宪档案史料》（上册），中华书局1979年版，第43—44页。

② 彭聃龄主编：《普通心理学》，北京师范大学出版社2004年版，第327页。

西化教育；提倡妇女解放，男女平权。[①] 维新运动“标志着中国人第一次全面提出近代化的纲领和措施，是君主专制要转变为君主立宪制的勇敢实践”，[②] 戊戌维新思潮也推动了中国社会的进步和大众的思想解放，在以儒学为主体的传统文化基础上又增加了近代资本主义文化的内容，“从完整意义上说，中国近代资本主义新文化是从戊戌维新时期开始生长起来的”。[③] 虽然维新运动因为缺少社会基础而归于失败，但立宪思潮并未因血腥镇压销声匿迹，此后朝野上下立宪之声浪潮翻滚，原有的意识形态基础已被打破。此后，流亡国外的维新派、改良派大多转化为海外立宪派，他们从研究外国宪政问题发展到形成较为完整的“君主立宪”政治主张，并逐渐形成自己的纲领和组织。以张謇为首的国内君主立宪派也通过“温和”的方式影响清政府的一些高级官僚甚至包括最高统治者慈禧。清廷内部亦非铁板一块，一些高级官僚和驻外公使也心向政制改革，积极进谏，呼吁政府革新以求自保。[④] 特别是在日俄战争以后，立宪问题被提上日程，清廷朝野和海外力量掀起了更为广泛的吁求立宪的热潮。当然，海内外的君主立宪派在用君主立宪来抵制革命的意义上，也存在着与清政府媾和的较大可能性。[⑤] 从重塑统治合法性，避免被推翻的角度出发，清政府不得不对此作出回应以挽救岌岌可危的统治。清末“新政”使维新的蓝图大部分变成事实也说明了这一点。

（二）抵制革命的需要

如果说资产阶级改良派、维新派还是希望依托皇帝进行变法，19 世纪 90 年代兴起的资产阶级革命派则是要求彻底推翻封建君主专制制度。资产阶级革命派的领袖孙中山原本也是希望清政府通过改良实现宪政，他在《伦敦被难记》讲述了联名上书申求宪政却遭谴责，由此，“吾党于是

① 张昭军、孙燕京主编：《中国近代文化史》，中华书局 2012 年版，第 102—125 页。

② 高放等：《清末立宪史》，华文出版社 2012 年版，第 65 页。

③ 张昭军、孙燕京主编：《中国近代文化史》，中华书局 2012 年版，第 125 页。

④ 参见邓春丰《载泽与清末立宪》，《湖北社会科学》2013 年第 5 期；郭双林《驻外公使与清末立宪运动》，《中国人民大学学报》2013 年第 2 期；冀满红、李慧《袁世凯幕府与清末立宪》，《晋阳学刊》2005 年第 1 期；刘仕慧《袁世凯与清末立宪运动》，《西南民族学院学报》2003 年第 2 期；吴春梅《张之洞与清末立宪》，《江苏社会科学》1999 年第 6 期；迟云飞《清末预备立宪研究》，中国社会科学出版社 2013 年版，第 48—78 页；等等。

⑤ 高放等：《清末立宪史》，华文出版社 2012 年版，第 75—83 页。

怃然长叹，知和平之法无可复施。然望治之心愈坚，要求之念愈切，积渐而知和平之手段不得不稍易以强迫"[①]。从1894年组建兴中会到1905年创立中国同盟会，在孙中山等人的领导下发动了多次武装起义，以实现民主共和宪政。这些起义虽然并未获得成功，但通过这些革命行动扩大了影响，特别是赢得了广大人民群众的支持。革命行动还直接或间接影响了民变，对清政府统治也产生了一定的破坏。[②] 在此期间，革命派发表了大量的论著，如邹容的《革命军》，陈天华的《猛回头》《警世钟》等。革命报刊《国民报》《新湖南》《浙江潮》等也纷纷发表革命文章。这些论著号召人民奋起反抗，推翻清政府的专制统治，建立民主共和国。1905年11月26日，在同盟会创办的《民报》上，孙中山发表了《民报发刊词》，将同盟会的纲领归结为民族、民权、民生三大主义，其中，民权主义的内容是号召推翻封建专制主义的统治，建立资产阶级的民主共和国。革命党人利用《民报》同改良派展开了激烈的论战。革命的言论广为流传，影响很大，革命运动迅猛发展。看到资产阶级革命派力量日益壮大，并日益威胁到自己统治的时候，"清政府既难以徒恃镇压以扑灭日趋旺烈的革命火焰，又不甘自行退出历史舞台，乃思进一步借行立宪以消弭革命危机，分化革命力量，玩弄立宪骗局，以抵制革命"。[③]

（三）周旋列强的需要

对这一点可以从两个方面来认识。从列强方面来说，自鸦片战争至八国联军侵华战争，西方列强一次次掀起侵略、掠夺和瓜分中国的狂潮，但戊戌变法失败后爆发的义和团反帝爱国运动，打乱了列强共同瓜分中国的侵略计划，迫使西方列强认识到了中国的"民气坚劲"，瓜分不易。西方列强不得不重新确定了"以华治华"的策略，让清政府继续担任他们的在华代理人，使清政府成为"洋人的朝廷"。面对中国境内一波又一波的革命浪潮和立宪呼声，西方列强也不希望清政府分崩离析，为了自己在华利益（清政府若真能施行变法也有利于西方列强和清政府从事经贸往

---

① 魏新柏选编：《孙中山著作选编》（上），中华书局2011年版，第22页。

② 陈旭麓：《近代中国社会的新陈代谢》，上海人民出版社1992年版，第306—308页。李侃、李时岳、李德征、杨策、龚书铎：《中国近代史》（第四版），中华书局1994年版，第365—369页。

③ 高放等：《清末立宪史》，华文出版社2012年版，第89页。

来)，他们也对清政府施加压力，要求清政府披上“民主宪政”的外衣。从清政府方面来说，他们对西方列强是又恨又怕的心态，丧权辱国使他们痛恨列强，实力不济又使他们惧怕列强。皇权存续、强国御侮、消弭内乱是他们的内在追求，为此清廷不得不满怀纠结地与列强周旋。由上述分析可知，西方列强希望立宪的态度令清政府统治者不能不有所忌惮。“对外国资本主义列强的态度，更是慈禧及其谋臣们十分重视的方面。端方在《请立停科举折》中说‘近数年来，各国盼我维新，劝我变法，每疑我拘牵旧习，讥我首鼠两端。群怀不信之心，未改轻侮之意。转瞬日俄和议一定，中国大局益危，斯时必有殊常之举动，方足化群疑而消积侮’。以外国资本主义列强的动态作为权衡安危的风向标，本来就是慈禧君臣不敢忽视的重要方面。若果能以实行立宪的姿态换取列强的好感和谅解，给予一定的支持，这正是他们梦寐以求的。”① 革命党人陈天华也曾在《警世钟》中一针见血地指出，“及到庚子年闹出了弥天的大祸，才晓得一味守旧万万不可，稍稍行了些皮毛新政。其实何曾行过，不过借此掩饰掩饰国民的耳目，讨讨洋人的喜欢罢了。不但没有放了一线的光明，那黑暗倒反了几倍”。②

需要指出的是，历史的进程总是复杂多变的，我们对历史的分析也应抱着复杂的态度。在方法论上，我们应当认识到，“历史是这样创造的：最终的结果总是从许多单个的意志的相互冲突中产生出来的，而其中每一个意志，又是由于许多特殊的生活条件，才成为它所成为的那样。这样就有无数互相交错的力量，有无数个力的平行四边形，由此就产生出一个合力，即历史结果，而这个结果又可以看作一个作为整体的、不自觉地和不由自主地起着作用的力量的产物。因为任何一个人的愿望都会受到任何另一个人的妨碍，而最后出现的结果就是谁都没有希望过的事物。所以到目前为止的历史总是像一种自然过程一样地进行，而且实质上也是服从于同一运动规律的。但是，各个人的意志——其中的每一个都希望得到他的体质和外部的、归根到底是经济的情况（或是他个人的，或是一般社会性的）使他向往的东西——虽然都达不到自己的愿望，而是融合为一个总的平均数，一个总的合力，然而从这一事实中绝不应作出结论说，这些意

① 高放等：《清末立宪史》，华文出版社2012年版，第82页。

② 刘晴波、彭国兴编校：《陈天华集》，湖南人民出版社1982年版，第61页。

志等于零。相反的，每个意志都对合力有所贡献，因而是包括在这个合力里面的”。[①] 因而，对于清政府立宪动机的完整而准确分析，要远比分析某一个社会个体的行为动机复杂得多，限于篇幅，此处只能算是粗线条的勾勒，尚属表面化的归纳。要想完整清晰地认识它，须立基于丰富的社会历史过程之中，从不同社会生活条件所决定的不同意志之间的复杂博弈中去认识。西方列强的入侵引起了中国社会巨大的变化：导致中国传统经济的变异，既把中国经济卷入了世界资本主义经济的潮流之中，又引发了中国经济和社会的深刻变化；导致中国传统人文社会的分化，西方资本主义文化的入侵和注入，引发了中国传统文化机构、文化内容和文化人的重新分化组合，由原来的较为单一的文化结构转变为新旧兼有的二元结构；导致中国政权结构的变化，产生了许多新的政治派别和社会成分。[②] 清政府的立宪动机正是在这外部因素和内部因素的交互作用下产生的，诚如前引恩格斯所说，它是各种意志所达至的合力的显现。

二、清政府的立宪过程

从以上对清政府立宪动机的分析不难看出，清政府的立宪过程其实是一个“被立宪”的过程，是在各种力量催迫之下的无奈之举，是一个腐朽王朝退出历史舞台前的冒险赌博。这也就注定了清政府的立宪过程必然是一个扭扭捏捏、一波三折的过程。

1898 年的戊戌政变，以慈禧为首的保守势力残酷镇压了维新运动，但此后的境况并未好转，反而由于愈加强烈的内忧外患，清政府陷入了更为严重的困境之中。以康梁为首的改良派逃亡海外后，继续讨论和宣传君主立宪，国内以张謇等人为首的立宪派联合清政府的督抚等官员恳请清廷改弦更张，实行立宪以保政权维续。革命派的武装起义一次次对清政府的封建专制造成致命打击。在严峻的国内外形势面前，清政府被迫于 1901 年 1 月 29 日下诏宣布变法，以借此显示开明转移社会矛盾。同年 4 月 23 日，清廷再颁上谕设立督办政务处以增强“变法”效果。自下诏变法至 1905 年，清政府出台了一系列“新政”措施，涵括政治、经济、文教等

① 《马克思恩格斯文集》（第 10 卷），人民出版社 2009 年版，第 592—593 页。

② 关于这些变化的详尽分析，参见虞和平主编《中国现代化进程》（第一卷），江苏人民出版社 2007 年版，第 69—314 页。

诸多方面。但这些举措并未带来人们所期望的益处，反而增加了更大的负担。“新政”不但没有起到缓和国内矛盾的效果，反而激发了更广范围、更大规模的武装反抗。在此形势下，清政府退而求其次，于1905年7月16日下谕宣布选派载泽等五大臣出洋考察，“考求一切政治，以期择善而从”。从此，清末立宪拉开了帷幕。

五大臣分为两组，一组以端方、戴鸿慈为首，另一组以载泽、李盛铎、尚其亨为首，各带一干人马，分别于1905年12月19日和1906年1月14日从上海乘船出发，在历时半年多的时间里先后考察了日本、美国、英国、德国、法国、丹麦、瑞典、挪威、奥地利、俄国、荷兰等国。每次考察一国结束时，他们都会及时向清廷汇报考察经过和观感。这些汇报大致包括以下内容：（1）对宪法的认识。端方在奏折中指出，宪法乃一国之中根本之法律，组织国家之重要事件，均载于宪法之中，不可动摇，不可更改，其他法律、命令均应以宪法为本，自国主以至人民皆当遵循，不得违反。[①] 载泽则认为，宪法能安定国内，抵御外侮，固邦基，保人民；立宪政体，利于君，利于民，独不便于庶官；如若实行立宪，必能保皇位永固、外患渐轻、内乱可弭。[②]（2）对三权分立的认识。端方报称，议会、责任内阁和司法裁判所是西方国家实行立宪主义的三个重要机构。议会旨在汇集民意、反映民意，实现民意与责任内阁之间的“上下之情相通，合谋求一国之利益”。[③] 除此之外，议会还有包括监督财政收支、监督官员的行政活动在内的众多权能。责任内阁由大臣构成，代表君主负实际责任，向议会负责。司法裁判所独立于行政之外，据法裁判刑事、民事案件。（3）对地方自治的认识。端方在奏折中指出，西方国家的地方自治是将一部分国事委托给人民自己治理，以弥补官吏管理之不足，保障官吏事专权一、恪尽职守。官吏职权和地方自治权由宪法明确规定。（4）对“预备立宪”的看法。考察大臣亲眼目睹了西方国家的富强，认为立宪主义与国家富强有密切关联，得出了立宪法、开国会势在必行的结论。但他们又一致认为，中国既无立宪先例，国民也没有相关的习惯和能力，加上地域辽阔、交通不便、文化落后等原因，不宜马上实行宪政，而应仿

① 参见《端忠敏公奏稿》（卷六）。

② 参见《东方杂志》第13期，商务印书馆1907年版，第4—7页。

③ 《端忠敏公奏稿》（卷六）。

效日本明治维新，先行预备立宪，待时机成熟后再行宪政。载泽还提出以日本宪法为范本设计宪法内容，其中首先规定君主大权，包括裁可、公布和执行法律；召集议会，开会、闭会、停会及解散议会；以紧急敕令代法律；发布命令；任免官员；统帅海陆军；宣战、讲和、缔约等 17 项权力。①

出洋考察政治大臣们的奏陈或因时间有限，走马观花，或因知识有限，认识不足。虽说对西方各国的宪政制度及其运作程序有了一定程度的了解，且这种了解中存在着对西方政制的误解乃至曲解，但他们对“圣意”的揣度和对考察的终极目的的把握却是到位的。他们对各国宪政的对象选择、内容介绍、扭曲剪裁，中心全在于如何运用舶来的“材料”维护清廷的皇权政治，为挽救危局寻找理想出路。这些奏陈对清政府的预备立宪产生了直接的影响，为清末立宪提供了依据。1906 年 7 月底 8 月初，考察政治大臣载泽上请宣布立宪密折，戴鸿慈、端方上《请定国是以安大计》折，提出立宪主张。8 月 25 日，戴鸿慈、端方上《请改定全国官制以为立宪预备》折，后又奏请设官制编制局。9 月 1 日，清廷颁布《宣布预备立宪谕》，② 其中将立宪政治歪曲为“大权统于朝廷，庶政公诸舆论”；列举了预备立宪期间要办理的主要事项，即改革官制、厘订法律、广兴教育、清理财务、整饬武备、普设巡警、使绅民明悉国政等；以各种理由拖延立宪进程。

改革官制被认为是预备立宪的必要基础，因而成为宣示预备立宪后的第一项改革措施。自 1906 年 9 月 6 日设立编纂官制馆、11 月 6 日慈禧以懿旨宣布改中央官制至 1907 年 7 月命实行地方官制，清廷的官制改革在各派势力错综复杂的权力争斗中艰难行进。慈禧希图通过官制改革，重用亲信，排除异己，强化自己的统治。各级官吏则从自身利益的前途和命运出发各怀鬼胎，明争暗斗。“但是无论如何，这次官制改革使清政府的体制向着法制和宪政迈出了一步，也使政府体制与当时世界先进国家更为接近。”③

① 参见《东方杂志》第 13 期，商务印书馆 1907 年版，第 4—7 页。

② 即前面分析清政府的立宪动机时所引上谕。

③ 迟云飞：《清末预备立宪研究》，中国社会科学出版社 2013 年版，第 103 页。关于官制改革的详细内容可参见该书第 95—296 页。

为拖延时间和笼络人心，1907 年 7 月 8 日，清廷又发布上谕，准臣下上书条陈预备立宪事宜。一时间，各级官吏、驻外使节、举、贡、生、监等各色人等纷纷上书奏陈，众说纷纭，各陈己见。1907 年 8 月 13 日，清廷根据奕劻等人的奏请改考察政治馆为宪政编查馆。1907 年 9 月 9 日，袁世凯请派近支王公出国及再派考察宪政大臣的奏请被清廷采纳，选派汪大燮（考察英国）、达寿（考察日本）、于式枚（考察德国）第二次出国考察宪政。后又命李家驹继任考察宪政大臣驻留日本考察。这次考察历时两年，考察大臣个性殊异，其见解主张也各不相同。于式枚极其顽固，他除宏论宪法在中国古已有之，极力美化清廷外，还恶言攻讦宪政。汪大燮圆滑世故，明哲保身，他只顾介绍英国的君主立宪，不发表自己的意见。倒是达寿在回国后，上书力求实行立宪。一方面，他认为只有实行立宪才能发展国家的经济、军事和文化，提高国家的竞争力；另一方面，他从维护皇权出发，阐述立宪与尊崇皇权并无冲突，力主仿行日本钦定宪法，巩固君主大权。经由第二次考察，清廷对立宪知识的了解进一步增多，同时也增强了实行君主立宪的紧迫感。

清廷宣布“预备立宪”以来，虽举措不断，但多是表面文章，并无太多实质性进展。各立宪团体、士民绅商，乃至一部分高级官吏对现状渐生不满，他们通过各种途径和方式纷纷请愿，要求清廷加快立宪进程。清廷软硬兼施，一方面对请愿活动厉行弹压，另一方面迫于形势连发上谕许诺推进立宪。经过权衡利弊，清廷最终选择了与中国传统政治和文化较为接近、更适合统治阶级上层利益和思想状况的日本宪政模式。1908 年 8 月 27 日，清廷批准公布了宪法大纲、议院选举各纲要及议院未开之前逐年应行筹备事宜清单。这次颁布的宪法大纲即《钦定宪法大纲》，从条文上看，其内容设计、制度安排和文本结构受到了载泽、达寿等人考察日本后所上奏折的影响。《钦定宪法大纲》主要包括四个部分，即 14 条“君上大权”、9 条“附臣民权利义务”以及“附议院法要领”和“附选举法要领”。“君上大权”包括皇帝统治万世一系，君权神圣；对内皇帝享有最高军事领导权、最高人事权、颁行法律和发布命令权、统揽司法权、控制议会之权等；对外享有宣战媾和大权；等等。“附臣民权利义务”前六条规定权利，后三条规定义务。在权利方面，规定臣民在法律范围内享有言论、出版、集会、结社、财产、居住、人身、诉权以及担任官职的权利，条目不少，但实益不大，立法者不过是用其来粉饰外表以充完整。就是《钦定宪法大纲》本身在当时也并无法律效力，而只是作为将来制定宪法时准则，其颁布的象征意义大于其实质意义。这部以维护和巩固皇权为核心的《宪法大纲》不仅否定了革命派和在野立宪派的政治要求，连为其帮衬的上层立宪派的要求也不能满足，因而既不能实现消除内乱，也无法达至消减外患，反而进一步加深了政权的危机。

1911 年 10 月 10 日，武昌起义爆发，各省也纷纷宣告独立。立宪派和一些重要将领或上书，或兵谏，敦促清廷立即公布宪法，召开国会。在各方压力之下，清廷被迫做出改政体、让权力以求生存的举措。《宪法重大信条十九条》在这种形势下于 1911 年 11 月 3 日仓促出台。与之前的《钦定宪法大纲》相比，《宪法重大信条十九条》在内容和体例上发生了一些变化：采用英国式的"虚君共和"的责任内阁制；在形式上限制了皇权，扩大了国会的权力。它规定：皇帝不再享有宪法的制定和修改权，宪法由资政院起草和决定，修正提案权属于国会；皇权受宪法限制，皇位继承顺序依宪法规定；总理大臣由国会公举，皇帝任命；皇帝直接统帅陆海军，但对内使用，应以国会议决之特别条件为限；国际条约的缔结由国会议决；官制官规由法律规定。虽说《宪法重大信条十九条》仍然贯穿了"官本位"精神和重权力、轻权利的政治传统，但它毕竟在形式上已经具备了现代宪法的某些神采，并且实际上启动了立宪进程，显示了中国传统政治向现代政治转型的开始。

在立宪过程中，除出台宪法外，清廷还进行了"准议会"的试验、司法"独立"的尝试和责任内阁的表演。① 由于在根本出发点上保皇权、挽危局的预设，因而这些"改革"注定扮演不伦不类的角色，不仅于事无补，反而加剧了清廷与立宪派及民众的矛盾，进一步降低了自身威信，加重了政权的危机。

三、清政府立宪的历史反思

清政府在大厦将倾、风雨飘摇之际推行的立宪，随着 1912 年元旦孙中山就任中华民国大总统和 2 月 12 日清帝被迫退位而彻底失败。其失败的原因值得深思。侯宜杰先生曾把清廷预备立宪失败的原因归结为三点，

---

① 迟云飞：《清末预备立宪研究》，中国社会科学出版社 2013 年版，第 306—385 页。

即清政府统治者缺乏主动性和紧迫感，刚愎自用，拒绝接受意见，导致立宪派与其决裂，丧失了社会和阶级基础；缺乏将改革事业进行到底的坚强领导核心；政府腐败透顶。[①] 马克锋先生认为，晚清立宪运动失败的原因有四点：清政府已经不具备实现政治变革的主体资质；清政府丧失了一个较为良好的政制改革时机；财政危机、经济破产导致了立宪运动的失败；严重的民族矛盾和族群冲突也是立宪运动失败的原因。[②] 迟云飞先生从清末社会结构变化、社会意识变化和统治者自身等三个方面分析了清末立宪失败的原因。[③] 相比之下，高放先生的观点视野更开阔、分析更全面，他从内因与外因，特别是内因方面作了分析：从经济发展来看，由于统治者采取的重农抑商、闭关锁国政策导致资本主义经济难以生长，因而不具备变革社会的经济基础；从政治传统来看，中国长期盛行的是专制主义传统而缺少民主共和的基因，专制的势力一家独大，民主的力量因为缺少相应的社会基础而难以壮大，预备立宪的过程难免沦落为空头支票次第开出的过程；从文化变迁来看，中国缺少西方那样的长久、厚重的资产阶级思想文化运动，也缺少杰出政治思想家及其强大的社会影响力，以康有为、梁启超、严复为代表的西方民主思想宣传者一度发挥了启蒙思想的作用，但自戊戌政变后便影响式微；从派别较量来看，代表封建地主贵族的顽固保守派势力强大，立宪派势力弱小，随着革命派势力壮大并渐居主导，君主立宪自然难逃彻底失败；从族群关系来看，满清入关 200 多年，实力雄厚，且顽固坚持君主专制和满族统治，因而无法转向君主立宪，只能由革命派以暴力将其推翻；从人物作用来看，近代中国没有产生出向西方那样的推进改革的杰出人物，反而出现了慈禧这样的权欲熏心、善使手腕的极端专制主义的顽固派首领，也是立宪失败的原因之一。[④]

我们认为，对清政府立宪失败这一问题的认识应当坚持历史唯物主义的方法论原则：第一，应当从社会基本矛盾及其运动中来认识这一问题。西方列强的入侵进一步破坏了清政府原本就已落后的生产力的发展，这从根本上决定了保守势力的强大和改良势力及其社会基础的弱小，决定了不

---

① 侯宜杰：《预备立宪失败的原因》，《史学月刊》1991 年第 4 期。

② 马克锋：《晚清立宪运动的失败原因与历史启示》，《广东社会科学》2008 年第 1 期。

③ 迟云飞：《清末预备立宪研究》，中国社会科学出版社 2013 年版，第 449—455 页。

④ 高放等：《清末立宪史》，华文出版社 2012 年版，第 517—540 页。

顾国情一味照搬西方的改良运动在近代中国很难行得通。第二，应当坚持普遍联系和相互作用的原则，即应当从世界化结构中的中国发展这一角度来认识。西方列强基于资本主义生产力和商品经济发展的内在需要把清政府拉入世界化过程以攫取利益服务于其自身发展，它们不会帮助清政府变法自强；保守势力不甘于自动退出历史舞台，而必然会变本加厉的维护自身利益；改良派群龙无首、组织涣散、内部歧见使其无法凝聚成足够强大的力量；外压与内耗之下的中国日趋积贫积弱，终使清政府微弱的余火伴随着腐朽而耗失殆尽，革命派才得以渐趋得势并最终摧枯拉朽地推翻清王朝的统治。因而，只有将历史事件放在特定的历史背景、社会关系、历史条件下来考察，才能使我们的认识更为客观、全面和深入。

第二节　北洋政府的立宪

以 1912 年袁世凯的北京临时政府取代中华民国临时政府为标志，中国近代史上开始了以北洋军事政治集团为核心的政权——“北洋政府”的统治时期。到 1928 年南京国民政府成立为止，北洋政府存续了 16 年之久。这一统治时期分为两个阶段，即 1912—1916 年的袁世凯统治时期和 1916—1928 年的北洋集团各派轮流执政时期。[①] “北洋军阀统治时期，最高统治者的个人政治品质甚至个人性格及当时的政治、经济状况，决定了只要有可能，他们就会不遗余力地去进行专制和独裁统治。而最高统治者的追随者，由于其阶级本质、个人品质、历史传统、政治文化素养和政治习惯，特别是阶级利益和个人利益，就决定了他们极力去维护和加强专制和个人独裁。”[②] 在这种情况下，立宪、议会往往沦落成为实现个人野心和追求少数人私利的工具。

一、袁世凯统治时期的制宪历程

袁世凯是中国近代史上一个重要的历史人物，学界对他的评价不一而足。但他和他的幕僚玩弄手段、打压民主共和，直至逆历史潮流而动，复辟帝制，却是不争的事实。

---

① 郭剑林主编：《北洋政府简史》（上），天津古籍出版社 2000 年版，第 31 页。

② 程舒伟：《议会政治与近代中国》，商务印书馆 2006 年版，第 133 页。

孙中山在辞去中华民国临时大总统之前为了限制袁世凯的权力，避免其走向专制独裁，于1912年3月11日签署颁布了《中华民国临时约法》(以下简称《临时约法》)。这部《临时约法》具有资产阶级共和国宪法的性质，它规定了资产阶级共和国的国家、政府组织机构和人民的各项民主权利。《临时约法》在总纲中明确了“主权在民”的原则；在第二章规定了中华民国人民一律平等的原则，并详细规定了人民的各项权利；突出了参议院的地位，明确了参议院议决一切法律案、受理人民的请愿、监督临时大总统及政府等诸项权力；规定总统的工作必须对参议院负责；确定实行责任内阁制限制总统的权力。通览这些规定，不难看出资产阶级试图维护革命成果的良苦用心。

但这一纸约法对于老谋深算的袁世凯来说，显然不是个问题。他虽然口头上表示赞成共和，拥护《临时约法》，但其内心对这部限制其手脚的《临时约法》十分反感，必先去之而后快。1912年5月7日，参议院议决了《中华民国国会组织法》和《参议院议员选举法》，并于8月10日公布。是年冬，以同盟会为基础，联合其他几个小党组建的国民党在国会议员选举中获得相对多数，[①] 有条件以多数政党资格组建内阁。1913年4月18日，中华民国第一届国会在北京成立。袁世凯为了对付国民党，把共和、统一、民主三个党派合并为进步党，成为国会内的第二大党。两党在总统权力的限制与扩大上取向不同，各执一端，围绕制宪权展开了激烈的角逐。6月下旬，参议院决定由两院各选委员30人为宪法起草委员。后经众议院认可，两院制定互选宪法起草委员规则，采用2/3连记投票法，各选30人组成宪法起草委员会。在60名起草成员中，国民党占多数，有28人；进步党有19人，在之后草拟出的民国第一部宪法草案——《中华民国宪法（草案）》（亦称“天坛宪草”）中即体现出了这种政治力量之间的对比。一方面，草案沿袭了《临时约法》中规定的责任内阁制，确认国会对总统的制约权，规定总统任期五年，只可连任一次；另一方面由于受到袁世凯势力的干扰，草案削减了国会的权力，规定了实行中央集权制，定国体为统一民主国，以及赋予总统紧急命令权、停止两院会议及解散众议院等权力。即便如此，袁世凯也觉得难以接受。他不允许将草案交

① 根据相关法律规定，参议院设议员274人，众议院设议员596名。国民党在两院中共获得392个席位，成为国会中的第一大党。

付国会讨论。1913 年 10 月 10 日，袁世凯就任中华民国大总统。掌控民国大权后，他即着手废弃《临时约法》和“天坛宪草”：提案增修《临时约法》；咨文宪法会议争取宪法公布权；派员列席宪法起草会；鼓动各省都督及民政长官攻击国民党，借机下令解散国民党，取消国民党议员的议员资格等。国会瘫痪，“天坛宪草”遂成废纸。

1914 年 1 月，袁世凯干脆解散国会和各省议会，组建了由他包办的御用立法机关——政治会议。政治会议的一项重要职能是议定约法会议及其组织条例。约法会议组织条例规定：议员构成包括由京师选举会选出 4 人，各省选举会选出 4 人，内蒙古、西藏、青海选举联合会选出 8 人，全国商会联合会选出 4 人；选举人必须具备高等官职、高等学历和万元以上财产等。3 月 18 日，约法会议开幕。袁世凯在会上对《临时约法》大发怨言，认为它“束缚政府，使对于内政外交及紧急事变，几无发展伸缩之余地。本大总统以种种往事之经验，深受其苦，且间接而使四万万同胞无不深受其苦者，盖两载于兹矣”。“若长守此约法以施行，恐根本错误，百变横生，民国前途，危险不可言状。”[①] 为修改《临时约法》发出“先声”。两天后，他向约法会议提出增修《临时约法》案，提出新约法必须规定：宣战媾和与缔约等外交大权归属总统，无须参议院同意；总统制定官制官规及任用国务员及外交使节，无须参议院同意；采用总统制；正式宪法的起草权归于总统和参议院，正式宪法由国会以外的国民会议议定，由总统公布；人民公权的褫夺回复，由总统自行决定；总统应有紧急命令权；总统应有财政紧急处分权等。约法会议毫无悬念地全盘采纳。

1914 年 5 月 1 日，袁世凯正式公布《中华民国约法》（以下简称《约法》），即臭名昭著的“袁记约法”。《约法》共 10 章[②] 68 条，除象征性地规定中华民国实行主权在民的民主共和国和一系列公民的自由权利外，其核心不外是废除责任内阁制，实行大总统集权制。《约法》规定大总统为国家元首，对内总揽统治权，对外代表中华民国，其权力包括：行政权，《约法》规定大总统可以不受拘束地行使各项行政管理权，比如人事

① 孙曜：《中华民国史料》，台北文海出版社 1967 年版，第 43—44 页，转引自程舒伟《议会政治与近代中国》，商务印书馆 2006 年版，第 134—135 页。

② 即“国家”“人民”“大总统”“立法”“行政”“司法”“参政院”“会计”“制定宪法程序”和“附则”。

权、外交权、财政权、军事统帅权，都由大总统享有。政府主要官员皆由大总统决定其去留，他们对大总统只有服从而无任何监督权。立法权，《约法》一方面规定国家的立法权由立法院行使，但另一方面又规定只有大总统有权召集立法院，有权决定立法院开会、停会和闭会，且大总统只要经参政院[①]同意，就可以解散立法院。只有大总统有权向立法院提出法律案及预算案。即使立法院议决的法律案也须交由大总统公布；被大总统否决的法律案，立法院可申请复议，但大总统也可以法律案有害内政外交或执行有重大障碍等为理由，经参政院同意而不予公布。司法权，《约法》规定，法官由大总统任命。由上不难看出，通过《约法》，袁世凯堂而皇之地去除了《临时约法》为防其推行独裁而设置的羁绊，将国家的行政、立法和司法大权垄断于一身，为其搞独裁、行专制大开方便之门，宪法不过是其手中的玩具而已，仅仅具有装饰的作用。1914 年 8 月 18 日，参政院通过了“大总统选举法修正案”，12 月 28 日，约法会议制定《修正大总统选举法》，次日由袁世凯公布。《修正大总统选举法》规定：总统任期改为 10 年，且无连任限制；参政院无须经由改选即有权作出总统连任决议；继任总统由现任总统推荐，名额 3 人，姓名写入嘉禾金简，选举时取出。这样就以法律的形式确认了事实上的总统终身制和世袭制。

袁世凯是聪明的，他费尽心机、机关算尽，由临时大总统到大总统再到总统终身制和世袭制，施展手段，废民主，行专制，搞独裁，玩弄宪法于股掌之间；袁世凯又是不聪明的，他在自己和追随者营造的氛围中已看不到社会发展的大势，看不到 20 世纪初期的中国，经过资产阶级改良派的启蒙和资产阶级革命派的洗礼，民主共和观念已深入人心，任何人妄图逆历史潮流而动，推行专制、复辟帝制，注定是螳臂当车，难免为世人所耻笑和唾弃，自毙于历史耻辱柱下。

二、“后袁时代”军阀的立宪历程

袁世凯在内外交困中一命呜呼，群龙无首，中国出现了军阀割据的局面。北洋军阀分裂为直、奉、皖三大派系：皖系以段祺瑞为首，依靠日本人的支持，掌握中央大权，以正统自居，控制皖、鲁、浙、闽、陕等地；

---

① 袁世凯于 1914 年 6 月 20 日将政治会议更名为参政院。

直系以冯国璋为首，依靠英、美支持，控制苏、赣、鄂等长江流域；奉系以张作霖为首，靠日本扶持，把持东三省。此外，以阎锡山为首的晋系雄踞山西；张勋率“定武军”屯兵徐州；以唐继尧为首的滇系占云贵，扩四川；以陆荣廷为首的桂系操控两广……各派势力在中国近代的立宪舞台上粉墨登场，你方唱罢我登台，演出了一幕幕历史闹剧。

（一）新旧《约法》[①] 之争与段祺瑞毁法

袁世凯死后，段祺瑞已实际操控北京政府，并觊觎大总统之位。他暗中破坏旧约法，摆脱旧约法和依照旧约法恢复的国会的束缚，实现复活新约法，独揽军政大权的目的。南方反袁势力中的国民党希望恢复共和政体，进步党和西南军阀反对北洋军阀大权独揽，一些国会议员为了恢复和保持自己的议员地位，他们虽出发点不同，但都主张恢复旧约法，召集旧国会。于是围绕着黎元洪出任总统的法律根据问题，以段祺瑞主导的北京政府为一方同反袁势力为另一方的双方之间，为了各自利益展开了一场新旧《约法》之争。

段祺瑞于 1916 年 6 月 6 日以袁大总统遗令的形式发布了《大总统告令》，宣布由黎元洪代行中华民国大总统职权。6 月 6 日和 7 日，他以国务院的名义发布通电，6 日的通电说依据新约法由黎元洪代行大总统职，7 日的通电又说依据旧约法由黎元洪接任大总统。他既不愿意黎元洪接任大总统，又迫于形势不得不作出表态。[②] 段祺瑞模棱两可、玩弄辞藻，隐含着他深层次的考虑。除了欺骗舆论、缓图总统职位外，他抵制旧约法、恢复新约法还有否定西南军阀存在的合法性的用意。同时，如果恢复旧约法，那就势必要恢复旧国会。而恢复旧国会又势必会使国民党等势力成为影响其独裁统治的障碍。再有，内阁如果按照西南军阀的要求进行改组，又会使其他势力进入中央政府中，这势必会影响到北洋军阀对政府的控制力。最后，恢复旧约法、旧国会还会涉及惩办帝制祸首的问题，而这些“祸首”或者是北洋军阀的重要人物，或者是和北洋军阀有着紧密的联

---

① 旧《约法》，即《中华民国临时约法》，新《约法》，即《中华民国约法》。

② 据来新夏等所著《北洋军阀史》中分析，段祺瑞将总统职位让与黎元洪的原因在于：第一，西南方面将黎元洪继任总统作为南北议和的先决条件，如不答应，南北统一可能无法实现；第二，黎元洪是当时接任总统职位的唯一合法人选；第三，列强对黎元洪出任总统普遍比较满意。参见来新夏等《北洋军阀史》（上），南开大学出版社 2000 年版，第 403 页。

系，惩办这些人势必会影响北洋军阀的统治基础。[①] 故而，站在以段祺瑞为首的北洋军阀势力的立场上，恢复旧约法是他们最不愿意看到的结果。

主张依据旧约法由黎元洪继任总统的那些势力，也并不是因为认可黎元洪的政治能力而支持他，而是借由此事达到各自的目的。就西南军阀来说，他们希望以此来弥合内部分歧，彰显其师出有名。说到底，拥护黎元洪继任总统不过是他们手中的一张牌。如能借此恢复旧约法，他们兴师“护法”便能做到名至实归。如此一来，他们存在的合法性地位便也就不言而喻了。这也方便他们可以进而谋求自己更大的利益——与北洋势力分庭抗礼。1916 年 6 月 8 日，军务院抚军副长岑春煊致电唐继尧等人，对段祺瑞援用新约法提出异议，吁请联合反制。唐继尧征求贵州、广西等省意见后，于 6 月 10 日致电黎元洪，提出四点主张。[②] 陆荣廷、岑春煊、蔡锷等人随后通电重申恢复旧约法、旧国会。国民党方面的孙中山和黄兴等人亦迅速反应，于 6 月 9 日发表宣言或通电要求恢复旧约法和民意机关。其他国民党人也纷纷响应。进步党领袖梁启超于 1916 年 6 月 7 日和 8 日分别致电冯国璋和黎元洪，呼吁他们认同自己恢复旧约法、旧国会的主张，并致电西南军阀，为其出谋划策。汤化龙、林长民、张国淦等人也不遗余力，纷纷奔走活动、多方游说，联合各方呼应恢复旧约法和旧国会运动。在上海的旧国会议员 6 月 9 日发表宣言，谴责段祺瑞的行为，主张恢复旧约法。6 月 15 日又致电黎元洪重申其主张。北洋军阀内部也有人见风使舵，如河南将军赵倜、省长田文烈，江苏将军冯国璋、省长齐耀琳，发布通电，要求恢复旧约法。

面对全国上下铺天盖地、近乎一致的恢复旧约法的主张，段祺瑞不得不改变策略，他先是做出了恢复旧约法的承诺，继而又以需要慎重从事为借口，试图拖延。这样的做法自然无法瞒天过海，反而激起了一片更为强烈的反对之声。1916 年 6 月 22 日，段祺瑞在回复各省的通电中，极力为新约法辩解，主张暂时仍以新约法为行政依据。此电一出，舆论哗然，批

---

① 来新夏等：《北洋军阀史》（上），南开大学出版社 2000 年版，第 404—407 页。

② 即国家根本法以国会解散前公布者为准；大总统任期根据 1913 年 10 月公布的《大总统选举法》，至前大总统任满之日止。副总统由国会另选。按照约法及国会组织法组织正式国务院，交由国会同意。即行召集前参、众两院议员，齐集天津，克日开会；凡因抵御护国军所遣之各军队，应即悉行撤回原驻地点；令各都督或将军派军事代表齐集沪上，召开军事特别会议，议决军事重要问题。

评之声不绝于耳。南北双方形成僵持的局面。1916 年 6 月 25 日，驻沪海军总司令李鼎新、第一舰队司令林葆怿、练习舰队司令曾兆麟，宣布脱离北洋政府海军部，率部加入护国军，要求恢复旧约法、旧国会。这一突发事件打破了僵持的局面。段祺瑞迫于南方的舆论，主要还是担心海军的倒戈影响到自己的统治，无奈之下只好接受了南方的条件。29 日，黎元洪发布总统令，决定在宪法未定之前，继续适用《临时约法》；续行召集国会，8 月 1 日继续开会。至此，历时近一个月的新旧约法之争暂时告一段落。

1916 年 8 月 1 日，旧国会复会，来自各地的 457 名参、众议员到会。会议决定继续进行 1913 年的制宪工作，以《中华民国宪法草案》为两院讨论的基础。9 月 5 日宪法会议开幕，13 日完成初读程序。9 月 15 日至 1917 年 1 月 10 日，完成草案的审议程序。自 1 月 26 日起，宪法会议开始二读程序，即逐条议决程序。制宪过程中，段系势力和反段势力针锋相对，互不相让。段祺瑞虽然在表面上同意恢复旧约法和旧国会，但那并不是他的真实意愿而实属无奈之举，因而，他一心希望借助制宪打个翻身仗，制定一部加强自己权力、打击和排除异己的宪法。反段势力则希望通过制宪实现自身的利益诉求，牵制乃至削弱段祺瑞的势力。在国会中，以梁启超、汤化龙为代表的由原来的进步党组建的宪法研究会主张拥护段祺瑞；由原来的国民党议员所组建的宪法商榷会则坚持实行两院制，反对中央集权。双方围绕着权力配置问题展开激烈斗争。宪法商榷会主张扩大总统和国会的权力，削弱国务院的权力。段系则指责宪法商榷会的主张造成总统权力太大，议会专权，违背责任内阁精神。在地方制度入宪、省长由民选还是中央任命问题上，两派也是各执己见，难以统一。于是，在开会过程中，经常是两派议员互相攻讦，争执不下，甚至叫骂厮打。直至 6 月国会第二次被解散，草案中争议较大的部分仍未完成二读。

上述斗争突出的反映在“府院之争”上，“府”即黎元洪及支持他的国民党人和南方势力，“院”即段祺瑞及支持他的宪法研究会和一些北洋督军。这种斗争在第一次世界大战的参战问题上开始表面化。段祺瑞不仅实力雄厚，而且长期处于北京这一政治运作中心，多年的政治经验造就的政治能力远非黎元洪可比。经过反复较量，段祺瑞挤垮了黎元洪，并利用讨伐张勋、解散国会、废除约法等时机，为自己赢得了“再造共和功臣”的美名，北洋政府的实权也被其牢牢掌控。张勋复辟被逐后，1917 年 7

月15日段祺瑞在内阁成立当天即采纳梁启超、汤化龙等人的建议，公然拒绝恢复张勋复辟时被解散的国会和被废除的《临时约法》，而是决定召开临时参议会以改造国会，重新制定宪法。11月10日，由各省选派5名参议员组成的临时参议会在北京开会。次年2月17日，公布了经临时参议会修改过的《国会组织法》和议员选举法，废除了《临时约法》关于参议员由各省议会选举的规定，削减了参、众两院议员名额。选举法公布后，段祺瑞命令内务部筹措选举，组建听其摆布的国会。1918年3月在北京安福胡同成立"安福俱乐部"以操纵议员选举。因选举出的议员经常在安福胡同聚会议事，人们戏称该国会为"安福国会"。1918年夏，安福国会在北京开会，选举王揖堂为众议院议长，李盛铎为参议院议长，徐世昌为中华民国第二任大总统，段祺瑞任参战督办。12月，安福国会两院各选出30人组成"宪法起草委员会"。到1919年12月，"宪法起草委员会"已完成了与《中华民国宪法草案》大同小异的11条草案。1920年7月，直皖战争爆发，皖系战败。1920年8月3日，徐世昌下令解散安福俱乐部。8月30日，随着安福国会宣布闭会，其立宪活动亦告终止。

（二）"曹锟宪法"

直皖战争后，直奉两系共同把持北京政府。军阀内争的本性注定这种联合不会久远。1922年4月，直奉开战，奉系败走关外。对此时的直系军阀来说，"最迫切的问题是如何进行政治善后，解决法统问题，争取全国舆论，获取合法资源，从而为独占北京中央政权打下基础"。[①] 同时，军事上的胜利也激发了直系首领曹锟等人的政治欲念，谋取总统宝座也被他们列入了政治日程。

经过谋划和内部斗争，他们最终决定先"恢复法统"，即恢复旧国会，迎请黎元洪复职。在他们看来，这样做至少有如下好处：第一，旧国会的恢复意味着经由"安福国会"选举出来的现任总统徐世昌丧失了存在的合法性，扳倒徐世昌，以后再设法排挤掉黎元洪，找机会使曹锟成为总统；第二，旧国会的恢复也可以使孙中山在南方的非常政府与非常国会失去存在的合理性；第三，可以分化、瓦解各地军阀势力，遏制"联省自治"，强化中央集权。他们通过制造舆论、软硬兼施等手段，迫徐世昌

① 汪朝光：《中国近代通史·六：民国的初建》，江苏人民出版社2007年版，第376—377页。

就范。徐无奈之下于1922年6月2日宣布辞职，离京赴津。接着，曹锟、吴佩孚等人又迎请黎元洪复职。在废督裁兵的条件得到曹锟等人的肯定答复后，6月11日，黎元洪自津到京，举行了大总统复职仪式。不过，“法统重光”并未实现南北统一，分裂依旧。

直系抬出黎元洪的初衷原本就是为恢复法统充个样子，拥曹锟坐上大总统宝座才是真正目的。为了挺曹驱黎，直系中的保派通过解释大总统任期案，指出黎元洪应立即退位。见黎元洪并无实际离位的意思，保派又多次制造事端，逼迫内阁总理张绍曾辞职。此后，保派策划组织了一系列的驱黎风潮。黎元洪被逼无奈，于1923年6月13日离京出走。黎元洪的出走并未使曹锟的总统之路变得一帆风顺，反而因为黎元洪以及孙中山、段祺瑞和张作霖的倒直同盟的“破坏”，保派组建的摄政内阁合法性悬空，国会也因为议员纷纷离京，法定人数不足而无法开会，总统选举自然也无法进行。为此，直系一面补充内阁成员，一面提议从速制定宪法，待局势稍加稳定后，又开始大量筹钱以备选举之需。依《大总统选举法》的相关规定，选举总统须有超过国会两院议员总数870人的2/3，即最少580名议员出席才行，否则选举就不具有合法性。为达此目的，窥知多数议员志在金钱的拥曹派最后想出了贿选的歪招。经由多方活动，给钱许诺，1923年10月5日国会正式进行总统选举时，到会议员有593人。结果，曹锟以480票超过参选议员总数的3/4而“顺利”当选为大总统。总统选举结束后，为掩盖贿选丑行，两院议员试图以宪法为遮羞布，加紧立宪进程。10月4日的时候，宪法草案已通过一读，6日通过二读，8日通过三读，皇皇宪法便这样匆匆通过。在10月10日曹锟就职总统之日还举行了《中华民国宪法》公布典礼。这部宪法也被称为“曹锟宪法”或“贿选宪法”。

“由于1912年以来，十几年的制宪历程和多次起草的宪法草案，为这部宪法的制定提供了必要的理论的和资料的基础以及实际的操作经验，所以这部宪法规范体系的完整、立法技术的优化，以及制度设计和内容的完整性，都达到了当时的最高水平。”① 这部宪法以《天坛宪草》为基础修订而成，共有13章141条，包括国体、主权、国土、国民、国权、国会、

① 张晋藩：《中国宪法史》，人民出版社2011年版，第244页。

大总统、国务院、法院、法律、会计、地方制度、宪法之修正解释及其效力等内容，确立了较为完整的宪法规范体系。增加国权和地方制度是这部宪法区别于以前宪法的最大特色。在国权方面，宪法规定了由国家立法并执行的事项、由国家立法并执行或令地方执行的事项、由省立法并执行或令县执行的事项等，对中央和地方的权限做了划分，并对中央与地方权限争议、省与省权限争议的解决办法做了规定。在地方制度方面，宪法规定了省、县各自的组织机构以及在立法、行政和财政等方面的权限划分。即便这部宪法总结和吸取了以前立宪的经验，在内容方面具有一定的合理性，对以后的立宪具有借鉴意义，但是，“直系军阀随以宪法为号召，但无行宪之诚意，所以这个宪法虽经公布，亦未施行，不过等于一纸具文而已”;[①] 在全国上下一片声讨贿选的大环境下，无论其内容如何，都难有实效。1924 年 9 月 15 日至 11 月初的第二次直奉战争以直系败北收局，段祺瑞上台后，“曹锟宪法”遭到废弃，这部从未实施的宪法黯然退场。

（三）“段记宪法草案”

第二次直奉战争后，除直系部分军阀外，其他各派从自身利益出发都拥护段祺瑞。在政府采取什么形式问题上，各方都有自己的算盘，意见纷纭。1924 年 11 月中旬，冯玉祥、张作霖、段祺瑞在天津举行会议，采纳了张作霖的意见，即在新政府成立前，决定组织中华民国临时执政府，以段祺瑞为临时执政。11 月 24 日，段祺瑞就任临时执政。在同日公布的《中华民国临时政府制》中规定，临时执政总揽军民政务，统率海陆军，任命国务员辅助临时执政掌管各部，召集国务员开国务会议决定重大事项；临时执政府不设国务总理，将原来总统和国务总理的职权合二为一，并无监督机关存在，这实际上就是一种地道的独裁制。但经由不断打击和在国奉的钳制之下，段祺瑞及其皖系早已风光不再，掌控和运作独裁政权的能力也大为减弱。

在段祺瑞上台执政的同日，还公布了《善后会议条例》。根据这一条例和段祺瑞政府的邀请名单，能够参加善后会议的除孙中山外，大多是全国各地的军阀、官僚、政客以及附属于他们的一些文人。段祺瑞希望通过这个会议制定国民会议组织法，进而召开国民会议，制定宪法，建立新法

① 吴经熊、黄公觉：《中国制宪史》（上册），商务印书馆 1937 年版，第 70 页。转引自张晋藩《中国宪法史》，人民出版社 2011 年版，第 251—252 页。

统，产生新政权。在一片反对声中，段祺瑞于 1925 年 2 月 1 日在北京召开了善后会议。会上，各派势力为了自身利益围绕着集权与自治等问题经常争得不欢而散，难有结论。4 月 24 日，在通过《国民代表会议条例》《军事善后委员会条例》《财政善后委员会条例》后，善后会议落下帷幕。

立宪是段祺瑞一直牵挂于心的工作，他想通过制定宪法达到使自己的统治名正言顺和讨好、拉拢各派军阀的目的。经过一番运筹，段祺瑞政府决定组建两套机构，即“国民代表大会”和“国宪起草委员会”。《国民代表大会条例》和《国宪起草委员会规则》于 1925 年 4 月 24 日和 5 月 3 日先后公布。其中规定，各省区及华侨选出的 534 名议员组成的国民代表大会的任务是“专门负责制宪”，享有“议决宪法权”，但不享有起草宪法权；宪法由执政府和各省军民长官指派的委员组成的国宪起草委员会负责起草，即制宪权实际控制在军阀代表机关手中。8 月 3 日，由段祺瑞指派 20 人、各省军民长官指派 50 人组成国宪起草委员会，着手起草国宪。历时四个月，至 12 月 11 日完成三读程序，议决《中华民国宪法草案》，史称“段记宪草”。

段记宪草一共包括 5 编 14 章 160 条，反映了当时的政治格局和国内政治关系，也在一定程度上凸显了各派军阀之间错综复杂的利益矛盾。具体说来，一方面，宪草确认了当时军阀割据的现实情势，将“曹锟宪法”中关于中华民国永远为统一民主国的规定中的“统一”二字去除，并赋予了地方较大的权力，规定各省的省区议会行使立法权，可以自行制定省区宪法；另一方面，宪草又试图扩大中央的权力，在民国议会、民国政府等章节中，规定了总统有权公布法律、任免国务总理及其所推荐之国务员、控制议会，中央集权意味浓厚，同时，宪草规定，省长的人选由大总统在省里推荐的两位候选人中最后选定，国家财政遇有困难之时各省应根据自己收入状况以累进率分担相应的支付义务，国家可以限制有害国家收入及通商的省区立法，国家基于国防和公共利益的需要可将省、区的财产移归国有，借此控制地方军阀的意味也很浓厚。

宪草完成后，国民代表大会还没有来得及召开，就爆发了冯玉祥的国民军和直奉军阀联盟之间的国奉战争。段祺瑞及其执政府投降卖国、倒行逆施的行径使其不仅丧失了利用价值和军阀们的支持，也引起了包括国、共两党在内的全国人民的一致反对。在全国上下的一片骂声中，1926 年 4 月 20 日下午，段祺瑞离开北京到达天津后通电“隐退”，政府随之垮台，段记宪草也就无缘再成为正式宪法。至此，北洋政府时期的立宪活动彻底结束了。

三、北洋政府的立宪评析

北洋政府时期的立宪历程昭示了一个朴素的道理：有宪法未必有宪政。宪政乃是随着西方近代资本主义商品经济、民主政治和理性文化的发展而孕育产生的新生事物。资本主义商品经济的发展要求资产阶级掌控国家政权，依法确立资产阶级所有权，保障商品经济自由发展；资本主义民主政治的发展要求推翻封建君主专制，依法使不同资产者利益集团能够借由民主的形式讨论和决定国家事务；理性人假设下的自由主义思潮也要求推行法治，尊重和保障个人对于生活方式的自主选择。通过以宪法为首的法律制度，将资产阶级的要求确定下来，施行宪法，控制权力，保障权利，为自由资本主义发展提供较为可靠的法制环境，是资本主义商品经济、民主政治和理性文化的内在吁求，同时这些因素也自然地构成了宪法、宪政赖以存续的社会土壤。虽然民主、宪政、法治等概念或观念经由西学东渐被传输了进来，封建军阀们也纷纷表现出对民意的“尊重”和对宪政的“推崇”，宪法不断地被制定了出来，议会被组建了起来，但在中国由传统政治形态向现代政治形态转型过程中，在当时的社会政治经济结构中，凭借宪法约束封建军阀权力往往流于形式，而很难成为有效的控权机制。宪法更多时候只是充当了封建军阀政权更替的合法外衣，甚至是龌龊政治变更的遮羞布。具体说来，北洋政府立宪的虚伪性主要源于以下因素。

（一）畸形扭曲的社会经济结构

北洋政府并不能改变中国半封建半殖民地的社会属性，当时的社会经济结构大致包括四种成分，即帝国主义经济、封建经济、资本主义经济以及以分散经营为特征的个体农业经济和手工业经济。其中，帝国主义经济是帝国主义凭借一系列不平等条约而产生的，它们扼守着中国财政的经济命脉，把控着中国的经济资源和商品市场，对中国本土经济发展产生着持续的冲击和影响。地主阶级在帝国主义的支持下存留下来，并和买办资本、高利贷资本相互勾结，在中国的社会经济中依然占有优势。他们占据着中国广大农村的大部分土地，对农民进行残酷压迫和剥削。帝国主义、封建主义和官僚资本主义相互勾结，排挤、压制中国民族资本主义的发展，使中国民族阶级力量孱弱。中国的个体农民和手工业者处于经济结构的底层，备受压迫，生存艰难，虽然人数众多，但在社会上没有地位，没有话语权。这样的社会经济结构决定了产生于西方的现代政治理念，无法在当时中国的社会经济土壤中真正的生根发芽，更遑论蓬勃发展了。北洋政府的统治者满脑子独裁专制，热衷于扩充自己实力、攫取经济、政治利益。为了达到自身目的，不惜穷兵黩武、卖国求荣，甘愿依附于西方列强，指望这些人来制定宪法、推行宪政，无异于与虎谋皮，其结果可想而知。

（二）割据动荡的社会政治格局

“北洋政府是在帝国主义支持下的、以军事实力为支柱的、带有浓厚封建性的军阀政府。”“军阀主义是对中国民主政治最具危害性的因素之一，军阀政治的权力控制是军事性的而非制度性的，它无法使军事性的权力向有效的政治制度层面转化。军阀们即便可以建立起对全国大部分地区实行控制的全国性政权，制定出层出叠见的宪法文件，标榜着所谓的‘法统’，但它无法给政府权力提供一个真正民主性的基础。军队和武力是其唯一资源，加上穷兵黩武的本性，使它无法借助公民权利来强化政权体制的合法性。”“在中国近代的历史上，不管军阀政府颁布过多少部宪法，组织过多少届国会和内阁，选举出多少届大总统，其本身的军阀主义性质就已扼杀了民主政治的价值。军阀主义在中国的滋生，使远未生根的民主共和制度和宪法文化失去了最重要的社会依托。”① 在北洋政府统治之下，一方面，帝国主义对中国政府的影响乃至控制无孔不入、无处不在，国家政权因为主权的不完整而难保统一；另一方面，中央集权的权力机制的运行处于完全失序状态，中央权力与地方权力严重分裂甚至相互对抗。“整个北洋军阀统治时期，中国一共产生了 7 届 5 个大总统、1 个临时执政、1 个大元帅，产生了 44 届内阁、20 余名国务总理，先后成立过 13 个立法或制宪机构。”② 在这种走马灯式的政府更迭中，政权极不稳定，国家权力因而长期处于分裂割据的状态，中央政府的权力影响主要限于北方和长江中下游地区。而且由于政府的短命，其权力的有效性也往往大打折扣。各派军阀尔虞我诈，钩心斗角，实力成为话语权分配的决定性砝

---

① 张晋藩：《中国宪法史》，人民出版社 2011 年版，第 11、199 页。

② 程舒伟：《议会政治与近代中国》，商务印书馆 2006 年版，第 236 页。

码。利益相同或相近时便勾结在一起，利益产生分歧后便撕破脸皮，更不惜兵戎相见。各派军阀在自己的领地俨然就是一方诸侯，中央政府的地位很多时候停留在表面上、名义上，各派军阀实际控制着自己的一方领地。帝国主义为了自身的利益，对封建军阀采取分而治之，各派军阀背后往往有不同的列强支持甚至是操控。在这样的乱局之下，民主、法治、宪政的实行不啻一种奢望，有其名而无其实，乃至被虚伪的利用、无情的践踏便不难理解了。

（三）落后保守的封建意识形态

意识形态是一定阶级、阶层和利益集团的思想体系，是他们对现存世界及其秩序的“整体性”反映和判断。[①] 中国长期处于专制统治之下，统治阶级借由推进维护专制的意识形态传播，对社会成员的社会化过程进行干预，从而在社会成员头脑中确立起不平等观念、臣民意识和人治思想。近代以来，虽经历次思想启蒙运动的洗礼和冲击，但这些运动往往因为时间短、不彻底、简单化和极端化等原因，社会成员的观念乃至思想体系并未发生根本性的转变，落后保守的以维护封建等级制度和政治秩序的政治思想以及伦理纲常为核心的封建专制意识形态仍然占有主流位置。在北洋政府时期，所谓立宪的主导者和参与者，成分复杂。固然有热衷于学习西方、力求在中国推行宪政者，但这些人往往希望借助掌权者实现其政治主张，鲜有深入下层，启蒙、鼓动乃至组织社会普通成员的，到头来追求宪政难免沦落为只是少数人的事情。那些迫切需要得到解放的普通民众无从觉醒，仍旧在封建专制意识形态的浸润下麻木地生活，本来应该成为社会变革主力军的他们，只能置身所谓的宪政运动之外，成为一群若有若无的旁观者。更多的是那些满口嚷嚷着推行宪政，却满脑子封建专制思想的军阀和政客们在“组织”“领导”和“推行”宪政，在这种情势下，宪政难免沦为一种奢华的“装饰品”，随着“走马灯式”变换的政府变换出不同的花样，呈现出虚假的“繁荣”。

（四）连年混战的社会外在环境

社会重大变革过程无论是通过社会革命还是社会改良来实现，往往会由打破旧的利益格局、建构新的利益格局而引发出各种社会主体之间的矛

① 童世骏主编：《意识形态新论》，上海人民出版社 2006 年版，第 3 页。

盾乃至冲突，社会秩序会受到或大或小的影响而出现程度不同的动荡。然而，宪法、法治社会的存续莫不依赖于社会的和平、统一和稳定，却是一条经由历史实践验证的客观规律。北洋政府时期，虽然在形式上存在着中央政府和地方政府，国家机器看似完整，但它们实际上基本不能正常运转。在其存续的16年间，连年战乱是一种社会常态，和平、统一与稳定从来没能真正地实现过。北洋军阀内部从来都是派系林立，各个派系存在的主要目的就是谋求扩大和强化自身存在，攫取政治、经济利益。对外不惜屈膝卖国寻求外援，依附于西方帝国主义势力；对内时而相互勾结，拉帮结派，时而相互攻击，兵戎相见。"'中华民国'成为军人刺刀上的玩物"。各派军阀"把'枪杆子'作为权力斗争的唯一有效法宝，遂造成了一片混乱，社会动荡，阁潮迭起，府院之争，战争连绵不断"。[①] 各派系内部往往也非铁板一块，钩心斗角、相互拆台也是常有的事情。勾结与争斗是其存在的外在形式，对利益的极度渴求才是唯一的决定性砝码。在利益面前，信仰、道义、诚信等都可以统统被弃之一旁。战乱不断，政府更迭，国无宁日，民不聊生。在这连年动荡的社会外在环境下，选举、立法、行法，通过法律实现社会治理，乃至实行宪政，都是也只能是镜花水月，一枕黄粱。

第三节　国民政府的立宪

"军政、训政、宪政三步说"，是孙中山民主宪政思想的重要组成部分。1928年，张学良东北易帜，第二次北伐取得成功。南京国民政府在形式上实现了"统一"。8月8日，国民党在南京召开了二届五中全会，通过了《中国国民党训政纲领》，宣布"军政时期"结束。10月，国民党召开中央常务会议，决定改组南京国民政府，成立了由立法院、行政院、司法院、监察院、考试院组成的五院制国民政府。10月26日，国民政府国务会议通过《国民政府训政时期施政宣言》宣告训政时期开始。1929年3月，国民党第三次全国代表大会宣布进入训政时期。此后20余年时间里，以蒋介石为首的国民党并未切实遵循孙中山的革命与建设理

① 郭剑林主编：《北洋政府简史》（上），天津古籍出版社2000年版，第4、5页。

论，在争取国家独立、建设民权政治、实现民生幸福方面少有建树，却大搞一党独裁统治，倒行逆施，横征暴敛，钳制思想，排斥民主，践踏人权，引得民怨沸腾，遭到共产党和中间党派的激烈反对，引发了20世纪三四十年代颇具规模的民主宪政运动。

一、南京国民政府对孙中山训政思想的扭曲

（一）孙中山的训政思想

在思考中国资产阶级革命该如何进行的过程中，孙中山“本世界进化之潮流，循各国已行之先例，鉴其利弊得失，思之稔熟，筹之有素”，[①]提出了军政、训政、宪政“三步说”。其中，“所谓训政者，即训练清朝之遗民，而成为民国之主人翁，以行此直接民权也”。[②]也就是要由革命党（国民党）来引导人民去除长期封建统治套在人民思想上的枷锁，使人民逐步学会行使选举、罢免、创制和复决各权，使人民可以由下至上地逐渐选举各级政府，并使各级政府始终处于人民的监督之下，直至最终可以召开国民大会，决定宪法，实行全国大选，形成民选的中央政府。训政时期属于由军政时期到宪政时期中间的过渡阶段。

为什么要有一个训政时期呢？应当说，这是孙中山基于其对革命理想和中国现实的认识而提出的理论主张。按照孙中山的理解，原因大致有以下几点：首先，从哲学依据[③]上来说，孙中山认为，人先天就存在智力上的差别，只有少数人能够明事理，是先知先觉，这种人应该负起训导人民的责任，而多数人民天生愚钝，不知不觉，只要服从先知先觉，接受训导就行了。所以，他主张“以党建国”“以党治国”，[④]也就是要求以国民党的三民主义为指导思想，每个党员都要成为三民主义的自觉之人，然后以三民主义训练国民，治理国家，建设国家。其次，从国民的现实状况来看，孙中山认为，中国人民“由远祖初生以来，素为专制君主之奴隶，向来多有不识为主人、不敢为主人、不能为主人者”，奴性已深的人民定然做不了主人，不经过训练“以洗除其旧染之污，奚能享民国主人之权

---

① 魏新柏选编：《孙中山著作选编》（中），中华书局2011年版，第347页。

② 《孙中山全集》（第5卷），中华书局1985年版，第189页。

③ 指孙中山的“行易知难”思想。

④ 《孙中山全集》（第9卷），中华书局1986年版，第96页。

利?”所以“有训政时期者，为保养、教育此主人成年而后还之政也”。[①]这说明训政程序的设计，完全是为了提高人民的主人意识和政治能力。再次，从能力培养上来看，孙中山认为，只有实行训政，才能养成人民管理地方事务的能力。地方自治是建设民主国家的政治基础，县治未经训练，人民便不可能知晓省治和国家治理的道理，而实行地方自治，就需要从基层民主做起，培养人民的自治能力。最后，从反向来推论，孙中山认为，如果从军政时期直接进入宪政时期，可能会产生三大流弊："第一流弊，在旧污未由荡涤，新治未由进行。第二流弊，在粉饰旧污，以为新治。第三流弊，在发扬旧污，压抑新治。更端言之，即第一为民治不能实现，第二为假民治之名，行专制之实，第三则并民治之名而去之也。"[②]

孙中山训政思想的形成与发展经过了20余年的时间。在此过程中，随着他对中国国情和革命形势与任务的认知加深，他的思想也发生了相应的变化。早在1902年在同秦历山谈话时孙中山就提出，推翻满清统治以后应该有一个过渡期，在这个过渡时期，为了防止革命军的首领争抢做皇帝，必须通过一部约法使军民两权形成相互制约的关系。这可以看作“训政”思想的萌芽。1905年同盟会成立时，在孙中山主持制定的《中国同盟会革命方略》中，开始明确地把创建民主共和国的程序分为“军法之治”“约法之治”“宪法之治”三个时期。革命程序论也构成了孙中山训政思想的基石。对于三个时期的目标和任务，《革命方略》中也作了较为详尽的阐述，“军法之治”就是以军法为依据，由“军政府督率国民扫除旧污之时代”。实行“军法之治”的期限为三年，目的是肃清反革命势力，扫除旧社会的恶习，为走向民主共和创造条件；“约法之治”即军政府依据“约法”治理国家，培养人民的主人意识，训练人民的政治能力，把地方自治权授予人民，“而自总揽国事之时代”。“约法之治”的期限为六年，特点是军政府、地方自治议会和人民均按约法办事；“宪法之治”即军政府解除权柄，制定宪法以取代约法，由国民公举大总统及公举议员以组织国会，国家政事由宪法规定的国家机关分别掌管，由此进入依宪治国时期，革命的任务就完成了。对于革命过程中失败教训的痛苦反思，也使孙中山的思想越来越成熟和稳定。在他1914年制定的《中华革命党总

① 《孙中山全集》(第6卷)，中华书局1985年版，第211页。

② 《孙中山全集》(第7卷)，中华书局1985年版，第67页。

章》中，训政得到重申：本党进行秩序分作三时期：（1）军政时期。此期以积极武力，扫除一切障碍，而奠定民国基础。（2）训政时期。此期以文明治理，督率国民，建设地方自治。（3）宪政时期。此期俟地方自治完备之后，乃由国民选举代表，组织宪法委员会，创制宪法；宪法颁布之日，即为革命成功之时。[①] 在1919年春夏间出版的《孙文学说》中，他对建国三时期的不同特征及革命的中心任务进一步作了阐述。他指出，军政时期为破坏期，训政时期为过渡期，宪政时期为建设完成时期。在这三个时期中，他对训政时期用笔最多，集中阐述了在训政时期通过约法推行地方自治，自下而上，渐次完成培训国民、组织国民大会制定五权宪法、建设五院制中央政府等工作，为宪政施行准备条件。[②] 1919年10月10日，孙中山将中华革命党改组为中国国民党。在1920年11月9日颁布的《中国国民党总章》中，革命程序被改为两个时期，即军政时期和宪政时期，但训政并没有被取消而是合并在军政时期中，规定在武力扫除障碍的“同时由政府训政，以文明治理督率国民建设地方自治”。[③] 在1923年1月的《中国革命史》中，孙中山又恢复了三时期的划分。

1924年1月，中国国民党以宣言的形式发表了《国民政府建国大纲》，这是孙中山生前最后一次也是最为详尽的一次论述建国三时期的革命程序。在宣言中，孙中山将《临时约法》屡屡受挫的原因归结于没有坚持建国三时期的革命程序，因此，他特别强调必须经过军政和训政，才能进入宪政。在训政时期，政府除完成经济建设和社会建设的任务之外，一项最重要的任务就是对国民进行政治训练。政治训练的目的，是培养人民具备行使“四权”[④] 的能力。等一县之人民具备了行使“四权”的能力，该县即可以实行完全自治，“一完全自治之县，其国民有直接选举官员之权，有直接罢免官员之权，有直接创制法律之权，有直接复决法律之权”。“凡一省全数之县，皆达完全自治者，则为宪政开始时期”；“全国有过半数省分达至宪政开始时期，即全省之地方自治完全成立时期，则开国民大会，决定宪法而颁布之”；“宪法颁布之日，即为宪政告成之时，

① 《孙中山全集》（第3卷），中华书局1984年版，第97页。

② 魏新柏选编：《孙中山著作选编》（中），中华书局2011年版，第347—348页。

③ 同上书，第248页。

④ 即直接选举官员之权、直接罢免官员之权、直接创制法律之权、直接复决法律之权。

而全国国民，则依宪法行全国大选举。国民政府则于选举完毕之后三个月解职，而授政于民选之政府，是建国之大功告成”。①

但是，“训政”思想在权力的行使、政权体制的安排和运作机制的设计上存在很大缺陷：首先，训政思想把政府作为治权的主体，但在制度安排上并没有对由谁制约政府权力、如何制约政府权力进行具体的机构设置和制度安排。缺乏制约的权力容易形成新的专制局面；其次，训政思想过低估计了人民的智力水平和参政能力，认为革命党人属于先知先觉者和后知后觉者，人民则是不知不觉者，这容易为别有用心的人所利用；再次，训政思想把人民完全置于被训练的地位，而没有以相应的机构和法律来保障人民作为主权享有者的地位；最后，训政思想在如何结束训政以及由谁来结束训政上并没有作出明确的阐释，因而容易导致训政者无限期地拖延训政。

（二）南京国民政府对孙中山训政思想的扭曲

北伐完成后，按照孙中山《国民政府建国大纲》的规定，应该结束军政时期，开始训政时期。远在欧洲的国民党元老胡汉民表现积极，他在1928年6月就致电南京国民政府代主席谭延闿：“北伐完成，当依总理建国大纲”，“（一）以党统一，以党训政，培植宪政深厚之基。（二）本党重心，必求完固，党应担发动训政之全责，政府应担实行宪政之全责。（三）以五权制度作训政之规模，期五权宪政最后完成”。② 胡汉民的主张得到南京国民政府大多数领导人的赞同。8月8—15日，国民党召开二届五中全会。在这次会议和其后召开的中常会上，陆续通过了《政治问题决议案》《训政大纲》以及《中华民国国民政府组织法》等一系列决议案。9月3日，由巴黎回国的胡汉民、孙科，向国民党中央提出了《训政大纲说明书》，着重说明“训政”的必要性、训政时期“以党建国、以党治国”的意义，在于构建“五权”政府的基础，强调由训政进入宪政过程中，国民党虽“始终以政权之褓母自任；其精神与目的，完全归宿于三民主义之具体的实现”。他们认为，国民党训政不同于一党专政，“一党专政与阶级专政，其精神与目的，皆以政权专于一党或一阶级为归宿。

① 《孙中山全集》（第9卷），中华书局1986年版，第127—128页。

② 蒋永敬：《民国胡展堂先生汉民年谱》，台北商务印书馆1981年版，第427页。转引自杨奎松《中国近代通史》（第八卷），江苏人民出版社2007年版，第44页。

本党训政，则其精神与目的实以党权付诸国民为归宿。前者为专制的，而后者为民主的。其趣旨盖正相反也”①。这表明，国民党训政之初，党内一些人仍然比较注意区分党权与民权的关系，有避免因强调以党治国而滑向一党专制的愿望。但权力有其自身的运作规律，不受制约的权力必然滑向集权专制，特别是训政体制的设计，缺少对党权的制约，所以“党权付诸国民”的愿望只能付诸东流。《训政大纲说明书》提出的“所有军政、训政，皆为本党建国时期之工作，一切权力皆由党集中，由党发施政府，由党员任保姆之责”，② 正好为国民党实权人物启动建立“一党专制、领袖独裁”的政权体制的程序，打开了方便之门。后来的事实也充分证明了这一点。国民党独裁政权建立之后，就逐渐将训政思想的弘扬革命精神和推行民主政治予以抛弃，打着“训政”旗号，公开实行“一党独裁，个人专制”。

为了强化“党治”，推动“训政”实际运行，1928 年 10 月 3 日国民党二届中央第 172 次常务会议通过了《中国国民党训政纲领》，其宗旨是实施三民主义，“依照建国大纲，在训政时期，训练国民使用政权，至宪政开始弼成全民政治”。它规定训政的具体内容是：在政权方面，“由中国国民党全国代表大会代表国民大会领导国民行使政权”，大会闭会期间，“以政权付托中国国民党中央执行委员会执行之”，“依照总理建国大纲所定选举、罢免、创制、复决四种政权，应训练国民逐渐推行以立宪政之基础”；在治权方面，“行政、立法、司法、考试、监察五项付权力托于国民政府总揽而执行之，以立宪政时期民选政府之基础”，“指导监督国民政府重大国务之施行，由中国国民党中央执行委员会政治会议行之”；同时，中国国民党中央执行委员会政治会议享有“中华民国政府组织法之修正及解释”权。③《训政纲领》对孙中山训政思想有一个很突出的修改。孙中山主要基于国民在政治上缺乏知识和经验，有权无能，才主张由国民党训练国民学会使用四项政权，即为了“还政于民”才训练国民，而不是借故褫夺人民权力，窃为国民党自己所有。而《训政纲领》

---

① 中国第二历史档案馆：《国民党政府政治制度档案史料选编》（上册），安徽教育出版社 1994 年版，第 585 页。

② 同上书，第 588 页。

③《中华民国法规大全》（第 1 册），商务印书馆 1936 年版，第 9 页。

则规定由国民党全国代表大会代表国民大会行使政权，在国民党代替包办下，国民难以享有接受“训练”的机会，根本无法锻炼自己、改变有权无能的状况，所以，这种训政等于以党权代替政权，国民党有权，而人民无权，并且以国民党党纲代替国家根本法的做法，实际上是以国民党的意志代替人民意志，这只不过是“朕即国家”的现代翻版，完全违背民主政治原则，是赤裸裸地强奸民意的表现。

1929 年 3 月，国民党第三次全国代表大会追认 1928 年 10 月 3 日国民党中常会通过的《中国国民党训政纲领》，通过了《训政时期党政府人民行使政权治权之分际及方略案》，其中，特别确定以“三民主义、五权宪法、建国方略、建国大纲、地方自治开始实行法”为训政时期中华民国的根本法，即把孙中山的所有学说赋予国家最高法的地位，规定中国国民党中央执行委员会为最高权力机关，其任务是“培植地方自治之社会的基础，宣传训政之方针，开导人民接受四权使用之训练，指导人民努力完成地方自治所必备之先决条件，并促进一切关于地方自治之工作”；“中国国民党最高权力机关，为求达训练国民使用政权，弼成宪政基础之目的，于必要时，得就于人民之集会、结社、言论、出版等自由权，在法律范围内加以限制”；而且规定“中华民国人民，须服从、拥护中国国民党暂行三民主义，接受四权使用之训练，努力地方自治之完成，始得享受中华民国国民之权利”。① 这种以国民党代替国民政府、训导人民的主张是建立在以下逻辑之上的——“人民在政治的知识与经验之幼稚上，实等于初行之婴儿。中国国民党者，即产生此婴儿之母，既产之矣，则保养之，教育之，方尽革命之责。”②（既然人民尽是不懂事的婴儿，作为母亲的国民党自然可以按照他们的意愿来训导无知的国民了。）这些说教完全颠倒了事实和逻辑关系，因为国民党只是国民的一部分，没有国民，就没有国民党，国民党出自国民，不是有了国民党，才有国民。

但是，《训政纲领》毕竟是以国民党名义制定的，公开以党包办政府，在法理上显然讲不通。所以，1931 年 3 月 2 日，国民党中常会临时会议通过了蒋介石提出的召开“国民会议”，制定训政时期约法的提案。

---

① 中国第二历史档案馆：《国民党政府政治制度档案史料选编》（上册），安徽教育出版社 1994 年版，第 591 页。

② 同上。

5月2日，国民党中央执行委员会、监察委员会临时会议通过了以吴稚晖、于右任、王宠惠等11人为起草委员会起草的约法草案，并决定提交国民会议。5月5日，国民会议在南京召开，通过了《中华民国训政时期约法》，6月1日由国民政府予以公布施行。

《约法》共8章89条，全文收录了国民党的《训政纲领》，从而使国民党党纲成为国家正式法律，表明在国民党统治下实行的是"党国一体"的政治体制。《约法》虽然在第一章规定国家主权属于国民全体，第二章规定人民享有各项权利和自由，并首次在宪法性文件上规定男女平等。然而，由于《约法》采用法律限制主义原则，除信仰自由外，人民享有的人身、迁徙、通信、结社、集会、言论等项自由及财产、继承、诉讼、请愿、应考试等项权利，均附有"依法律"或"非依法律不受限制"的条件，表明对于人民的权利和自由，国民党只要认为有必要，就可以斟酌立法，既可随意"予"之，也可随意"夺"之，决不受《约法》拘束。

第三章的"训政纲领"重申了在训政时期由中国国民党全国代表大会代表国民大会行使中央统治权，在国民党代表大会闭会期间，其职权由中国国民党中央执行委员会行使；国民政府行使行政、立法、司法、考试、监察五种治权，并训导国民行使选举、罢免、创制、复决四种政权。这就以国家根本法的形式确定了国民党一党专制的政权体制。

第六章关于"中央与地方之权限"的规定，其基本精神是中央权限富有弹性，中央与地方权限的划分，随时依法律决定，中央可自由操作，地方受中央限制。很明显，这不过是以均权为名实施中央集权。关于政府组织，中央实行五院制，虽未规定国民政府主席兼任陆海空三军总司令，但其握有各院院长及各部会长提名之权，成为五院之上掌握国家权力的元首，而且由国民党中央执行委员会选任，表明其权力扩大了。关于地方制度，除县设置自治筹备会及省达到宪政开始时期国民代表会议可选举省长之外，对地方自治的目标、任务和步骤以及如何培养人民的政治能力，何时完成训政的任务并进入宪政，均没有做出明确规定。不仅如此，《约法》还规定，凡法律与约法相抵触者无效，《约法》的解释权由国民党中央执行委员会行使。这样一来，法律的存废及是否有效，只能依国民党的意志和需要来决定了，从而完全扭曲了孙中山设计训政程序的本意，为国民党实行一党专政和党的领袖个人独裁提供了合法的依据。

南京国民政府对孙中山训政思想的扭曲，还表现在国家权力机构的设置及其职能配置的变化上，尤其反映在国民政府主席职权的变化上。依据五权宪法理论、《训政纲领》和《中华民国训政时期约法》，自1928年10月至1932年3月，国民党先后5次颁布和修订《中华民国国民政府组织法》，都相应地规定了“国民政府统揽中华民国之治权”“统帅陆海空军”“行使宣战、媾和及缔结条约之权”“公布法律，发布命令”“行使大赦、特赦及减刑、复权”“授与荣典”，国民政府五院独立行使行政、立法、司法、考试、监察五种治权，在五院之上设国民政府主席等内容。但在实际运行中，国民政府主席的职权始终以蒋介石是否出任该职而变化，如果蒋介石出任国民政府主席，其权力就扩张；如果国民政府主席易人，其权力就缩减，甚至不负政治责任。所以，国民党南京政权建立之后，孙中山设计的以约束军政府权力、防止革命党专权、训练人民学会做主人为初衷的“约法之治”，完全蜕变成了国民党一党专制、领袖个人独裁、人民继续受奴役的独裁专制政体。

二、维护“一党专制与个人独裁”的立宪闹剧

（一）“五五宪草”

《训政纲领》和《中华民国训政时期约法》的颁布，并没有给中国带来民主与法治，国民党一党专政和领袖个人独裁的法统却被正式确定了下来。但在《约法》颁布不久，日本侵略者发动了“九一八”和“一二八”事变，侵占了我国东三省，进而在华北扩大事态，国难当头，民族危机。中国共产党发出“停止内战，一致抗战”的号召，国民党内部非蒋系势力、社会上的民主力量，强烈要求国民党当局结束训政，制定宪法，实行宪政，还政于民，培育民主政治，动员人民，共赴国难。在社会进步力量压力之下，国民党政府被迫着手起草“宪法”，筹备实施宪政。

但是，依据孙中山三民主义理论和《国民政府建国大纲》的设计，并非于宪政开始时期即刻实施宪法，而是在宪政时期开启之后，才能建立三民主义国家政权体制和实现向民选政府转移，这时国家建设的次序是：（1）设立五院，试行五权之治；（2）根据建国大纲及军政、宪政两个时期的成绩，由立法院拟定宪法；（3）召开国民大会，决定并颁布宪法；（4）依照宪法举行全国大选，由革命党组成的政府，于选举完成后3个月解职，还政于民选政府。事实上，远在宪政开始之前，国民党就完成了五院政府设置，而作为立法机关的立法院，是否有权议定宪法，从国民党

执政初期的政权运作状况来看，其显然不能担当此任，因为国民政府的一切立法活动，完全出自国民党的意志。但以实现民权为核心的三民主义理论与一党专政的训政之间的矛盾，却在国民党内部各派系之间引发了应否立宪的论争，进而在客观上推动了20世纪30年代宪政思潮的兴起和宪政运动的发展。

1931年11月，在国民党第四次全国代表大会上，蔡元培提出了“国难正急，中央亟应延揽人才，于中央执行委员会领导之下，组织一国难会议，以期集思广益，共济时艰”的动议。同年12月，国民党召开四届中央执行委员会第一次全体会议，会上孙科等人提出提前结束训政、筹划制宪的议案；李烈钧、张知本等人也提出缩短训政时期、进入宪政时期的议案，表明国民党内部一些人对实行训政已经不满。但四届一次会议主席团经过权衡，仅做出召开国难会议和由国民党中常会筹备召开国民救国会议两项决议。翌年4月7日，国民政府在洛阳召开国难会议，会议议题限制在事先设定的“御祸、救灾、绥靖”三项内容范围内，许多与会人员对于国难会议排除宪政议题表示不满，上海、北京、天津等地被政府指定出席会议的人员拒绝出席会议。黄炎培、沈钧儒、史量才、冯自由、王造时、张耀增等人，对于国难会议搁置讨论“实施宪政之案”致电抗议。在国难会议上，与会人员冲破南京当局禁令，纷纷提出改革政治的议案。

国难会议召开不久，孙科公开要求政府开放党禁，允许各政党竞争，尽快建立宪政政府，实行民主政治，① 并接连发表从速立宪、由立宪院草拟宪法的主张，但遭到了行政院院长汪精卫、监察院院长于右任的反对，双方争执不下。正值此时，日本侵略者的铁蹄伸向了华北重镇热河，内忧外患进一步加剧，人民更加痛恨国民党一党专制。在这种形势下，蒋介石为了维护国民党的独裁统治，于1932年12月在南京召开了国民党四届三中全会，会议通过定期召开“国民参政会”的提案，并就有关宪政问题的提案作出议决：一是依据《建国大纲》关于地方自治的规定，进行实施宪政的准备工作；二是拟定民国24年3月召开国民大会，议决宪法及颁布日期；三是由立法院草拟宪法，供国民讨论。会后不久，孙科就任立法院院长，他在论述结束训政、实行宪政的意义时，提出了类似于清朝政

① 孙科：《抗日救国纲领》，《申报》1932年4月25日。

府实行立宪可致“皇位永固”“外患渐轻”“内乱可弭”[①] 的方针。

1933 年 1 月，宪法起草委员会成立，孙科任委员长，张知本、吴经熊任副委员长。在一年多的时间里，宪草委员会共举行 11 次会议，至 1934 年 2 月 23 日，完成了《中华民国宪法草案初稿》，3 月 1 日由立法院公布。初稿总的精神是推重国民大会，采取责任内阁制，行政院长为实际行政首脑，总统不负政治责任。虽然在起草过程中，草案的初稿及修正案在报纸上公布，说是征求社会各界的意见。但在立法院审查过程中，蒋介石极力插手干预，把宪草初稿中以国民大会推选国民委员会为中枢的规定改为国民大会委员会，责任内阁制改为总统制。因而，这种民主形式也只能是一种表面形式。其制定过程只能说是“国权主义”扩张和“民权主义”减缩的过程，因为每一次修改，宪草所体现的民主性因素都有所减少，独裁的成分都有所扩充。如将宪草初稿中的内阁制改为总统制，将直接民选总统改为由国民大会选举总统，将行政院长由总统任命改为行政院长、司法院长、考试院长均由总统任命，删去非解职军人不得任总统、副总统及省长的限制，等等。

1934 年 9 月 16 日，立法院完成三读程序，通过《中华民国宪法草案》，呈报国民政府转送国民党中央执行委员会政治会议审核。至 1935 年 10 月 17 日，国民党中央第 192 次常务会议审查宪草完毕，提出 5 项修改原则，[②] 交立法院修正宪法草案。修改后的宪法草案，经国民党中央宪草审议委员会审查，国民党中常会核定，立法院复议，通过三读程序，呈报国民党五届一中全会议决，由国民政府于 1936 年 5 月 5 日正式公布《中华民国宪法草案》，史称“五五宪草”。“五五宪草”共 8 章[③] 148 条，从形式上看，虽然在总纲中规定了“主权在民”原则，在第二章“人民之

---

① 1933 年元旦，孙科在其发表的《实行宪政之意义与国民应有之认识》一文中说，实行宪政可致“内则清除共匪，外则抗御强敌，以复兴中华民族之命运”。

② 五条原则为：第一，以三民主义、建国大纲和训政时期的约法精神为宪草之所本；第二，政府组织应斟酌实际政治经验，以造成运用灵敏能集中国力之制度。行政权之限制，不宜有刚性之规定；第三，中央政府及地方制度，在宪草内应于职权上为大体规定，其组织以法律规定；第四，宪草中有必须规定之条文，而事实上有不能即时施行，或不能同时施行全国者，其实施程序，以法律规定之；第五，宪法条款不宜繁多，文字务求简明。

③ 包括“总纲”“人民之权利义务”“国民大会”“中央政府”“地方制度”“国民经济”“教育”“宪法施行及修正”等。

权利义务”中规定了“中华民国人民在法律上一律平等”，“人民有身体之自由，非依法律，不得逮捕、拘禁、审问或处罚”，人民有居住、迁徙、言论、出版及著作、秘密通信、宗教信仰、集会结社、请愿、诉愿及诉讼等自由，有依法律选举、罢免、创制、复决之权。但关于各项权利和自由的规定，都附有“非依法律，不得限制”的条款，尤其关于“凡人民之其他自由及权利不妨害社会秩序公共利益者，均受宪法保障，非依法律，不得限制之”，“凡限制人民自由或权利之法律，以保障国家安全，避免紧急危难，维持社会秩序，或增进公共利益所必要者为限”等条款。

“五五宪草”虽然仅在字面上使用了现代民主词句，规定了人民的诸项权利和自由，但实际上继续采用“法律限制主义”，利用“非依法律”的限定，可以任意限制或剥夺人民的自由权利。总统的权力却因为取消了国民大会弹劾总统权而愈发无所拘束。“其召集五院院长会议，解决各院间争端之规定，更使总统成为五院之重心。至其统帅陆海空军之权，不受法律之限制，且必要时可发布紧急命令，及执行紧急处分，虽有终年不闭会之立法院，亦无须事前争取同意。在过渡时期，又有任命半数立法委员及半数监察委员之权。政府大权，可谓已尽量集中。其集权趋势，实超过现代任何行总统制之民主国家。”① 总统既是国家元首，也是国民党主席，因而，“五五宪草”的主要特点就是总统独裁。在一党专制和个人独裁的政体之下，宪法只是为统治者提供了对人民自由和权利“欲取欲夺”的便利，因为何为公共利益不是以人民的判断为尺度，法律的解释权也不在人民手里。即使有了宪法，也未必真能实行宪政。不过，“五五宪草”的正式颁布，毕竟使国民党统治下的中国有了一部宪法。尽管这部宪法距离民主宪法的目标要求还存在相当大的差距，但也足以使一些人产生了中国宪政就要启程的幻觉。

（二）“制宪国大”与《中华民国宪法》

“五五宪草”颁布后，国民政府进行了“国大”代表的选举，并于5月先后公布了《国民大会组织法》《国民大会代表选举法》和《五院组织法》。选举法规定，国民代表大会代表之总额为1200名，其中以区域选举方法选出者665名，以职业选举方法选出者380名，以特种方法选出者155

① 陈茹玄：《中国宪法史》，台北文海出版社1985年版，第232—233页。转引自张晋藩《中国宪法史》，人民出版社2011年版，第268—269页。

名，国民党中央执行委员和监察委员为“当然代表”，实际代表为1440名。1937年4月，立法院又对《国民大会组织法》和《国民大会代表选举法》进行了修改，取消了国民政府制定候选人的办法，另设“指定代表”240人，国民党候补中执监委员也为“当然代表”。这样一来，以区域和职业两种选举方法选出的代表为840人，占代表总数的52%，“当然”“指定”“特种”代表为600人，占42%，即使“民选”代表也全由国民党包办。“国大”代表的整个选举过程充满铜臭气味和肮脏交易，当时即有人在《中华日报》上发表文章，抨击“国大”代表选举，指出“自选举以来，金钱之活动，权势之滥用，形形色色，日有所闻，言之痛心，此种军阀官僚时代‘猪仔买卖’之丑态，若不根本扫除，则复选时之流弊将更不堪设想”。连美国学者也对国民党政府的专制本质进行了揭露，说“新的国民党政府是一个独裁政权。它把孙中山的言论牵强附会，说自己是人民的‘监护人’，而人民则在‘训政’时期中。它的秘密警察无处不到，它的检查制度，像一只密不通风的袋子一样，罩在中国的报章杂志及大学之上。它在任何地方都不举行选举，因为它认为加强自己就是加强中国，它是用命令来管理的。这个政府坐在一张四只脚的凳子上，那四只脚是：军队，官僚，城市里的大商人和乡村里的贵族”。[①] 应该说，国外学者对国民党政权的社会基础及其本质的揭露是准确的、深刻的。

从“七七事变”到“八一三事变”，日本帝国主义发动的全面侵华战争，再一次阻断了中国现代化进程，因为它的入侵必然引起国内政治关系的变动，民族矛盾必然压倒阶级恩怨而上升为最主要的矛盾，由此引起中华民族的全面抗战。这一事实本应唤起国民政府实行民主政治的良知，通过政治改革，袪除自身污垢，争取民心，凝聚力量，共赴国难，战胜入侵者。但一个由大地主、大资产阶级、官僚政客和新式军阀控制的政府，从来就没有真正实行民主改革的设想，眼下的战争状态似乎更给他们提供了推迟宪政、强化独裁统治的理由。而对于人民来说，任何理由都不应该成为阻挡已经觉醒了的他们要求民主、实行全民族抗战的借口。正是由于民族矛盾已经上升为中国社会的最主要矛盾，人民要求动员一切力量实行民主救国、民主进步力量要求实行民主宪政的呼声愈来愈高，尤其在中国共

① ［美］白修德、贾安娜著：《中国暴风雨》，瑞纳译，香港广角镜出版社1976年版，第38页。转引自程舒伟《议会政治与近代中国》，商务印书馆2006年版，第248—249页。

产党积极领导和有力推动下，使20世纪30年代后期出现的民主宪政思潮，演变成了一场旷日持久的民主宪政运动，在这期间还产生了国民参政会、中国政治协商会议（旧政协）及其关于民主宪政的“五项决议”[①]等承载着现代气息的政治事务；正是这些政治事变的发生和民主力量的推动，促使国民党在抗战期间才不得不有所顾忌，并被迫解除了党禁，放宽了对民主运动的限制。但抗日战争胜利之后，中华民族与帝国主义之间的矛盾不再是中国社会最主要的矛盾，国内阶级矛盾又上升为中国社会最主要的矛盾，中国政治关系再次进入激烈变动时期，尤其围绕建国问题，在国民党、共产党和各民主党派之间形成了三种不同的政改方案。国民党的建国主张集中体现在“制宪国大”通过的《中华民国宪法》和“行宪国大”通过的《动员戡乱时期临时条款》上。

根据1946年初政治协商会议的决议，“第一次国民代表大会的召集方法由政治协商会议议决之”，即国民党不得擅自召集国民大会。为了推动和平与民主，1946年2月9日，毛泽东代表中国共产党向美联社记者发表谈话时说：“各党当前的任务，最主要的是履行政治协商会议的各项决议，组织立宪政府，实行经济复兴。”[②] 民盟领导人罗隆基在谈到政协会议时认为：“共产党让步多，蒋介石的苦恼大，民盟的前途好。”[③] 而政协会议不久，国民党六届二中全会就以政协决议违背总理遗教为名，提出了五条关于推翻宪草修改原则的意见，并在宪草审议会议上，迫使共产党和民盟代表修改已经正式签字的政协协议。为了顾全大局，共产党征得民盟同意，向国民党做出了三点让步：一是国民大会由无形改为有形，其组织和权力再行商定；二是同意取消立法院对行政院的不信任投票权和行政院对立法院的解散权，但行政院仍需对立法院负责，行政院如何对立法院负

---

① 抗战结束后，为避免内战，达成全国人民和平建国的愿望，1946年1月10日至1月31日，中国政治协商会议（旧政协）在重庆国民政府大礼堂召开，会上经过国民党、共产党和民盟三派力量之间的激烈争论，最后就政府组织问题、和平建国纲领问题、国民大会问题、宪法草案问题和军事问题，达成五项协议，其中关于宪法草案的协议12项。这12项原则进一步体现和发展了“期成宪草”的民主精神，行政院与立法院的关系相当于西方责任内阁与议会的关系，而总统不负实际政治责任，处于虚尊地位，与“五五宪草”中的总统独裁制截然不同。11月15日，国民党政府单方面召开国民大会，全面推翻了政协决定。

② 《政治协商会议资料》，四川人民出版社1981年版，第351页。

③ 于刚：《中国各民主党派》，中国文史出版社1987年版，第137页。

责及立法院如何监督行政院，再行商定；三是改省宪为自治法，具体内容再行研究。然而，由于政协协议与国民党集团的统治存在冲突，国民党始终将自身利益置于国家利益和人民利益之上，并无落实政协协议的诚意，他们仍然利用一切机会，破坏政协协议的实施。对此，美国马歇尔也给予了较客观的评论："尽管中执会结束，宣布它已经完全批准了政协会议，但有迹象表明，此种批准受到许多保留条件的阻挠，而国民党内顽固分子则竭力破坏政协纲领。"①

正值人们火热地议论宪政、要求修改宪草之时，1946 年 6 月下旬，国民党军队大规模进攻中原共产党军队占领区，全面内战爆发。同时，国民党视政协会议决议关于国民大会必须在停止内战、改组政府、结束训政、完成宪草修正之后才能召开的规定于不顾，在 7 月 3 日召开国防最高委员会会议，单方面决定于 11 月 12 日召开国民大会。国民党的这一决定，立即遭到共产党和民盟的强烈反对和坚决抵制，但由其一手包办的国民大会仍于 11 月 15 日延期两天后在南京举行。出席国民大会的代表名额，据国民党政府公布的人数为 1580 名，其中 950 多人为 1936 年的旧选代表，另有所谓的遴选代表，国民党 220 人，青年党 100 人，民社党 80 人和"社会贤达"70 人。由于这次大会的任务是制定宪法，故称"制宪国大"。"制宪国大"于 12 月 25 日通过了《中华民国宪法》，1947 年元旦由国民政府颁布，并宣布于 1947 年 12 月 25 日开始实施。

《中华民国宪法》共 14 章 175 条。由于它是在特定的历史条件下制定的，在一定程度上反映了当时中国的社会政治关系，深刻烙上了中国民主政治力量逐渐发展壮大的印迹，如其在"总纲"中规定："中华民国基于三民主义，为民有、民治、民享之民主共和国"，"中华民国之主权属于国民全体"；在"国民大会"一章中规定，国民大会"代表全国国民行使政权"。这些规定虽然仅仅体现了国民党政府"还政于民"的姿态，但至少在形式上较之"五五宪草"关于"党国一体"的"三民主义共和国"的规定有了一定进步，而且这部宪法是以西方资产阶级宪法为蓝本，结合孙中山关于政体设想而设计和制定的，在政治体制上采用了国会制和责任内阁制，在经济制度、政治制度、教育制度、民族关系等方面，打破了封建制度的

① 中国社会科学院近代史研究所翻译室译：《马歇尔使华》，中华书局 1981 年版，第 80 页。

框架，因此，反映了中国政治发展不得不跟随世界进步潮流并受民主力量推动的特征，较真实地记录了中国民主宪政的历程。当然，它是由国民党主持召开的国民大会制定和通过的，国民大会作为民意机关，把真正代表资产阶级的民主党派和代表工人、农民、小资产阶级、民族资产阶级等大多数人民利益的共产党拒之门外，也就完全失去了代表民意的权威性。这部宪法的基本精神仍然沿袭了《训政时期约法》和“五五宪草”关于一党专制及个人独裁的本质，并且深刻嵌入了蒋介石个人的意志。

首先，它违背了立宪主义保障人权的根本宗旨。《中华民国宪法》在罗列人民自由权利的同时，又在第 23 条规定：“以上各条列举之自由权利，除为防止妨碍他人自由，避免紧急危险，维持社会秩序，或增进公共利益所必要者外，不得以法律限制之。”而当时的中国，每天都会出现当政者认为需要限制人民自由权利的情况，这种对于人民自由权利的限制性规定，显然与立宪主义所追求的“民权优位”原则是相悖的，尤其在缺乏民主和法治传统，专制和人治习惯经常能改变法律和道义的情况下，对人民自由的任何限制，都会为当政者剥夺人权提供欲取欲夺的法律依据。从形式上来看，《中华民国宪法》引入了代议制原则，规定国民大会代表人民行使国家权力，体现了民主精神。但事实上，这部宪法使人民处于无权而独夫集权的地位。（1）由国民党包办的国民大会本身就不能代表人民；（2）以法律限制人民自由权利的规定，最终使人民的自由权利形同虚设；（3）宪法实施后，国民政府制定的《维护社会秩序临时办法》《戡乱时期危害国家紧急治罪条例》等法规和政令，以及后来“行宪国大”颁布的《动员戡乱时期临时条例》等法律，赋予总统个人以绝对权力，与宪法规范相互冲突，推翻了宪法关于人民自由权利的规定。正像当时的报刊舆论所揭露的那样，宪法虽然规定了“人民有言论、讲学、著作及出版自由”，而事实是“报纸、刊物登记困难，登记了发行困难，种种束缚，样样挑剔，再加上各地乱列禁书，毫无章则，自由主义及主张民主的出版物，封的封，倒的倒，机关被捣毁，人被殴打，弄得文化衰落，作家贫病，社会浑浊，人心郁结，而请议不闻，这不合民主潮流，更非国家之福”。[①] 又如，宪法虽然规定“人民身体之自由应予保障”及“非经司法

① 《大公报》1947 年 1 月 4 日。

或警察机关依法定程序，不得逮捕拘禁；非由法院依法定程序，不得审问处罚”，“人民因犯罪嫌疑被逮捕拘禁时，其逮捕拘禁机关应将逮捕拘禁原因，以书面告知本人及其本人指定之亲友，并至迟于二十四小时内移送该管辖法院审问”等，而事实上，“许多机关常常非法逮捕拘禁人民，一禁十天数月，甚至一次也不讯问”，“又如国大代表雷启霖，近在京被捕，据称受宁夏高院之嘱托，但据北京报载，所谓高院公文，是由宁夏省府驻京办事处所代办，文尾声明日后另补各该机关正式公文，果真如此，不无滥用职权，侵犯人身自由之嫌”。[①] 如透过以上事实，审视《中华民国宪法》，不难看出所谓保障人民自由权利，只是愚弄人民、欺骗舆论的游戏而已，对于人民来说，所谓自由权利只是一种可望而不可即的海市蜃楼。

其次，它以形式上的国会制和责任内阁制掩盖了事实上的总统独裁制。从字面上看，《中华民国宪法》采用的仍是政治协商会议决定的国会制、责任内阁制和省自治的政治制度。但它又赋予总统极大权力，有召集国民大会、统帅陆海空军、提名行政院长司法院长及考试院长、公布法律、对外宣战及缔约媾和、宣布戒严、任免文武官员等权力，加之总统对军权和党权的控制不受宪法限制，院与院之间发生争执，得由总统召集各有关院长会商解决之，立法院与行政院发生争执，由蒋介石裁决，五院之间不仅不能相互制约，实质上都必须对总统负责，受总统指挥，责任内阁制也就变成了总统制，国会制则变成了蒋介石实行个人独裁的遮羞布。难怪有人说：“当时的国民大会不仅在召集期间听命于蒋介石，就是在其闭会期间其权力也是由蒋介石代为行使，蒋介石的权力远远超过民初总统袁世凯和贿选总统曹锟。”[②] 立法院长孙科在立法报告中则毫不掩饰地说：“根据条文意义来讲，行政院是有条件地对立法院负责，还不能称责任内阁制”，“行政院仍受总统指挥，也可以说这个制度是一种修正的总统制”。所谓“修正的总统制”，其实质就是总统独裁制。

再次，它违反地方自治原则，实行中央集权制。地方自治是立宪主义的重要原则，而《中华民国宪法》在中央与地方的关系上，不是以地方自治为基础，而是以中央集权为出发点；不是将省能够自治的事权划归于省，而是将中央集权的残余遗留给省。它规定了 33 项中央事权，12 项省

---

① 《为人民权利自由而呼吁》，《大公报》1947 年 2 月 9 日。

② 张学仁、陈宁生主编：《二十世纪之中国宪政》，武汉大学出版社 2002 年版，第 227 页。

事权，11 项县事权，而制定“省县自治通则”的权力属于中央，并规定省自治法不得与宪法相抵触，省法规与宪法相抵触者无效，宪法未规定的中央与地方权限纷争，由立法院解决，而立法院听命于总统。这样一来，宪法实施的结果，只能是人民无权，政府专权；地方无权，中央集权；议会无权，总统集权。

最后，它采取了保护大地主大资产阶级和帝国主义既得利益、限制民族资本主义发展的经济政策。宪法虽然规定：“国民经济应以民生主义为基本原则，实施平均地权，节制资本，以谋国计民生之均足。”并规定：“人民依法取得之土地所有权，应受法律之保障与限制。”就当时国情而言，拥有土地者为大地主和官僚阶层，而更加需要土地投资者为工商资产阶级阶层，因此保护与限制的对象及目的是分外明确的。另外规定：“国家对于私人财富及私营事业，认为有妨害国计民生之平衡发展者，应以法律限制之。”实际上，以“四大家族”为代表的官僚财富及其资本，才是国民党统治时期妨害国计民生平衡发展的最大障碍，不仅从未见过国民党以法律限制之，反而经常见到军阀官僚们利用手中权力，使自己非法占有巨额财富的行为合法化，而那些苦心经营的工商业者们，稍有不慎就会受到“法律限制”。由于国民党政府先后与美国政府订立了许多不平等条约，该宪法还在“基本国策”一章中规定了“尊重条约”的条款，表明完全承认帝国主义在华特权，确认了它们对中国经济、政治和文化侵略的合法地位。所以，这部以“民有、民治、民享”相标榜的宪法，实质上是一部维护大地主大资产阶级和帝国主义在华利益的宪法。

（三）“行宪国大”

国民党违反政协决议、单独召开国民大会之后，于 1947 年 3 月 15—24 日，又在南京召开六届三中全会，集中讨论如何结束训政，实行宪政及行宪准备事项，国民党一方面表示：愿以普通政党地位，与各政党平等相处，以扩大政府的政治基础；另一方面，又在会议通过的《现阶段的党务方针决议案》中说：“今日党派虽多，舍本党而外，实更无任何一党担负得起建设三民主义新中国的责任”，“中国盛衰兴亡的关键，不操于任何一党之手，而是操于本党之手”①。蒋介石甚至在开幕词中斥责共产

① 荣孟源主编：《中国国民党历次代表大会及中央全会资料》（下册），光明日报出版社 1985 年版，第 1106 页。

党“拒绝参加国民大会，否认国民大会所通过的宪法，对于政府商谈和平的提议，也遭其断然拒绝”，因此，“政治解决的途径已经绝望”，只能同共产党决裂，以军事手段解决共产党问题。由此可见，国民党总是以各式各样的理由为借口垄断国家权力，在国民党一党专制的政治形势下，不仅各党不能平等相处，甚至不承认非以“三民主义”为政纲、敢于反对其独裁统治的党派的合法地位，因此将广大人民群众及代表不同阶级利益的党派逼上了武装反抗和政治对抗的道路。

为了做出行宪的姿态，4 月 17 日蒋介石宣布改组国民政府。改组后的国民政府委员会由 29 人组成，其中国民党 17 席，青年党 4 席，民社党 4 席，社会贤达 4 席。国民政府主席、副主席和五院院长均由国民党员担任，蒋介石任主席，孙科任副主席兼立法院长，张群任行政院长，居正任司法院长，于佑任任监察院长，戴季陶任考试院长。国民政府改组后，行政院长张群在就职宣言中说，国民党业已结束训政。国民党宣传部长彭学沛在同一天举行的记者招待会上也宣称：“一党专政已于今日结束，国民党已实践其还政于民的诺言。”蒋介石则宣布他的政府已经成为“多党政府”“自由民主政府”，似乎中国真的进入了宪政时期。

完成改组后的国民政府，面临的任务是主持大选，召开国大，选举总统。但是，由于 1947 年国民党在军事上接连失败，政治、经济陷入严重危机，“行宪国大”因战事吃紧而一拖再拖。蒋介石为使其统治合法化，不顾客观上能否实行宪法和国民党内部一些人的反对，仍积极准备召开“行宪国大”。3 月 31 日，国民政府公布的《国民大会代表选举罢免法》规定：“经 500 人以上选举人之签署，或由政党提名，得登记为候选人。”说明取得候选人资格有两条途径：或由政党提名，或“经 500 人以上选举人之签署”。但蒋介石很清楚，按目前国民党、青年党和民社党的实力，如按选举法的规定选举，将难以保障青年党和民社党有相应的比例，其“民主政府”“多党政府”的伪装就会被撕掉，因此，他在国民党六届四中全会上又提出：“党员参加选举，必须由党提名，绝对禁止自由竞选，任何党员如不听命令，自由竞选，党部即开除其党籍。”按照蒋介石的“旨意”，12 月 2 日，国民政府第 16 次国务会议通过了一项《政党提名补充规定》，规定各党党员参加竞选，“须由各所属政党提名”，“用选民签署手续登记提名者，以无党派者为限”。由于这项规定与《国民大会代表选举罢免法》相矛盾，引起参选的国民党员不满，他们仍坚持“经

500人以上选举人之签署得登记为候选人”的规定，积极参加竞选活动，各地未经国民党提名而由选民签署选出的代表达600多人，三党约定分配给青年党和民社党的名额仅有少数人当选，青、民两党则以退出政府相要挟，国民党不得不委曲求全，又给青、民两党增加名额，但这又引起一些可能落选的国民党员的不满，纷纷指责按比例分配名额的办法，“无异于分赃主义”，是“剥夺民权”，并进行抵制。结果青、民两党的许多候选人落选，他们又反过来指责国民党言而无信。为了安抚拉拢青、民两党参加国民大会，国民党又采取了强制本党党员所占青、民两党名额一律退让的办法，并制定了《自愿退让奖励办法》。在这种乌烟瘴气的竞选闹剧中，“行宪国大”由原定的1947年11月25日召开，推迟到1948年3月29日才匆匆开幕。蒋介石在开幕词中指出，这次大会的使命“只是行使选举权，以完成中华民国政府的组织”，其实，核心是选举国民政府总统和副总统。

但在围绕总统和副总统选举、国民党内部各派竞争激烈之际，蒋介石却在4月4日国民党六届中执委临时会议上出人意料地提出“不参加大总统竞选”，并提出首届总统选举应由国民党党外人士担任候选人，其条件是：“(甲) 富有民主精神及民主思想。(乙) 对中国之历史文化有深切之了解。(丙) 对宪法能全力拥护，并衷心执行。(丁) 对国际问题，国际大势，有深切之了解及研究。(戊) 忠于国家，富于民族思想。”很显然，蒋介石不肯竞选总统，只是一种托词，其心中却另有打算。张群从中窥出了个中原委，在4月5日就总统选举问题而专门召开的国民党中常会议上说：并不是总裁不愿当总统，而是根据宪法规定，总统是一位虚位元首，他不愿意处于有职无权的地位。于是，中常会决定，赋予总统紧急处置权力。4月18日，国民大会又通过《动员戡乱时期临时条例》，规定“总统在动员戡乱时期，为避免国家或人民遭受紧急危难，或应付财政经济重大变故，得经行政院会议之决议，为紧急处分，不受宪法第三十九条或第四十三条所规定程序之限制”。如此一来，宪法对总统权力仅有的两项限制也被取消了，总统因此有了至高无上的权力。这样的总统职位，蒋介石自然不会拒之门外。为了装饰民主，蒋介石拉拢居正陪选。4月19日，举行总统选举，蒋介石以2430票当选中华民国第一任总统。

耐人寻味的是，蒋介石当选总统没有丝毫悬念，因为当时的国民党内部，无论如何都不会有人能够和他竞争，而围绕副总统的选举，斗争就复杂了，其原因在于，除蒋系之外，国民党内还有众多实力派，他们之间始终存在着争权夺利的矛盾，尤其蒋介石与李宗仁之间的明争暗斗，几乎从未停止过。这时的蒋介石极力支持孙科竞选副总统，孙科强有力的竞选对手就是李宗仁。孙科得到广东派和 CC 系的支持，又有蒋介石暗中撑腰，但其平日作风甚不民主，名声欠佳。李宗仁身为桂系首领，又有美国暗中支持，踌躇满志，并高调提出，如能当选，势必“革新政治”，“实行民生主义，清算豪门资本”，“实施土地改革”。[①] 蒋介石为了帮助孙科当选，不仅为其打气，命令国民党中央提名孙科，还对李宗仁施压，并亲自劝说李宗仁退出竞选。而李宗仁毫不相让，并与程潜、于右任建立竞选联盟，共同反对由中央提名。4 月 6 日，国民党中执委临时会议否决了由党提名的做法，改为由国民党党员依法联署提名参加竞选。在竞选过程中，竞选人为了战胜竞争对手，不惜以重金收买“代表”，甚至派出打手捣毁支持对方的舆论阵地。经过腥风血雨的四轮投票之后，李宗仁以 1438 票的微弱多数战胜了孙科（获得 1295 张选票），当选为中华民国第一届副总统。5 月 17 日，孙科、陈立夫当选为立法院正、副院长，同月下旬，组成以翁文灏、顾孟余为正、副院长的行政院。5 月 20 日，蒋介石、李宗仁就任总统和副总统。至此，国民党的“行宪国大”完成了由作为国民党总裁、国民政府主席蒋介石的权力向同样作为国民党总裁、中华民国总统的蒋介石的权力移交，这就是国民党标榜的“还政于民”的宪政。当然，这次选举结果还表明，由于战局变化，国民党军队处于土崩瓦解之势，国民党内部的权力结构也在发生变化，蒋介石已无力控制局面，中国即将迎来一个新的时代。

最后，我们仍有必要重新审视一下国民党的“制宪国大”和“行宪国大”。（1）召开“国民大会”是决定国家前途和人民命运的国家大事，工人、农民、小资产阶级和民族资产阶级作为近代中国社会主体，没有他们的代表参加的“国民大会”，无论如何是不能称其为“国民大会”的，因为国民大会是民意机关，没有多数人民的代表参与其中，就不能代表民意。（2）“国民大会”应该由民选代表组成，而不能由政党、政客们分赃、争夺、“包办”“代替”。因为不是真正民选的代表，不可能真正代表

---

① 申晓云、李静之：《李宗仁的一生》，河南人民出版社 1992 年版，第 278—279 页。

人民利益。(3) 宪法是人民权利的保障书，应该由人民制定，代表人民意志。而且宪法具有至上性，除人民承诺之外，任何政党或政治组织都不得以任何形式改变宪法。而《中华民国宪法》既然由国民党包办制定，又可以由国民党中央的命令及国民党政府的法规加以修改，就不可能成为真正的民主宪章，必然成为一党专制、个人独裁的工具，并在本质上与“训政时期约法”无异。(4) 宪政的实施，必有民主的政府、法治的政府为依托，在一党专制条件下，不可能产生民主政府即权力受人民制约的政府，因此也就不可能真正实行宪政 (5) 用“临时条例”保障总统个人独裁，不仅等于废弃了宪法，而且势必会导致个人权力膨胀、滥用以及对人民权利自由肆意侵夺，从而使个人专制主义泛滥。所以，没有人民的真正觉醒和抗争，没有民主力量的真正壮大，没有人民的广泛政治参与，就不可能有真正保障人民权利的宪法，不可能建立真正对人民负责任的政府。随着人民力量的强大，蒋家王朝终于被推翻了，历史也翻过了针对国民党一党专制而发起民主宪政运动的一页。

第四章　资产阶级立宪理论与实践

在鸦片战争以后，立宪理论作为挽救日益加深的民族危机和政治危机、追寻国家富强的一种救国方略被引入国内，因应着近代中国经济、政治和社会转型的吁求，这一理论逐渐得以广泛传播，并在此过程中基于各种社会要素之间的交互作用而发生着不断的演化。中国社会不同阶级和阶层基于特定时空背景下自身的利益考量、理论兴趣和思维定式，对立宪理论作出了完全适合本阶级、阶层利益诉求的解读、阐发与实践，从而形成了具有中国特色的各式各样的立宪理论与实践。介绍和分析这些理论和实践经验，是本书不可回避的重要内容。限于篇幅，这里只选择资产阶级革命派、人权派、中间派的立宪理论和实践作为重点介绍。

第一节　革命派的立宪理论与实践

资产阶级革命派是在孙中山、黄兴、宋教仁等人的组织领导下形成的，是在中国近代史上做出过巨大政治贡献，并具有深远影响的政治派别。在近代中国政治舞台上，孙中山、黄兴、宋教仁、章太炎、邹容、陈天华等一大批资产阶级革命家、理论家，以各种各样的途径和方式宣传革命理论，发动革命运动，推进革命进程。他们先后组建了兴中会、华兴会、光复会、中国同盟会等一系列革命团体作为领导资产阶级革命的组织机构，以凝聚革命力量，谋划革命和建国方略，践行中国资产阶级政治理念；通过刊印《革命军》《猛回头》《警世钟》《驳康有为论革命书》等大量书籍，较为系统地阐发了革命理论，奠定了资产阶级革命的思想基础；通过创办或充分利用《中国日报》《苏报》《国民日报》《警钟日报》《民报》《政艺通报》《二十世纪大舞台》等报刊杂志，宣传革命思想，争夺舆论阵地，唤起国民觉醒；通过发动一系列武装起义和不屈不挠的革命斗争，使资产阶级革命阵营由弱到强，掀起了一波波反抗专制、迈向共和的革命浪潮。从 1894 年 11 月创立兴中会开始，资产阶级革命派就高举民主立宪旗帜，主张通过国民革命，推翻封建君主专制政权，建立民主共和国。革命派对于宪政问题的探讨，在民主权利意识、政治思想、宪政制度设计及实践等方面都有充分体现，形成了较为完整的资产阶级宪政理论和宪政制度体系。

一、民主权利意识

"从汉武帝'罢黜百家，独尊儒术'起，儒学在意识形态领域取得了统治地位，并成为传统文化的核心。以后，随着时间的推移和社会变迁，中国传统文化，主要是儒家文化，也发生了一系列的变化。……但是，在两千多年的封建社会中，它无论怎样变化，都没有超出封建地主意识形态的范围，其基本精神和特点没有改变，也没有发生过危机。"① 如果从价值系统层面来考察，中国传统文化中的群己关系在肯定"成己"的同时，较多强调了对群体的认同，因而更多地具有重群体、轻个体的特征。"在群体至上的观念下，个体的存在价值，个性的多样化发展，个人的正当权利等等，一直未能得到应有的确认。"② 从法律层面考察也是如此，"在社会和法律都承认家长或族长这种权力的时代，家族被认为政治、法律之基本单位，以家长或族长为每一单位之主权，而对国家负责"。③ "中国的家族是父权家长制的，父祖是统治的首脑，一切权力都集中在他的手中，家族中的所有人口——包括他的妻妾子孙和他们的妻妾，未婚的女儿孙女，同居的旁系卑亲属，以及家族中的奴婢，都在他的权力之下，经济权、法律权、宗教权都在他的手里。""家庭范围或大或小，每一个家都有一家长为统治的首脑。他对家中男系后裔的权力是最高的，几乎是绝对的，并且是长久的。子孙即使在成年以后也不能获得自主权。"④ 由上可知，无论是在宏观层面还是在微观层面，无论是在思想层面还是在制度层面，在中国封建专制社会中并不存在民主权利孕育的环境和土壤。

---

① 张岱年、方克立主编：《中国文化概论》（修订版），北京师范大学出版社 2004 年版，第 327 页。

② 同上。

③ 瞿同祖：《瞿同祖法学论著集》，中国政法大学出版社 1998 年版，第 27 页。

④ 同上书，第 6 页。

鸦片战争是一场以英国为代表的资本主义国家，为了向中国拓展其殖民体系而发动的战争。中国社会从此开始一步步地沦落为半殖民地半封建社会。原有的政治和经济结构被打破，中国面临着民族危机、经济危机和政治危机，与此相关，中国传统文化也遭遇了前所未有的危机。一方面是出现的资本主义经济成分的内在要求，另一方面是西方资本主义文化的侵入，传统文化在近代开始了向资本主义新文化转型的历程。在政治思想方面，首先是维新派开始“宣传西方资产阶级的政治学说，鼓吹君主立宪，提倡民权，批判封建专制主义，从而形成中国近代第一次思想解放的潮流”。[①] 但在当时的社会条件下，由于新兴资产阶级的实力还很弱小，西学传播水平还比较低，加上维新派对西方的政治理论认识还相当肤浅，因此，维新派的思想还无法摆脱封建主义旧文化的束缚。特别是当康有为、梁启超沦为保皇党以后，更是站在维护皇权立场上，以中国人没有民主权利意识，尚不具备立宪国国民资格为由，否定中国实行立宪政治的可能性。如梁启超所说：“凡国民有可以行议院政治之能力者，即其可以有为共和国之资格者也”，“以吾今日之中国而欲行议院政治乎，吾固言之矣，非顽固之老辈，则一知半解之新进也，此非吾敢为轻薄之言，实则平心论之，其程度不过如此也”。[②] 立宪政治的关键是议会选举，“万一国民厌于选举，或君主怠于召集，则宪法根本为之动摇矣。夫学识幼稚之民，往往沐猴而冠，沾沾自喜，有权而滥用矣，其常态矣”[③]。“故今日中国国民，非有可以为共和国民之资格者也；今日中国政治，非可采用立宪制者也。”[④]

维新变法失败后，特别是1900年以后，“革命思潮逐渐取代维新改良思潮而成为时代的主潮，以国内新式学堂师生和留日学生为主体的新式知识分子群体开始形成”，[⑤] 并成为输入西学的主力。随着西方社会政治学

---

① 张岱年、方克立主编：《中国文化概论》（修订版），北京师范大学出版社2004年版，第332页。

② 张枬、王忍之编：《辛亥革命前十年间时论选集》（第二卷），生活·读书·新知三联书店1963年版，第179—180页。

③ 同上书，第192页。

④ 同上书，第182页。

⑤ 张岱年、方克立主编：《中国文化概论》（修订版），北京师范大学出版社2004年版，第333页。

术著作的大量引入，这一时期的思想家和宣传家，开始用鲜明的时代语言来表达资产阶级的新思想。邹容的《革命军》、陈天华的《猛回头》以及孙中山等人的系列著作，以法、美革命为榜样，以自由、平等、博爱理念为诉求，坚信只要在中国争取所有人的自由和平等，就可以建立驾乎欧美之上的民主共和国。在革命派看来，中华民族与其他民族没有本质区别，各立宪国“各具其特有之精神，又各具其共通之精神”，“所谓共通之精神，如国家对于人民有权利、有义务，人民对于国家，亦有权利、有义务，其国权之发动，非专注于惟一之机关，而人民有公法上之人格，有私法上之人格，凡此皆立宪国所同具者也”。“而征诸历史，我国民固亦有之，较诸英、法、美，非有与无之区别，乃精与粗区别耳。”①

孙中山在檀香山创立兴中会时，即提出“创建合众政府”，在与保皇派的论战中、不同场合的演讲和谈话中更是不遗余力地驳斥保皇派的谬论，阐发民主、共和的观念。“余以人群自治为政治之极则，故于政治之精神，执共和主义”。针对那些声称共和不适合中国以及中国人“无自由民权之性质”的言论，他指出共和乃是中国治世之神髓，先哲之遗业，并说中国早在尧舜禹时期就已经实施共和了，又举乡族自治来佐证。他对民主、共和的认识随着时间的推移、阅历的丰富和对中国国情的体认的加深而不断发展，在《民报》发刊词中提出民族、民权、民生三民主义，在《同盟会革命方略》中，就建立民国、制定宪法作了进一步的阐述。②邹容在《革命军》中以激扬的文字，酣畅淋漓地为革命鼓与呼，为民主权利呐喊，他认为作为法、美文明“胚胎”的卢梭、孟德斯鸠、密尔理论中的民权思想，乃是当时中国“起死回生之灵药，返魄还魂之宝方”；“一国之政治机关，一国之人共司之，苟不能司政治机关，参与行政权者，不得谓之国，不得谓之国民”；革命就是扫除“障碍吾国民天赋权利之恶魔”，以达至“复我天赋之权利”，“与我同胞熙熙攘攘，游幸于平等自由城郭之中”；他区分了奴隶与国民的差异，在他看来，“国民者，有自治之才力，有独立之性质，有参政之公权，有自由之幸福，无论所执何

① 张枬、王忍之编：《辛亥革命前十年间时论选集》（第二卷），生活·读书·新知三联书店1963年版，第413页。

② 魏新柏选编：《孙中山著作选编》（上），中华书局2011年版，第73、86—90、98—102、106—110页。

业而皆得为完全无缺之人”。而要革命，首先就要去奴隶性而增强国民性；革命的大义就是要建立中华共和国，使国民享有自由、民主、平等等各项权利，政府“专掌保护人民权利之事”，“无论何时，政府所为，有干犯人民权利之事，人民即可革命，推翻旧日之政府”。[①] 陈天华也从“虎视鹰瞵，环于四邻”的民族危机和“封建专制，政敝而不能久存”的政治危机出发，宣传革命，追求共和，“近世言政治比较者……莫不曰‘共和善，共和善’！中国……求乎最美最宜之政体，亦宜莫共和若”。针对立宪派的“国民幼稚说”，他针锋相对地指出，“吾民之聪与明，天所赋与也，于各民族中不见其多逊”，只是由于暴政的压制，“稍稍失其本来，然其潜势力固在也”，那些贬损国民能力者，“何其厚诬吾民族也!”他从三个方面论证了中国国民的（民主参与）能力可以短期内恢复且完全可以享有国民权利之后指出：那些认为“欧美可以言民权，中国不可以言民权，欧美可以行民主，中国不可以行民主”的理论是不成立的，中国要想富强，必须兴民权、改民主。[②] 资产阶级革命派的理论虽有时不免肤浅、牵强附会，但总体来说，他们的理论和实践对于启蒙民识，宣传民权，倡导共和，打击保皇，鼓动革命，发挥了十分积极的作用。

二、三民主义

19 世纪末 20 世纪初，帝国主义、封建主义和官僚资本主义相互勾结，中国的民族危机、政治危机和社会危机不断加深，国家主权丧失，人民遭受前所未有的经济剥削和政治压迫。实现民权和民生幸福，是民主革命的逻辑起点和历史归宿，也是孙中山等革命派对民主政治的最高诉求。革命派认为，民族革命、政治革命和社会革命的目标是统一的，因此在实践中必须将三者结合起来。从历史经验来看，在国家政治生活中，对实现民权和民生幸福构成最直接、更严重影响的因素，是国家权力的配置及其运作能否体现权力主体的意志。在这种背景之下，孙中山以民族主义、民权主义和民生主义三面旗帜为号召，表达了革命派实现人民权利和民生幸福的愿望，发动了集民族革命、政治革命和社会革命于一体的资产阶级革

---

① 邹容：《革命军》，郅治选注：《猛回头——陈天华　邹容集》，辽宁人民出版社 1994 年版，第 184、186、202、211、218、219 页。

② 陈天华：《论中国宜改创民主政体》，《民报》1905 年 11 月 26 日第一号。

命，有力地促进了中国民主政治进程。三民主义也构成了孙中山革命和建国思想的理论基础，是资产阶级革命派政治思想的核心。

三民主义思想萌芽于1894年11月兴中会创立时期。兴中会誓词说："驱除鞑虏，恢复中华，创立合众政府。"[①] 1903年8月，孙中山进一步提出了"驱除鞑虏，恢复中华，创立民国，平均地权"[②] 的革命宗旨。1905年8月，中国同盟会在东京成立，上述革命宗旨又被确定为同盟会的革命纲领。同年10月，孙中山在《民报》发刊词中将同盟会的16字纲领概括为民族、民权、民生三民主义。[③] 1906年12月，他又在《民报》创刊周年庆祝大会上发表演说，全面、详尽地阐述了三民主义。[④] 三民主义是一个完整的思想体系，其中，民族主义是民权主义的前提条件，民权主义是孙中山政治设计的核心，民生主义既是民主革命的目的，也是实现民权主义的基础。而在革命派内部，是否把三民主义作为一个完整的思想体系来看待，并主张全部地贯彻实施，也是衡量人们是否是一个彻底的资产阶级革命者的重要标志。

三民主义又是开放的和不断发展的思想体系。辛亥革命以前，民族主义的内容在《中国同盟会革命方略》中被概括为"驱除鞑虏"和"恢复中华"，它的主要任务是反满，即反对民族压迫、专制统治和投降卖国的清朝政府。孙中山曾痛斥清王朝"无论为朝廷之事，为国民之事，甚至为地方之事，百姓均无发言或与闻之权；其身为民牧者，操有审判之全权，人民身受冤抑，无所吁诉"。清朝推行专制主义和愚民政策，"至其涂饰人民之耳目，锢蔽人民之聪明，犹有可骇者。凡政治之书，多不得浏览；报纸之行，犹悬为厉禁。是以除本国外，世界之大事若何，人民若何，均非其所知"[⑤]。这样的政府不能代表人民，自然失去了合法性基础，因为其所作所为违背人民意志、侵害人民权利，甚至出卖国家利益。所以，真正的民主主义者坚决主张以民权主义代替专制主义，其具体目标是"由平民革命，建立国民政府，凡我国民皆平等，皆有参政权。大总统由

① 魏新柏选编：《孙中山著作选编》（上），中华书局2011年版，第18页。

② 《孙中山全集》（第1卷），中华书局1981年版，第226页。

③ 魏新柏选编：《孙中山著作选编》（上），中华书局2011年版，第106—107页。

④ 同上书，第131—138页。

⑤ 《孙中山全集》（第1卷），中华书局1981年版，第50—51页。

国民共举。议会以国民公举之议员构成之，制定中华民国宪法，人人共守，敢有帝制自为者，天下共击之”[①]。并且以自由、平等、博爱等政治理念相激励。可见，民权主义的核心是推翻清政府的专制统治，永远结束帝制，建立代议制政府。

辛亥革命以后，随着国内社会矛盾的变化，在第一次国共两党合作期间，尤其在中国国民党第一次全国代表大会的《宣言》中，提出了“国民党之民族主义，有两方面之意义：一则中国民族自求解放；二则中国境内各民族一律平等”，即反对帝国主义侵略和争取民族独立的思想。这一思想的实质是在反帝反封建的国民革命成功以后，承认各民族的自决权，组织自由统一的各民族自由联合的中华民国。同时，民权主义增加了建立“为一般平民所共有，非少数者所得而私”的民主主义的新内容。

对民权的认识也是如此。辛亥革命以后，孙中山顺应历史潮流的发展变化，在解释民权的时候，从规范学的角度将“民”“民权”“政治”“政权”等概念联系起来进行系统考察，把“民”规范为“有团体有组织的众人”；认为有了团体与组织，就有了政治。政治的意思，“浅而言之，政就是众人的事，治就是管理，管理众人的事便是政治”；民权是“人民的政治力量”，“管理众人之事的力量，便是政权”，“以人民管理政事，便叫做民权”，等等。[②] 这一系列词汇和术语，是社会发展的显示器，承载着时代变迁的气息，也是中国政治文化转型的重要体现，说明孙中山发动革命的目的，决不是重复历史上王朝兴亡、政权更迭的故事，而是为了彻底改变中国传统的政治形态，正如他所说的：“共和国成立以后，是用谁来做皇帝呢？是用人民来做皇帝，用四万万人来做皇帝。”[③] 因此，民权的实质上就是民主，即人民当家作主，就是恢复人民的国家主人地位。1924年召开的国民党第一次全国代表大会，对人民的政治权利和自由，从民主宪政的角度进行了概括，大会宣言指出：“确定人民享有集会、结社、言论、出版、居住、信仰之自由权”；“实行普通选举制，废除以资产为标准之阶级选举”；凡为民国公民“不但有选举权，且兼有创制、复

---

① 《孙中山全集》（第1卷），中华书局1981年版，第298页。

② 夏新华、胡旭晟：《近代中国宪政历程：史料荟萃》，中国政法大学出版社2004年版，第557—558页。

③ 同上。

决、罢免诸权也”。实现民权的步骤是：先“确定县为自治单位。自治之县，其人民有直接选举及罢免官吏之权，有直接创制及复决法律之权”；关于“中央及地方之权限，采均权主义。凡事务有全民一致之性质者，划归中央；有因地制宜之性质者，划归地方；不偏于中央集权制或地方分权制”。并且规定：“民国之民权，唯民国之国民乃能享之，必不轻授此权于反对民国之人，使得借以破坏民国。详言之，则凡真正反对帝国主义之个人及团体，均得享有一切自由及权利，而凡卖国罔民以效忠于帝国主义及军阀者，无论其为团体或个人，皆不得享有此等自由及权利。”由此可知，孙中山的民权主义，不仅阐述了权力的归属和原则，而且探讨了民权的实现方式。

民生主义的主要内容，是平均地权和节制资本，孙中山在晚年又提出了“耕者有其田”的思想，主张通过立法的方式，解决土地和资本问题。《中国国民党第一次全国代表大会宣言》规定：“由国家规定土地法、土地使用法、土地征收法及地价税法。私人所有土地，由地主估价呈报政府，国家就价征税，并于必要时以报价收买之”，不许少数人控制土地权。在《耕者要有其田》的演说中，孙中山进一步主张“把全国的田地，都分到一般农民，让耕者有其田。耕者有了田，只对于国家纳税，另外便没有地主来收租钱，这是一种最公平的办法”①。关于节制资本，《宣言》规定：“凡本国人及外国人之企业，或有独占的性质，或规模过大为私人之力所不能办者，如银行、铁道、航路之属，由国家经营管理之，使私有资本制度不能操纵国计之民生。”同时，“还要发达国家资本”，即发展工业、矿产业和交通运输业，等等，“要赶快用国家的力量来振兴工业，用机器来生产，令全国的工人都有工作”②。这样，“由国家管理资本，发达资本”，就可以防止少数人垄断大资本，造成危害国计民生的局面。毛泽东对于孙中山的民权主义和民生主义给予了充分肯定，他指出：“‘近世各国所谓民权制度，往往为资产阶级所专有，适成为压迫平民之工具。若国民党之民权主义，则为一般平民所共有，非少数人所得而私也。’这是一九二四年在国共合作的国民党第一次全国代表大会宣言中的庄严声明”；“中国的经济，一定要走‘节制资本’和‘平均地权’的路，决不

① 《孙中山选集》（下卷），人民出版社1956年版，第867页。

② 同上书，第802页。

能是‘少数人所得而私’，决不能让少数资本家少数地主‘操纵国民生计’，决不能建立欧美式的资本主义社会，也决不能还是旧的半封建社会”。①

三、宪政制度设计

邹容在《革命军》中按照美国宪政模式，对未来中国政治制度做了粗略勾画，其大体结构是：设立中央政府负责全国事务，各省以投票方式公举总议员，由各省议员中公举二人为大总统和副总统；全国人民不分男女，均为公民，全国公民在法律上一律平等，皆有参政权；按照美国宪法和法律制度制定宪法和自治法律；参照美国官制设官分职，等等。② 在当时，多数革命派受法美革命及其共和国模式的影响，认为代议制是与共和制紧密相连的，但也有例外。1908 年章太炎在其所著的《代议然否论》中发表了与其他革命派不同的政见，他认为代议制不适合中国国情，而且流弊甚多。他参考国外经验，结合中国国情，设计了没有代议制的“四权分立”的共和制度。在共和国里，总统为行政首脑，执掌行政、国防和外交之权；立法权有“明习法律者，与通达历史周知民间利病之士”执掌，法律既定，自总统、官吏至平民百姓，任何人均不得更改或违反；司法机关独立，掌管官民一切狱讼之事，“虽总统有罪，得逮至罢黜”。为保障司法权对行政权的有效制约，司法长官与总统地位相同；除与全国义务教育有关的小学和军事院校之外，其他教育机构独立，长官地位也与总统平等；官吏升迁、更调、处分均有专门制度，总统不得以一己好恶自由处置；为保障对行政权的制约，国务官员对总统决定的事项实行副署制度；政府经费、税收等均须公布于国民或征得国民同意；国民有种种自由及权利。③

辛亥革命前后，章太炎对“四权分立”制度的设想又进行了补充，增加了一项纠察权，主张建立专门的监察机构——纠察院或督察院，提出用“骨鲠之人”负责纠察，委以重权，对于上至总统、下至平民百姓，

① 《毛泽东选集》（第 2 卷），人民出版社 1991 年版，第 676—679 页。

② 张枬、王忍之编：《辛亥革命前十年间时论选集》（第一卷下册），生活 · 读书 · 新知三联书店 1960 年版，第 675—676 页。

③ 徐宗勉：《近代中国对民主的追求》，安徽人民出版社 1996 年版，第 50 页。

均有弹劾权。表明章太炎对权力的特性比同时代其他人有更深入的了解，而且对于制约权力的制度设计，与当时西方资产阶级学者的认识及价值取向也大体一致，其所设计的没有代议制的共和制，以及司法机构和教育机构独立的设想，虽然缺乏理论上的论证，但其根本宗旨是实现人民主权，而关于建立监察机构的设想，更表明他已经认识到不受监督的权力必然腐败，这与孙中山设计“五权”分立的宪政制度的用心是一致的。

孙中山的宪政蓝图是“权能区分”和“五权宪法”。这一主张的提出，与其对三权分立和宪法的关系及中国政治进程的认识密切相关。孙中山曾认真研究过西方宪法和国家权力的配置及其二者的关系问题，1921年3月20日，他在《五权宪法》的演讲中指出：“所谓宪法者，就是将政权分几部分，各司其事而独立。”但“各国宪法只分三权，没有五权。五权宪法是兄弟所创”①。表明孙中山的宪法观是以分权为核心的，他的这一思想深受西方“没有分权就没有宪法”的政治观念的影响，体现了法国宪法和美国宪法的精神，但他又不满于三权分立制度。他说，宪法本创始于英国，英国自大革命以后，将皇帝的权力渐渐分开并成为一种政治习惯，好像三权分立一样。“其实英国人亦不自知其为三权分立，不过以其好自由之天性行其所适耳。”他指出，三权分立的发明者是法国学者孟德斯鸠，早在200年以前，他著了一本名为《法意》或称《万法精义》的书，主张立法、司法、行政三权分立。孟德斯鸠的三权分立学说，是根据英国的政治习惯和自己的思考创立的，“美国即根据孟氏底三权分立学说，用很严密地文字订立成文宪法”，“后来日本底维新及欧洲各国底革命，差不多皆以美国宪法订立宪法”。孙中山断定美国是三权分立的国家，而英国则不是。他批评英国的政治制度“是国会独裁，行议会政治”。但是，孙中山既然真诚地认为并声称美国“创立一种三权宪法，它条文非常严谨。即世人所称之‘成文宪法’”，它被普遍认为是世界最好的宪法，引起了世界各国的广泛效仿，那么，又为什么不坚持以“三权宪法”为蓝本来设计中国的宪政制度，而另外创立“五权宪法”呢？原因在于，他经过实地考察和研究之后，“觉得它那不完备的地方很多，而且流弊亦不少”，其选举资格的规定，就限制了人民的选举权利，有鉴于

① 《孙中山选集》（下卷），人民出版社1956年版，第572页。

此，才提出弥补它的缺陷。据孙中山回顾，从前在东京同盟会时，本以三民主义、五权宪法为党纲，预计在革命成功之后就可以实行五权宪法，“不想光复之后，大家并不留意及此，多数心理以为推翻满洲就算了事。所以民国虽然成立了十年，亦没有看见什么精彩，比前清更觉得腐败”[①]。这说明，推翻旧政权并不难，难的是建立一个真正属于人民、为人民谋取利益、人民可以掌控的政权，因此，他认为要建设一个真正的共和国，就必须有一部良好的宪法，以此为国家建设的基础，而五权宪法就是这样一部符合中国国情的好宪法。

但是，五权宪法虽好，在当时的中国还是不能马上实施。孙中山认为，由于国权丧失、国家分裂、人民政治知识匮乏和政治能力低下等原因，中华民国建设应该遵循三个阶段的程序依次进行：“一曰军政时期，二曰训政时期，三曰宪政时期”。在这三个不同的时期，革命党人和国民政府面临的政治任务不同，扮演的角色也有区别。在军政时期，一切制度均隶于军政之下，政府一方面用武力扫除国内的障碍，另一方面要宣传三民主义，开化全国人心，促进国家统一；在训政时期，政府选派经过训练考试合格人员分赴各县，协助人民筹备自治，训练人民学会如何选举县官以执行政务，如何选举议员以制定一县之法律，待具备此等能力后，即建成自治之县；一省全部之县达到完全自治，该省则为宪政开始时期，全国有过半数省份达到宪政开始时期，则召开国民大会，制定并颁布宪法，全国即进入宪政时期。[②] 把中国革命和建设程序分为三个时期的思考，既是由中国民主政治建设任务艰巨繁杂的现实所决定的，也表明孙中山等革命派对人民参政能力缺乏信心。这种国情及对国情的这种认识，是其形成权能分治的设想、提出五权宪法的根本原因。所以，在其宪政理论中，将权力分成政权和治权两个部分，两个部分必须分属于不同主体。“政是众人之事，集合众人之事的大力量，便叫做政权，政权可以说是民权。治是管理众人之事，集合管理众人之事的大力量，便叫做治权，治权就可以说是政府权。”[③] 他认为，要建立与现代世界发展潮流相适应的民主国家，就必须实行政权和治权的分离，由政权制约治权，政权包括选举权、罢免

① 《孙中山选集》（下卷），人民出版社 1956 年版，第 575—580 页。

② 《中华民国法规大全》（第 1 册），商务印书馆 1936 年版，第 14—15 页。

③ 《孙中山全集》（第 9 卷），中华书局 1986 年版，第 347 页。

权、创制权和复决权四项权力；治权包括行政权、立法权、司法权、考试权和监察权五项权力；政权属于人民，治权属于政府。“五权宪法如一部大机器，直接民权又是机器的制扣”。[①] 这样，人民有充分的政权管理官吏和立法，政府有充分的治权治理国家事务，既可以保障政权控制在人民手中，也可以保障对国家进行有效治理，把人民的权力和政府的能力结合起来，这对于保障人民当家作主就万无一失了。

毫无疑问，在中国资产阶级革命时期，孙中山对国家权力的配置及其相互关系的设计，不失为当时各种理论当中最为完整和民主性最强的政治方案。但是，孙中山关于“权能分治”的设想，既反映了他对于争取人民主权的执着，也反映了其在政治上的幼稚。在他设计的国家机器当中，把“权”和“能”分离开来，必然导致民权在事实上不能驾驭治权、发挥“制扣”的作用。因为政权是笼统的、抽象的，缺乏具体的运作机制作保障，人民只是形式上享有政权，而实际上无法掌控政权；治权则是实在的、具体的，不仅有具体的组织系统和运作机制，还有人员和财力作保障，因此可以实际操作。由于行政权力掌握在政府手中，对其缺乏行之有效的制约机制和必要的舆论监督力量，人民的政权必然落空，政府的治权则得以做实，并形成治权侵吞政权的局面。可见，孙中山设计的“权能分治”设想，并不能真正解决权力制约这一政治生活中的历史难题。

四、立宪实践

（一）《中华民国临时政府组织大纲》

武昌起义以后，各省纷纷宣布独立，成立军政府，颁布各种法律、法令、条例和章程。这些法律、法令对于建立革命秩序，恢复社会经济，推进革命事业，创建中华民国，发挥了积极作用。1911 年 11 月 30 日，各省代表在汉口英租界召集第一次会议，推湖南代表谭人凤为临时议长，议决在临时政府未成立之前，由湖北军政府代行中央军政府职权。12 月 2 日，各省代表推选江苏代表雷奋、马君武、湖北代表王正廷为《临时政府组织大纲》起草员，拟定《中华民国临时政府组织大纲草案》。12 月 3 日，各省都督府代表联合会议议决并通过《中华民国临时政府组织大

① 夏新华、胡旭晟：《近代中国宪政历程：史料荟萃》，中国政法大学出版社 2004 年版，第 588—590 页。

纲》，当即予以宣布。该大纲共4章21条，其特点是：（1）仿照美国宪法，基本采用总统制共和政体；（2）国家权力配置实行三权分立制；（3）采取一院制议会制度，参议院类似于西方国家的立法机关。

《临时政府组织大纲》公布以后，由于形势变化，先后对其进行了三次修改，最后一次修改为1912年1月2日，即日，各省代表会议决定：根据《临时政府组织大纲》第十六条规定，在参议院未成立之前，暂由各省都督府代表会组成代理参议会代行其职权，第三次修正案即为代理参议会会议通过。

《临时政府组织大纲》以法律形式废除了封建帝制，确立了资产阶级共和政体，为南京临时政府的成立提供了宪法依据。但由于受民主政治进程、资产阶级自身利益及其认识水平的制约及时间仓促等原因，这个大纲无论在形式上还是在内容上都存在很多缺陷，当时人们就已经对此提出了批评，如《民立报》批评说："此草案不适合者颇多，如人民权利义务毫无规定，行政官厅之分部则反载入，以制限其随时伸缩之便利。又如法律之提案权不明，大总统对于部长以下文官吏之任免权不具，皆其失处也。"① 现代学者从五个方面对其进行了批评：（1）大纲的起草过程及其内容缺乏民主精神，大纲草定者为各省都督代表，而非民意代表。（2）大总统产生于由各省都督的代表组成的参议院的选举，只受各省军人所拥戴，而非民意之所崇。（3）行政各部规定于有宪法性质的根本大法内，使其失去伸缩的余地。（4）只规定了参议会的议决以到会议员过半数的议决为准，而没有规定参加议会的议员达到全体议员的多大比例方可开会，此项缺失可能导致两三人即可开会决定内政、外交等重大事项，难免造成严重政治危害。（5）大纲未有修改程序的规定，为日后因人立法埋下了伏笔。② 这些批评都有道理，但有两点仍需说明：一是制定组织大纲的举措表明，革命派注意到了先定规矩、后做游戏，这是具有合理性的；二是以当时的条件和环境，要求民意代表参与大纲的制定，这是不现实的。

依照《临时政府组织大纲》规定，1911年12月29日各省代表在南京开会，选举孙中山为临时大总统。1912年元旦，孙中山宣誓就职，中

---

① 徐祥民等：《中国宪政史》，中国海洋大学出版社2002年版，第114页。

② 殷啸虎：《近代中国宪政史》，上海人民出版社1997年版，第126页。

华民国宣告成立。《临时大总统宣言书》和《告全国同胞书》提出南京临时政府的任务是："尽扫专制之流毒，确定共和，以达革命之宗旨"，确定以"民族之统一""领土之统一""军政之统一""内政之统一"和"财政之统一"为内政方针。临时政府为自己确定的任务和方针是中国近代反封建、争民主的时代主题的体现，是中国革命进程、政治现实和社会现实的深刻反映。

根据《临时政府组织大纲》以参议院为立法机关的规定，临时大总统孙中山于 1912 年 1 月 3 日致电各省请派出参议员组织参议院。1 月下旬，到达南京的参议员和代表总计 17 省 43 人，其中同盟会员 23 人，立宪派 18 人，其他 2 人。1 月 28 日，临时参议院成立，推举福建参议员林森为议长。旋即，临时参议院提出了国会组织法大纲和选举法大纲。组织法的主要内容是：（1）采取两院制，定名为元老院和代议院；（2）元老院采取地方代表主义，各地人数均等；（3）代议院采取人口比例主义；（4）两会同时开会、闭会；（5）国会开会以 4 个月为期，可以延长；（6）元老院议员任期每两年改选 1/3，代议院议员任期 4 年；（7）国会的职权以约法规定。①

（二）《中华民国临时约法》

孙中山任临时大总统之后，鉴于《临时政府组织大纲》的缺陷，尤其它仅为政府之规制而非为民国之规制，提出另定新法的主张。依据他的要求，南京临时政府草拟了一个《中华民国临时政府组织法》，呈报参议院批准。但临时参议院拒绝了该文本，理由是：立法权属于参议院，如立法"受命于政府，有损立法独立之尊严"；而且组织法的名称不能包括人权的内容，应由临时参议院制定一部名为"临时约法"的文本为宜。于是，临时参议院于 1912 年 2 月 7 日召集临时约法起草委员会，着手起草临时约法。起草过程中，恰遇发生袁世凯将要接任临时大总统，为限制其权力，革命党人决定对《临时政府组织大纲》实行彻底修改，如此便形成了与大纲所设计的总统制截然不同的制度安排。至 3 月 8 日，参议院连续召开审议《临时约法草案》的第一、第二、第三读会，全案通过《中华民国临时约法》，并咨请临时大总统予以公布。11 日，孙中山以临时大

---

① 李新主编：《中华民国史·第一卷（1894—1912）》（下册），中华书局 1982 年版，第 434—435 页。

总统名义，在《临时政府公报》第35号上公布了《中华民国临时约法》。

《中华民国临时约法》共7章56条。其主要内容包括：（1）确立了主权在民思想，规定：中华民国之主权，属于国民全体。（2）第一次以根本法的形式规定了国土疆域：中华民国领土，为22个行省，内外蒙古，西藏，青海。（3）在总纲之后的第二章规定了人民的权利和义务。权利计有：平等权，自由权（包括身体、家宅、财产、营业、言论、著作、刊行、集会、结社、书信秘密、居住迁徙、信教等），取得行政保护权，公平审判权，控告权，考试权，选举和被选举权等；义务计有：纳税，服兵役等。（4）根据三权分立原则，设立国家机构，包括：参议院（行使立法权），临时大总统、副总统、国务员（行使行政权），法院（行使司法权）。（5）规定了《临时约法》的宪法地位和修改程序。[①]

（三）宪法讨论会

1913年2月4日，国民党、统一党、共和党、民主党在北京成立了宪法讨论会，至4月1日，共举行了6次讨论。各政党代表在封建气息笼罩之下展开关于宪法问题的大讨论，提出了许多针锋相对的意见。[②] 这是发生在20世纪初期的一场争论，是“宪法”思想刚刚在中国传播了十几年之后发生的现象。它的起因是中华民国成立后仅颁布了临时约法，依临时约法规定，“本约法施行后，限十个月由临时大总统召集国会”，“中华民国之宪法，由国会制定”。而袁世凯窃取临时大总统之后，急于当正式大总统，也需要颁布一部正式宪法。在这种形势下，制定宪法成为各方面关注的焦点，各政党、政界要人及学界名流相继以不同方式参加宪法讨论，各种宪法草案陆续出台。在此，作者仅对国民党代表的一些宪法主张进行陈述。

首先，他们分析了各国宪法的优缺点，提出了中国的制宪方针。参加讨论的国民党代表认为，（1）宪法主义有形式与内容之分，“效力超绝群法，为宪法之形式”；“国家组织及作用之根本大原则，为宪法之实质”。英国的宪法效力与法律同等，“是为形式不备”；德国及美国各州宪法内容杂屑，其规定与国家组织及作用的根本原则无关，“是为实质有亏”。

---

① 魏新柏选编：《孙中山著作选编》（上），中华书局2011年版，第167—171页。

② 夏新华、胡旭晟：《近代中国宪政历程：史料荟萃》，中国政法大学出版社2004年版，第197—250页。

出现以上现象，一是“由于国情及历史之影响，一是起于宪法法理之未精”。国民党的宪法主张，既不能取法英国，也不应该效法德国及美国各州宪法，而应该“取形质具备主义”，即兼取英、德、美各州宪法的优点，克服各国宪法的不足，实现宪法的实质正义与形式完备的统一。(2) 在国家结构形式上，中华民国宪法如果规定各行省，并赋予其一定权限，是取联邦制宪法，中国不宜采取此种宪法制度，“其不可有二：联邦之事实发达未熟，不便强造，减民国团体之力，一也；联邦制束缚国权，不能圆满活动，与现实政治状态不适，二也。故取单一国主义”。即主张采取单一制国家结构形式。单一制和中央集权，实际上是革命派在国家结构形式和权力结构上的选择。其次，阐述了国民党关于保障人权的宪政立场。国民党代表认为，宪法首先应该规定国家权力行使的限度。“国家对于个人之权力，决非纵横无限，个人必应有回翔余地，为国权所不能至。此余地即所谓人权，亦即所谓自由。制限国权，保护自由，此宪法第一之本领也。”自有英国《权利法案》、美国各州权利典章、法国《人权宣言》以来，虽然各国宪法形式不同，有的只“明定人权之范围，立法部不得伸缩之。若立法部决议有侵害人权之范围者，得由司法部宣告其无效”；有的则“只宣明人权之种类，其范围之广狭，则委任立法部定之”。但“各国宪法大抵皆有人权、民权之规定”①。这表明，当时的国民党代表已经认识到，宪法的首要价值就是保护人权。而保护人权又必须为国家权力和个人自由（权利）分别设定活动空间，并且在宪法上明确规定：对于私领域，国权不得进入。对于立法机关涉及人权的立法，司法机关有权审查并依宪宣告其无效。同时，国民党代表继承了法律限制主义原则，主张对于宪法上所列举个人自由或国民权利，可依法律进行限制。再次，在国家机构设置及其功能上，要求实行分权主义原则。国民党代表认为，宪法应该规定行使国家权力的机关。“国权之行使，由数机关分司，不许一机关独占，此宪法第二之本领也。故立法、司法、行政三种之国权作用，不许一种独占，实为各国宪法所同。”但中国的政治传统、文化传统与欧美各国不同，应该采取“相对的三权分立主义”，反对“绝对不相通融”的三权独立，“取分立之精神，而参酌政治便利，与以相当之通融。

---

① 夏新华、胡旭晟：《近代中国宪政历程：史料荟萃》，中国政法大学出版社 2004 年版，第 230—231 页。

三种机关，虽各有专掌，而于不害本机关主动力之范围内，许他机关之参加。三种机关，固宜独立，而于不生隶属关系之范围内，许其互相监制"[①]。即采纳三权分立原则，使三权之间既互相制约，又互相合作。

国民党参加宪法讨论的代表基本上是具有西方文化背景的人士，他们关于限制政府权力、保障公民权利是宪法基本价值的言论，已经触及了立宪主义实质，而且他们对宪法问题的认识，与当时各立宪国的宪法观念也基本一致，与世界进步潮流是相适应的，表明此时中国政界和学界的许多人物，对立宪主义的理解已经达到了较高水平。虽然国民党代表的立宪主张，因辛亥革命失败未能得到实行，但此次宪法大讨论，不仅坚持了立宪主义原则，而且宣传了宪法知识，加深了人们对宪法和宪政的了解，对于促进中国宪政进程具有积极意义。

（四）简评《中华民国临时约法》

《临时约法》是中国近代宪政史上一部具有重要历史地位和进步意义的宪法性文件。毛泽东曾赞扬"它带有革命性、民主性"。[②] 刘少奇则说："这个临时约法具有资产阶级共和国宪法的性质，是有进步意义的"；"以孙中山为首的革命派，坚决主张经过革命来实现他们所期望的民主宪政，也就是资产阶级性质的民主宪政。就当时的历史条件来说，他们这样做是正确的，他们代表了广大人民群众的要求"。"辛亥革命使民主共和国的观念从此深入人心，使人们公认，任何违反这个观念的言论和行动都是非法的。"[③] 具体而言，《临时约法》的进步意义表现为以下几点。

1. 在中国历史上第一次以国家根本法的形式，确认了"人民主权"原则及人民的自由和权利，否定了"主权在君"的传统观念和君主对国家权力的垄断。

2. 确定了国家权力的分立制度，否定了在中国延续几千年的封建集权的专制统治，反映了中国政治发展的历史趋势。

3. 以立宪的方式向世人宣告了中国由传统政治向现代政治的转型，它预示着中国依宪治国的时代迟早会来临。

---

① 夏新华、胡旭晟：《近代中国宪政历程：史料荟萃》，中国政法大学出版社 2004 年版，第 230—231 页。

② 《毛泽东文集》（第 6 卷），人民出版社 1999 年版，第 325—326 页。

③ 《刘少奇选集》（下卷），人民出版社 1985 年版，第 135 页。

孙中山是近代中国最早、最系统地探讨政府形式和民主宪政的人。他在立宪主义价值的选择上，真实地把实现民权和民生幸福作为革命派追求的目标，使其所领导的资产阶级民主革命真正具有了近代性质，并使中国政治进程融入了世界民主政治发展潮流之中。如果从人权发展潮流而论，17—18 世纪是西方资产阶级争取人权的时代，那么，19 世纪中期以后，伴随着社会主义运动的兴起和马克思主义的传播，世界已经步入了人民争取人权的时代。在这种国际背景下发生的中国革命，不管其性质与命运如何，却以中华民族特有的语言形式折射出了“宪政与人权的曙光”，这就是近代中国——一个旧的政治势力虽然仍在顽抗，但终究会失败；一种新的进步政治势力虽然幼稚，但终究会发展壮大，并最终取得胜利的近代中国。如果再回过头来，看一看民国成立之初国民党的立宪主张和实践，或许对于帮助今天的人们深入理解近代以来中国政治变革的发展规律和价值取向会有所裨益，而且我们也应该理性地看待近代史上发生的政治变革，不能否认资产阶级革命派的制宪活动和《临时约法》在历史上的积极意义。当然，由于受到主客观条件的限制，《临时约法》也存在致命的缺陷。

1. 就其文本缺陷而言，至少在以下三个方面无法保障宪法的有效实施。

（1）《临时约法》虽然确立了代议制度，但并未对民众的政治参与途径做出具体规定，致使以选举权为核心的公民政治权利流于形式而不能实际操作。正如现代学者所批评的那样：“代议制不是现实形成的而是由约法建立的，人民的权利和自由不是拥有的，而是宣示的，它是由一批先进的革命党人从法国和美国的宪法及宪法性文件摘抄下来传达给中国民众的，而不是在中国社会的实际进程中中国民众自己已实际拥有的自由权利的一种明证和标志。”①《临时约法》虽然赋予人民广泛的法律上的权利和自由，但客观上人民却不具备实际享有这些权利的条件，因为国家没有为这些权利设计具体的实施渠道和法律保障机制。

（2）《临时约法》“虽有责任内阁之精神，而实未备责任内阁制之体用”。② 与《临时政府组织大纲》相比，《临时约法》扩大了参议院的权

① 王人博：《宪政文化与近代中国》，法律出版社 1997 年版，第 296—297 页。

② 陈茹玄：《中国宪法史》，文海出版社 1985 年版，第 32 页。

力，变总统制为责任内阁制，却没有在参议院和内阁之间建立起监督制约机制，致使立法权和行政权之间的制约、平衡、合作的精神无法得以体现。

(3)《临时约法》虽在“附则”中规定了自身的严格修改程序，却没有设置专门的约法实施机构。这样一来，幻想在军阀混战、投机钻营、弱肉强食、争权夺利的时代，依靠各式各样的官僚、政客、军阀及投机者的良心和政治操守来保障约法的实施，其结果就不言自明了。

2. 就其历史根源和现实社会的局限而言，中国近代的社会条件、人文环境、国民素质也与实施宪法的要求相距很远。

(1) 中国缺乏实施宪法的客观条件。历史和现实是我们了解、评价一切政治事务和社会事物的基础和依据。从一般经验来看，宪政的实施离不开民主和法治。宪政理念及其最高价值不外乎限制政府权力、保障公民权利，而作为政府与公民之间订立的契约——宪法是实现宪政价值的桥梁和根本保障。宪法所确定的民主原则，往往是对民主传统和民主事实的确认，一个缺乏民主传统和民主观念的国度，首要任务是宣传民主、争取民主、创造民主实现条件，在民主观念深入人心、民主事实确立以后，才能颁布宪法、实施宪政。否则，就会造成有宪法之名，而无宪政之实。犹如毛泽东所说：“世界上历来的宪政，不论是英国、法国、美国，或者是苏联，都是在革命成功有了民主事实之后，颁布一个根本大法，去承认它，这就是宪法。中国则不然。中国是革命尚未成功……尚无民主政治的事实。”[①] 中国的政治传统和社会现实是君权观念、“官本位”意识极度发达，权力崇拜现象十分严重，在金字塔型的社会政治结构中，统治阶层居高临下，藐视社会下层，弄权成风，无以遏制，与民众的自卑、惧官、恐讼、保守、趋利避害等心理交相作用，致使官权日益发达，民权萎靡不振。在此情势之下，必然导致民主意识不彰，民主事实不立，不可能产生宪政意义上的宪法。

(2) 宪法所确定的法治原则，同样离不开人民的民主意识、法律意识的确立和现实的民主力量的推动，而中国社会和中国公民所缺少的恰恰是法治精神和法律意识。中国政治发展史自始渗透着浓郁的“人治”气

---

① 《毛泽东选集》(第2卷)，人民出版社1991年版，第735页。

息，所谓“人存政兴，人亡政息”，所要求的是“明君”“贤臣”的人治，是对人君的依赖，皇帝乃天之骄子，口含天宪，以君兼师；当政者以道德高尚、才智过人相标榜，以吏兼师，从而为人治的实施披上了上合天理、下合人意的神圣外衣。“朕即国家”“朕即法律”、权大于法的观念及其长期运作，自然形成对最高统治者、最高权力无法约束的局面。中国政治传统中不存在法治习惯、不存在依法律制约权力的运作机制，对最高权力的约束只能来自最高统治者的道德或良心，对最高统治者的失误，只能依靠儒家所创造的“上天”的惩罚。而且《临时约法》的制定，恰逢袁世凯接任大总统已成定局之际，由《临时政府组织大纲》所确定的集国家元首权力与政府首脑权力于一身的总统制，改为议会拥有控制权和内阁对总统拥有制约权的责任内阁制，目的虽为防范袁世凯专权，但也在中国历史上开了因人立法、因人废法的先河。而这一举动的天真之处在于，企图用一张文书来约束集一切政治恶习和权力于一身的袁世凯的手脚，岂不知革命党人能采用的手段，袁世凯同样能够如法炮制，而且走得更远。在这种大的政治背景和社会环境下，《临时约法》的命运也就可想而知了。中国宪政史上的这一幕奇观，恰好揭示了中国传统社会的法治观念是何等的淡薄、法律的力量是何等的脆弱、法治进程是何等的艰难。

第二节 人权派的诉求与抗争

人权派[①]是20世纪20年代末30年代初期活跃在中国政治舞台上的一个资产阶级政治派别，主要成员由胡适、罗隆基等人为代表的有着海外留学背景和自由主义倾向的知识分子构成。他们不满国民党的统治现状，以人权为旗帜，以《新月》杂志和新月书店为阵地，提出了有别于国共两党的一系列政治主张，发起了一场人权抗争运动。人权派兴起的深层次原因在于：南京国民政府成立后，随着民族资本主义经济的发展，民族资产阶级要求取得相应的政治上的权益；蒋介石的独裁统治造成的社会矛盾激化。[②] 直接起因则是国民党政府发布的《保障人权命令》。

---

① 又称“新月人权派”。

② 详见赵玉霞、蒋平华《论中国20世纪二三十年代的人权派》，《文史哲》1998年第2期。

一、揭露与抗争

1929年4月20日，国民党政府颁布了《保障人权命令》，宣称："世界各国人权，均受法律之保障。当此训政开始，法治基础亟宜确立。凡在中华民国法权管辖之内，无论个人或团体均不得以非法行为侵害他人身体自由及财产。违者即依法严行惩办不贷。着行政司法各院通饬一体遵照。"①

《保障人权命令》发布的第二天，胡适即在日记中全文收录了该命令，并在日记中写道："这道命令奇怪之至！（一）'身体自由'怎讲？是'身体'与'自由'呢，还是'身体之自由'呢？（二）此令但禁止'个人或团体'非法侵害人权，并不曾说政府或党部也应尊重人权。"② 4月26日，他又在日记中写道："马君武先生谈政治，认为此时应有一个大运动起来，明白否认一党专政，取消现有的党的组织，以宪法为号召，恢复民国初年的局面。"③ 这就是人权运动发起的背景。5月6日，胡适写了《人权与约法》一文，送《新月》发表，④ 正式打响了揭露和抗争国民党政府反人权的第一枪。

《人权与约法》这篇文章主要包括三点内容：（1）引述《保障人权命令》并指出其虚伪、骗人之处。胡适认为该命令至少有三方面的问题，即规定不详尽、过于粗疏；只说个人或团体侵犯人权而绝口不提政府或党部，而实际上人民感受最深的，或者说对人权侵害最为严重的恰恰是政府；政府与党部可以凌驾于法律之上，人民的人权缺少应有的保障。（2）由批判该命令说开去，具体引证三个实例说明："现在中国的政治行为根本上从没有法律规定的权限，人民的权利自由也从没有法律规定的保障。在这种状态之下，说什么保障人权！说什么确立法治基础！"⑤ 第一个例子，也是胡适自己的经历：1929年3月，国民党第三次全国代表大会做出了"确定总理主要遗教为训政时期中华民国最高根本法案"的决

---

① 《胡适全集》（第31卷），安徽教育出版社2003年版，第363—364页。

② 同上书，第364页。

③ 同上书，第370页。

④ 同上书，第371页。

⑤ 胡适：《人权与约法》，《新月》1929年第2卷第2号。

议。然而，国民党上海特别市代表陈德征，却在这次会议上提出了一项“严厉处置反革命分子案”，其动议大概为：现在对于“包括共产党、国家主义者、第三党及一切反对三民主义之分子”等所谓“反革命分子”的定性处置，法律程序过于烦琐，以至于法院受证据束缚，宽纵了许多反革命分子，建议“凡经省及特别市党部书面证明为反革命分子者，法院或其他法定之受理机关应以反革命罪处分之，如不服，得上诉，惟上级法院或其他上级法定之受理机关，如得中央党部之书面证明，即当驳斥之”。[①] 对于这种以党代法，“只凭党部的一纸证明，便须定罪处刑”的动议，胡适极为愤怒，立即给南京政府司法院院长王宠惠写信加以讥评：“其实陈君之议尚嫌不彻底。审判既不须经过法庭，处罚又何必劳动法庭？不如拘捕，审问，定罪，处刑，与执行，皆归党部”，“完全无须法律，无须政府，岂不更直截了当吗？”[②] 同时，他还将此信寄给国闻通信社，但因遭到新闻检查官扣押而未能发表。[③] 遭胡适讥评的陈德征反在《国民日报·星期评论》上发表文章，指斥胡适“有成见”“食古不化”“不懂得党”“不懂得主义”“不懂得法律”。在他眼中，“违反总理遗教，便是违反法律”，并嘲弄胡适对他的讥评为“胡博士的胡说”。甚至大方狂言：“乱道的，是革命的罪人，是主义的蟊贼；真是人人得而诛之的！”[④] 除此之外，胡适还举了安徽一学长顶撞蒋介石而遭拘禁，家人只能“托关系求情而不能到法院控告”的例子和因唐山两益成商号经理杨润普遭诬陷殴打而引发罢市的例子。[⑤]（3）提出了人权派的三点要求，即制定宪法（起码是约法）、确立法治基础、保障人权。

随后，罗隆基、梁实秋、王造时等有“共同理想”的大学教授，纷纷发表文章，揭露和批判国民党独裁专政、倒行逆施、侵犯人权的罪恶行为，深入阐发人权理论、法治理论、宪政理论，从而在中国近代史上发动了一场绝无仅有的人权运动。为了促进这场人权运动的深入发展，1930年1月，新月书店将《新月》杂志上发表的有关揭露国民党践踏人权、

---

① 《胡适全集》（第31卷），安徽教育出版社2003年版，第342—343页。

② 同上书，第343—344页。

③ 同上书，第344页。

④ 胡适以剪报的形式把陈德征的文章贴在日记本里。在眉批中，胡适注明“《国民日报·星期评论》二卷46期”。《胡适全集》（第31卷），安徽教育出版社2003年版，第346—347页。

⑤ 胡适：《人权与约法》，《新月》1929年第2卷第2号。

宣扬保障人权的言论，编辑成《人权论集》[①] 出版，这也是近代资产阶级在争取人权的抗争中，首次系统地阐述他们的人权观。

二、人权观念

继胡适在《新月》上发表《人权与约法》之后，罗隆基发表了《论人权》一文。该文共包括六个部分，即引言、人权的意义、人权与国家、人权与法律、人权的时间性、空间性以及我们要的人权是什么。这篇文章较为系统、深入地阐发了人权理论和人权运动的主张，是人权运动中一篇最具代表性的文章。在引言中，他开门见山地指出："人权破产，是中国目前不可掩盖的事实。国民政府四月二十日保障人权的命令，是承认中国人民人权已经破产的铁证。"在阐述人权的意义时，他立足于西方的功利主义理论，试图从规范意义上解释人权概念，指出："人权，简单说，是一些做人的权。""人权是人的生命上那些必须的条件，是衣、食、住的取得权及身体安全的保障。"但人权的范围绝不止于此，维持生命绝不是做人的唯一目的。人权还包括发展人民的个性和培养人格，使"个人'成我至善之我'"，除此之外，他还关注到个人和群体的关系，认为人权还须加上"达到人群最大多数的最大幸福的目的的条件"。在做了一番阐述和分析之后，他对人权进行了如下定义："人权是做人的那些必须的条件。人权是衣、食、住的权利，是身体安全的保障，是个人'成我至善之我'，享受个人生命上的幸福，因而达到人群完成人群可能的至善，达到最大多数享受最大幸福的目的上的必须的条件。"在文章的最后一部分，即第六部分，罗隆基还开列了一份长达 35 条的人权清单。[②] 这是近代资产阶级学者首次以罗列的方式阐述人权范畴。在另一篇文章里，他还对人权和民权做了区分，这种区分类似于西方的人权和法定权利之分。人权（rights of man）是人之所以为人的权利，其主体为自然人；民权（right of citizen[③]）是法定权利，是在政治国家（political state）里做国民的权利，其主体为国民。民权在当时主要指选举权、罢免权、创制权和复

---

① 该书已由中国长安出版社于 2013 年再版。其中收录了胡适、罗隆基和梁实秋的文章和当时反驳胡适的主要文章及胡适的相关书信。

② 罗隆基：《论人权》，《新月》1929 年第 2 卷第 5 号。

③ 原文中写作：citiger。后面的 political，原文写作：politscal。

决权等政治权利，而平等、自由这些做人的必要条件则不在民权范畴之内。基于这种认识，罗隆基提出，我们既“要做民，更要做人；要民权，更要人权”。①

人权派最重视的人权莫过于思想和言论自由，这是与当时国民党实行独裁统治、恣意践踏人权具有紧密关系。当时正是国民党的训政体制刚刚确立，通过了“确定总理主要遗教为训政时期中华民国最高根本法案”，国民党“一个主义，一个政党，一个领袖”的言论甚嚣尘上之时。对于深谙西方自由主义、将自由视为生命的人权派来说，这简直是无法忍受的。西方的自由主义理论以理性人为假设，以个人主义为核心，强调社会（政府）对于个人选择自己生存方式的宽容和尊重，主张思想多元。人权派以个人是否享有自由为衡量政治善恶的价值尺度，认为国民党对于党员的军事化统治和对于国民的党化教育，是在制造新的“圣人”和“大一统”的政治局面，而这必将再次窒息封建帝制和北洋军阀政府结束以来中华民族的生机和国民的思想。胡适说，我们要“讨论国民党中央的反动思想”，“讨论孙中山的知难行易说”，“希望国民党的反省”，“因为我们所要建立的是批评国民党的自由和批评孙中山的自由。上帝我们尚且可以批评，何况国民党与孙中山？”② 他认为，“政府对于知识分子的唯一责任是提供钱、和平和他们自己思想的自由”。③ 取消思想自由和讨论自由，便是阻塞了人们探寻真理的必由之路。

人权派认为，“各人有各人的遗传环境教育，所以没有两个人的思想是相同的”。“一个有思想的人，是有理智力判断力的人，他的思想是根据他的学识经验而来的。”“思想只对自己的理智负责，换言之，就是只对真理负责。”“别种自由可以被恶势力所剥夺净尽，惟有思想自由是永远光芒万丈的。”④ 用罗隆基的话说，言论自由是个人达到“至善之我”的途径，是个人贡献社会的途径，尽到个人对社会的责任；取缔言论自由便是取缔人的思想，便是扼杀个人的个性和人格，便是屠杀个人和人群的

---

① 罗隆基：《人权，不能留在约法里？》，《新月》1932 年第 3 卷第 7 期。

② 胡适：《〈人权论集〉序》，《胡适全集》（第 4 卷），安徽教育出版社 2003 年版，第 652 页。

③ ［美］格里德：《胡适与中国的文艺复兴——中国革命中的自由主义（1917—1937）》，鲁奇译，江苏人民出版社 2010 年版，第 250、246 页。

④ 梁实秋：《论思想统一》，《人权论集》，新月书店 1930 年版，第 76 页。

生命。[1] 人权派对思想言论自由的重视，既是在中国特定场景下出于对人权价值的体认，也是出于对国民党为实现思想统一而进行党化教育的反感。他们对国民党实行以“三民主义”为核心的“党化”教育及其社会危害进行了深刻揭露。首先，指出片面强调思想上的一元化，遏制人的思想自由，只会造就思想上的僵化，压抑人的创造性，培养实践中的顺从者和应声虫。其次，指出这种党化教育的出发点，是为了钳制人们的思想，巩固一党专制和个人独裁统治，结果必然牺牲多数人民的幸福。再次，认为利用国家舆论机器推行党化教育，必然形成支配社会舆论的力量，形成对人民的精神控制。国民党当政后发起的旨在控制人们思想的党化教育，对于思想繁荣和社会发展是极其有害的。所以，人权派发出了“解放思想，重自由不重统一”[2] 的呼号。

人权派主张思想和言论自由，反对思想统一，根本点或落脚点在于追究人权破产的渊源。针对孙中山提出“知难行易说”的动机，他们指出，孙中山宣扬“知难行易说”的用意是使其追随者“信仰先觉，服从领袖，奉行不悖”，[3] 他已经创立了三民主义、五权宪法、建国方略等救国和治国理论，大家就不必再去求知了，只要照着做就行了。国民党实行训政，把孙中山的学说变成招牌，无非是要求国民服从其以执行孙中山学说为名，实则实行一党专制的统治罢了。回想起新文化运动，胡适若有所思地说：“新文化运动的一件大事业就是思想的解放。我们当日批评孔孟，弹劾程朱，反对礼教，否认上帝，为的是要打倒一尊的门户，解放中国的思想，提倡怀疑的态度和批评的精神而已。但共产党和国民党协作的结果，造成了一个绝对专制的局面，思想言论完全失了自由。上帝可以否认，而孙中山不许批评。礼拜可以不做，而总理遗嘱不可不读，纪念周不可不做。”“现在国民党所以大失人心，一半固然是因为政治上的设施不能满［足］人民的期望。一半却是因为思想的僵化不能吸引前进的思想界的同情。前进的思想界的同情完全失掉之日，便是国民党油干灯草尽之时。”“在思想言论自由的一点上，我们不能不说国民政府所代表的国民党是反

① 罗隆基：《论人权》，《新月》1929 年第 2 卷第 5 号。

② 罗隆基：《论中国的共产——为共产问题忠告国民党》，《新月》1932 年第 3 卷第 10 期。

③ 胡适：《知难，行亦不易——孙中山先生的“知难行易说”述评》，《新月》1929 年第 2 卷第 4 号。另见《胡适全集》（第 21 卷），安徽教育出版社 2003 年版，第 402 页。

动的。”[1] 罗隆基也说：“绝对的言论自由，固然是危险，实际上压迫言论自由的危险，比言论自由的危险更危险”。[2] 这些言论表明，人权派的人权观是以自由为核心价值的，其中最重要的是思想言论自由。

三、国家功用

在人权与国家的关系上，人权派主张人权至上，反对国权至上，尤其反对以国家利益为名，剥夺或践踏人权。特别强调：“国家的功用，就在保障人权。”[3] 他们不认同国民党“以党建国”的“党国论”，而是从工具主义出发，认为国家“是全体国民互相裁制彼此合作以达到某种共同目的的工具”，所谓共同的目的，就是“求全体国民的共同幸福”。国家对于国民而言，应该负起营造实现其权利所需要的“和平、安宁、秩序、公道的环境”。[4] 如果国家失去了保障人权的功用，其价值也就不存在了，而一国国民对于不能保障人权的政府，是没有服从义务的。国家失去功用的理由是什么？“最大的是国家为某私人或某家庭或某部分人集合的团体所占据”，成为他们“蹂躏大多数国民人权的工具”，[5] 国家一旦蜕变成私产，人民就可行使“反抗权”。所以人权是“先国家存在之权”，而不是有了国家才有人权，国家的目的在于保障国民的权利。他们以宗教信仰为例，指出：“国家不能给人民宗教自由，国家只承认人民的宗教自由；法律不能给人民的宗教自由，法律只承认人民的宗教自由。”[6]

人权派十分清楚，人权和民主政治之间具有密不可分的联系，人权的实现有赖于民主政治的实行，只有推行民主政治的政体，才能真正保障人权。在国民党宣布“训政时期”开始之际，人权派就意识到，实行训政事对政治的本然关系的颠倒，必然导致“党权高于一切”和“一党独裁”，造成所有国民变成被动接受训练的对象，而永远不可能成为真正的国家主人。因为少数人主持的“训政”，排除了多数国民参政的机会，国

① 胡适：《新文化运动与国民党》，《新月》1929年第2卷第6—7号。另见《胡适全集》（第21卷），安徽教育出版社2003年版，第439页。

② 罗隆基：《告压迫言论自由者——研究党义的心得》，《新月》1929年第2卷第6—7号。

③ 罗隆基：《论人权》，《新月》1929年第2卷第5号。

④ 罗隆基：《我们要什么样的政治制度》，《新月》1929年第2卷第12号。

⑤ 罗隆基：《论人权》，《新月》1929年第2卷第5号。

⑥ 罗隆基：《“人权”释疑》，《新月》1932年第3卷第10期。

民政治能力的提高不是依靠别人的训练，而是依靠实际的政治参与。在人类历史上，任何时期人们参与政治的机会，都不是其他人赋予的，国民只有亲身参与政治，才能提高自己的政治能力。正是基于这种认识，胡适等人权派提出了实行民治制度的主张。在他们看来，只有这种制度才能使多数平民有参政机会，只有实际参政才能使国民受到真正锻炼。

罗隆基从主权在民的原则出发，特别强调民治主义是实现国家功用的途径，而民治主义就是建立“人人有份的政治”。这种政治因为人人参与其中，使每个人能够通过亲身参与政权，自己保护自己的权利，从而促使国家实现保障最大多数人最大利益的功用。民治主义实质上就是资产阶级民主，它与自治具有紧密联系，是通过民选议会和民定宪法实现选民权利的一种制度安排。但在实际政治生活中，人民的权利经常受到独裁政治的危害。为了消除独裁制度，他主张以民治主义塑造政治国家，认为保障国民权利安全的程度，应以民治的程度为尺度，国民自己保障自己权利的程度越高，国家的功用发挥得就越充分。在独裁制国家，国家功用的发挥是不确定的，因为不管一人、一党或一阶级的独裁，只有在他们的个体权利与多数国民的权利相一致的时候，独裁者才会顾及多数国民的权利，但独裁者与被其统治的多数国民之间，在权利上经常处于矛盾状态，国家功用很难得到实现。从国家培养和发展人格的功用来看，独裁制度存在的前提，是所有国民失去思想自由，如果其治下的国民一直保持奴性和依赖性，对于独裁者而言，更是乐此不疲的，也是其致力于形成的情景，所以，没有任何独裁者是不搞思想统一运动的。然而，对于一个国家和民族来说，永久不会进行独立思考的顺民和愚民是不存在的。由于人民对独裁制度的忍受程度不是无限的，才在世界历史上出现了循环革命的国家和社会。而这种国家和社会正是源于独裁制度，独裁制度是构成一个国家最大多数人最大幸福所需要的和平、正义、秩序及环境的现实威胁和最大的制度性障碍。那么，如何才能克服独裁制度与国家目的的冲突呢？罗隆基开出的药方是实行平民政治，即“在平民政治的原则上”[①] 设计政治制度。

但是，如何建立平民政治？平民政治是否需要经过训政？人权派认为，平民政治不是高深复杂的学问，用不着由所谓的“先知先觉”来训

---

① 罗隆基：《我们要什么样的政治制度》，《新月》1929年第2卷第12号。

练。因为，“民治制度的本身便是一种教育。人民初参政的时期，错误总不能免的，但我们不可因人民程度不够便不许他们参政。人民参政并不须多大的专门知识，他们需要的是参政的经验。民治主义的根本观念是承认普通民众的常识是根本可信任的……民治制度本身便是最好的政治训练”。其实就是在参与实践中学习政治，而“宪政之治正是惟一的‘入塾读书’”①。人权派如此强调平民政治，反对国民党训政，主要基于训政与国家功用的背离，而且人类对于政治知识，完全可以在经验中去获得，用训政作为向平民制度过渡的方法，根本是行不通的。所以，他们对孙中山“权能分治”的主张也进行了分析和批评，指出将选举、罢免、创制、复决四项政权交予人民手中，虽然在形式上体现了主权在民原则，但由于治权掌握在国民党政府手中，政权与治权相分离，政权是理论上的，没有相应的组织机构、政治制度和法律程序作保障，人民不可能真正享有和行使政权；治权是实际上的，有相应的组织机构、政治制度和法律程序作保障，政府不仅可以行使治权，还可以利用治权控制政权。所以，“权能分治”理论在逻辑上具有内在冲突，它的实际应用，为一党独裁制度的形成提供了便利，也使人民实际处于无权境地。而且一党独裁只能体现一党的价值观，不可能代表所有人民和其他政治团体的价值观，甚至排除异己的价值体系，这就很容易形成价值一元的局面，造成民族精神的动力源泉枯竭。因此，人权派结合当时中国政治危机和民族危机的现实，提出必须取消一党专制，否则，人民会因为没有机会了解国事，无法热心于国事，而被排除在有组织的积极救亡的民族斗争之外。所以，为了保障人民的权利和国家强盛，“非取消党治不可”。②

四、法治价值

在人权与法律、法治的关系上，人权派认为，“法律是为保障人权产生的”，人权是法律之源，保障人权是法律的功用。“争人权的人，主张法治”。“争法治的人，先争宪法。”法律分为两种，一为宪法，二为宪法之外的普通法。宪法是人民统治政府的法，普通法是政府统治人民的法。

① 胡适：《我们什么时候才可有宪法？——对于〈建国大纲〉的疑问》，《新月》1929年第2卷第4号。

② 罗隆基：《告日本的国民和中国的当局》，《新月》1932年第3卷第12期。

“法治的真义是全国之中，没有任何个人或任何团体处于超法律的地位。要达到政府统治人民，人民统治政府的地位，非有宪法不可。”[①]“我们须要明白，宪法的大功用不但在于规定人民的权利，更重要的是规定政府各机关的权限，使他们不得侵犯人民的权利。”人权派反对国民党训政，但他们认为假如有训政的必要，也必须制定一部具有宪法效力的约法，人民和政府应共同接受约法的训导。作为宪法关系主体的双方，对人民和政府实行训练的目的是不同的，“人民需要的训练是宪法之下的公民生活。政府与党部诸公需要的训练是宪法之下的法治生活”。胡适还认为，如果“没有宪法或约法，则训政只是专制，决不能训练人民走上民主的路”。[②]鉴于国民党实行一党专制的政治现实，他特别强调：“不但政府的权限要受约法的制裁，党的权限也要受约法的制裁。如果党不受约法的制裁，那就是一国之中仍有特殊阶级超出法律的制裁之外，那还成‘法治’吗？”[③]

针对国民党三全大关于训政时期以孙中山遗教为中华民国根本法的决议，人权派指出，该项决议既与法理相矛盾，也与孙中山本人的思想不一致，因为实际的宪法只能产生于国民大会，是人民意志的体现，而任何个人的思想或学说，不管其有多高的理论价值和实际价值，都不可称作宪法，而且孙中山本人也“相信只有国民大会才可以制定宪法”。[④] 1931 年 5 月，南京政府迫于社会压力，召开了国民大会，并制定了《中华民国训政时期约法》，于 6 月 1 日公布。但是，这部约法的核心内容与人权派所追求的价值目标存在巨大差异。《约法》规定：“训政时期由中国国民党全国代表大会代表国民大会行使中央统治权”，《约法》的解释权“由中国国民党中央执行委员会行使之”，“选举、罢免、创制、复决四种政权之行使由国民政府训导之”。[⑤]

对于这部《约法》，罗隆基表示“绝对不满意”。原因在于：《约法》没有规定“规定国民有直接行使主权的具体方法”，而宪法或约法最重要的功用莫过于此，没有这样的规定，宪法不过是一纸虚文，不过是骗人的

---

① 罗隆基：《论人权》，《新月》1929 年第 2 卷第 5 号。

② 胡适：《我们什么时候才可有宪法？——对于〈建国大纲〉的疑问》，《新月》1929 年第 2 卷第 4 号。

③ 胡适：《〈人权与约法〉的讨论》，《新月》1929 年第 2 卷第 4 号。

④ 罗隆基：《我们要什么样的政治制度》，《新月》1929 年第 2 卷第 12 号。

⑤ 张晋藩：《中国宪法史》，人民出版社 2011 年版，第 463—470 页。

把戏。从整部《约法》来看，与其说是“主权在民”，不如说是“主权在党”更为妥帖。“约法次要的功用，是规定人民的权利与义务”，由于《约法》关于人民权利的规定存在严重缺陷，并采用法律限制主义，国民党中央执行委员会又是法律的唯一解释权主体，所谓人民权利与自由也就变得毫无保障。“左手与之，右手取之，这是戏法，这是掩眼法，这是国民党脚快手灵的幻术。”“约法第三个功用是规定政府的组织及其职权的范围”。在这一点上，罗隆基说他的不满“较前几端为尤甚”。他从有人评说《约法》的特色切入，认定《约法》“详于政府的工作，而略于政府的组织”是其一大缺点，是不应详而详、不应略而略。他分析了《约法》关于政府组织的规定，认为这些规定使得五权分立制衡无从实现，而只会造就两种结果，“成一个独夫专制的政府，或成一个多头专制的政府”。人权派认为，《训政时期约法》虽属恶法，但总比无法好些。他们要求国民政府能够带头培养国民守法精神，尤其希望“党国的领袖们，做个守法的榜样！国民党的党员，做个守法的榜样！”[①] 否则，以防范政府为手段、保障人权为目的的宪政，将永无建成之日。

在人权与法治的关系上，人权派特别强调宪法和法治对人权的保障功能及人权的行使对宪法实施的价值，有力地把握住了立宪主义的本质，“宪政论无甚玄秘，只是政治必须依据法律，和政府对于人民应负责任”。[②] 对于宪政实施的条件，他们也提出了有价值的见解，如认为只有一国人民具备了宪法意识，能够自觉维护宪法，才有可能实行宪政。而对宪法与宪政的关系，人权派不赞同孙中山提出的“宪法颁布之日，即为宪政告成之时”的观点，认为“这是绝大的错误。宪法颁布之日只是宪政的起点，岂可算作宪政的告成?”宪法只是宪政的一种工具，有了宪法，还需要政府和人民都遵行宪法，需要人民和舆论“时时出力护持”，“偶一松懈，便让有力者负之而走了。故宪法可成于一旦，而宪政永无‘告成’之时”。[③] 从人权派的言论可以看出，宪政是一个动态过程，只反映民主政治发展的程度，而没有固化的完美的宪政形态，而且宪政精神的

---

① 罗隆基：《对训政时期约法的批评》，《新月》1932 年第 3 卷第 8 期。另可参阅胡适《制宪不如守法》，《独立评论》1933 年第 50 期。

② 胡适：《宪政问题》，《独立评论》1932 年第 1 期。

③ 胡适：《〈人权与约法〉的讨论》，《新月》1929 年第 2 卷第 4 号。

贯彻，必须在以宪法为统领的法治之下进行。法治的首要特征是政府必须带头守法、用法，人民必须学会依法维护自己权利，并自觉履行法律义务，将政府的“法治生活”和人民的“公民生活”有机结合起来，那才是法治社会、宪政国家。

五、人权运动的终结与评价

人权派在《新月》杂志上接连发表揭露国民党统治下人权无保障的文章，引起国民党当局的强烈不满和恐慌，胡适因为《人权与约法》一文，遭到了国民党当局的警告，甚至“惹起了五六个省市党部出来呈请政府通缉他，革掉他的校长，严办他，剥夺他的公权”。[①] 与胡适相比，罗隆基受到的处罚更为严厉。他因讨论宪法和人权、批评孙中山的学说和国民党的党治而遭拘捕，并被免去教授职务。不仅有关文章及《人权论集》被收缴和查封，而且北平新月书店被检查，店员被捕。罗隆基在《我的被捕的经过与反感》一文中，结合亲身经历和感受，针对国民党任意限制言论自由和人身自由，向国民党提出了一系列质问：“国民党的一个小党员可以任意控告任何人民反动罪名”；“国民党任何区分部可以根据一个小党员的控告，用党部名义指挥军官，拘捕人民”；“国家的军警机关，仅凭国民党区分部的一纸无凭无据的控告，可以不经法定手续，任意拘捕人民”；“国家的军警，受国民党区分部的指挥，可以不带拘票搜索票，随时直入私人住宅及公共团体机关检查及拘捕人民”，“对不经法定手续拘捕的人民，可以不经法定手续，任意监禁并处置”。“在执行惩罚‘反动’‘反革命’的步骤上，应不应经过一种法律的手续？加人民‘反动’‘反革命’罪名时，应不应有确实的证据？因诬告而被逮捕的人民，应不应有法律上洗刷的机会？应不应给人民自由损失上的赔偿？”[②] 在罗隆基看来，保障人民生命安全，是政府最起码的责任；如果政府连这一点都做不到，就没有资格当政。所以，对于基本人权不能给予保障的政府，没有资格谈论保障民权。

然而，正当人权派为争取人权与国民党激烈抗争、国民党当局全力镇压人权运动之际，“九一八”事变爆发了，中华民族再次陷入空前的民族

---

① 胡适：《新文化运动与国民党》，《新月》1929 年第 2 卷第 6—7 号。

② 罗隆基：《我的被捕的经过与反感》，《新月》1932 年第 3 卷第 3 期。

危机之中。人权派感到，在民族生死存亡的关键时刻，国内人权斗争只好服从挽救民族危机的需要。1931 年 10 月，罗隆基代表人权派表示，在国家危难时刻，决不愿拿言论自由作幌子，来与当局为难。国难当头，只好先搁置国内人权问题。这样，进行了两年有余的人权运动，没有给国内人权状况带来任何改善，便草草收场了。

人权运动是自由派资产阶级知识分子，“在暴力的时代主张丢弃暴力，在欺诈的时代执着于对善良意志的信仰，在一个混乱的世界中固执地赞颂着理性高于一切”① 的呐喊，他们从西方自由主义和实用主义哲学出发，审视中国政治现实和人权状况，对国民党“训政”下的人权状况进行了勇敢的揭露和抗争，有助于加深人们对国民党政府反动独裁统治的认识，在客观上起到了孤立国民党的作用，具有积极的历史进步意义。在此过程中，他们对人权的意义及范畴、实现人权的国家条件及政治基础、人权与宪法和法律的关系等问题，进行了较为深入的探讨和阐释，对于在近代中国传播人权理论、启蒙和提升人们的人权意识方面，也发挥了积极作用。但同时我们也应当看到，人权派的理论和人权运动具有不可忽视的幼稚性，与专制独裁的国民党政府讲人权，谈参政，论自治，求民主，无异于与虎谋皮，是注定不会成功的。他们的人权理论也具有阶级局限性，因为就其实质而言，他们讲的人权集中反映了资产阶级的利益和要求，主要是为民族资产阶级及其知识分子的利益服务的，他们不可能站在广大工人阶级和农民阶级的立场上，来考虑普通人的人权问题。所以他们所讲的人权，只是部分人的人权而非为社会下层争人权。这就决定了人权运动必然具有不彻底性，由于他们只是希望国民党政府改善人权状况，而非推翻国民党反动统治，甚至在某种意义上是为国民党政府出谋划策。从自由派资产阶级知识分子发动人权运动中，也可以发现民族资产阶级的软弱性，他们只是在口头上呼吁人权，一遇到挫折马上就分崩离析，偃旗息鼓，归于沉寂，有些人甚至走上了同国民党合作的道路。这也是近代资产阶级人权运动不可能产生实效的根本原因。

---

① ［美］格里德：《胡适与中国的文艺复兴——中国革命中的自由主义（1917—1937）》，鲁奇译，江苏人民出版社 2010 年版，第 270 页。

第三节　中间路线的形成与失败

抗日战争胜利后，中国历史发展又到了一个关口，“中国向何处去”成为一个现实的问题。国民党继续实行专制独裁的政治方针；共产党提出在和平、民主、团结的基础上建设独立、自由与富强的新中国的政治方针；资产阶级中间党派和自由派学人张君劢、罗隆基、张东荪、施复亮、周鲸文、孙宝毅、杨人楩、储安平、钱端升等人提出了一条既不同于国、共，也不同于美、苏，而是介于资本主义和社会主义之间、国共两党之间，兼顾各方之长的“中间路线”。①

一、中间路线的形成及特征

（一）中间路线的形成

中间路线形成的背景是：在国际上，第二次世界大战后，以美英为首的西方资本主义国家发动了对苏联的冷战，以美国为首的帝国主义阵营和以苏联为首的社会主义阵营之间的相互对峙，成为战后世界的基本格局。美国希望通过控制中国，把中国作为与苏联对抗的重要阵地；苏联为了维护其在东北亚的利益，支持蒋介石统一中国。在国内，国共两党经过八年抗战，力量对比较以前有了很大变化，共产党虽然在总体实力上还比不上

---

① 中间路线也有其他的称呼，比如中间道路、第三条路线、第三条道路等。有学者认为，应当从更长的时段来观察和认识中间路线问题。他将中间路线的发展历程划分为四个阶段，即淡入期、整合期、凸显期和淡出期。淡入期的时限大致从1927年国共合作破裂开始到1937年全面抗日战争爆发，这段时间介于国共之间的一些改良主张可以看作中间路线的前身或萌芽，中间路线由此进入中国政治边缘；全面抗战时期属于中间路线的整合期，“整合”主要指的是崇尚改良的中间派人士在主张和力量上的整合，中间路线在中国政治舞台上逐步由边缘向中心渗透；抗战胜利前后，中间路线完成了从政治舞台的边缘向中心的过渡，进入了自身发展的最为辉煌的时期：提出了自己的建国方案；影响和声望日隆，获得国共两党的确认，在国共两党之间充当了仲裁者和调和者的角色；积极谋求自己的政治主张进入政治协商会议的决议；国共两党之间的第三次国内战争爆发以后，中间路线逐渐进入淡出期。参见陈任远《中国中间路线发展脉络析论》，《求索》2011年第2期。另可参见汪守军《“中间路线”的历史宿命与中国共产党领导的多党合作和政治协商制度的历史必然性》，《中央社会主义学院学报》2013年第2期；李蓓《评新民主主义革命时期的中间路线》，《上海大学学报》（社科版）1990年第2期；王宗荣、王素梅《略论解放战争时期的中间路线》，《齐鲁学刊》1995年第2期。

国民党，但政治声望日益提高，发展势头高歌猛进，在中国社会中的地位和影响极大提升，两党处于相对均衡的局面。

中国是走资本主义道路还是社会主义道路？国共两党之间能不能实现和平共存？中国能不能建立一个共和国，能不能实现民主宪政？为了解决抗战后中国的建国问题，不仅共产党开始思考这些问题，以资产阶级中间党派为代表的社会力量，也开始集中思考这些问题。资产阶级中间党派建立于抗日战争胜利前后，它们有的是由20世纪30年代建立的资产阶级政治团体演变来的，有的则是新建立的资产阶级性质的政党。对于中间党派有几种不同的称谓，比如中间势力、第三方面、第三种力量、民主党派，等等。它是指民主革命时期介于国共两党之间的其他党派，主要包括民盟、第三党、[①]民社党、青年党、救国会及后来的民主促进会和民主建国会。抗战胜利后，国共两党谈判开始恢复，并在建国问题展开斗争的时候，他们认为发表自己见解的时机已经到来，便积极展开活动。他们往往以中间立场的姿态，一方面利用《民主》《观察》《中坚》《时与文》《再生》《周报》《大公报》《文汇报》等报刊发表自己的政治见解；另一方面穿梭于国共之间，调解两党冲突，主张国内和平，谋求民主政治。

（二）中间党派对中间路线的解释

对于中间路线，由于其主张者的党派不同，政见也不尽相同。但总的来讲，它们代表着民族资产阶级、小资产阶级上层及其知识分子的利益，主张在国民党的大地主大资产阶级专政和共产党的人民民主专政之外，建立英美式的资产阶级共和国。

之所以选择第三条道路，是由中间党派对美苏分别代表的资本主义和社会主义的认识决定的。费孝通在《美苏争霸论》中说："美苏标榜着相反的两套主义，一方是个人主义，一方是集体主义；一方是资本主义，一方是共产主义；一方是民主主义，一方是独裁主义。"[②] 孙宝毅则认为，"美国主张个人政治自由，但他的经济以资本主义为根据的，一般人民在政治上或许自由了，但在经济上有着显著的不平等，富有阶级透过经济操

---

① 第三党是指20世纪30年代建立的职教派、乡村建设派、救国会以及由国民党内部分化出来的革命民主派组建而成，是资产阶级中下层和小资产阶级的政治代表。

② 费孝通：《美苏争霸论》，《知识与生活半月刊》1947年第15期。

纵政治上的实权，因此，人民政治上的自由究竟有多少，值得怀疑”。[①]惠君则批评苏联的政治制度不民主，并分析了其原因，“第一就是因为党与民众之间，没有树立一种民主关系”；第二就是“他不能以理智的方法，来解决国内意见分歧的问题”；第三就是“苏联这个独裁的国家，比历史上任何一种独裁都更不民主”。[②] 基于这样的认识，张东荪在《一个中间性的政治路线》中提出了调和美苏模式的设想：“中国必须于内政上建立一个资本主义与共产主义之间的政治制度，虽名为政治制度当然亦包括经济教育以及全体文化在内。”“这个中间性的政制在实际上就是调和他们两者。亦就是：在政治方面比较上多采取英美式的自由主义与民主主义；同时在经济方面比较上多采取苏联式的计划经济与社会主义。从消极方面来说，即采取民主主义而不要资本主义，同时采取社会主义而不要无产专政的革命，我们要自由而不要放任，要合作而不要斗争。”[③] 这说明，中间路线的实质是调和资本主义和社会主义，或者说是政治上的资本主义，经济上的社会主义，亦即中间党派所认为的资本主义与社会主义优长的混合体。

中间党派和自由派学人既否定国民党政权，也对共产党持怀疑态度，主张走国共之间的中间道路，其具体表现就是在国共之间做一个调和者。如张东荪说：“姑假定国民党为右，共产党为左”，我们“要把他们中偏右者稍稍拉到左转；偏左者稍稍拉到右转”，“具体来说，国民党虽没有明明白白主张资本主义，但现在的官僚资本的实况却是国民党一手造成，这是谁亦不能否认的。至于共产党用斗争的方法来平分土地，当然不能不说是过左的举动？我们既不赞成官僚资本，亦不赞成这种报复性的土地政策，我们主张应当有一个全国适用的土地改革办法，使耕者有其田之理想由平和方法得以实现。我们同时主张根本铲除官僚资本，务使工商业依国家所定的全盘计划得由个人努力以发展之。这便是中间性的政治路线”[④]。储安平一方面赞许中国共产党的奋斗精神和经济主张，另一方面又批评中国共产党在政治上的做法，认为共产党在“艰困的环境内，能站得住，

① 孙宝毅：《何谓中间路线》，《现实文摘》1948 年第 1 卷第 12 期。

② 惠君：《苏联不是民主的国家》，《新路》1948 年第 1 卷第 3 期。

③ 张东荪：《一个中间性的政治路线》，《再生》1946 年 118 期。

④ 同上。

亦自有他们所以能站得住的道路。一个政党当它在艰苦奋斗的时候，总有它一股朝气和生命的力量的”。“就实行社会主义而言，今日中国一般人民，特别是一般知识分子，并不反对，毋宁说是很期望的”，“所以共产党在经济生活方面的原则，并不可怕。一般人怕的是他在政治生活上的做法”。[①] 他在抗战胜利后不久说得更露骨：“我不相信在共产党的统治下，人民能获得思想及言论等等基本自由，能实行真正的民主。”[②] 他们郑重地请求中国共产党，要适可而止，不要革命到底，必须容许一切异己者存在。[③]

在国共和谈破裂、内战难以避免、政协决议不可能再得到履行的形势下，中间党派竭力挽救危局，力主恢复政协路线，走和平改良道路。他们表示：“中国的中间派，应当积极推动我们的国家走上这样的道路。政治协商会议所开辟的道路，就是这样的道路。所以我们的中间派为着要走改良的道路，必须拥护政协的道路，争取政协全部决议的实现。”[④] 那么，为什么必须坚持政协路线呢？施复亮认为：“政协的路线是一条企图用和平合作的方式来实现政治民主化，军队国家化和经济工业化的政治路线，完全跟中间派所代表的中间阶层的历史任务相符合，而且跟中间派的政治斗争的方法和态度相一致。中国中间阶层的历史任务，是要建设一种新资本主义经济（我过去曾经称它为民生主义的第一阶段）和新民主主义的政治，而其斗争的方法和态度又是和平的、渐进的，在本质上而且是改良的。政协所通过的五项决议，完全符合中间阶层的历史要求；政协所采取的方式，更是中间阶层和中间派所最欢迎的方式。所以我们说政协路线在本质上是中间派的政治路线。”[⑤] 由于政协路线更符合他们的思想倾向和政治理念，因此他们也希望用政协路线化解国共冲突，营造和平环境，并将其作为构建宪政民主的政治方案。

---

① 常保国：《中间党派与二十世纪四十年代宪政运动》，中国政法大学出版社 2008 年版，第 244 页。

② 储安平：《共产党与民主自由》，《客观》1945 年第 4 期。

③ 梁漱溟：《敬告中国共产党》，《大公报》1949 年 2 月 21 日。

④ 施复亮：《两条道路一个动力！》，《周报》1946 年第 48 期。

⑤ 施复亮：《中间派的政治路线》，《时与文》1947 年创刊号。

（三）中间路线的特征

1. 思想基础：以理性主义为基础，整合民主主义和社会主义

他们认为，实现民主、自由和社会进步，必须以理性主义为基础。理性是克服冲动和义愤，避免极端化行为，达到社会公正的思想保障。储安平说："人类最可贵的素质是理性，教育的最大目的亦即在发挥人类的理性。没有理性，社会不能安定，文化不能进步。现在中国到处都是凭借冲动及强力来解决纠纷：甚至正在受着教育的青年也是动辄用武。""只有发挥理性，社会始有是非，始有和平，始有公道。我们要求一个有是非有公道的社会，我们要求各种纠纷冲突都能用理性来解决。唯有这样，才能使一切得到合理的发展，才能加速一切建设的成功。"[①] 他们相信"说服"是解决纠纷的有效途径，因为"惟有说服才能使人的感情不受损害而能接受理性的支配。抛开理性而诉之于感情的霸道行为，是阻遏进步的；它可使进步的力量彼此抵消，使落伍的力量得着一个喘息的机会而延迟了社会的进步。自由主义者之所以能够容忍，就因为它愿意让其与他其进步的力量并存，而与之起相激相荡的作用"[②]。理性的特征是反对走极端，所以他们说："在政治主张上，我们实在不敢赞同'非甲即乙'的说法；在甲与乙之外，可能还有其他。"[③] 跳出政治的两极，寻求第三种力量和第三条道路解决政治上的冲突和对立，是中间路线的重要特征之一。

在中间派别当中，自由主义者占有很大比重，这些人以自由主义为自己的思想基础和观察政治现实的工具，认为"自由主义是一种理想，一种抱负"，"代表的是一种根本的人生态度"，自由主义者在国际国内的政治分野中是"不左也不右的，政府与共党，美国与苏联一切骂的未必即是自由主义者"。"自由主义者对外并不拥护19世纪以富欺贫的自由贸易，对内也不支持作为资本主义精髓的自由企业。在政治在文化上自由主义者尊重个人，因而也可说带了颇浓的个人主义色彩，在经济上，鉴于贫富悬殊的必然恶果，自由主义赞成合理的统制，因而社会主义的色彩也不淡。自由主义不过是个通用的代名词。它可以换成进步主义，可以换为民主社会主义。"这些言论所反映出来的价值取向，显然是与战后西方新自

① 储安平：《我们的志趣和态度》，《观察》1946年第1卷第1期。

② 杨人楩：《再论自由主义的途径》，《观察》1948年第5卷第8期。

③ 杨人楩：《关于"中共往何处去?"》，《观察》1947年第3卷第10期。

由主义相暗合的。这些自由主义者特别反对政党之间争夺权力的斗争，把现实中的国共之间的争执，比作“是在中国这块土地上盖起怎样一所房子，同时，也就争执到谁来盖，谁经管的问题”。“自由主义者并不是在甲乙工程师中有所抉择”，他们“或在内地清苦教书，或在拉锯战地带从事朝不保夕的生产工作，都是埋首做着局部的填土打地基的工作”，因为“中国如欲现代化，填土打地基的工作的需要是千真万确的”。[①] 这既可能是自由主义者的一种真情表白，也可能是其一种无奈的心理写照。但他们清楚地知道，在中国，自由主义者也许永远不能掌握政权，甚至不一定能参加政权，不过他们将会坚守自己的信念，即政治自由与经济自由并重，相信理性和公平，追求最大多数人的最大幸福，反对任何一党专政，坚持政治革命与社会改造并行。

2. 道路选择：以和平方式统一中国，推进社会的民主和平等

施复亮说：“目前摆在中国人民面前，有两条道路：一条是和平的改良道路，另一条是暴力的革命道路。”“直到今天为止，所有中间派都还坚决地主张走改良的道路。”在解释选择改良主义道路的理由时，他讲了四点理由，即第一，历经十年内战和八年抗战，灾民遍地，经济凋敝，人们渴盼和平安定的生活；第二，中国欲独立于世界，必须实现政治上的民主化和经济上的工业化，战争的进行势必会阻碍这一进程；第三，国共两党短时期内谁也无法战胜对方，这只能造成“兵连祸结”，害国家，苦人民，只有永久停止两党之间的武装冲突才能使中国摆脱悲惨的命运；第四，当时的国际矛盾主要是美苏之间的矛盾，中国应当做美苏合作的桥梁而不是牺牲品。为了保护自己的利益，维护世界和平，中国只有走改良的道路。[②]

中间党派的改良主义在政治目标上表现为，融合资产阶级民主和社会主义的平等。针对各个党派在宣传上都标榜民主的现象，他们提出了民主的真假问题，并批评“国民党对于民主的解释是错误的，他们以为有了宪法，去办选举，这就是民主。我们则以为有宪法只是一纸空文，办选举而由党部垄断，这不但非民主，且更是反民主。所以宪法与选举不是民主的

---

① 《大公报》社评：《政党·和平·填土工作——论自由主义者的时代使命》，《现实文摘》1948 年第 1 卷第 11 期。

② 施复亮：《两条道路 一个动力！》，《周报》1946 年第 48 期。

核心。我们因此遂主张各党共存，都能发展，这就是民主。除了各党并存并合作以外，另求民主，这不是曲解民主，便是有意造成假民主。总之，各党协商，由共同而得一致，由不同而互相钳制，这乃真是民主”①。张东荪之所以把多党并存及其共同发展看作民主的核心，与他对政党政治的理解分不开。他认为：“人民之社会的利益是以其社会的地位而定的。农民的利益即在于农民这个阶级；工人亦然。如果有个政治集团来代表他们的社会利益便无异于他们各个人自己出来主张。所以国民党是代表豪门资本与官僚资本的；共产党是代表农工无产阶级的利益的；民主同盟是代表所有中间阶层，例如大学教授，中学教员，律师，会计师，医生，新闻记者，民营厂家与中产商人等等。社会利益亦只能这样的区分，用不着细分数百数千的种类。如果把这些党派都能调和在一起，便亦可说所有的人民的社会利益都包括在内了。所以各党协商在表面上好像只是党派的事，而实际上却正是实现民主。”国民党“主张拨开党派，直接还政于民，好像是很漂亮，而其实乃真是想强奸民意。总而言之，我们以为民主的精神就在于容纳‘异’，而折衷于‘同’”。② 由此可知，在中间党派看来，不同阶层的人民分别由自己的政党来代表，政党参与就是代表人民参与，政党之间的合作与制约就是民主政治的具体反映。这种主张和诉求，显然与中间党派在当时中国政治格局中所处的地位有关。

在经济上，他们也看到了中国社会不平等的现实，表示出了对上层社会的不满和对下层社会的同情，从而表现出对社会主义的理解和容纳。施复亮、孙宝毅、杨人梗等人都主张在经济上实行社会主义。如施复亮说：“必须坚决反对官僚资本家，买办资本家和大地主，因而也就必须反对他们的政治势力和政治派别”；“对于下层劳苦民众——工人、贫农和一切失业者，必须采取同情和扶助的态度”。③ 杨人梗则说：“中国今日的小市民已无优裕生活而言，事实上大半已是无产阶级，只因中国的劳苦大众太多，所以小市民仍然构成了一个比较优裕的阶层。自由主义者所要努力的并非保全小市民阶级的既得利益，而是想以改良或革命的方法提高劳苦大众的生活水平，消灭各阶级在生活水准上的差距。自由主义决不怕‘清

① 张东荪：《追述我们努力建立“联合政府”的用意》，《观察》1947 年第 2 卷第 6 期。

② 同上。

③ 施复亮：《何谓中间派》，《文汇报》1946 年 7 月 14 日。

算’，而且渴望着能实现经济民主，进而希求只是民主。”他还把政治民主和经济民主的关系比作“一张票”和“一碗饭”的关系，表示绝“不反对共产主义的经济民主，但需坚持要有政治民主”，“对于认为一碗饭较一张票更重要的人，我们要特别提醒一句：在我们还没有得到一张票以前，千万不能放弃这一张票的要求；否则民主要和我们隔得更远。假如我们真的有一张票在手，那么，我们便可能利用这一张票来争取一碗饭；至少不会阻止我们要求这一碗饭，故经济民主与政治民主是绝对不相冲突的”。[①] 当然，中间党派是有着“一碗饭”吃的中间阶级代表，对于他们及其所代表的阶级而言，“‘吃饭第一’的理论并非遍效，至多只可用作一时期中斗争的口号，而不能真正使大众满足。如云满足，人类不会再有一本书的要求，人类文化的进步便会停留在这里；何况，人类在肚里满足以后必然会要求良心自由呢？思想史上的叛徒，有谁是缺少那一碗饭呢？”[②] 所以，就他们而言，“一张票”是远较“一碗饭”更要紧的。

在军事上，他们不去探究国共之间的武装斗争的缘由和性质，不去辨别国共两党斗争的是非曲直，而是无原则地一味反对战争，将战争归结为简单的争权夺利、视国民命运为儿戏。他们对战争双方“各打五十大板”，认为国共两党对于内战的发生都负有不可推卸的责任，谁都没有资格说对方破坏和平。他们无视形势，满心幻想，提出党军分治、军队国家化以及裁军的主张：要求实现军队和政党相分离，把军权交给和政党没有关系的人；抽象地要求军队归属国家；要求国共两党同时交出武装，对军队进行裁撤。

在外交上，他们主张要谨慎地处理与美苏两个大国之间的关系，因为中国既可能是“远东美苏合作的桥梁”，也可能是“美苏冲突的桥梁”。[③] 最好的结果莫过于在两个大国之间搞平衡，谋求与这两个国家的亲善与协作。为此，需要做好国民党和共产党的工作，“以内政的协调谋外交的协调”。[④] 如何协调呢？在国内主要就是把国民党“偏右者稍稍拉向左转”，

---

① 杨人楩：《再论自由主义的途径》，《观察》1948 年第 5 卷第 8 期。

② 同上。

③ 钱端升：《华北会变成第三次世界大战的桥梁吗?》，《文萃》1945 年第 12 期。

④ 张东荪：《一个中间性的政治路线》，《再生》第 118 期。

把共产党“偏左者稍稍拉向右转”。[①] 在国际上主要是既不帮助美国反对苏联，也不支持苏联反对美国，“始终保持独立自主的精神，充作美苏合作的桥梁，绝不做美苏冲突的牺牲品”，施复亮将这一策略称为“兼亲美苏”。[②] 不过，这并不意味着对美苏双方是同等亲善的。他们认为，“中国并不要对美苏同等亲善，中国只要求不反苏，对美则可以更亲善一些，或可说亲美甚于亲苏。因为苏联没有余力以资助中国和平后的建设，所以在积极方面，中国希望于美国者甚多”。[③]

3. 社会基础：中间阶级是社会实现民主和平等的依靠

中间党派自觉地把自己作为中间阶层的代表。施复亮认为，民族企业家、手工业者、工商业从业员、知识分子（公教人员及自由职业者）、小地主、富农、中农（自耕农和一部分佃农）等，都属于中间阶层。[④] “中产阶级包含的分子极广，但主要的两个部分是知识分子与工商界人。”知识阶层的优势是拥有思想和智慧，工商界的强势是具有经济基础，“工商界人如能与知识分子取得联系，对于中国的民主运动，将易发生有实质的力量。要中国有健全的民主政治，先得使中国有一个有力的中间阶级”。而且，“国共问题的合理解决，中国政治的全面安定，和平、民主、统一的真正实现，经济建设的顺利进行，都必须有一个强大的中间派在政治上起着积极的甚至决定性的作用。”[⑤] 他们认为自己能够代表中国最广大人民的根本利益，有能力成为人民的发动机，并动员一切社会力量参加民主运动，最终实现他们提倡的政治民主和社会平等。

二、中间路线的失败及其评价

（一）中间党派的分化与中间路线的失败

中间党派在抗战胜利后、内战爆发前的国内特殊时期，积极活动，发表政见，反对国民党独裁统治，争取和平民主，联合共产党促进政治协商会议，乃至在反对内战爆发的过程中，都能发挥一定的积极作用。但到

---

① 张东荪：《一个中间性的政治路线》，《再生》第 118 期。

② 施复亮：《何谓中间派》，《文汇报》1946 年 7 月 14 日。

③ 张东荪：《美国对华与中国自处》，《文汇报》1947 年 3 月 30 日。

④ 施复亮：《何谓中间派》，《文汇报》1946 年 7 月 14 日。

⑤ 施复亮：《中间派在政治上的地位和作用》，《时与文》1947 年第 1 卷第 5 期。

1946年6月，全面内战爆发以后，国共两党之间已经不再存在以和平方式解决双方矛盾的可能性，这同时也就意味着中间党派失去了充当国共两党调解人的价值，在政治上的生存空间越来越小，只能在国共两党之间做出非此即彼的选择。这种困境逼使中间党派终于发生了分化和分裂。分化的缘由，一是其内部不同人物的政治立场和政治态度的差异；二是国际上美苏两种势力的挤压，国内国民党的打压和共产党的批评、引导。以张东荪、施复亮、罗隆基、梁漱溟、储安平、章乃器、周鲸文、孙宝毅、萧乾、杨人楩等为代表的中间派人士，仍然继续宣传中间路线。以马叙伦、郭沫若、邓初民、沈钧儒、侯外庐、翦伯赞、苏平、李平心等为代表的另一部分中间派人士，则对中间路线提出了批评。①

1946年11月11日，在国民党的威逼利诱下，民社党艰难地选择了参加国民大会和国民政府；一向以反共著称的青年党，虽在抗战爆发后放弃了反共行为，与国民党也保持一定距离，但在内战爆发后则选择了与国民党共命运的道路。1947年4月17日，青年党的曾琦、民社党的张君劢、社会贤达莫德惠、王云五与国民党蒋介石共同签订了《国民政府改组会实施方针》，组成了“三党联合政府”。而在“国大”即将召开之际，民盟中央坚决维护政协决议，不顾国民党威逼利诱，义无反顾，对非法“国大”采取了抵制态度，并于1946年12月23日决定将参加非法“国大”的民社党清除出盟，由此民盟中的多数成员走上了与共产党积极合作的道路。1947年下半年，战争形势发生了根本转变，解放军由战略防御转入战略进攻。国民党因为战局势力而在政治上采取更为反动的措施，对民主党派的打压更趋严厉。1947年10月28日，国民党政府内务部公开宣布民盟为非法组织，并加以取缔；1948年12月25日，在中共中央公布的43名“头等战犯名单”中，把追随国民党的青年党首领李璜、民社党首领张君劢分别列入其中的第42名和第43名。1947年11月6日，民盟被迫以主席张澜的名义发布了解散公告，宣布自即日起停止政治活动。民盟的解散意味着中间路线，即在中国建立资产阶级民主宪政理想的破产。从此以后，各民主党派审时度势，重新制定了政治纲领，抛弃了中间路线。

① 陈任远：《中国中间路线发展脉络析论》，《求索》2011年第2期。

（二）对中间党派和中间路线的评价

中间党派或中间路线，是中国特定历史时期各种政治势力博弈的产物，它反映了民族资产阶级、小资产阶级在中国社会面临重大抉择时期的利益诉求和政治关怀。中间路线的失败是一种历史选择的结果，说明中间路线不能适应中国社会关系的变化，无法承担起引领中国社会发展的责任。但作为一种一度有着重要影响的社会政治思潮，中间路线在近代中国历史发展中发挥了重要作用。

中间党派或中间路线旗帜鲜明地反对国民党一党专制独裁，要求实行民主宪政。中间党派和共产党在反对帝国主义侵略、国民党独裁统治方面具有共同要求，在争取国内和平、民主政治方面存在共同的政治基础。因此，在抗战期间和抗战胜利初期，中间党派和共产党总体上合作得较好，它们在事实上形成了盟友关系，共同推动着抗日反蒋的伟大事业。中间党派与国民党的矛盾和斗争，在民盟分化、分裂之后，中间党派的多数成员逐渐放弃了中间路线，成了中共的真挚朋友，走上了与共产党密切合作、共同建国的道路，在客观上无疑发挥了支持中国共产党反抗国民党的作用。

中间党派或中间路线对近代中国民主宪政进程的发展，也做出了历史性的贡献。由中间党派推动的宪政运动超越了对个人独裁的批判，而将矛头指向了国民党一党专制政治；并通过剖析孙中山五权宪法模式，转向了对其在中国实践的弊端的批判，从而在理论形态上确立了以宪法为基础的议会民主制，围绕国家体制、中央与地方的关系、公民权利和自由的保障等设计出一套完整的宪政制度。中间党派所发表的宪政建言、方案设计和解释说明，以及对各种政治问题的深入而细致的思考，对于中国民主政治建设具有重要的借鉴价值。在实践中，中间党派与共产党相互合作，给国民党造成巨大压力，迫使国民党在宪政方面不得不有所改革，从“五五宪草”到中华民国宪法的变化、从坚守“训政”到承诺“还政于民”，均可证明这一点。同时，中间党派的宪政活动对中国共产党倡导的新民主主义宪政也有一定影响。1940 年前后，正值国统区掀起宪政运动高潮的时候，共产党在延安成立了宪政促进会，成为共产党高层讨论宪政最多的时期，甚至中国共产党全国代表大会的政治报告也洋溢着民主宪政精神，进而影响到中共新民主主义理论对民主宪政思想的吸收，影响到人民共和国创建初期中国人民政治协商会议通过的《共同纲领》对中间阶层和中间党派的宪政定位。

中间党派或中间路线，不仅对近代中国政治变革具有深远影响，而且对未来中国民主政治的制度性设计也有重要的启示意义。社会是一个多元共存的结合体，经济、文化多元发展是不可回避的客观事实和历史趋势。如何回应这种现实和趋势的内在要求，考验着执政者的政治智慧。事实证明，任何执政者都不应当压制人们的思想自由和思想争论，更不应该借助权力，限制人们对某种思想和主张的批评。如果像国民党那样强力推行“一个政党，一个领袖，一个主义”，必然会激起更多政治力量的反对，遭到更多持不同政见的人们的批判和攻击。明智的做法应当是正视这种客观存在，并看到政治进步和社会发展离不开不同思想之间的博弈和争论，离不开可供人们选择的思想和政治方案的多样化。这是产生真理的主要途径和基本形式。进而通过民主协商的平台建设，让各种利益群体的代表充分发表自己的意见，通过争论、说服乃至一定程度的妥协促进社会共识的形成，并以此为依据制定公共政策和法律制度。只有这样，才能充分保证公共政策和法律制度的正当性；也只有经由这样的过程制定的公共政策和法律制度，才能赢得广大社会成员的普遍认同和遵行。中间党派的中间路线，在相互敌对的国共两党处于强势的情况下，一方面由于在整体上不被两党所接受，因而行不通；另一方面，它又代表着任何当政者都不能忽视的中间阶层的利益和诉求，它的客观存在及其某些元素所具有的社会进步性，无疑对建设民主法治国家、公正文明社会和培养合格的理性公民，都具有借鉴意义和参考价值。而这些因素，国民党是不具备的，共产党则应该给予充分重视。

当然，中间路线在当时的社会条件下是根本行不通的。国共两党分别代表着中国社会的不同阶级及其利益诉求。南京国民政府建立以后，国民党逐渐成为大地主和官僚资产阶级的政治代表，以蒋介石为首的国民党试图通过专制独裁，来维护社会上层的利益。共产党从成立之日起就代表了处于社会底层的工人阶级和农民阶级的利益。国共两党在利益诉求上的根本矛盾与冲突，决定了这两种力量不可能结合在一起。另外，蒋介石政权以军事起家，靠军队维护政权存续；共产党则从血的教训中明白了掌握武装的重要性，并深信“枪杆子里面出政权”。让双方放弃对于军队的领导权，实行所谓的“军队国家化”，注定是一种不切实际的幻想。中间党派及其所代表的民族资产阶级，在近代中国先天发育不足，力量过于弱小，既提不出彻底反帝反封建的政治主张，也未拥有自己的军事力量，更没有广大民众的真诚拥护，想与国共两党平分秋色，甚至幻想通过政治途径实现其主张，这不能不说中间党派在政治上是幼稚的。所以，尽管他们提倡理性，而其本身在思想上和政治上就缺乏理性。同时，中间路线的失败，最终也是历史条件限制所致，因为近代中国的政治格局、社会环境和国民素质尚不具备推行宪政的基本条件。同时，中间党派所设计的宪政方案，主要反映了中间阶层的利益和要求，而没有处心积虑地关注广大社会下层的利益和要求，阶级的局限使中间党派失去了广泛的社会基础，由此制约了其政治力量的发展壮大，并最终走向了分化和瓦解。

第五章　新民主主义宪政的构建

新民主主义宪政不是一般的资本主义宪政和社会主义宪政，而是一种“新式的、特殊的”民主主义宪政，其内容包括新民主主义宪政理论、新民主主义宪政制度和新民主主义宪政实践三个方面。新民主主义宪政产生于抗日民主政权时期，中国共产党在马克思主义国家学说和新民主主义的民主共和精神指引下，超越资产阶级宪政的国家本质，经过长期艰难探索，终于形成了以抗日根据地民主政权为基本形式的新民主主义宪政模式。

第一节　新民主主义宪政理论

新民主主义宪政理论，是中国共产党在探索新民主主义政治实践过程中产生和发展起来的。它以马克思主义国家学说为指导，继承了辛亥革命的民主共和精神，超越了资产阶级议会政治的国家本质，拓宽了新民主主义政权的社会基础。这一理论发轫于中国共产党成立时期，形成于抗日民主政权建立和建设时期。

一、新民主主义宪政的概念

新民主主义宪政的概念是以毛泽东为代表的中国共产党人，在探讨新民主主义革命理论的过程中明确提出来的。从1939年10月至1940年初，中国共产党发表了一系列理论文章，集中阐述了新民主主义的经济、政治、文化和对内对外政策，明确提出了“新民主主义革命”“新民主主义共和国”“新民主主义宪政”等概念，以后又对新民主主义宪政所包含的国家制度、政权形式和人权思想进行了较为系统的阐述，标志着新民主主义宪政理论的初步形成。

“新民主主义革命”一词，是在1939年12月15日发表的《中国革命和中国共产党》一文中提出来的。文章指出："现实中国的资产阶级民主主义的革命，已不是旧式的一般的资产阶级民主主义的革命，这种革命已经过时了，而是新式的特殊的资产阶级民主主义的革命。这种革命正在中国和一切殖民地半殖民地国家发展起来，我们称这种革命为新民主主义革命。"

依据毛泽东的理论思考，新民主主义革命的目标是建立"新民主主义共和国"。1940 年 1 月，毛泽东发表了著名的《新民主主义论》，提出了新民主主义共和国的口号，指出："现在所要建立的中华民主共和国，只能是在无产阶级领导下的一切反帝反封建的人们联合专政的民主共和国，这就是新民主主义的共和国，也就是真正革命的三大政策的新三民主义的共和国。"[①] 新民主主义共和国是一种过渡形式的国家，是殖民地半殖民地国家普遍采取的国家形式，其实质是无产阶级领导下的反帝反封建的民主专政的共和国。

在中国共产党探讨如何建立一个新的共和国的同时，以重庆为中心的国统区发生了旨在改变国民党一党专政，实行民主政治的宪政运动。中国共产党及时提出了实施民主宪政的议案，指出：中共参加宪政运动的目标，"是要真正实现新式代议制的民主共和国"，民主宪政议案还要求共产党的各级党支部"积极的主动的参加与领导这一民主宪政运动"。

1939 年 11 月至 1940 年 2 月，延安各界陆续成立了由社会各界人士参加的"宪政促进会"，各地抗日根据地的宪政运动蓬勃展开。1940 年 2 月 20 日，延安各界宪政促进会召开，吴玉章和毛泽东第一次明确提出了新民主主义宪政的概念，并就宪政问题发表了一系列讲话。吴玉章指出，新民主主义宪政必须是反帝的，必须坚持抗日民族统一战线，它是各阶级、各党派、各民族的全民性的民主，但是这一统一战线必须除去汉奸卖国贼，除此之外，各阶级都是平等的。在谈到新民主主义宪政的本质时，他还指出，我们要实行的新民主主义宪政必须是反封建、反官僚、反贪污腐化等一切黑暗专制势力的民主。

新民主主义宪政与孙中山先生的革命民主精神是相一致的。孙中山民主宪政思想的内涵包括：第一，享有民权的主体是广大劳动人民，而不是

---

① 《毛泽东选集》(第 2 卷)，人民出版社 1991 年版，第 675 页。

少数资产阶级；第二，人民所享有的民权的范围包括：参与国家管理的政治权利，以及人民集会、结社、言论、出版、居住、信仰之绝对自由；第三，人民还享有创制、复决、罢免等直接民权；第四，剥夺卖国罔民的人们的上述权利。[①] 毛泽东则针对变化了的社会政治形势指出，宪政“就是民主的政治”，但目前中国要“实行的宪政，应该是新民主主义的宪政”，“就是几个革命阶级联合起来对于汉奸反动派的民主专政”，“这样的宪政也就是抗日统一战线的宪政”。毛泽东打比喻说，新民主主义宪政好似“有饭大家吃”，也就是说，“他不能由一党一派一阶级来专政，而应像孙中山先生所提出的为一般平民所共有，非少数人所得而私”的民权。因此，新民主主义宪政是革命阶级联合起来反对汉奸反动派的民主专政。这样的宪政不仅是我们今天所需要的，也是抗日统一战线所需要的。

1940 年 3 月 9 日，陕甘宁边区政府主席林伯渠在陕甘宁边区党政联席会上进一步阐明了宪政的含义。他认为宪政的第一个意义是，根据人民公意制定的章程办事；第二个意义是，根据人民公意制定的章程是宪法，宪法是国家的根本法律，是大家议定的章程，一切法律和政府暂行法都不能违背宪法。为此，他归纳了宪政的三个要素：宪政是民主政治，也是民权政治；宪法是根本法，其目的在于保障人民的基本权利，规定国家的政策；宪政必须结束一党专制，必须实行进步政治。同时，林伯渠还重点强调了新民主主义宪政制度下法治的重要意义。他指出：法律固然重要，但法律要由人来实施，因此必须要培养会使用法律的人。国家如果没有法律观念是危险的，不能单凭个人好恶，国家的法律必须遵守。他要求边区的干部要培养法律观念，带头遵纪守法，做遵纪守法的模范。[②]

除此之外，中国共产党的理论工作者张友渔，从政治学的角度对新民主主义宪政概念做了进一步解释。他认为：新民主主义宪政“应该是汉奸、亲日派除外，包括一切阶级，一切党派的统一战线的、民主集中的抗日政权”[③]。其具体内容包括：第一，必须建立和召集民意机关，由其代表民意表达意见；第二，由民意机关产生的民主政府，必须保障人民的自

① 《吴玉章同志在延安各界宪政促进会成立大会上的讲话》，《解放》周刊第 120 期，第 8 页。

② 《陕甘宁边区政府文件选编》（第 2 辑），档案出版社 1987 年版，第 132—133、137 页。

③ 《张友渔文选》（上卷），法律出版社 1997 年版，第 187 页。

由和权利；第三，中央与地方的关系应遵循均权主义原则，采取均权制度。

宪政是民主的政治，这是当时革命阵营所达成的共识，从中自然可以推论出，新民主主义宪政就是新民主主义的民主政治，是几个革命阶级联合执政的民主政治。以上论述可知，当时的中国共产党人对新民主主义宪政概念的解释，关键是强调各革命阶级的民主。

二、新民主主义宪政的内容

新民主主义宪政的内容包括新民主主义国家制度、政权形式以及人权思想等。其中，新民主主义国家制度是新民主主义宪政的核心，因为它集中反映了当时的中国政治关系和社会关系。

（一）关于新民主主义的国家制度

国家制度即国体，是指各阶级在国家中的地位。国家制度属于政治上层建筑，反映国家的本质，同时又制约着政权的组织形式，其关键是国家政权问题。新民主主义时期，中国共产党对于国家形态的探讨经历了"工农共和国""民主共和国"和"新民主主义国家"等国家形态的变化。国家形态的变化意味着政权的阶级构成和性质的变化，"工农共和国"主要是工人、农民和城市小资产阶级的政府，"民主共和国"则不再是单一的工农民主政权，而是几个革命阶级联合的民族民主政权。毛泽东在《新民主主义论》中指出："新民主主义共和国"是"几个反对帝国主义的阶级联合起来共同专政的新民主主义国家"，这种国家是"一切殖民地半殖民地国家的革命，在一定历史时期中所采取的国家形式"。新民主主义共和国是在敌后抗日根据地民主政权建设过程中，在中国共产党与国民党的合作斗争中形成的，1936 年 9 月中共中央在《中央关于抗日救亡运动的新形势与民主共和国的决议》和 1937 年 2 月《中共中央给中国国民党三中全会电》中，提出了在中华民国特区政府内实行普选的民主制度的主张，并认为这种经过普选产生的政府，阶级基础广泛，是几个革命阶级的联合，在政体形式上要体现民主集中制的人民代表制和议行合一的统一。上述主张标志着中国共产党初步搭建起了新民主主义宪政的框架。

首先，关于新民主主义国家制度，以毛泽东为代表的中国共产党在一系列理论著作中做了阐述，尤其以《新民主主义论》为代表，系统阐述了新民主主义国家制度。他指出，新民主主义共和国的国体是"革命阶级的联合”。首先，毛泽东认为，不同性质的国家制度分为三种类型，即资产阶级专政、无产阶级专政和几个革命阶级联合专政的共和国。他指出，第一种是旧民主主义国家，第二种正在各资本主义国家酝酿着，第三种是殖民地半殖民地国家所采取的过渡的国家形式。上述三种形式的国家，特点不同，但殖民地半殖民地国家的革命具有相似性，都是几个反对帝国主义的阶级联合起来共同专政的新民主主义国家。①

其次，关于新民主主义国家的道路，毛泽东明确指出：中国的新民主主义革命，既不能走资产阶级专政的道路，也不能建立无产阶级专政的社会主义国家制度。因为资产阶级道路必须由一个强大的资产阶级来领导，而中国的民族资产阶级，在经济和政治上表现出天然的软弱性，同时，中国的无产阶级已经登上历史舞台，并且有自己的政党来领导。因此，在中国走资本主义道路是行不通的。而建立社会主义制度也不可能。毛泽东认为，中国现在的革命任务是反帝反封建，而不是实行社会主义。

最后，新民主主义共和国的国家制度，只能是无产阶级领导的各革命阶级联合专政的国家制度。1947 年中共中央在十二月会议的总结中，对新民主主义国家与一般资本主义国家和社会主义国家的区别做了完整的表述。第一，领导阶级不同。资本主义国家由资产阶级领导，而新民主主义国家的领导阶级只能是无产阶级，这是新民主主义国家与一般资本主义国家的显著区别。第二，新民主主义国家制度区别于社会主义制度的重要特征在于：（1）新民主主义国家的最重要特征在于其统一战线的性质。也就是说，新民主主义国家是几个革命阶级的联合，而不是资产阶级或无产阶级一个阶级的专政，其阶级的联合包括工农无产阶级、城市小资产阶级、民族资产阶级和其他爱国分子的联合专政；（2）新民主主义国家强调工农联盟的重要性，强调工农阶级是国家政权的主要力量，是新民主主义国家的根基和主导，是决定新民主主义革命胜利的基本势力；（3）新民主主义国家是反帝反封建的国家，由此决定了新民主主义革命的对象不是资本主义，而是帝国主义和封建主义；（4）明确新民主主义国家的过渡性质，新民主主义国家“是过渡的形式，但是不可移易的必要的形式”，也就是说，新民主主义国家是向社会主义过渡的一种必经形式，当

① 《毛泽东选集》（第 2 卷），人民出版社 1991 年版，第 675、676 页。

政治经济条件具备时，必然会转向社会主义制度。以上特征是对新民主主义国家制度的集中概括，同时也表明了新民主主义国家的性质。

（二）新民主主义的政权组织形式

所谓政权组织形式就是政体，政体都是与国体紧密相连的，任何社会任何阶级的政治统治，都必须通过一定的组织形式得以实施。早在红色根据地的工农民主政权创立时期，中国共产党就开始探讨政权的组织形式问题，并在根据地革命政权建设期间，先后创立了苏维埃制度、参议会制度和人民代表会议制度。抗日战争时期，民族矛盾上升为中国社会的主要矛盾，中国共产党审时度势，积极倡导、推动国共两党建立抗日民族统一战线，促进了新民主主义政权理论和制度的发展与完善，在抗日根据地普遍建立了新民主主义政权组织。

1940 年 1 月，毛泽东在《新民主主义论》中指出，新民主主义共和国的“政体——民主集中制”，[①] 其具体的政治组织形式是各级人民代表大会，如省级、县级、区级和乡级人民代表大会，这些代表大会通过选举产生人民政府。各级人民代表大会实行普遍平等的选举制度，这种选举制度和资产阶级只是少数有产者的选举制度不同，是一种无男女、无财产、无信仰等差别的真正的选举制度。这种选举制度是适合新民主主义精神的选举制度，是民主集中制的选举制度。因为只有民主集中制的政府，才能调动人民的积极性，才能集中最广泛的力量反对敌人。“如果没有真正的民主制度，就不能达到这个目的。”[②] 由此可见，毛泽东认为，民主集中制在政权组织形式上的体现，就是通过选举产生各级人民代表大会，各级人民代表大会的选举，必须遵循民主集中制的组织原则，实行民主集中制的组织形式。

当然，在统一的人民政权建立之前，不可能实行以普选为特征的人民代表大会制度，只能在共产党领导的解放区域以协商方式产生人民代表会议。毛泽东对民主集中制原则的进一步阐述，是 1945 年 4 月在党的七大所做的《论联合政府》的报告中。毛泽东指出：“新民主主义的政权组织，应该采取民主集中制，由各级人民代表大会决定大政方针，选举政府。它是民主的，又是集中的，就是说，在民主基础上的集中，在集中指

① 《毛泽东选集》（第 2 卷），人民出版社 1991 年版，第 677 页。

② 同上。

导下的民主。"[①] 民主集中制最能体现人民广泛的民主，最能使各级政府集中力量处理人民委托的事物。正因为此，毛泽东主张未来新民主主义国家的政治制度，必须坚持民主集中制的原则。1948 年初，他再次重申了新民主主义国家政权的反帝反封建性质，明确政权的产生方式是由各级人民代表大会通过选举产生的。民主集中制原则在 1949 年的《共同纲领》中以临时宪法的形式规定了下来。

总之，新民主主义政权的组织形式与资本主义国家三权分立的议会制完全不同，也与社会主义国家的政体有所区别。它是中国人民在长期革命斗争中进行政权建设的经验总结，是在根据地时期逐渐形成的苏维埃制、参议会制以及人民代表会议制度的基础上发展和完善起来的，并与新民主主义国体相适应的政权组织形式。

（三）新民主主义的人权观

人权是宪政的核心价值，争取和保障人权是新民主主义宪政理论和实践的重要内容。中国共产党非常重视争取和保障人民的自由和权利，它领导的新民主主义革命，从广义上讲，就是为了争取人民的自由和权利。

新民主主义时期的人权斗争，在争取人民政治权利的实现途径上，经历了中国共产党创立时期的工会农会市民会议制度、土地革命战争时期的苏维埃制度、抗日战争时期的参议会制度、解放战争时期的人民代表会议制度等几种不同的制度形式。人权斗争的范围和方式，主要围绕着人民政权的创立、建设和人权立法展开。

在中国共产党创立时期，虽然把争取"民主政治"确立为自己的奋斗目标，并且很早就提出了"争取自由和人权"的口号，但对人权的理解仍然比较抽象和笼统，没有形成具体的在实践中能够实施的人权纲领。

1927 年大革命失败后，中国共产党的人权思想以《中华苏维埃共和国宪法大纲》的形式加以规范，这一时期的人权建设与创建革命根据地、进行土地革命同时展开，人权建设的核心是强调权利主体的阶级性，即建立工农民主政权，保障人民大众的民主权利，并特别注重对广大农民的劳动权、生命权和婚姻自主权的保障。

抗日战争爆发后，民族矛盾上升为中国社会的主要矛盾，抗日救亡成

---

① 《毛泽东选集》（第 3 卷），人民出版社 1991 年版，第 1057 页。

为全民族的共同任务，“民族独立、民权自由、民生幸福”成为抗日根据地人权建设的主要内容。当时，中国共产党以民族大义为重，积极倡导和推动建立广泛的抗日民族统一战线，号召中国人民不分阶级、党派、民族，团结一致，共同抗日。中国的抗日救亡运动，促进了人民在政治上的觉醒，改变了国内阶级力量的对比。为进一步巩固和扩大抗日民族统一战线，中国共产党特别强调，必须在政治上争取民主自由，并将政治上的民主自由视为抗战胜利的重要条件，指出没有民主自由，不可能巩固已经取得的胜利，更不可能保持和平、增强人民团结，从而也不可能动员人民广泛持久地参加抗战。

与此同时，为了扩大人权保障的内容，根据地人民政府还制定和实施了专门的人权保障法律。这些立法虽然不尽完善，但对诸如言论、出版、集会、结社、居住、迁徙及思想、信仰自由等基本自由权利做了明确规定。此外，为使人民的权利得到贯彻落实，人权立法还普遍规定了人权保障的重要措施。

随着抗日民主政权的建立和发展，人权保障越来越体现出鲜明的新民主主义色彩，同时人权保障的范围也进一步扩大，人权主体范围更加广泛，除汉奸和反共分子外，一切抗日的阶级、阶层和民主人士，都被纳入了人权主体范畴，都享有抗日民主政权的人民所应享有的人权。在此基础上，中国共产党进一步要求各根据地在制定政策时，必须明确规定：一切抗日团体在财权、选举权等方面都是平等的，根据地的人民享有同等的人权。《解放》周刊也发表社论指出：“在抗日根据地的人民民主权利问题上，我们主张一切不反对抗日的中国人，都有同等的人权以及言论集会出版结社思想信仰的自由权，任何不反对抗日的地主资本家，都可以安全地享有自己的财权。”此外，中国共产党对于争取人权的斗争方式，也作了如下调整：一是推动国民党全面抗战，动员全民族的爱国力量争取国家独立、民权自由和人民幸福；二是利用国民参政会，加强与民主党派和民主人士的团结合作，争取和维护人民的各项经济权利，包括生活保障权、就业权等，同时还注重保障妇女和未成年人等特殊群体的人权；三是利用国民党政府颁布的法律保障个体人权，并不失时机地把争取经济权利的斗争引向争取政治权利的斗争。

抗战胜利后，建立一个什么性质的国家，成为当时人权斗争的焦点。中国共产党领导全国人民迫切希望实现民权自由、民生幸福，而蒋介石为首的国民党统治集团则坚持独裁内战，企图长期维持大地主、大资产阶级的政治统治，以剥夺抗日根据地的民主权利和人权建设成果。

解放战争时期，各解放区的民主政府适应全国人民实现国内和平的愿望，积极开展政治、经济和文化建设，制定和实施了一系列以“保障人权、财权、公民权”为内容的施政纲领和宪法原则。从这些纲领所规定的内容来看，不仅明确宣布了“保障人权本为我民主政府的一贯政策”，而且对政治、经济等方面的权利做了具体规定。

首先，在政治权利方面，以“无产阶级领导的、工农联盟为基础的、人民大众的、反对帝国主义、封建主义和官僚资本主义的人民民主统一战线的政权”取代了抗日民主政权，由此决定了人民范围、国家政权主体及人权主体，即以人民代表会议部分代行人民代表大会的职权，人民有选举政府及其代表的权利，充分表达自己对政府和社会的看法，并通过发表文章、出版著作、集会和组织社会团体等方式行使自由权，从而保障了人民政治权利的行使。

其次，在经济权利方面，抗战胜利后，各解放区把人权斗争的矛头指向了封建的土地所有制，中国共产党适时的将抗战时期实行的减租减息政策，改变为没收地主阶级的土地分配给农民的政策，实行“耕者有其田”，并规定国家“保护工人、农民、小资产阶级、民族资产阶级的经济利益及其私有财产”，“保护农民已得土地的所有权”①。各解放区依据上述施政纲领的要求，积极在解放区开展保障人权的运动，从而使解放区人民的权利，获得了比抗日战争时期较好的保障。正如毛泽东指出的：“人民的言论、出版、集会、结社、思想、信仰和身体这几项自由，是最重要的自由。在中国境内，只有解放区是彻底地实现了。”②

总之，新民主主义革命时期，中国共产党主张积极、广泛的人权，包括政治权利、经济权利和社会文化等方面的权利，而且还通过各种纲领、人权法令和保障人权的措施，使人民享有的民主权利和自由权利真正落到实处，从而为新中国成立后的人权保障积累了丰富的经验。

---

① 《毛泽东文集》（第3卷），人民出版社1996年版，第336页。

② 同上书，第1070页。

三、新民主主义宪政的特质

不同时期不同阶级的宪政都是一定阶级利益和意志的体现，因此具有不同的特质。宪政的特质与其生成环境分不开，新民主主义宪政的形成过程和内涵清晰的表明，它是一种“新式的、特殊的”民主主义宪政，一方面和旧式的、西方的、资本主义的宪政相区别；另一方面，也和苏联式的、社会主义的宪政相区别，新民主主义宪政具有自己的特殊性。

第一，新民主主义宪政的最根本特质，是无产阶级领导的统一战线形式的民主政治。

首先，坚持共产党在政权中的领导地位，是新民主主义宪政区别于资本主义宪政的本质特征。1948 年 10 月，董必武在人民政权研究会上谈到什么是新民主主义政权问题时指出：“新民主主义政权的特点在什么地方？就是无产阶级站到国家的领导地位。真正的分界线就是资产阶级领导的是旧民主主义的政权，无产阶级领导的是新民主主义政权。”[①] 新民主主义革命的实践证明，共产党的领导权是革命时势和其自身特质所造就的，严酷的斗争形势促使中国共产党担当起领导中国革命走向胜利的任务，同时也使人民认识到，“除了民族和人民的利益之外，共产党没有私利”。只有共产党制定的政策，才是符合广大民族和人民的政策；也只有共产党才能担当起领导责任，中国革命才能最后走向胜利。当然中国共产党的领导是政治领导和政策领导，它领导人民制定国家的大政方针，而不是一党专断。

其次，民族统一战线的宪政形式，是新民主主义宪政区别于社会主义宪政的重要标志。毛泽东在《论联合政府》中谈道：“几个民主阶级联盟的新民主主义的国家形态与政权形态”,[②] 是新民主主义制度区别于俄国社会主义制度的主要特征。周恩来在中国人民政治协商会议第一届全体会议的报告中也阐述了“各革命阶级的联邦”这一“不完全同于苏联制度”的“我们的这个特点”。[③] 中国共产党领导的新民主主义政权的具体纲领和具体政策，在不同历史时期，因主要社会矛盾的变化而有所不同。在土

---

① 《董必武政治法律文选》，法律出版社 1986 年版，第 38—39 页。

② 《毛泽东选集》（第 3 卷），人民出版社 1991 年版，第 1062 页。

③ 《建国以来重要文献选编》（第 1 册），中央文献出版社 1992 年版，第 17、19 页。

地革命时期，苏维埃政权的统一战线不包括民族资产阶级；抗日战争时期统一战线的内涵，印中日矛盾上升为主要社会矛盾而得到扩大，“包括了工、农、小资产阶级、资产阶级乃至大资产阶级及封建阶级中的某些个别分子与个别集团”①。解放战争时期，人民民主专政的统一战线基础有所变化，其联合的对象包括一切属于人民范畴的社会成员，是最广泛的统一战线。1949 年 9 月，中国人民政治协商会议通过的《共同纲领》，以根本法的形式将广泛的人民民主统一战线确立为新民主主义的宪政原则。

第二，新民主主义宪政的突出特质是政权的合法性。

新民主主义宪政的合法性主要通过人民代表机关的民主普选制体现出来。根据现代宪法学理论，普选制是宪法和选举法规定的公民普遍享有的选举国家代表机关代表的权利。宪法首先对选举的原则做了概括性规定，同时规定选举人的资格和选民权利，例如，中国共产党在新民主主义时期颁布的一系列条例或纲领，以及新中国成立时期的《共同纲领》等，都规定了普遍、平等、秘密的选举原则，规定了享有选举权的范围和享有的权利。在这样的原则规范下，选举法或选举条例对选举的程序、候选人和代表产生的方式以及投票形式等再做出详细规范。代表的选举问题是人民代表机关的核心问题，也是新民主主义宪政的重点关切。因为只有通过民主选举才能建立起真正民主的政治制度，否则任何代议民主制都无从谈起。同时，由于在代议民主制度下，人民并不可能直接参与公共事务的决策与执行，其主要的参政形式就是参与选举活动，因而新民主主义时期人民参政的基本形式就是选举。

普选制是中国共产党非常重视的民主形式。毛泽东曾明确指出：新民主主义的政体是由选举产生的各级人民代表大会，这种选举应该是普遍平等的选举制，在新民主主义的政权建设中，普选制原则一直是选举条例和选举实践所遵循的原则。土地革命时期，苏维埃政权实行的是革命的普选制，表现为它对劳动人民没有规定财产、受教育程度等方面的条件限制，但明确剥夺了剥削者的选举权和被选举权；抗日战争时期，普遍、平等、直接和无记名投票的选举原则被广泛确立，初步形成了新民主主义政权下普选的民主选举制度。此外，普选制原则又在抗日战争时期不断调整和发

① 《刘少奇选集》（上册），人民出版社 1981 年版，第 171 页。

展，并在解放战争时期得到进一步完善，最终在《共同纲领》中以根本法的形式得以确立。《共同纲领》规定了人民依据法律规定享有选举权和被选举权的原则条款，规定了组织选举的机构和选举的组织程序，并提出人民代表选出后，要根据各地军事行动和土地改革完成的情况，适时召开地方人民代表大会，行使代表的职责。

第三，新民主主义宪政的独创特质是代议制。

代议制是新民主主义革命时期，中国共产党结合当时的实际情况，独创的一种与资产阶级三权分立相区别的民主形式。为组织各革命阶级的联合政权，根据地人民从实际出发，创造性地实行了参议会—人民代表会议—人民代表大会的组织形式。这一组织形式的突出特点，首先是高度的民主和高度的集中。高度的民主，即人民代表机关通过普选的方式选举代表组成，对人民负责，受人民监督；高度的集中，是指国家权力机关代表人民集中行使管理国家的权力。毛泽东把民主集中制称为“真正的民主制”，认为唯有这种真正的民主制度才能与新民主主义的国体“相适应”。[①] 新民主主义革命时期，以毛泽东为代表的中国共产党对民主集中制原则从理论上做了系统阐述，各个革命根据地在宪政实践中也贯彻落实了该项组织原则。例如，从土地革命时期的《苏维埃共和国宪法大纲》到新中国成立之初的《中国人民政治协商会议共同纲领》，都明确将民主集中制确立为新民主主义的宪政原则。

新民主主义代议制的重要特点是“议行合一”。议行合一和三权分立制度相对立，三权分立是资本主义国家的宪法原则，其基本内容是立法、行政和司法机关之间权力分立并相互制约。在三权分立体制下，尤其是总统制国家，一般没有最高国家权力机关，国家三个机关之间在法律地位上是平等的，各自行使职权并相互制衡。而新民主主义时期确立的议行合一制度，则强调国家最高权力机关的法律地位和最高权力，其他国家机关都由最高国家权力机关产生，处于从属地位。也就是说，在国家机构体系中，国家权力机关处于最高地位，不受其他国家机关制约，对人民负责，受人民监督。议行合一原则是新民主主义政权理论的基本原则，在整个新民主主义政权建设时期，尽管各个时期的政权形态不同，但都实行并始终

① 《毛泽东选集》（第2卷），人民出版社1991年版，第677页。

坚持了这一原则。

第四，新民主主义宪政的重要特质是注重以法律对人民权利的维护和保障。

发展和保障人权是宪政的出发点和最终目的，新民主主义宪政突出了保障人权的重要原则，并特别强调以法制来保障人民民主的自由权利。新民主主义革命的各个历史时期，民主观念、法治观念、人权保障意识、权利意识等宪政的基本观念都很受重视，各根据地的宪法性文件对人权保障的内容进行了广泛规定，同时各根据地还先后颁布了保障人权的宪法性文件，如人权保障条例、婚姻法、土地法等。这些人权保障的宪法性文件，尽管在人权保障的对象和具体内容上各个时期有所不同，但其共同点在于，它们一方面以法律形式确定和保障根据地民主政权的性质、自由和民主权利不受侵犯，对于反革命分子实行专政；另一方面，这些宪法性文件也成为人民行使民主自由权利，特别是人民行使对政府工作的监督，以及通过罢免权体现对政府工作人员监督的法律依据。

总之，新民主主义宪政是由中国共产党领导的、以工农为主体的、各革命阶级联合的政权模式。毛泽东所描述的新民主主义宪政体制的特征是，在新民主主义的宪政体制内，人民政府由代表选举产生，代表人民在宪法规定的范围内行使权力，同时人民享有有广泛的自由，每个人都能充分发挥自己的才能，各民族之间平等交往，经济蓬勃发展。[①] 这一政权模式的独特之处取决于新民主主义宪政所处的时代背景、政治环境等具体条件。需要指出的是，由于新民主主义革命是在中国由传统社会向现代社会转型过程中发生的，从政治变革的过程性来看，“是中国革命的第一步或第一阶段，它不可避免地要过渡到第二步或第二阶段——社会主义革命”，[②] 因而，社会转型的特点决定了新民主主义宪政也是一种过渡时期的宪政。而正是这种过渡性的特点，成为新民主主义宪政与西方资产阶级宪政、社会主义宪政的区别之所在。

---

① 《毛泽东同志与世界学联代表团柯乐满先生雅德先生傅路德先生雷克难先生之谈话》，《解放》周刊第45期，第6页。

② 《刘少奇选集》（上卷），人民出版社1981年版，第171页。

第二节　新民主主义宪政实践

新民主主义宪政实践是在中国共产党的新民主主义宪政理论指导下，在革命根据地进行的，以新民主主义政权建设、法制建设和人权保障为主要内容的宪政运动。新民主主义宪政实践在不同历史时期的政权形态和活动方式各具特色，实践内容十分丰富，大体经历了三个阶段，形成了三种具体的政治形式，即工农民主政权、抗日民主政权以及解放区人民政权的政治形式。其内容涵盖宪法性文件的制定与实施、选举立法与选举制度、人权斗争与人权保障等内容。

一、宪法性文件的颁布

在新民主主义革命时期，中国共产党领导的民主政权颁布的宪法性文件，以 1931 年 11 月通过的《中华苏维埃共和国宪法大纲》、1941 年 11 月通过的《陕甘宁边区施政纲领》、1946 年 4 月通过的《陕甘宁边区宪法原则》最具代表性。这些宪法性文件虽然在形式上、内容上都不甚完备，但它们都具有人民性和民主性，与当时国民党政府制定的《训政时期约法》《中华民国宪法》形成了鲜明对比，具有本质上的不同。

（一）《中华苏维埃共和国宪法大纲》

新民主主义宪政最早的实践形态，是中国共产党在土地革命时期形成的苏维埃宪政，其标志是中华苏维埃共和国的成立和《中华苏维埃共和国宪法大纲》的颁布和实施。

1. 中华苏维埃共和国的建立

“苏维埃”（俄文 совет 的译音），意即“代表会议”或“会议”。作为一种政治体制形式，在俄国十月革命后普遍实行，并成为政府体制的一部分。大革命失败后，中国共产党在土地革命、武装反抗国民党的方针指导下，领导工农群众走上了农村包围城市，武装夺取政权的道路。1927 年 10 月，毛泽东率领部队进驻井冈山后，便发动群众，建立红色政权。11 月，湘赣边界第一个革命政权——茶陵县工农兵民主政府建立。到 1930 年，在全国涉及 10 多个省 300 多个县的地域建立了包括井冈山、赣南闽西、湘赣、湘鄂赣、闽浙赣等在内的 15 块革命根据地，人口上千万，红军增加到10万人左右。[①] 当时的根据地政权大多采取苏维埃形式，称为苏维埃政府。湘赣边界工农兵苏维埃政权的建立，创造了一个新的政权模式。

随着革命根据地的发展扩大和根据地各级政权机关的建立，加强对根据地的统一领导、建立一个工农民主共和国、制定一部工农民主政权的宪法，已成为中国共产党和各根据地的共同愿望和普遍吁求。因此，中共中央开始为苏维埃共和国的成立和宪法的制定进行一系列的积极筹备工作。全国苏维埃区域代表大会于1930年5月在上海召开，并决定尽快召开全国苏维埃代表大会，组建中华苏维埃共和国中央临时政府。1930年9月，全国苏维埃代表大会中央准备委员会在上海召开成立大会，通过了宪法大纲草案。草案第一条就明确指出：实现代表广大人民利益的真正的民权，是苏维埃国家根本法最大原则之一，只有苏维埃政权才能保障劳动群众的权利和自由。

为指导宪法起草工作，中共中央提出了“制宪七原则”，即：（1）实现代表广大民众真正的民权主义；（2）实现劳动群众自己的政权；（3）实现妇女解放；（4）实行民族自决；（5）争取经济和政治的双重解放；（6）建立工农的革命政权；（7）保障工人利益，保障农民利益，通过土地革命消灭封建残余。[②]

1931年11月7—20日，第一次全国工农兵代表大会在江西瑞金召开，大会通过了《中华苏维埃共和国宪法大纲》（简称《宪法大纲》）、《地方苏维埃政府组织条例》《中华苏维埃共和国选举原则》《中华苏维埃共和国划分行政区域暂行条例》等重要法律文献，宣告成立了中华苏维埃共和国临时中央政府，选举产生了毛泽东、周恩来、项英等人组成的中央执行委员会，发表了对外宣言。应该说，中华苏维埃共和国是依据列宁的工农民主专政的原理，并仿照苏联苏维埃共和国的形式建立的。

中华苏维埃共和国以崭新的国家姿态出现于革命根据地内，标志着统一的苏维埃政权的正式成立。由于中华苏维埃共和国是在当时敌强我弱的形势下建立的，难免存在一些问题，如苏维埃共和国建立后，经常出现以

---

① 张庆福：《宪法学基本原理》（上），社会科学文献出版社1999年版，第310页。

② 张希坡、韩延龙主编：《中国革命法制史》，中国社会科学出版社2007年版，第28页。

党代政、忽视民主法制建设的情况。[1] 对此，毛泽东曾尖锐地指出："党在群众中有极大的威权，政府的威权却差得多。这是由于许多事情为图方便，党在那里直接做了，把政权机关搁置一边。这种情形是很多的。"[2] 这在一定程度上影响了苏维埃共和国政府的作用和建设，但是，作为人民政权道路的开辟者，在这个过程中，也学会了治国安民的艺术，学会了战争的艺术。所有这些，都是党的重大进步和重大成功。[3] 因此，中华苏维埃共和国的建立有着重大政治意义。

2.《中华苏维埃共和国宪法大纲》的内容

中华苏维埃共和国成立后，迫切需要制定一部宪法以适应和满足社会各方面的形势发展需要。1934 年 1 月，第二次全国工农兵代表大会对《宪法大纲》做了修改，增添了"同中农巩固地联合"的原则性条文，扩大了工农民主政权的社会基础。《宪法大纲》是中国历史上第一次由人民民主政权公布施行的宪法性文件，它用根本法的形式把人民革命的胜利成果肯定下来，体现了中国人民反帝反封建的革命意志，反映了工农劳苦大众争取民主自由的愿望。《宪法大纲》除序言外，共有 17 项，主要内容有以下几方面。

（1）阐明了中华苏维埃共和国的国体。《宪法大纲》第 2 条明确指出：苏维埃政权是劳动人民的政权，其政权的主体是工人和农民，因此，要建立工人和农民民主专政的国家，必须由劳动人民选举产生自己的代表，掌握国家权力。但是选民是有条件限制的，地主、资本家等剥削者无权参加选举，不享有政治上的权利和自由。

（2）明确了工农民主政权的基本任务和目的。《宪法大纲》第 1 条指出：工农民主政权的基本任务是，"保证苏维埃区域工农民主专政的政权和达到它在全中国的胜利"。工农民主政权的目的在于消灭封建残余，驱逐列强在华势力，统一全中国。同时对于资本主义采取有系统的限制政策，阻止其扩大和发展，另外，更为重要的是加强经济建设，提高劳动人民的生活水平；加强政治教育，提高阶级觉悟和工作能力，最终实现无产

---

① 王东：《共和国不会忘记：新民主主义社会的历史和启示》，东方出版中心 2011 年版，第 50 页。

② 《毛泽东选集》（第 1 卷），人民出版社 1991 年版，第 73 页。

③ 《毛泽东选集》（第 2 卷），人民出版社 1991 年版，第 611 页。

阶级专政。

（3）规定了中华苏维埃共和国的政治制度。《宪法大纲》第3条明确规定：全国工农兵会议（苏维埃）是共和国的最高政权机关，大会闭会期间，全国最高政权机关是临时中央执行委员会，并由其组织人民委员会处理日常政务，发布法令和决议案。

（4）规定了中华苏维埃共和国公民的基本权利。《宪法大纲》第4条规定了享有基本权利的主体是在苏维埃领域内的一切公民，同时排除了对妇女、少数民族等条件的限制。并规定公民享有以下权利：第一，平等权。公民在苏维埃法律面前一律平等，包括民族平等、男女平等，具体表现为：对于少数民族，承认其有民族的自决权，可以建立自己的自治区域；实行男女解放，婚姻自由，承认妇女在政治、经济、文化等各方面享有同男子同等的权利。第二，政治权利。所有16周岁以上的苏维埃公民，均享有选举权和被选举权，均可以直接选派代表参加苏维埃大会，参与讨论并决定一切与国家或地方有关的政治事务。第三，经济权利。为改善工人阶级和农民的生活状况，对工人实行八小时工作制，规定最低限度的工资标准，创立社会保险制度与国家的失业津贴，并宣布工人有监督生产之权；在农村没收一切地主阶级的土地，分配给贫农、中农，以实现土地国有化。第四，受教育的权利。规定工农劳苦大众有受教育的权利，在革命战争许可的范围内，应首先在青年劳动群众中实行完全免费的普及教育。

（5）规定了中华苏维埃共和国外交政策的基本原则。《宪法大纲》第8条规定，苏维埃的外交政策要坚持自由与独立，反对帝国主义列强的政治和经济压迫。帝国主义在华取得的一切政治上和经济上的特权、签订的一切不平等条约以及反革命政府的一切外债，均属无效，不予承认。帝国主义掌控的银行、矿山等国有资产一律收回国有。苏维埃的外交政策体现了摆脱帝国主义的压榨，争取民族独立和自由的决心和勇气。

3.《中华苏维埃共和国宪法大纲》评析

作为中国历史上由人民代表机关正式通过并公布实施的第一部人民的宪法性文件，《中华苏维埃共和国宪法大纲》是人民民主政权立宪的初步尝试，具有根本法和政治纲领的双重特点。

（1）它规定了革命根据地的全新的政治制度。革命根据地的苏维埃政权，无论是国体还是政体，都是一种全新的制度。从国体来看，它是中国共产党领导下的无产阶级为主导的工农民主专政。中国共产党使资产阶级民主革命性质的政权发生了质的变化，中华苏维埃共和国是由它决定成立的，革命运动也是由它不断推动向前发展的。正如毛泽东所指出：红色政权的出现、存在和发展，其决定因素在于“共产党组织的有力量和它的政策不错误”①。从政体来看，其组织形式采取的是工农兵代表大会制度。《宪法大纲》规定，全国工农兵代表大会代表全国工农兵、广大劳动人民行使国家权力，它拥有立法权，可以通过立法建立政治、经济、文化以及社会等方面的制度。工农兵代表大会制度实行议行合一的原则，国家最高行政机关——人民委员会也由它赋予权力，向它负责，而地方要执行中央政权机关的一切法律、命令、决议与指示。这种工农兵代表大会制度，保证了把维护工农群众利益的优秀代表选拔到各级政权机关，使工农利益在代表机关和执行机关都能得到切实反映。工农兵代表大会制度是中华苏维埃共和国政治体制的基础，“这一体制，在战争时期，国家结构单一、行政区域有限、需要集中和统一领导的情况下，是必要的”②。

（2）它确立了苏维埃政权的指导原则。《宪法大纲》实行县级以下直接选举和县级以上间接选举相结合的选举工农兵代表大会代表的民主集中制原则。主要表现为：各级工农兵代表大会都由民主选举产生，对人民负责，受人民监督；其他国家机关，包括行政机关、军事机关和司法机关都要对工农兵代表大会负责，接受工农兵代表大会的监督。民主集中制原则的实行，保证了千百万工农大众享有民主选举和参加国家管理的权利。

（3）它第一次以宪法文件的方式，规定了人民所享有的广泛的政治、经济等方面的权利。《宪法大纲》虽然是在战争条件下产生的，而且也只是一种纲要，但是，相对于革命政权初创时期的施政纲领，《宪法大纲》对于人民权利内容做了更为广泛而具体的规定。同时，以宪法形式记载中国共产党所主张的人权思想，这在中国宪政历程中也是首次，具有里程碑意义。除此之外，为了消灭剥削制度，彻底改善工人和农民的生活状况，中华苏维埃政权先后制定了《劳动法》《土地法》，以及大量的关于刑事、民事、行政、经济、劳动、文化教育等方面的法律法规，可以说中华苏维埃共和国工农民主政权的性质，工农群众当家作主的地位，都体现在中华

---

① 《毛泽东选集》（第1卷），人民出版社1991年版，第50页。

② 王东：《共和国不会忘记：新民主主义社会的历史和启示》，东方出版中心2011年版，第50页。

苏维埃共和国整个法制体系和政治制度中，并且正如《宪法大纲》所指出的：苏维埃共和国不仅从法律上确认了言论、出版、集会、结社、罢工等自由，而且从物质上保障这些权利能够加以落实。比如为保障权利的行使，发动群众取得了印刷机关、开会场所等。

总之，以毛泽东为代表的中国共产党人将苏维埃政权形式与当时中国的具体实际相结合，使工农劳苦大众成为政权的主人，实现了人民当家作主的愿望，同时《宪法大纲》还肯定了中国人民通过武装斗争取得的民主成果，总结了根据地的经验。因此，无论从性质还是内容来看，《宪法大纲》都“不失为中国人民宪政运动史上第一部由劳动人民当家作主、确保人民民主制度的根本大法，不失为中国共产党领导人民进行彻底地反帝反封建、实行工农民主专政的纲领”。[①] 虽然从历史的角度看，由于受苏联早期宪法和党的“左”倾机会主义思想的影响，《宪法大纲》在内容上还存在一些不足，主要表现为：纲领中出现了一些脱离中国实际，带有空想性的“左”的条文。例如：在对阶级关系的认识上，宣布资本家、富农、僧侣及一切剥削人的人，没有选举代表参加政权和政治上自由的权利，这样就剥夺了他们的选举权和被选举权，不利于团结一切可以团结的人，也不利于苏维埃民主政权的发展。同时，纲领中一些不符合客观实际的超现实的规定，也给革命事业带来了一定损失。另外，由于当时所处的战争环境的限制，《宪法大纲》还不是在全中国范围内实施的完备的宪法。然而不容否认的是，《宪法大纲》作为一部彻底反帝、反封建性质的宪法性文件，它追求人民权利的民主保障，同当时资产阶级的以及旧中国反动政府制定的一切“宪法”“约法”，都有本质上的区别及不可替代的进步性。《宪法大纲》的颁布和实施，激发了根据地人民的积极性，不仅推动了当时全国革命运动的蓬勃发展，而且为其后人民政权的建设以及制宪工作的开展积累了经验。

（二）《陕甘宁边区施政纲领》

抗日战争时期，工农民主政府转变为抗日民主政府，各抗日根据地先后建立了抗日联合政权。在新民主主义理论指导下，抗日人民政权的施政纲领，以团结抗战为基本内容，把建立强盛、独立、民主的新中国作为奋

① 张学仁、陈宁生主编：《二十世纪之中国宪政》，武汉大学出版社2002年版，第253页。

斗的根本目标。由于抗日战争分为三个阶段，与之相适应，施政纲领也分为三个时期。[①] 抗战初期，1937 年 8 月 25 日，共产党发布的《抗日救国十大纲领》具体规定了全面抗战路线，其主要内容包括："打倒日本帝国主义；全国军事总动员；全国人民总动员；改革政治机构；抗日的外交政策；战时的财政经济政策；改善人民生活；抗日的教育政策；肃清汉奸卖国贼亲日派，巩固后方；抗日的民族团结。"《抗日救国十大纲领》是抗战时期具有宪法性质的文件，是抗日人民民主政权制定纲领的指导方针。在这一纲领的指导下，各根据地颁布了不少施政纲领。例如：1939 年 1 月陕甘宁边区第一届参议会通过的《陕甘宁边区抗战时期施政纲领》、1940 年 8 月《晋察冀边区目前施政纲领》等。这些纲领从扩大民主、改善民生等方面，具体体现了全民抗战的总路线。抗战中期是边区人民抗战最为艰苦的阶段，一方面日本帝国主义对根据地进行了更为残酷的进攻，国民党顽固派先后发动了三次反共高潮；另一方面，抗日军民面临严重的经济困难。中国共产党针对这种形势，及时调整了政策与纲领，连续颁布了一系列施政纲领，满足了人民抗日斗争的需要。如 1940 年 8 月《晋察冀边区施政纲领》、1941 年 7 月《晋冀鲁豫边区施政纲领》、1942 年 10 月《陕甘宁边区施政纲领》等。

抗战后期，共产党一方面积极争取抗战的最后胜利，同时又要开展反对蒋介石个人独裁、国民党一党专政的斗争，适应这种形势，共产党又调整了施政纲领，制定了如《山东省战时施政纲领》等，提出了坚持抗战、打倒汉奸伪政权、加强民主建设工作等。抗日战争时期制定的施政纲领，适应了抗战不同时期斗争的需要，保证了抗日战争的最后胜利。其中，抗战中期制定的《陕甘宁边区施政纲领》是抗日战争时期陕甘宁边区带有根本法性质的政纲，是这一时期最具有代表性的施政纲领。

1. 《陕甘宁边区施政纲领》的内容

《陕甘宁边区施政纲领》由序言和 21 条组成，其内容为：

（1）确定了抗日民主政权的总任务。《陕甘宁边区施政纲领》规定边区政府的主要任务是团结边区内部各社会阶级、各抗日群体，发挥一切力量，驱逐帝国主义，保卫边区。

---

① 张学仁、陈宁生主编：《二十世纪之中国宪政》，武汉大学出版社 2002 年版，第 259 页。

（2）做出了加强团结的规定。《陕甘宁边区施政纲领》要求坚持并巩固与友党、友军及全体人民的团结与合作，坚决反对投降、分裂、倒退的行为。要加强抗日根据地民主政权内部各社会阶级、阶层、各党派的团结，调整各抗日阶级关系，共同对敌。

（3）规定抗日人民的权利。《陕甘宁边区施政纲领》坚决保障所有抗日的人民的权利，包括政治权利、财产权利以及人身和宗教信仰自由的权利。对于人民的人身自由还特别强调，除司法系统及公安机关依法执行其职务外，不得对任何人加以逮捕、审问或处罚。另外，还规定了人民对政府和公务人员有控告和检举的权利。

（4）加强和保障民主的规定。为了保障民主权利的落实，实行普遍、直接、平等、无记名投票的选举制度，保障一切抗日人民的选举权与被选举权。同时规定抗日民族统一战线的政权，实行三三制原则。即在中国共产党和各党派及群众团体结成的联盟中，共产党员占三分之一，党外人士占三分之二，并且要求共产党员要与党外人士加强团结，密切合作。

（5）规定了对地主、资本家的经济政策，以促进经济发展。纲领规定确保抗日人民土地财产所有权，加强经济建设。对土地尚未经过分配的区域，要保障地主的土地所有权及债主债权，但要降低佃农的租费额及债务的利息额等，同时加强政府对地主和佃农债务关系的调整。

（6）规定改进司法制度，实行重证据不重口供的原则，同时废止包括肉刑在内的一切酷刑，对汉奸分子除坚决不悔改者，一律实行宽大政策，而无论其过去行为如何，要给他们政治上、生活上的出路，力争感化和转变他们。

（7）规定民族平等和自治政策。自治区贯彻实行民族平等原则，维护蒙、回等民族在政治、经济、文化方面与汉族享有平等的权利与自由，并通过建立蒙、回民族自治区，实现对蒙、回民族宗教信仰与风俗习惯的尊重与维护。

此外，《陕甘宁边区施政纲领》还对廉洁政治、税收、教育、卫生、对待俘虏、武装部队、妇女地位等问题做了规定。

2. 《陕甘宁边区施政纲领》评析

《陕甘宁边区施政纲领》的实施，对革命根据地的政权建设和法制建设具有重要意义。

（1）《陕甘宁边区施政纲领》特别强调抗日民主政权的统一战线性

质，明确规定实行“三三制”政权形式，在根据地彻底实行民主政治。因此，施政纲领总的精神是“向着团结全民合力抗日合力建国的方向”迈进，其基本精神是“团结、抗战、救中国”。①

（2）《陕甘宁边区施政纲领》把党的抗日民族统一战线的总方针具体化、法律化，便于实践中贯彻落实。1941 年 5 月 1 日《新中华报》刊登的《边区中央局发布施政纲领》报道中说：“此纲领内容极为重要，不但表示团结抗战之总方针，并包括各方面的正确政策，例如军事政策，优抗政策，廉洁政策，农业政策，土地政策，工商政策，劳动政策，税收政策，文化政策，妇女政策，民族政策，华侨政策，游民政策，俘虏政策及外国人政策等。”同年 5 月 21 日，《解放日报》发表社论指出：“施政纲领是一个有重大历史意义的文件。这是我党抗日民族统一战线政纲（十大纲领）之进一步的发展和具体化，是我党二十年来——特别是抗战四年来无限丰富的斗争经验之总结和结晶。”

（3）《陕甘宁边区施政纲领》为抗日民族统一战线各项法规政策的制定、抗日民主政权的建设提供了法律依据，使得中国共产党领导下的抗日根据地的法制建设逐步完善。此后，包括政权机构组织法、选举法以及人权保障法等各种法令、法规、条例、决议纷纷出台，为新民主主义政权建设提供了法律依据。

（三）《陕甘宁边区宪法原则》

抗日战争胜利后，各根据地适应政治、经济、文化发展的新需要，先后颁布了一些施政纲领。陕甘宁边区根据旧政治协商会议通过的《关于宪法草案问题的协议》中的有关精神，起草了《陕甘宁边区宪法原则》（以下简称《宪法原则》），并于 1946 年 4 月，在延安召开的第三届边区参议会第一次会议上通过。《宪法原则》是制定边区宪法的大纲，边区政府根据宪法原则着手宪法的起草工作，并拟定了《陕甘宁边区宪法草案》，准备送交边区参议会常驻会审议修改后，提请边区第三届参议会第二次会议通过。不久，由于国民党发动全面内战，边区的制宪工作被迫停止，同时《宪法原则》也没有付诸实施。但是，这个宪法原则依然是后来制定《共同纲领》的重要渊源。

---

① 《解放日报》1941 年 11 月 26 日。

1.《陕甘宁边去宪法原则》的主要内容

《宪法原则》是解放战争前期具有代表性的重要立法文献，反映了当时中国面临两种前途与命运的形势，体现了中国共产党提出的建立一个自由、民主、独立的新民主主义国家的原则。它共有“政权组织”“人民权利”“司法”“经济”“文化”5个部分，计25条。主要内容是：

（1）确立了根据地的政权形式为人民代表会议制。《宪法原则》明确规定了根据地政权实行人民代表会议制度：“边区、县、乡人民代表会议（参议会）为人民管理政权机关。”“人民普遍直接平等无记名选举各级代表，各级代表会选举政府人员。各级政府对各级代表会负责，各级代表对选举人负责。”此外，《宪法原则》还规定了严格的人民监督政府的制度。人民的监督权体现为：政府由人民选举产生，对人民负责；人民对于选出的政府及其成员可以进行罢免，特别是乡村政府可由人民直接罢免。以上内容可以看出，《宪法原则》所确立的人民政权体系，体现了民主集中制原则，是一种议行合一的民主体制，对于团结更广大的力量具有重要意义。

（2）规定了人民广泛的民主自由权利。《宪法原则》规定了人民所享有的政治权利包括法律面前人人平等、选举和管理政府的权利等，特别强调人民享有的权利不分民族，一律平等。同时对经济、文化和卫生等方面的权利也做了相应规定。另外，它还规定了政府为保障人民权利的行使而应尽的义务，包括提供物质上的帮助，保证人民免于经济匮乏和贫困，享受免费的国民教育以及保障人民有武装自卫的权利等。最后，《宪法原则》还对上述权利的实施提供了较为具体的保证方法，包括减租减息、发展经济建设、救济灾荒、发展卫生教育和医药设备以及组织自卫军和民兵等。

（3）规定了司法独立的原则。《宪法原则》首次以专章将司法为重要内容加以规定，特别强调了司法独立的思想，认为司法权的行使应不受干涉，并规定了政府领导下的独立的司法制度，包括司法独立，不受干涉；人民的人身自由受法律保护，除公安机关外，任何其他机关不得有逮捕审讯的行为；此外，《宪法原则》还规定：人民对违法失职的工作人员有控告权等。在司法审级上，改过去的两级终审制为三级终审制，使司法权的行使得到进一步的监督，也更加保障了司法的独立性和公正性。

（4）规定了经济文化的基本政策。在经济方面，《宪法原则》规定消灭封建土地制度，实行耕者有其田，工人有工作，企业有盈利和发展空间。实行公营、合作、私营三种经济方式，组织所有人力消灭贫穷，有计划地发展各种实业。同时，在文化卫生方面，普及并提高人民的文化水准，扫除文盲，保障学术自由，鼓励发展科技，减少疾病与死亡现象。

（5）规定了处理民族问题的基本政策。《宪法原则》明确规定实行民族区域自治制度，主张各民族一律平等。并以宪法文献的形式使民族区域自治制度从法律上固定下来，从而既保证了各民族在国家中的平等地位，也维护了祖国的统一。

2.《陕甘宁边区宪法原则》评价

《宪法原则》是在抗战胜利后通过的，而且由于内战爆发，也没有付诸实施，同时其在体例上也不同于宪法或宪法大纲，只是一部宪法性文献。因此，从宪法理论和宪政实践来看，不免带有一定的局限性。但是作为抗日战争和解放战争承上启下的重要文献，《宪法原则》的制定和实施，不但对巩固新民主主义政权、推动人民解放战争的胜利起了积极作用，也为新中国成立后的法制建设积累了有益的经验，其作用和历史地位十分重要。

（1）《宪法原则》确立了人民代表会议制的组织形式，并规定了人民对各级政府的罢免权，对新民主主义宪政模式的创立进行了有益的探索，对于团结广大人民反对国民党反动统治，加强党对人民的领导，推动全国政治民主化的发展具有重要意义。

（2）《宪法原则》作为边区根本法性质的文件，从政权组织形式等方面，勾画了新民主主义宪政的总体轮廓和基本内涵。与工农民主政权时期相比，人民代表会议的政权所代表的人数更加广泛，边区民主化程度更高，为新民主主义宪政的实现奠定了广泛的群众基础。

（3）《宪法原则》确立了保护各革命阶级的独特的司法制度，主张司法独立，只服从法律，这一制度改变了之前司法由政府直接领导的体制，使得行政不再兼司法。同时，为保证人民对司法机关的监督，各根据地的司法机关严格了复核制度，将过去的两级终审制该为三级终审制。所有这些制度对于保护各革命阶级的利益，都具有重要意义。因为“它是服务于政治的，是向人民负责的”①。当然，这种司法独立与西方的三权分立

① 《边区政府工作报告》，《陕甘宁边区参议会文献汇辑》，科学出版社 1958 年版，第 89 页。

下的法官独立不同，司法机关在政治上仍受政府的领导，是政府领导下的独立行使司法职权的司法独立制度。

(4)《宪法原则》规定了革命根据地人民应享有的广泛而真实的民主权利，并从物质和制度上保证人民权利的落实，从而展现了新民主主义政权下具有特殊意义的人权观。

二、选举法的制定实施

选举制度是民主的基本形式，是新民主主义政权合法性来源的主要途径，虽然在战争环境建立的革命政权，以执行军事任务为主要职能，很难做到完全由人民普选产生，但是，中国共产党一直十分重视推行普选制，不但以选举的方式建立了人民民主政权，还使越来越多的人民享有了参政议政的民主权利，为新民主主义革命的胜利奠定了广泛而深厚的社会基础。

中国现行的民主选举制度，是在革命战争年代产生和发展起来的。早在中共二大召开前夕发表的《中国共产党第一次对于时局的主张》中，就提出了“采用无限制的普遍选举制”的口号。1925 年 6 月，省港罢工工人用民主选举的方式选出了罢工工人代表大会，并由罢工工人代表大会选举产生了 13 人组成的省港罢工委员会。北伐战争时期，各级农民协会的权力机关都由会员大会选举产生。1927 年 3 月，上海工人第三次武装起义中成立的上海市市民代表政府，规定市民代表会议代表由选民直接选举产生，代表受选民监督，向选民负责。中华苏维埃共和国时期，依据《中华苏维埃共和国宪法大纲》制定的选举法，标志着工农民主政权的选举立法和选举制度形成。抗日民主政权建立后，随着人民政权形式的变化，选举立法和选举制度进一步发展和成熟起来。

(一) 苏维埃政权的选举立法

苏维埃政权的选举立法始于 1928 年。这一年的 7 月，中国共产党在莫斯科召开“六大”，通过了《苏维埃政权的组织问题决议案》，提出：工农武装起义后，“地方政权已经巩固，便应组织苏维埃”，“苏维埃应在劳动群众直接选举的基础上组织起来”，“代表成分的分配，应是大多数直接选出的工人和农民。并应随地酌定选举条例”①。此后，中国共产党

① 《中共中央文件选编》(第 4 册)，中共中央党校出版社 1991 年版，第 403 页。

首先在红色区域内开始了选举立法的实践，这一实践的指导性原则，是全国苏维埃区域代表大会于 1931 年 9 月颁布的《苏维埃区域选举暂行条例》，红色区域的工农民主政权包括江西、湖南以及鄂豫皖等地相继制定了区域选举立法。红色区域工农兵选举立法和选举制度，是工农兵代表大会制度和工农民主政权组织形式的重要组成部分。1933 年下半年，苏维埃中央执行委员会颁布了修改后的《苏维埃暂行选举法》，较具体地规定了苏维埃选举的原则、组织、程序和方法，对于苏维埃民主制度的建立具有重要意义。

1. 选举权与被选举权的规定

苏维埃选举法有一个共同特点，就是用相当的篇幅来列举享有选举权和被选举权的主体，而且在总体上以阶级为界限排除了阶级敌人。[①]《苏维埃暂行选举法》将拥有选举权和被选举权者细化为："（一）一切被雇佣的劳动者及其家属，与一切自食其力的人及其家属（如工人、雇员、贫农、中农、独立劳动者、城市贫民等）；（二）在中华苏维埃共和国海陆空军服役者及其家属；（三）以上两种人民中，在选举时失去劳动能力，或失业者。"没有选举权和被选举权者为："（一）雇用他人的劳动以谋利者（如富农、资本家）；（二）不以劳动，而靠资本、土地及别的产业的盈利为生活者（如豪绅、地主、高利贷者、资本家）；（三）地主、资本家的代理人、中间人（中介人、牙人之类）及买办；（四）一切靠传教迷信为职业的人，如各宗教的传教士、牧师、僧侣、道士及地理和阴阳先生等；（五）国民党政府及其他反动政府的警察、侦探、宪兵、官僚、军阀及一切参加反对工农利益的反动分子；（六）犯神经病者；（七）经法庭判决有罪，而在执行判决期间及被剥夺选举权的期限未满期者；（八）一、二、三、四、五各项人的家属。"与此同时，这一时期的选举法大都对选民的年龄做了放宽规定，一般规定满 16 周岁即可享有选举权，有的地方为了保障更多的劳动人民参加到选举中来，甚至规定满 12 周岁也可享有选举权。[②] 在选举时，给予无产阶级特别的权利，提高工人代表所占比例。例如，江西的选举法规定：产业工人每 500 人选举代表 1 人，手工业者每 1000 人选举代表 1 人，农民每 1500 人选举代表 1 人。这些规

---

① 何俊志：《从苏维埃到人民代表大会制》，复旦大学出版社 2011 年版，第 47 页。

② 刘勇：《新民主主义革命时期红色政权选举》，《北京党史研究》1995 年第 2 期。

定说明，当时苏维埃政权把保持较高比例的工人参与政权，看作保证工农民主政权性质的一项主要措施。

2. 选举的主要程序

苏维埃政权非常重视选举制度的程序化，苏维埃共和国建立之前，苏维埃区域的选举工作多由当地苏区政府主持，不设专门的选举机构。苏维埃共和国中央政府成立后，在城市和区、乡选举中设立了由政府成员和群众代表组成的选举委员会。市、区的选举委员会分别由 7—11 人和 9—13 人组成，并须经市苏维埃或区执行委员会主席团通过，报县执行委员会审批，乡选举委员会由 9—13 人组成，主要组成人员是苏维埃代表、群众代表及其他积极分子。选举委员会的工作是宣传选举法、划分选区、登记选民、公布选民名单、提出候选人名单、决定选举日期和地点、收集提案、召集和主持选举大会、编制选举预算等。在上述选举程序中，特别值得注意的是对候选人名单的确定，《苏维埃暂行选举法》规定，候选人名单由群众团体提出，选举委员会公布，讨论通过时，须逐一发表意见，逐一表决。① 经上述程序确立的候选人，不但政治觉悟高、工作能力强，而且能广泛地代表选民的利益。

3. 选举原则

苏维埃政权的选举原则贯穿于其所颁布的各种法令、法规之中，对于指导当时的选举运动和民主建设具有指导作用。概括来说，这些原则包括：

（1）普遍选举的原则，表现在苏维埃的选举制度对选民资格做了很宽泛的规定，既无性别和种族的歧视，更无财产和教育的限制，广大妇女、少数民族和劳苦大众都平等地享有普选权，这样，使大批工农先进分子被选举到了苏维埃。与此同时，还对非劳动人民限制选举权和被选举权。这种选举权的给予与限制，均体现出苏维埃的工农民主专政的国家性质。

（2）平等选举的原则。苏维埃的选举法中，普遍规定了“一人一票”“一票值一票”的制度。在苏维埃共和国的选举细则中，还规定了选民登记制度，凡登记后的选民，都会详细通知选举的具体事项，选民通知书即

① 韩延龙、常兆儒编：《中国新民主主义革命时期根据地法制文献选编》（第 1 卷），中国社会科学出版社 1981 年版，第 175 页。

相当于一张选票。再例如表决的规定，《苏维埃暂行选举法》第十五条规定：选举以举手的形式表决，举手多数者当选。这说明，规定中蕴含着“一票值一票”的思想。因此，虽然平等原则在苏维埃选举的法律、法规等文件中表达得不够明晰，但是已意识到平等原则的重要性。当然，这种平等并非绝对平等，而是相对平等，表现在工农代表比例的差异上就是很好的证明。

（3）直接选举与间接选举相结合的原则。由于当时的战争环境所限，加之苏维埃共和国的选举制度尚处于初创时期，很多选民文化程度不高，甚至是文盲，因此，苏维埃选举主要是间接的，选民的直接权利只限于选举乡代表。直接选举和间接选举相结合的原则，符合当时的实际，是一种客观的选择。

（4）代表对选民负责的原则。代表对选民负责表现为代表有定期向选民汇报工作的义务，选民有罢免代表的权利。例如《苏维埃暂行选举法》规定：“如有不执行自己的职务，违背选民的付托，或者犯法的行为”，“经过全体代表会议得开除之；选举该代表的选民，也有随时召回该代表之权，并得另行选举之”①。

总之，选举制度体现了苏维埃政权的工农民主专政的性质，提高了工农群众的民主意识和参政热情，大大促进了苏维埃的民主政权建设。苏维埃政权的选举工作始终与中国共产党的中心工作相结合，从而得到广大人民的充分信任，他们中的许多人甚至愿意以自己的生命捍卫自己的政权，从而使苏维埃政权能够在革命战争年代的历次危机中生存并壮大起来。

（二）抗日民主政权的选举立法

抗日战争爆发后，虽然国内阶级矛盾尤其是国共两党之间的矛盾依然存在，但为维护国家利益和民族整体利益，中共产党及时调整了方针政策，将主张抗日的国民党也吸收到统一战线中来，从而扩大了革命阵营。与上述方针相一致，此时制定的选举立法的指导方针和指导原则以及选民范围，也相应地做出了调整，这一调整是当时国情变化的需要，适应新民主主义的精神。1940 年 1 月，毛泽东在《新民主主义论》中指出：抗日统一战线的选举政策必须实行普遍、平等的选举，“才能适合于各革命阶

① 韩延龙、常兆儒编：《中国新民主主义革命时期根据地法制文献选编》（第 1 卷），中国社会科学出版社 1981 年版，第 162 页。

级在国家中的地位，适合于表现民意和指挥革命斗争，适合于新民主主义的精神”①。抗日根据地的民主选举制度是在苏维埃工农民主政权选举制度的基础上，依据普遍、平等、直接、无记名投票的原则而建立的，并经过多次的民主选举运动，逐步发展和成熟起来。这个时期的选举实践是在各个根据地进行的，选举运动也是以各个根据地为区域范围展开的。值得注意的是，抗日战争进入相持阶段后，敌后根据地在这一相对稳定的时间内，加紧完善和实践抗日民主政权的选举立法，调动了广大人民的积极性，使得参加选举的人数普遍增加，选举程序进一步规范，从而为建立相对完善的选举制度积累了经验，这一时期，成为新民主主义红色政权选举制度建设的黄金时期。②

1. 选举立法的制定和选举条例实施细则的颁布

抗日民主政权的选举立法是在中国共产党普选思想的指导下建立的。1936年8月，《中国共产党致中国国民党书》中首次提出“我们赞助建立全中国统一的民主共和国，赞助召集由普选权选出的国会”；1937年2月《中共中央致国民党三中全会电》明确提出：“在特区政府区域内，实施普选的彻底民主制度”。抗日根据地的民主选举制度，首先在陕甘宁边区建立，然后推广到各敌后抗日根据地。1937年5月，依据在特区内实施普选的民主制度的精神，通过了《陕甘宁边区选举条例》。该条例根据陕甘宁边区的特殊情况规定：“采取普遍的、直接的、平等的、无记名的选举制，保障实现彻底的民主。”1940年6月，晋察冀边区等敌后抗日根据地通过了《晋察冀边区暂行选举条例》，规定了选举的原则、程序和组织办法，充分体现了抗日民族统一战线政权的性质。

此后，从1939年开始到抗日战争结束前夕，各抗日根据地普遍颁布了规范选举行为、确立选举制度的立法。这些立法主要包括：1939年制定的《陕甘宁边区选举条例》，1940年制定的《陕甘宁边区各级参议会选举条例》《晋察冀边区暂行选举条例》《晋西北村暂行条例》，1942年制定的《晋西北临时参议会参议员产生办法》，1943年制定的《晋察冀边区选举条例》、《晋冀鲁豫边区村政权选举暂行条例草案》、1944年制定的《晋冀鲁豫边区参议员选举条例》、《晋冀鲁豫边区县议员选举条例》，

① 《毛泽东选集》（第2卷），人民出版社1991年版，第677页。

② 刘勇：《新民主主义革命时期红色政权选举》，《北京党史研究》1995年第2期。

1945 年制定的《晋绥边区参议会选举条例》以及《山东省行政区参议会参议员选举办法》，等等。此外，各抗日根据地为了加强民主选举，健全选举制度，还通过了很多选举法的解释、细则、指示等文件以及选举委员会的职权、工作方法等。例如，1942 年制定的《陕甘宁边区各级参议会选举条例的解释及其实施》，1944 年制定的《晋察冀边区参议员选举条例实施细则》，1945 年制定的《晋绥边区参议员、县议员选举办法》等。

2. 抗日民主政权选举立法和选举制度的变化

与苏维埃政权时期的选举制度相比较，抗日民主政权的选举制度发生了很大变化。

（1）选举权的普遍性原则表现得非常突出。苏维埃代表选举权主体为工人、农民和革命士兵，抗日民主政权以抗日态度划分敌友，除工农革命士兵之外，一切拥护抗日的地主、富农、资本家及国民党人士，均享有同等的选举权和被选举权。妇女的参选率与男人相当，地主、富农、商人、知识分子、国民党及民主人士都有一定比例的代表参加民意机关。

（2）在候选人提名和确定上引入竞选程序。代表候选人实行差额选举，即代表候选人名额多于应选代表名额。首先由抗日党派、群众团体联合或单独推荐候选人，再由选举委员会审查、登记并予以公布。各抗日党派、团体及公民既可以联合或单独推荐代表候选人，也可以自由竞选。陕甘宁边区、晋察冀和晋冀鲁豫边区都开展了竞选活动。例如《晋察冀边区选举条例》第 11 条规定：“边区参议员、县议员之选举，各抗日党派、群众团体、工厂、部队、学校及公民自由组合均得提出候选名单，在不妨害选举秩序下，自由竞选。”竞选办法规定后，各政党和各社会团体以及个人都可以平等的参加到竞选活动中来，虽然共产党在竞选活动中占据优势，但共产党并未独占竞选名额，反而主动的帮助非党人士参加竞选，这样不仅调动了大家参加选举的积极性，也扩大了中国共产党可团结的范围，成为我国选举制度实践的宝贵经验。

（3）普遍实行“三三制”原则。民选的各级民意机关及政府，共产党员占三分之一，非党进步分子占三分之一，中间分子占三分之一。抗日民主政权要求在民主选举中实施“三三制政权”，建立真正民主的抗日民族统一战线政权。如，1941 年 1 月《关于彻底实行“三三制”的选举运动给各级党委的指示》中指出：“边区为使今年选举运动能正确的实行党中央‘三三制’，建立真正模范的新民主主义政权”，特提出如下基本指示："边区自乡村起可以彻底的实行'三三制'"；"'三三制'政策，不仅要实行于议会，还要实行于政府机关中"。①

（4）直接选举和间接选举相结合的原则。直接选举是指不经过代表团，由人民直接选举出代表机关代表的制度；而间接选举则是由人民首先选出代表，再由代表投票选举的制度。抗日根据地采取哪种选举方式是由选举环境、选民文化程度、民主意识及选民数量等多种因素决定的。如，陕甘宁边区各级参议会参议员一律由选民直接选举产生；晋察冀边区和晋绥边区的根据地巩固区，边区和县参议员实行直选，游击区、边缘区和沦陷区实行间接选举；晋冀鲁豫边区的边区参议会参议员实行间接选举，县及县以下实行直接选举；晋西北边区的抗日军队、中等以上学校、文化团体、新闻单位和行政区级以上机关团体，按分配名额直接选举本系统的参议员，以县为单位的区域选举、行政区级以上工会和工厂、商联会的大小商业户、小学教员和妇女团体，实行间接选举。

（5）无记名投票方式。由于当时文化落后，群众识字不多，根据地还发明了一些适应群众文化水平的投票方法，如画圈法、烧洞法、投豆法、背箱法、举拳法等，这些方法是战争时期民主得以充分实现的途径之一，这反映了当时的中国普通民众虽然没有文化，但仍有政治智慧，只要有机会，他们的政治智慧就会展现出来。

抗日根据地人民创立的种类繁多的投票方式看似简单，有的甚至不能登大雅之堂，但是它适应了广大人民参加选举的迫切愿望，调动了他们的革命积极性，人民把自己对共产党的热情和希望寄托在选票上，亲自填写选票，亲自把选票投入选票箱，不仅对广大劳动人民是一次民主选举的历练过程，而且也说明，只要中国共产党真正代表人民利益，真心实意地推进民主进程，即使条件再艰苦，也是能够有办法实行民主政治的。

3. 抗日民主政权选举的保障

抗日根据地的经济社会条件和文化教育程度虽然有限，但根据地人民在选举的组织领导、物质和法律等方面做了大量工作，有效地保证了民主选举的进行和《选举法》的贯彻实施。其中，组织保障主要是指各行政区各级机构分别设立了选举委员会，负责选举的日常工作；物质保障是指

---

① 《陕甘宁边区抗日民主根据地文献卷》（下），中共党史资料出版社 1990 年版，第 66—73 页。

选举经费的来源统一由抗日政府开支，从而避免了因经济原因而导致选举无法开展的情况出现；法律保障是指，以法律形式规定选举舞弊、破坏选举等情形的惩罚措施，同时规定了对不称职、违法失职代表罢免的权利和程序等，有效地保障了选举秩序，保障了代表忠实地履行自己的代表职责。

（三）解放区人民政权的选举法

1945 年 8 月抗日战争胜利后，随着国内阶级矛盾的变化，解放区的政权结构也进行了调整，反对帝国主义、封建主义和官僚资本主义的斗争成为解放战争时期国内斗争的焦点，在这一斗争中，工人阶级作为领导阶级，组成了以工农联盟为基础的广泛的爱国统一战线。在人民民主专政政权的建设中，解放区的选举实践仍然继续贯彻抗日战争时期确立的选举制度和原则。总的说来，这个时期由于抗战刚刚结束，各解放区的主要工作是集中力量进行革命战争和改革土地制度，选举制度在基本维持抗日战争时期选举制度的基础上有所发展，但政策调整不大。

1. 解放区人民政权颁布的选举法规

解放战争爆发前期，各解放区所颁布的选举法规不但数量较少，而且在内容上也与抗日战争时期制定的选举法规大体相同。

例如，1946 年 1 月 16 日，辽西区行署发布的《辽西区各市县临时参议会暂行组织条例》；4 月 24 日修正公布的《张家口市参议会选举暂行条例》；5 月颁行的《苏皖边区乡镇选举条例》；等等。1948 年后，随着解放战争形势的发展变化和解放区不断巩固和扩大，各解放区先后建立了人民政府，民主宪政的任务提上了人民政权的议事日程，各地着手选举的立法工作。1948 年 10 月，华北人民政府草拟了村县两级人民代表选举条例实施细则和选举手册，作为村县两级人民代表会议实施普选的依据。1949 年 1 月，东北行政委员会颁布了《东北解放区县村人民代表选举条例草案》，内蒙古自治政府颁布了《内蒙古自治政府关于村选指示》，不久，山东省人民政府发布了《关于召开山东省人民代表会议及代表选举办法的决定》等。这些规范性文件关于选举制度的一个重要变化，是对于选民范围和条件做出了不同于抗日根据地民主政权的规定。

2. 解放区人民政权选举制度的特点

解放区选举制度的特点主要体现为以党的政策为确定选举权的依据，

解放战争时期党的政策发生了变化，选举制度的具体内容也随之改变。具体表现为以下几方面。

（1）关于选举权与被选举权的范围。抗日战争时期的选举法规，都把拥护抗日，“不分阶级、不分党派”作为选民资格的前提条件，而解放战争时期，则明确把“赞成反对帝国主义、封建主义、官僚资本主义，建设新民主主义新中国”，作为当选人民代表会议代表的首要条件。这种变化一方面从法律上反映了国内阶级关系的变化，另一方面也是政治上人民范畴的变化所引起的选民范围和条件变化的反映。

（2）普选制与推选制并用。解放区的人民政权为提高选举的可操作性和实效，在一些尚在土改运动中的老解放区选举的人民代表会议的代表，继续沿用普遍直接选举的方式，并在选举的基础上，建立区、村的基层人民政权。而在一些不具备直接选举条件的解放区，不再要求进行直接选举。同时，城市的各届人民代表会议代表的选举，也采取各政治团体、军队和各行业推选代表的方法组成各级代表会议。

（3）放宽代表候选人提名制度的限制。与抗日战争时期的选举制度相比，解放战争时期，在群众广泛酝酿代表候选人的基础上，规定除了各党派和人民团体可以提出代表候选人外，选民也享有这项权利，同时，取消了原来个人提名候选人必须有10人联署的规定，这样一来，代表候选人的产生更加真实地反映了民意。例如，在陕甘宁边区的选举中，县议员的候选人，选民10人以上联合提出1人；边区议员的候选人，选民20人以上联合提出1人；取消了原各级增选议员由1/10以上选民联署的限制。此外，解放区人民政权通过实行普遍的差额选举和预选等方式，来保证候选人的质量；通过建立监察制，设立人民监察机关，用法律手段来保证群众的民主权利。

总之，解放战争时期的民主选举，除陕甘宁边区在抗日战争胜利初期实行三级普选之外，其他大多数解放区是在解放战争后期，在完成了土改的农村进行的。经过长期战争，刚刚获得解放的广大农村，虽然民主选举条件有限，一些选举制度并不十分成熟，人民的选举意识还有待提高，但是，解放区人民的民主选举实践，使人民真正享有了一定的民主权利，这对于一个遭受了近百年外国侵略者蹂躏和封建军阀践踏的国家和民族而言，无疑具有特别重要的意义，同时也为解放区人民政权的巩固和发展，以及选举制度的进一步完善积累了历史经验，奠定了的政治基础。

三、人权立法与人权保障

人权立法和人权保障是新民主主义宪政理论和实践的重要内容，也是新民主主义革命的一项重要任务。新民主主义时期的人权斗争，主要围绕着人权立法和人权保障两个方面进行。

（一）新民主主义人权思想的产生

人权起初是资产阶级为反对封建专制和宗教特权而提出来的一个口号。世界上第一个把人权提高到纲领性文件和根本法地位的，是1776年美国的《独立宣言》，它宣布：“人人生而平等，他们都从他们的‘造物主’那边被赋予了某些不可转让的权利，其中包括生命权、自由权和追求幸福的权利。”马克思称它为“第一个人权宣言。”1789年，法国制宪会议通过了第一个直接以“人权”命名的宣言，即《人权和公民权利宣言》（简称《人权宣言》），宣布：“在权利方面，人们生来是而且始终是自由平等的。”“任何政治联盟的目的，都是保护人的不可剥夺的自然权利。这些权利是：自由、财产、安全和反对压迫的抵抗。”

上述作为自然权利的资产阶级人权思想，在新文化运动时期，伴随西方文化传入中国，很快在中国革命志士和知识分子中传播开来。新文化运动以彻底的批判精神，从思想上动摇了封建主义的统治，促进了人们思想的空前解放。但是，新文化运动时期所倡导的是个人人权，这种以个人为中心的权利思想，与解决国家和民族危机并没有必然联系。1919年五四运动的爆发，促进了马克思主义在中国的广泛传播，此时，由激进的资产阶级民主主义者转变而来的早期马克思主义者，在马克思主义人权思想指导下，开始改变个人人权优位于国家权力的西方自由主义人权观，并将个人人权的实现与谋求中华民族的独立与解放联系起来，实现了由强调争取个人人权到强调民族解放和国家独立的转变，从而解决了困扰中国人权运动发展的关键问题。

1921年中国共产党成立后，多次强调争取和保障人权。1922年，毛泽东在为纪念“五一”国际劳动节发表的文章——《更宜注意的问题》中指出：“五一”纪念日须“注意到劳工的三件事：一、劳工的生存权。

二、劳工的劳动权。三、劳工的劳动全收权。”① 毛泽东通过阐述劳工的劳动与生存关系，明确提出劳工的三项权利，这一论述把中国共产党领导的人权斗争与新民主主义革命运动有机地结合了起来。同年6月15日，中国共产党在《第一次对于时局的主张》中，提出了包括消灭帝国主义在华特权的11项基本原则。这是中国共产党的第一个人权宣言书，它首次把争取人民切身的政治、经济权利等作为自己的斗争目标。

但是，由于近代革命并不能简单地归结为“人权革命”，相反，人权斗争在整体上是服从争取国家独立和政治民主的斗争的，因此，中国共产党所主张的人权主要是国家和民族的集体人权，而非单纯的个体人权和自由，反映在人权实践中，尚未形成具体的便于实施的人权纲领。尽管如此，中国共产党人权观的确立，是对马克思人权思想的丰富和发展，成为新民主主义时期人权斗争的指导思想。

（二）苏维埃政权的人权实践

1927年大革命失败后，为反抗国民党的统治，争取广大人民的自由和权利，中国共产党领导人民开创了一条以“农村包围城市”的革命道路，并在人权实践上取得了一系列法律成果。

1. 以土地革命为核心的农民生存权的保障

这一时期中国共产党领导的人权斗争主要是围绕着土地革命，以及保障广大农民的生存权而展开的。农民生存权的保障来源于土地。1928年12月，井冈山根据地在分田斗争的基础上制定了第一部新民主主义性质的法律——《井冈山土地法》，其核心是平均分配土地。1929年4月，毛泽东主持制定的《兴国土地法》，将《井冈山土地法》中“没收一切土地”改为“没收一切公共土地及地主阶级的土地”，“分给无田地及少田地的农民耕种使用”，从而明确了土地革命的对象是地主阶级和封建土地关系。此后，全国各革命根据地以平分土地为主要内容的斗争普遍展开，并以“法令”或“政纲”的形式将农民的土地权利确定下来。与此同时，与农民切身利益直接相关的一些权利，如劳动权、人身权、受教育权、平等权和婚姻自由等也得到相应改善，获得土地的农民在苏维埃政府的领导下，生活得到了很大改善。

① 《毛泽东文集》（第1卷），人民出版社1993年版，第8页。

2. 通过制定相关法律，实现对工农群众的人权保障

土地革命时期最具代表性的人权保障纲领，是1931年11月7日公布的《中华苏维埃共和国宪法大纲》（以下简称《宪法大纲》），《宪法大纲》对人民权利的规定，是新民主主义人权观的一个飞跃性发展。此后，中国共产党领导根据地人民又颁布了《劳动法》《婚姻法》等诸多法规。其中，苏维埃政权制定的《劳动法》，对雇工的程序、劳动时间、劳动保护和社会保险都做了明确规定。如规定八小时工作制、订立劳动合同与集体合同、苏维埃垄断劳动权、救济失业工人等。这些保护工人人权的法律条例，不仅在当时的中国是前所未有的，就是在当时世界各国也是罕见的。《婚姻法》除承认婚姻自由之外，还详细规定了男女同工同酬、妇女同男子一样平均分得土地等妇女应享有的权利，使妇女能够真正参加社会经济、政治和文化生活，从而改变了根据地妇女的人权状况。

上述这些法规的颁布，使人民享有的权利更加广泛而具体，同时也更加注重人民权利所必须的政治保障和物质保障。与此同时，其他各根据地也参照中央苏区制定了相应的法律、法规，为中国共产党人权思想的实践开创了新局面。

（三）抗日民主政权的人权保障

抗战时期争取民族独立和人民主权的斗争，是围绕抗日民族统一战线的建立和发展展开的。在毛泽东新民主主义理论指导下，抗日民主政权的施政纲领以“民族独立、民权自由、民生幸福”为基本内容，把建立强盛、独立、民主、自由的新中国作为奋斗的根本目标。

1. 中共人权政策的调整

抗日战争全面爆发后，工农民主政府转型为抗日民主政府。抗日民主政府是一切赞成抗日又赞成民主的人们的政权，是几个革命阶级联合起来对于汉奸和反动派的民主专政。[①] 随着抗日民主政权性质的转变，中国共产党适时地调整了人权政策，将人权斗争的目标由向国民党反动政府争取人民的民主自由和权利，转变为抗击日本帝国主义，争取民族生存和国家独立的斗争。与之相适应，抗日民主政权的人权主体进一步扩大，除了工人、农民、小资产阶级知识分子外，还包括愿意抗日的资产阶级、地主、

① 《毛泽东选集》（第2卷），人民出版社1991年版，第741页。

豪绅和富农。1935年8月1日，中国共产党发表了《为了抗日救国告全体同胞书》（简称《八一宣言》），提出了“为人权自由而战”的口号。《八一宣言》的发表，标志着中共建立抗日民族统一战线的策略路线基本形成。随着抗日民族统一战线的发展，根据地的人权建设也进一步深入开展起来。但是，由于长期受到封建专制主义的影响，一些干部缺乏民主思想和法治观念，“对群众打骂威吓，任意拘捕捆绑”，严重侵犯了人民权益，破坏了干群关系。针对这些问题，毛泽东强调指出：争取政治上的民主自由，是保证抗战胜利的中心环节；没有政治上的民主自由，便不能巩固已经取得的胜利。为建立最广泛的抗日民族统一战线，中共将抗日与民主结合起来，注重对人民民主权利的保障，使广大人民积极投身抗日斗争。

2. 保障人民生存权的施政纲领

保障人民生存权的施政纲领以1937年8月25日通过的《抗日救国十大纲领》最具代表性。这些纲领以法律的形式将人民的基本权利固定下来，并在实践中积极落实，从而达到动员全民抗战的目的。例如，这些纲领从扩大民主、改善民生等方面，具体保障了全民抗战总路线的实施：（1）保障生存，改善民生。《抗日救国十大纲领》十分注重“改善人民生活”，实现人民最基本的人权——生存权。为此，纲领制定了减租减息、赈济灾荒、改善人民的生活待遇等方针。在这些方针的指导下，各根据地普遍采取有效措施，从保障人民生存权开始，为全民抗战做好准备。（2）发展经济，保障供给。发展经济是保障人民生存权的基础和前提，抗日根据地民主政权一直十分重视经济工作，表现为各施政纲领一般都规定了“保障边区一切抗日人民的私有财产权及依法之使用及收益自由权”，“保证一切取得土地的农民私有土地权”。（3）制定有利于经济发展的政策，维护有利于抗战的社会经济关系。为保障农民的经济利益，实行以减租减息为核心的土地政策，“应该规定地主实行减租减息，方能发动基本农民群众的抗日积极性，但不要减得太多”。[①] 否则，农民借不到债，反而会损害农民的经济利益；为调节劳资双方利益，制定了既能改善工人的劳动条件、提高工作待遇，又使资本家有利可图的劳动政策。此外，各

① 《毛泽东选集》（第2卷），人民出版社1991年版，第768—769页。

根据地还普遍实行了以发展经济、保障供给为方针的财经政策。抗日根据地民主政权所实行的一系列经济政策，兼顾了工农大众和地主、资本家两方面的经济利益，从而大大激发了各阶层人士的抗战热情，进一步扩大了抗日民族统一战线。

3. 保障人权的立法

土地革命时期，各根据地就颁布了一系列保障人权的立法。如选举法、婚姻法、劳动法以及保护妇女权益方面的法律。抗战时期，抗日民主政权除以施政纲领等宪法性文件的形式，规定人民享有的各种权利外，还在施政纲领有关人权原则的指导下，专门制定了保障人权的条例。如1940 年 11 月《山东省人权保障条例》、1941 年 11 月《冀鲁豫边区保障人民权利暂行条例》、1942 年 1 月《陕甘宁边区保障人权财权条例》、1942 年 11 月《晋西北保障人权条例》、1943 年 2 月《渤海区人权保障条例执行规则》，等等。这些人权保障条例，对人权的含义做了法律上的解释，指出了人权的基本内容或范围，规定了人权保障的具体措施。例如，《山东省人权保障条例》规定："在不危害抗战范围内，人民有下列之自由：人民有身体与抗日武装之自由；人民有居住与迁徙之自由；人民有言论、著作、出版、集会、结社与通讯之自由；人民有信仰宗教与政治活动之自由。"抗日根据地保障人民人身自由权的立法，抓住了人民权利的要害和关键，有效地促进了其他各项权利的实施和落实。

此外，为了从法律上保障人民各项权利的落实，人权保障条例还对人权的司法保障做了规定。（1）规定了司法工作的宗旨是保护一切抗日人民的人权、政权、财权，同时打击汉奸、反革命和其他破坏分子。（2）强调司法保障工作必须遵循两个原则：一是公务人员违反人权条例，从严治罪；二是一人犯法，罪及本人，不准株连。人权条例的上述规定，彻底否定了封建法律制度，最大限度地保障了人民的自由权利，并较好地保障了一切无辜的人不受错误追究，对于加强边区的司法建设和人权保障具有重要意义。

总之，各根据地民主政权制定的人权保障条例，较之宪法性法律文件更为具体、更为详细，具有更强的操作性，反映了各抗日根据地民主政权对人权保障的关注，促进了抗日根据地的人权立法的发展。

（四）解放区争取人权的斗争

内战爆发后，不仅中国的和平建设遭到了破坏，而且阻碍了中国人权法制建设的进程。此时，中国人民同国民党反动派所代表的大地主、大资产阶级的矛盾成为主要矛盾，蒋介石国民党统治集团成为实现国内和平、民主，建立新民主主义国家的最大障碍，同时也是这一时期人权斗争的对象。解放战争时期，以工农联盟为主的，反对帝国主义、封建主义和官僚资本主义的人民民主专政取代了抗日民主政权，人民的政治权利通过新建立的人民代表会议制度得到了一定程度的保障。与此同时，为适应全国人民迫切需要和平的愿望，各解放区人民政府开展了政治经济和文化建设，制定、颁布并实施了一系列以“保障人权、财权、公民权”为内容的施政纲领和宪法原则，其中具有代表性的施政纲领是 1947 年 4 月的《内蒙古自治政府施政纲领》，以及 1948 年 8 月的《华北人民政府施政纲领》。1947 年 10 月 10 日，毛泽东在《中国人民解放军宣言》中提出了一系列人权主张。其内容包括废除蒋介石的独裁统治，实行包括人民的言论、出版、集会、结社等自由的人民民主制度；没收国民党四大家族的财产，没收官僚资本，发展民族工商业，改善人民生活，救济灾民贫民；废除剥削的封建土地制度，实行耕者有其田；对境内各少数民族，承认其民族平等和民族自治之权。

1. 建立各级人民代表会议制度，保障人民的民主权利和自由

中国革命进入新民主主义阶段后，相继出现的各种类型的政权组织形式，对于推进新民主主义革命和保障人民的民主自由权利，都起了重要作用。但是，由于长期的国内战争和抗日游击战争，人民民主制度还不够完备，因此，应当尽可能地建立人民经常的民主制度。人民代表会议是解放战争时期的政权组织形式，它是从实行土改的解放区的基础政权开始的，首先是县村人民代表会议。在新解放的大城市，由于普选条件不具备，暂时推行各界代表会议制度。人民代表会议制度的建立，为解放区广大人民行使自己的民主权利提供了保证，也使广大人民的各项自由权利得到了切实保障。此外，解放区的施政纲领要求保障人民的选举权和被选举权，保障人民的言论、出版、集会、结社、通信、信仰等自由。与此同时，为了适应新民主主义的政治、经济建设，支援大规模的解放战争，争取全国胜利，解放区时期的施政纲领还指出：应有计划、有步骤地努力发展文化教育工作，以提高人民大众的文化水平和政治觉悟，团结和教育一切知识分子，共同为解放区的建设服务。

2. 改革土地制度，保障农民的生存权

抗日战争时期，中国共产党为了减轻封建剥削给广大农民造成的沉重负担，维护抗日民族统一战线内部的团结，开展了减租减息运动。1946年5月4日，中共中央发布了《关于土地问题的指示》，实行没收地主阶级的土地分配给农民的政策，取代之前的减租减息政策，实行“耕者有其田”。1947年9月，中国共产党颁布了《中国土地法大纲》，明确规定“废除封建剥削土地制度，实行耕者有其田”，“没收地主的土地财产，征收富农多余的土地财产”；“废除一切祠堂、庙宇、寺院、学校、机关团体的土地所有权和乡村在土地改革以前的一切债务”；“以乡或村为单位统一分配土地，数量上抽多补少，质量上抽肥补瘦，所有权归农户所有”，等等。《中国土地法大纲》不但肯定和发展了1946年“五四指示”中提出的，将地主土地分配给农民的原则，而且改正了其中对地主照顾过多的不彻底性，尤其是注重保障农民的土地所有权，因为这种土地所有权的核心在于农民的生存权和财产权。因此，广大人民群众在获得土地后，革命的积极性空前高涨，从而为人民解放战争的胜利奠定了基础，揭开了解放区和新中国成立后的土地改革运动的序幕。此外，解放区要求在“发展生产、繁荣经济、公私兼顾、劳资两利”的方针下，努力发展工商业，用公营、合作、私营等方式组织所有的人力、财力，促进经济发展，消除贫困。

3. 实行民族区域自治，保障少数民族权利

中国共产党在解放战争时期，非常注重少数民族的权利保障，要求依据民族平等原则，保障居住在华北解放区内的蒙、回等少数民族的政治、经济、文化方面的平等权，尊重蒙、回民族的宗教信仰和风俗习惯。1947年4月，内蒙古人民代表会议通过了《内蒙古自治政府施政纲领》《内蒙古自治政府暂行组织大纲》等重要文件，并成立了内蒙古自治政府。《内蒙古自治政府施政纲领》是我国第一个民族地方区域自治纲领，《纲领》规定：内蒙古自治区域内，蒙、回、汉各民族一律平等，消除一切民族间的隔阂和成见，建立各民族间的亲密合作、团结互助关系。各民族互相尊重风俗、习惯、历史、宗教、信仰、语言、文字，反对大汉族主义和民族压迫主义。此外，内蒙古自治政府在确保人民享有身体、思想和宗教等各项权利和自由的同时，根据本区域内各民族的具体情况，还制定和实行了一些不同于其他解放区的特殊政策，如内蒙古自治政府不实行普遍的土地

改革，“实行减租增资与互助运动”等，从而有效地保障了少数民族人民管理本民族内部事务的权利，为建立统一的多民族国家奠定了基础。

各解放区民主政权制定的宪法原则和施政纲领，很好地指导了保障人民政治权利、经济文化权利和其他社会权利的具体立法。正如毛泽东所指出的：“人民的言论、出版、集会、结社、思想、信仰和身体这几项自由，是最重要的自由。在中国境内，只有解放区是彻底地实现了。”[①] 随着解放战争在全国的胜利，上述宪法性文件所体现的人权保障原则和精神，为起临时宪法作用的《中国人民政治协商会议共同纲领》所汲取。

第三节 新民主主义宪政制度

新民主主义革命时期，中国共产党领导的革命根据地政权，根据不同历史阶段的政治形势及面临的主要任务的变化，在新民主主义政治实践中逐步形成了适应新民主主义革命需要的宪政制度。新民主主义宪政制度的产生和完善，大体经历了苏维埃制度建立时期的萌芽阶段、参议会制度建立时期的形成阶段和人民代表会议制度创建时期的完善阶段。这些制度是新民主主义政权组织形式的独创性制度，完全不同于西方的议会制度。

一、苏维埃制度

中国共产党开始独立领导革命后，在政权组织形式方面，进行了具有中国特色的苏维埃代表会议制度的政权建设。严格来说，苏维埃制度不属于新民主主义政权体制的范畴，但它是中国共产党探讨新民主主义宪政制度的起点。这一时期，中国共产党积极开展民主政治实践活动，建立了中国历史上第一个使广大劳苦大众当家作主的工农民主政权，通过这一政权的运作，制定和实施了保障劳动人民权利的法律文件，启发和培养了苏区民众的民主意识、权利意识，使广大苏区人民的政治素质得到很大提高。

（一）苏维埃政权的建立

“苏维埃”是英文“委员会”（council）的俄文表达，在这个意义上，可以把苏维埃体制简单地理解为一种强调集体决策的委员会制。[②] 苏维埃

① 《毛泽东选集》（第3卷），人民出版社1991年版，第1070页。

② 何俊志：《从苏维埃到人民代表大会制》，复旦大学出版社2011年版，第4页。

是在俄国十月革命后普遍实行的一种政治体制形式。与现代西方国家的议会制相比，苏维埃制度具有以下鲜明特征。

第一，西方国家的议会一般是在资产阶级革命取得胜利后，在宪法中做出明确规定，并通过宪法授予议会立法机关的地位和职权；而苏维埃则是在无产阶级革命或无产阶级领导的革命斗争中产生的，并通过无产阶级革命或无产阶级领导的革命夺取全部国家权力。

第二，西方国家的政权组织原则通常采取“三权分立”的形式，而苏维埃采取的则是“议行合一”，它强调作为全权政府的苏维埃，是以人民的名义集中掌握现代国家的所有权。

第三，西方国家的议会议员是通过代表制的形式经过直接或间接选举产生的，并且其议员都是专职代表。而苏维埃的代表大多来自“工农兵”，地主阶级和资产阶级的成员被排除在苏维埃之外，因此，苏维埃代表制度更加强调其阶级性。正如列宁所指出的：“在世界上，我们俄国第一次这样建立了国家政权：没有剥削者参加，只有工人和劳动者农民组成群众组织——苏维埃，而国家的全部权力都交给苏维埃。”①

第四，在人民代表的至高地位以及和执政党的领导密不可分的关系上，苏维埃政权也与西方国家的议会有着很大区别。前者强调苏维埃代表是人民意志的体现，具有崇高地位，执政党通过其路线、方针和政策的制定，领导代表的工作；而西方国家的议会则不一定是最高权力机关，在实行两党制的国家，议会中的多数议员很可能并不代表执政党的利益。

正因为有别于西方国家议会制的苏维埃具有上述特点，中国共产党在其成立之初，就将承认苏维埃制度、采用苏维埃组织形式的条文写入“一大”的党纲和宣言中。但是，苏维埃在中国真正付诸实践是在1927年大革命失败之后。当时，第一次国共合作破裂，资产阶级退出了革命阵营，国民党对共产党人的屠杀和压制工农运动的严酷现实，使共产党意识到，只有依靠工农群众，发动武装斗争，才能实现中国共产党的终极奋斗目标。1927年8月，中共在《中国共产党政治任务与策略的决议案》中指出：“工农兵苏维埃，是一种革命的政权形式，即是工农民权独裁制直接进入无产阶级的社会主义独裁制。”1928年7月，中共“六大”政治决

① ［苏］阿·阿·李巴托夫等编：《列宁论苏维埃建设》（上册），中央编译局译，法律出版社1958年版，第219页。

议案重申：工农兵代表会议（苏维埃）的政权，是广大劳动人民群众管理国家的最好形式，其正式名称应当是工农兵代表会议。“中国的苏维埃政权的正式名义应当是：中国工农兵代表会议（苏维埃）政府。”因此，根据“六大”决议，各革命根据地相继召开各级工农兵代表大会，建立工农民主专政的苏维埃政权，成为中国共产党的现实选择。

此外，共产国际对中国革命的指导，也对中国苏维埃政权的建立产生了实际影响。1927 年 10 月 1 日，共产国际执委会讨论在广东建立政权时决定：“毫无疑问，我们应该成立苏维埃政权”。1929 年 10 月，共产国际指示中共中央到大城市建立苏维埃，并要求把各地分散的工农行动协调起来。1930 年 6 月，共产国际做出了《关于中国问题的决议案》，指出：“苏维埃运动在党面前提出第一等重要的任务，即组织苏维埃中央政府，并改善这个政府底工作。”随着井冈山等红色革命根据地的创建，各根据地工农兵民主政权迅速发展，这些政权基本上都采取了苏维埃形式，建立了苏维埃政府，因此，客观上要求建立全国统一的工农民主政权。中央根据上述形势，于 1931 年 11 月 7—20 日，在江西瑞金召开了中华苏维埃第一次工农兵代表大会，苏维埃政权正式建立。

（二）苏维埃政权的性质和原则

第一次全国工农兵代表大会通过了《中华苏维埃共和国宪法大纲》、《地方苏维埃政府的组织条例》等重要法律和社会经济法令，宣告成立中华苏维埃共和国和临时中央政府任命委员会。1934 年 1 月，召开了中华苏维埃第二次全国代表大会，修改并通过了《中华苏维埃共和国宪法大纲》，制定了《中华苏维埃共和国中央苏维埃组织法》，这些法律、法令规定了苏维埃政权建设的性质和组织原则。

1. 苏维埃政权是工农民主专政的政权

苏维埃政权的主人是工农兵劳苦大众，其全部政权属于工人农民红军兵士及一切劳苦民众，这一政权的最高组织形式是全国工农兵会议（苏维埃）的大会。为保障苏维埃政权代表广大劳动人民的利益，苏维埃政权采取了直接选举的形式，并在直接选举中增加代表广大人民的无产阶级代表的比例名额，使工农分子在全国苏维埃代表大会中占有 90% 以上的比例，在地方苏维埃代表大会和各级政府机关中，工农分子及其代表的比例也都达到 90% 左右，从而充分发挥了产业工人的领导作用，保障了工农群众的利益。

2. 苏维埃政权的组织原则

与西方议会制不同，苏维埃政权的组织原则反对三权分立，它是从布尔什维克党的组织原则、苏俄时期的苏维埃中移植过来的民主集中制。根据《中华苏维埃共和国宪法大纲》《地方苏维埃政府的组织条例》等规定，作为民主集中的体现，在权力的横向安排上，全国工农兵苏维埃代表大会为中华苏维埃共和国最高政权机关，在大会闭会期间，全国苏维埃临时中央执行委员会为最高行政机关。各级工农兵代表大会为各级苏维埃最高权力机关，各级苏维埃由它选举产生并对它负责，除定期向代表大会报告工作外，还要接受代表大会的监督，各级代表大会有权选任、撤换政权机关工作人员。同时，全国工农兵代表大会拥有立法权，它既是议事机关，议决大政方针，制定法律；又是执行机关，它直接组织行政，贯彻执行法律和各项决议。在代表大会闭会期间，由代表大会产生的执行委员会就是实际上的最高政权机关。这种议行合一的体制，不仅议事和决策时反映人民的意志，而且可以将这些决策直接贯彻实施，实现人民的意志。在权力的纵向安排上，下一级苏维埃代表选举上一级苏维埃代表大会。但是一旦选出的代表组成了上级代表大会后，其就是该区域内的最高政权机关。在上级苏维埃代表大会期间，各代表团参与民主决策；而一旦代表大会通过某种决议和代表大会闭会后，下级苏维埃就只能绝对地服从上级苏维埃。因此，苏维埃的民主集中制原则，不仅体现在权力的横向安排上，也体现在权力的纵向安排上。①

（三）党和苏维埃的关系

党与苏维埃的关系的论述，见于1928年中共六大通过的《苏维埃政权组织问题决议案》。这一议案强调，党在思想上领导苏维埃，并经过党团领导苏维埃。党团组织是苏维埃党团员活动的重要组织，因此，在各级苏维埃中，都应有党团组织的设立。党虽然从思想上领导苏维埃，但是，二者不能相互替代，即不能以党代苏维埃，反之也被禁止。党应保障其在苏维埃中的领导作用，其途径只能是组织有威望的、能胜任工作的党团。此外，议案还指出，不能以当地党部代表党团，党团必须执行党部的指示。② 党的

---

① 何俊志：《从苏维埃到人民代表大会制》，复旦大学出版社2011年版，第56页。

② 中央档案馆编：《中共中央文件选集》（第四册），中共中央党校出版社1991年版，第408页。

“六大”所通过的这一决议案，既是处理党和苏维埃关系的一个基本的指导原则，也是苏维埃政权建设中必须遵守的组织原则。1930 年 8 月，共产国际关于中国苏维埃问题的决议案中再次明确：“在苏维埃中的党员必须组成党团，受当地的党部指导。党团必须是苏维埃提案与决议的首创者及召集报告会与其他各种会议的发起人。”① 总之，苏维埃的政权建设必须坚持党的领导原则，苏维埃的选举活动必须在党的领导下具体展开，苏维埃代表大会的会议内容和议程也必须来自党组织准备的方案。在苏维埃闭会期间，党要通过建立党团的方式来领导苏维埃。

（四）苏维埃政权的特点

从政权建设的角度来看，工农兵苏维埃政权是一种全新的政权形式，它与此前的中国政治有显著的本质的区别，与西方的民主制国家也完全不同，但与苏俄时期的苏维埃有着相似之处。其政权特点表现为以下几点。

1. 主张阶级代表制

阶级代表制是指只有特定的阶级才能组织政权，具体而言，就是劳动阶级才享有代表和被代表的权利。因此，在苏维埃代表大会中，强调工农民主专政的同时，将非工农成分的群众排除在政权之外，如只给“工人、农民、红军以及一切劳苦民众和他们的家属”政治权利，对富农、商人、工商业者等中间势力，甚至牧师、僧侣、道士等基本民众都不予选举权和被选举权。同时，在享有代表权的主体内部，又由于工人阶级的先进性而享有更大的代表权。表现为在选举时，不仅规定城市居民的代表权要四倍于农村居民，而且还必须保证工人阶级的代表在各级代表大会中的特定比例。这些限制无疑削弱了政权的社会基础，同时也束缚了自己的手脚。

2. 注重宪法的政治功能

根据宪法理论，近代宪法的功能在于限制国家公权，保障公民的基本权利，也就是说，宪法是用来划分权力和权利界限的，从而在国家和社会之间以及国家各机构之间划分出权力的应用范围，并以公民权利得到最大限度的保障为终极目的。但是，由于苏维埃共和国时期，国家政权机关尚处于探索阶段，因而宪法的功能定位与中国共产党在这一时期的特殊任务有着显著的关联性。由于中国共产党在不同时期面临的形势不同，因而基

① 《共产国际东方部关于中国苏维埃问题决议案》，中央档案馆编：《中共中央文件选集》（第六册），中共中央党校出版社 1983 年版，第 257 页。

本任务的实现需要分阶段、分时期来完成。例如，关于《中华苏维埃共和国宪法大纲》所规定的基本任务，中华苏维埃第一次代表大会规定，《宪法大纲》的基本任务仅限于苏维埃区域完成。在中华苏维埃第二次代表大会中又规定，鉴于目前的形势，只有在全国建立苏维埃的统治后，才有可能实现《宪法大纲》的目标。[①] 实际上，上述规定将《宪法大纲》的目标分为长期和近期目标，完全符合当时革命斗争的需要，充分体现了中国共产党目标的灵活性。《中华苏维埃共和国宪法大纲》之所以将其功能定位于实现党在这一时期的主要任务，一方面是因为受到当时战争环境的影响，对于宪法的理解不可能完全拘泥于宪法理论的约束；另一方面，也受到苏俄宪法的影响。例如，苏俄的第一部宪法即 1918 年宪法第九条，规定了宪法的基本任务在于建立起强大的全俄苏维埃政权，以便实现没有阶级区分和没有国家政权的社会主义。上述规定体现了俄罗斯对宪法功能的特殊理解，即宪法的功能是完成党在某一特殊时期的任务。正是由于对宪法政治功能的重视，因而为了实现党在某一时期的任务而制定出来的宪法，就必然带有较强的纲领性特征，其政治意义也远远大于法律意义。

3. 强调政策的制定以共产主义思想为指导

苏维埃政权在争取民族独立和解放的斗争中，始终坚持贯彻自己的主张。在制定政策时，注意区分近期目标和长远目标，并将二者相结合。例如，当时的苏维埃政策既包括打土豪、分田地的眼前目标，也包括解放全国劳苦大众、实现共产主义的长远目标。同样，关于苏维埃的教育政策，也包括反对国民党、帝国主义和封建主义的党化教育、文化侵略教育以及复古教育等内容，主张用马列主义武装学生头脑，训练新生的苏维埃力量和未来的共产主义的建设者，使苏维埃政权建设者的思想觉悟得到不断提升。[②] 应该说，这些政策的制定能够使革命脱离传统的农民起义的局限，对于指导中国革命走向更大的胜利具有重要意义。但值得注意的是，在坚持共产主义原则上，苏区一些地方出现了过“左”的错误，苏维埃政权的一些政策也大大超越了当时的中国国情。如压制富农和限制资本主义的发展等，不适应促进当时发展落后的生产力的需求。因此，结合中国现实

① 中央档案馆编：《中共中央文件选集》（第十册），中共中央党校出版社 1991 年版，第 644 页。

② 董纯才：《中央革命根据地教育史》（第一卷），教育科学出版社 1991 年版，第 156 页。

国情，建构中国特色的革命政权，是中国共产党仍将为之努力的目标。

二、参议会制度

参议会是抗日战争时期国民政府设立的地方性代议机构，是在苏维埃时期的工农兵代表会议的基础上，参照国民党地方参议会的某些形式建立起来的。参议会是抗日战争时期特定历史条件下的产物，它虽然采用了国民党参议会的名称，但它们之间有着本质的不同；同时参议会也不属于工农民主专政性质的政权组织形式，而是中国共产党领导的抗日根据地各革命阶级联合专政的政权组织形式。

抗日战争爆发后，民族矛盾成为当时的主要矛盾，为扩大和巩固抗日民族统一战线，促进国共两党合作，中国共产党将根据地革命政权改为与国民党地方政权相同的名称，建立具有统一战线性质的民主政权。同时，中共中央宣布取消中华苏维埃共和国番号，将苏维埃政府改为中华民国特区政府，以陕甘宁边区政府名义发挥根据地首府作用。1938 年 11 月，边区政府向各分区和县区政府发出训令，将边区议会改为边区参议会，边区以下各级议会也改为参议会，原来所选举的边区各级议会议员，均改为边区各级参议员。1939 年 1 月 15 日，陕甘宁边区第一届参议会在延安召开，决定建立陕甘宁参议会作为代议制机关。大会通过了《陕甘宁边区参议会组织条例》和《陕甘宁边区参议会选举条例》等法律案，选举产生了边区参议会议长、常驻会议员和边区政府、法院的组成人员。陕甘宁边区的法律议案，对边区参议会的性质、职权以及组织机构等都做了详细规定，表明参议会制度的正式确立。到 1946 年 4 月，陕甘宁边区参议会共召集三届参议会、四次代表大会，参议会制度逐步发展和完善。

（一）参议会的性质

抗日战争时期的各级参议会是各革命根据地的民意机关，也是人民代表机关。1939 年陕甘宁边区第一届参议会通过的《陕甘宁边区参议会组织条例》明确规定，“边区各级参议会为代表边区之各级民意机关”，[①] 人民通过参议会真正行使选举、罢免、创制、复决四大直接民权。因此，参议会的性质实质就是代表边区人民的民意机关。但是，它不同于此前的苏

① 中国科学院历史研究所第三所编辑：《陕甘宁边区参议会文献汇辑》，科学出版社 1958 年版，第 55 页。

维埃工农兵代表大会制，也与国民政府所公布的《省参议会组织条例》有着很大区别。首先，苏维埃工农兵代表大会的代表是由人民直接选举产生的，而参议会的议员则是由选民直选和县议会复选产生的。其次，国民政府参议员虽然是通过两种间接选举的方式产生：一是由县市一级产生的候选人，二是由省文化团体和经济团体产生的候选人，但是这两种候选人都要由省政府呈请行政院转呈最高国防会议核定。而陕甘宁边区显然不可能采用这一做法选举议员。从第一届参议会实际出席的参议员来看，除选民直接选举的议员外，其余大部是通过复选产生，另外还有 10 名来自于政府的聘请。[①] 1941 年边区第二届参议会修正通过的《陕甘宁边区各级参议会组织条例》，将参议会的性质由“民意机关”改变为“人民代表机关”。[②]

（二）参议会代表的产生和任期

陕甘宁边区参议会的选举，是根据孙中山的三民主义、国民政府建国大纲的民主原则，并结合陕甘宁边区的实际情形而进行的，边区一共通过了三个有关选举的条例：第一届参议会通过的《陕甘宁边区选举条例》，第二届参议会一次大会通过的《陕甘宁边区各级参议会选举条例》，以及第二届参议会二次大会通过的《陕甘宁边区各级参议会选举条例》。[③] 根据上述选举条例的规定，参议员的选举采取地域代表制和单位代表制相结合的方法产生，并开始强调联合提名候选人。例如条例规定：不满 20000 人之县市，选举参议员 2 名；20000 人以上之县市，每增加居民 20000 人，增选参议员 1 人。边区保安部队、抗日驻防部队、专门以上学校、百人以上产业工厂，得按其生产单位进行单独选举，选举出席所属参议会议员。如不足该区域规定之人数时，得联合多单位进行选举，联合仍不足时，亦得选出议员 1 人。上述参议员的选举方法，涵盖了居民选区、单位选区和联合选区三种类型，对中国民主政治的发展具有重要意义。各级参议会议员的任期为：“边区参议会议员任期三年；县市参议会议员任期二年；乡市参议会议员任期一年。”“边区县参议会议员，如在任期内，因

① 何俊志：《从苏维埃到人民代表大会制》，复旦大学出版社 2011 年版，第 79 页。

② 中国科学院历史研究所第三所编辑：《陕甘宁边区参议会文献汇辑》，科学出版社 1958 年版，第 116 页。

③ 何俊志：《从苏维埃到人们代表大会制》，复旦大学出版社 2011 年版，第 82 页。

故出缺或罢免时，由候补议员递补。”各级参议会议员任期届满后，依照选举条例改选，可以连选连任。①

（三）参议会的职权

边区参议会的职权广泛，边区各级参议会享有的职权基本相同。以区参议会职权为例，其享有的职权包括：第一，立法权：边区参议会“有创制及复决边区之单行法规”的立法权；第二，选举权：边区政府主席、政府委员以及边区高等法院院长都由选举产生；第三，监督罢免权：监督和罢免边区政府正副主席、政府委员及边区高等法院院长，监督边区政府执行参议会的决议，监督边区政府主席、政府委员会及厅长和高等法院院长，对他们行使监察权，并有权对政府官员进行弹劾；第四，财政权：参议会通过边区政府的预算，审查边区政府的决算，决定地方税收的增减和废除，同时可发行地方公债；第五，批准民政、财政、粮食等各项计划，此外，对于教育和军事以及基础设施建设的计划，也是参议院的职权范围。第二届参议会通过的条例，将原来的“议决边区之单行法规”改为“创制及复决边区之单行法规”。

（四）参议会的组织机构

抗日根据地的参议会基本上是边区、县、乡三级制。边区及县参议会，由议员中选出议长一人，副议长一人，主持全会工作。参议会休会期间设立常驻会，常驻会委员从议员中选出。常驻会的职责主要包括参议会休会期间的日常事务的管理；并监督同级政府的工作，包括听取政府工作报告、参加政府会议及向政府提出工作建议或意见等，同时对一些重大的须解决的事务，在参议会闭会期间有权召开临时会议加以解决。与边区和县级的参议会不同，乡级参议会不设议长、副议长和常驻会，其权力由专门成立的主席团履行。

（五）参议会的会议

各级参议会的会期都做了详细规定，其中边区参议会每年开会一次，县市参议会每半年开会一次；乡市参议会每两个月开会一次。但有以下情形，得召集临时会议：“有各级政府之请求者”，“各该参议会议员三分之一以上之请求者”或“有各该管辖区域内民众团体之联名请求者”，“经

① 中国科学院历史研究所第三所编辑：《陕甘宁边区参议会文献汇辑》，科学出版社 1958 年版，第 116 页。

各该参议会常驻委员会之决定者”，可以召开临时会议。第二届参议会通过的新条例又规定：乡市参议会，在乡市长认为必要时，村长行政村主任联名请求时，十分之一以上选民联名请求时，得召集临时会议。

（六）“三三制”原则与参议会制度的变化

为保证抗日民主政权的有效运行，中国共产党提出了具有重大民主建设意义的“三三制”原则。这一原则的提出，使边区参议会制度在参议员的选举和构成等方面发生了一些变化，参议会制度得到进一步发展和完善。

“三三制”原则提出后，中共中央明令指示：“三三制政权，就是调节各抗日阶级内部关系的合理的政治形式。这一制度，必须在参议会系统中与政府系统中坚决的认真的普遍的实行。”① 根据这一指示，各抗日根据地纷纷把“三三制”原则写入法律中。1941 年 5 月 1 日，陕甘宁边区中央局发布的《陕甘宁边区施政纲领》中，正式对外提出要在候选名单中确定共产党员只占三分之一的做法，从而使全区自下而上建立了以边区施政纲领为基础的三三制政权。② “三三制”原则的实行，改变了原来参议员的代表比例。在实行“三三制”前，虽然边区的选举条例已经确认了边区内的居民有平等的选举权和被选举权，但是，由于广大抗日根据地人民对共产党有着深厚的感情，因而被选为参议员的，主要的还是共产党员。为此，各抗日根据地采取了共产党员让名额，聘请党外人士为参议员等多种措施，使共产党员、非党进步分子和中间分子的代表在抗日民主政权中的比例达到平衡。这样一来，各抗日阶级、阶层、党派的团结合作加强了，同时，共产党赢得了广大群众的称赞和拥护。

在参议会贯彻实施“三三制”原则的过程中，围绕着健全参议会制度的两个方面问题，曾产生两次重要争论。其一，关于是否应该继续保留参议会的常驻会。陕甘宁边区政府主席林伯渠认为，常驻会不能发挥联系群众、监督政府的作用，因而提议：“边区两级常驻会取消，政府委员会

① 王东：《共和国不会忘记：新民主主义社会的历史和启示》，东方出版中心 2011 年版，第 52 页。

② 《延安民主模式研究》课题组编：《延安民主模式研究》（资料选编），西北大学出版社 2004 年版，第 121 页。

即为常驻会，名额可以扩大些，注意三三制成分和地域上的调整。”① 而边区参议会副议长谢觉哉提出：常驻会监督政府可以避免政府委员会走向集权，因此完全有必要保留常驻会。最终，中共中央确认了谢觉哉的主张。其二，是实行议行并立的二元模式，还是民主集中制的一元模式。中共中央在1937年的国共合作宣言中，曾经提出参议会应实行立法与行政的分离。谢觉哉也认为，既然是国会制的共和制，就应该是立法和行政的分离。② 但是，也有人认为，应该实行立法、行政、司法相统一的一元制，并且一元模式才最能体现民主集中制原则。经过争论，在民主集中制基础上建立参议会制度逐渐被陕甘宁边区各根据地接受和确认。

（七）参议会制度的特点

与苏维埃制度相比，参议会制度具有以下特征。

第一，政权性质不同。苏维埃政权是工农民主专政的政权，参议会政权是抗日民主统一战线的政权。

第二，政权基础不同。苏维埃政权的基础是工人、农民两个革命阶级和革命士兵，参议会政权的基础是工人、农民、小资产阶级和民族资产阶级四个基本阶级以及一切拥护抗日的政治势力。

第三，政权组织形式不同。苏维埃时期，全国苏维埃为最高政权机关，大会闭会期间，中央执行委员会为最高政权机关；中央执行委员会闭会期间，其主席团为最高政权机关；人民委员会为中央执行委员会的行政机关；地方苏维埃实行议行合一制。参议会制度建立后，边区、县普遍成立的参议会是代议机构，参议会为最高政权机关。参议会闭会期间，由选出的常务议员或常驻会议员办理日常事务，常驻会代行参议会职权。参议会选举产生同级政府行使行政权，组织法院行使司法权。政府和法院对同级参议会负责，受其监督并须向其报告工作。乡级政权设参议会或代表会，实行议行合一制。

第四，选举制度的民主范围不同。苏维埃时期，工人、农民和革命士兵为选举权的主体，地主、富农和资本家没有选举权和被选举权；参议会制度建立本身是为了扩大抗日民主政权的政治基础和社会基础，因此选举更民主化了。有关法律规定，除汉奸和反共分子之外，所有主张抗日的阶

① 《林伯渠文集》，华艺出版社1996年版，第386—387页。

② 《谢觉哉日记》（下册），人民出版社1984年版，第751—753页。

级和民主人士，都有选举权和被选举权。选举采用竞选方式，候选人及竞选纲领由各抗日政党和群众团体提出。只要竞选符合有关法律规定，任何人不得进行干涉。虽然当时的战争环境制约了竞选民主的开展，但在当时的条件下，从法律上能把竞选制度确定下来，就是一个了不起的成就。

总之，“三三制”原则的实行，意味着中国共产党提高了原来代议制度的开放性程度，表明参议会代表的来源已经超越了苏维埃时期的纯粹工农兵的构成模式，因而不仅在理论上扩大了享有选举权和被选举权的主体，而且在参议会和政府内部的构成上，也向共产党员和工农阶级以外的其他阶级敞开了大门，使得代议机关的内部构成也更为多元化。同时，这一时期的驻会模式，是现在人大常委会制度的基础，是中国共产党对代议制经验的具有特色并反映中国国情的探索。①

三、人民代表会议制度

人民代表会议是向人民代表大会过渡的一种政权组织形式。毛泽东在《新民主主义论》中曾提出，未来中国的政权组织形式为人民代表大会制度，但在统一的人民政权建立之前，不可能实行以普选为特征的人民代表大会制度，只能在共产党领导的解放区域以协商方式产生人民代表会议。

（一）从参议会到人民代表会议的转向

政权建设一直是中国革命的中心问题之一。日本投降后，国内战争很快爆发，中国的政治格局和阶级关系发生了深刻变化。中国共产党领导的解放区进一步巩固和扩大，中共在谋求和平努力的同时，也打击国民党的军事进攻，并在解放区进行反封建的土地革命，赢得了民众的支持。由于共产党采取了与抗日战争时期不同的政策，通过土改，实行耕者有其田的土地制度，并实施了保护工商业发展的举措，解放区的经济关系、社会关系和政治关系发生了深刻变革，原来尚属人民内部构成部分的地主、士绅等已经成为革命的对象，这就要求有一种新的政治制度来保护和巩固这种变革。随着内战的爆发，在抗日战争时期形成的参议会这种统一战线性质的政权组织形式已不适应形势的发展，中共中央决定以人民代表会议制度取代参议会制度。于是，一种新的政权组织形式——人民代表会议制度应

① 何俊志：《从苏维埃到人民代表大会制》，复旦大学出版社2011年版，第87页。

运而生，并逐步取代了有国民党政权印记的参议会制度，从此解放区的政权建设进入了一个新阶段。

人民代表会议制度早在陕甘宁边区就提出来了。1944 年底，陕甘宁边区参议会副议长谢觉哉，在陕甘宁边区参议会第二届第二次会议的《参议会发言提纲》中，曾提出以人民代表会议代替参议会的主张。① 此后，毛泽东多次致信谢觉哉，商讨参议会改为人民代表会议之事。1945 年 10 月 14 日，陕甘宁边区参议会常驻会和边区政府联合发出通知，要求将乡级参议会改为乡人民代表大会。随后，晋察冀、内蒙古、东北、华北等解放区陆续召开了各级人民代表会议，产生了各级人民政府。1946 年 4 月召开了陕甘宁边区第三届参议会，会议通过的《陕甘宁边区宪法原则》，第一次以立法的形式确立了人民代表会议制度。《宪法原则》规定："边区、县、乡人民代表会议（参议会）为人民管理政权机关"，"人民普遍直接平等无记名选举各级代表，各级代表会选举政府人员"。1948 年 4 月 1 日，毛泽东在晋绥干部会议上的讲话中，对各地召开区乡人民代表会议的经验作了总结，提出："只有基于真正广大群众的意见建立起来的人民代表会议，才是真正的人民代表会议。这样的人民代表会议，现在已有可能在一切解放区出现。这样的人民代表会议已经建立，就应当成为当地的人民的权力机关，一切应有的权力必须归于代表会议及其选出的政府委员会。"② 从此，人民代表会议制度成为继参议会制度之后的又一地方政权组织形式，并在解放区的土改中自下而上逐渐建立起来。

（二）人民代表会议的逐步建立

1948 年 9 月，中共中央政治局会议正式确立了人民代表会议制度为中央政权的组织形式。在实践中，人民代表会议在乡村、城市分别采取了不同的政权组织形式。在乡村为临时代表会议，在城市则组织各界代表会，华北人民政府成立后，又出现了大行政区下的各届人民代表会议。从中共的制度设计看，二者并无本质的区别。对此，中共中央有明确表达："党所领导的人民代表会是我们的组织武器，而各界代表会则可以看作是人民代表会的雏形。"

---

① 《人民公仆　党员楷模，纪念谢觉哉同志一百周年诞辰》，《人民日报》1984 年 4 月 27 日。

② 《毛泽东选集》（第 4 卷），人民出版社 1991 年版，第 1308 页。

1. 农村的临时人民代表会议

农村的人民代表会议是在土地改革中发展起来的。实际上，由于中国共产党在抗日战争时期就已经有着深厚的基础，因此，在华北的一些农村地区，虽然在相当于省一级的层面上曾经建立过参议会，但是，早在正式的土地改革运动之前，就已经在探讨建立新的人民代表会议的形式了。例如，土改中一些地方以贫农团和农作会作为临时性的基层政权，并在此基础上建立了村乡两级人民代表会议，行使最高权力机关的职权。毛泽东在肯定这一做法时指出："村乡两级人民代表会议是一项宝贵经验，可在土改斗争中推广，而不是等到土改任务大致完成以后再推广。在区村两级人民代表会议普遍建立起来的时候，就可以建立县一级的人民代表会议。有了县和县以下的各级人民代表会议，县以上的各级人民代表会议就容易建立起来了。"① 1949 年底后，临时的人民代表会议逐渐发展成较为正式的人民代表会议模式。

2. 城市的各届代表会

在城市，尤其是新解放的大中城市，由于和广大群众联系不够，很难立即召开人民代表会议。比如在石家庄，领导机关虽然也想先将群众组织起来，成为人民政权的支柱和党的耳目，但执行的时候，却毫无准备地召开工厂职工大会，马上成立各厂工会和街道贫民组织，结果被国民党特务钻了进来，控制了对群众的领导权。② 有的城市虽然成立了参议会，但是这个组织又容易给人以国民党统治时代召开过的参议会的不良印象，而且在成分上也很容易偏向上层分子。③ 针对这种情况，中共中央建议以军事管制委员为临时政权机构，在此基础上，听取人民群众的意见，适时地发展为各界人民代表会议。因此，在新解放的城市，建立代议机关实际上经历了两个阶段：第一阶段为各界代表会阶段，其组织方式是由军事管制委员会及临时市政府组成临时代表会，用以传达政策、报告工作和征求人民群众的意见，从而成为党和政权领导机关联系群众的协议机构。第二阶段为人民代表会议阶段。当各界代表会发展成熟后，便可行使人民代表大会

① 《毛泽东选集》（第 4 卷），人民出版社 1991 年版，第 1308—1309 页。

② 何俊志：《从苏维埃到人民代表大会制》，复旦大学出版社 2011 年版，第 125 页。

③ 中央档案馆编：《中共中央文件选集》（第 17 册），中共中央党校出版社 1992 年版，第 532—533 页。

的职权，选举产生市人民政府。中国共产党非常重视各界人民代表会议的工作，指示人口三万以上的城市，在新中国成立后，即应召开各界代表会议。可见，各界人民代表会议已成为党和政府与人民群众联系的桥梁。毛泽东曾在北平召开的第一届人民代表会议上号召全国各城市向北平看齐，召集同样的代表会议。

3. 大行政区的各界人民代表会议

解放战争时期，为了加强中央的集中统一领导，在原来分散的、隔离的小块解放区的基础上，中央决定建立若干大行政区民主政权。大行政区民主政权有利于支援解放战争并进行政权建设。大行政区的各界人民代表会议首先产生于华北人民政府，1948 年 8 月 7—19 日，华北临时人民代表大会在石家庄举行，由于战争环境，普选制度在当时不宜采用，因此，此次人民代表大会的代表由各地、各团体推荐而产生。华北人民政府时期的人民代表会议为 1954 年的人民代表大会制的建立，提供了最基本的素材，“将成为全国人民代表大会的前奏和雏形”。[①] 此外，1946 年 8 月，东北各省召开了各省代表联席会议，决定东北最高行政机关——行政委员会由各省代表联席会议选举产生，开始确立了以代表会议的方式在东北建立地方政权。1946 年 10 月，晋察冀边区做出了《关于召开察哈尔、热河省人民代表会议及其成立察哈尔、热河省政府的决定》，奠定了人民代表会议的法律地位。1947 年 4 月，内蒙古自治区召开了人民代表会议，通过了《内蒙古人民代表会议宣言》《内蒙古自治政府施政纲领》等文件，确立了自治区以下政府以人民代表会议取代参议会，使之成为地方政权的基本组织形式。

（三）人民代表会议的制度设计

中央人民政府非常重视政权民主制度的设计。1949 年 3 月，刘少奇在《关于城市工作的几个问题》一文中指出：“人民代表会议是人民政权的主要组织制度、组织形式，有整个的代表会的系统，由代表会选出各级政府委员会。”中央政府依据上述规定，制定了各级人民代表会议组织通则，规定了人民代表会议代表的组成、产生方式及代表会议的组织机构和职权等运行机制，体现了人民政权的民主性质。

---

① 《董必武政治法律文集》，法律出版社 1986 年版，第 22 页。

1. 代表的广泛性

与参议会相比，人民代表会议政权权力主体的构成发生了明显变化。抗日战争胜利后，阶级矛盾代替民族矛盾成为中国社会的主要矛盾，体现在解放区的政权上，大地主、大资产阶级和官僚资产阶级被剥夺了参政权，成为革命的对象。此外，各级各界人民代表会议通则规定，地方各界人民代表会议对代表的资格要求是："凡反对帝国主义、封建主义、官僚资本主义，赞成共同纲领，满十八岁之人民，除患精神病及被夺公民权者外，不分民族、阶级、性别、信仰，均得当选为代表。"[①] 从规定可以看出，在各界人民代表会议代表的产生过程中，体现出十分鲜明的阶级性，虽然人民代表会议的要求较为宽泛，但对政治上的要求较严，即必须是"人民"而非一般的公民。上述规定使各民主阶级、各民主党派、各人民团体、各民族及其他爱国分子等各方面的人民都有适当的代表参加人民代表会议，代表着绝大多数的社会成员是一切民主阶层构成的政治联合体，充分体现了人民民主政权具有广泛的群众基础，它有利于吸收各个阶层的力量，有利于扩大政权的社会基础。

2. 代表产生方式的民主性

1949 年 9 月 23 日，刘少奇代表中共中央给东北局的指示中指出："各界人民代表会议的代表，就主要是由各人民团体直接或间接选举的，与有无名义上的军管无关。"代表的这种产生方式既非一律"聘请"，又非整齐划一地以"直接、普遍、平等、无记名"投票选举方式产生，不仅符合代表的人民性、广泛性要求，而且适应中国社会的民情与习惯。根据各级各界人民代表会议通则的规定，人民代表会议的代表产生方式分为选举、推举、固定人员充任以及邀请等四种方式。（1）选举方式的宗旨是"要使人民，主要使劳动人民真正能选举他们所乐意选举的人去代表自己，并要代表能忠实地把他们的意见和要求反映到政府中去"[②]。其中，县各界人民代表会议中的农民代表一般以农民代表大会或农民代表会议为单位进行选举；市辖区各界人民代表会议中的居民代表，由居民单独进行选举。（2）以推举方式产生的代表主要集中于大行政区人民代表会议的区域代表，代表的推举以省、县、市为单位，由省、县、市各界人民代表

---

① 《各界人民代表会议文献》，新华书店绥远分店印 1949 年版，第 8 页。

② 刘少奇：《在北京第三届人民代表会议上的讲话》，《新建设》第 4 卷第 1 期，第 72 页。

会议或协商委员会推选。（3）固定人员充任方式产生的代表，是由各界人民代表会议组织通则明文规定的某一方面的代表，即主要是指各界人民代表会议中的人民政府代表。（4）邀请方式产生的代表，大多为在各方面有较大影响的知名人士，他们作为各界人民代表会议中的特邀代表出席会议。①

3. 人民代表会议的职权

从人民代表会议代表的广泛性和代表产生方式的民主性可以看出，各级各界人民代表会议代表了最广大的人民利益，是各级民主政权的最高权力机关，各级人民政府委员会都产生于人民代表会议。人民代表会议的职权由最初的执行人民政府的政策，逐渐发展为权力机关，从而逐渐代行人民代表大会的职权，即立法权、监督政府的权力和财政权、选举权等。其中，立法权地位最高，表现为制定国家的方针政策；监督权表现为对政府人员和行为的监督，例如对政府预算权力的审查和监督，以及听取政府工作报告等；选举权是指各级政府的政府主席由选举产生。华北人民政府时期，立法权行使的较为充分，制定了各级人民政府的组织条例、选举条例和解放区的农业税条例等。其中关于组织方面的条例，为新中国成立后中央人民政府组织法的制定奠定了基础，因为从内容上看，中央人民政府组织法基本上采用了华北人民政府组织法的规定。②

4. 人民代表会议的机构设置

作为代表最大多数人民意志的最高组织形式，各级各界人民代表会议依法设置了行之有效的机构。只有形成自上而下的经常的固定的组织机构，才有可能更好地代表人民行使职权，避免官僚主义的情形出现。关于人民代表会议机构的设置，各地曾根据本地区的情况先行探索出了一些有益的经验。以华北人民代表大会为例，在最高层面设立由代表选出的大会主席团，大会主席团成员为 33 人，常务主席 5 人，负责主持、处理大会日常事务。此外，华北人民代表大会设代表资格审查委员会，对代表的资格进行审查；设有关政治、军事、经济等方面的 6 个审查委员会，负责起

① 韩大梅：《新民主主义宪政研究》，人民出版社 2005 年版，第 271 页。

② 杨建党：《华北人民政府时期的人民代表会议制度之考察》，《人大研究》2007 年第 1 期。

草大会报告；设提案审查委员会，负责审查大会代表提出的各项提案。[①]

1949年后，推动人民代表会议向全国展开的任务由中共中央转为中央人民委员会和政务院。这一时期，政务院根据各地探索的人民代表会议机构设置的经验，起草和通过了关于地方各界人民代表会议的通则，包括省、市、县各界人民代表会议的组织通则，通则要求各地应按期召开各级人民代表会议，并在闭会期间设立常设机构。总之，地方各界人民代表会议的通则构成了召开地方各界人民代表会议的直接法律基础。实践中，各级人民代表会议大都设立了常设的组织机构，并规定必须经常定期召开会议。其中，大行政区、省、市各界人民代表会议休会期间，设各界人民代表会议协商委员会为常设机构，协商委员会由各界人民代表会议正副主席各一人及委员若干人组成。大行政区、省各界人民代表会议每年召开一次，省协商委员会每3个月召集一次，市各界人民代表会议每3个月召开一次。[②] 中共中央认为，协商委员是人民政府经常进行协商与取得建议的机关，双方关系甚为密切，双方都应主动地发挥协商建议的作用；但协商委员会本身不是政权机关，也不是政府机关的隶属部分。政府机关应尊重协商委员会的地位和职权。[③] 常设机构的设置和定期召开会议，可使政府的政策通过各级人民代表会议代表得以及时顺利地贯彻执行，对于有效地发挥人民代表会议的自身作用，更好地完成人民代表会议的自身使命，具有重要意义。

（四）人民代表会议的特点

人民代表会议作为向人民代表大会过渡的一种政权组织形式，是由人民通过普选产生出来的民意代表机关，充分体现了人民作为国家主人的性质。人民代表会议是代表人民的，是人民管理和监督政权的机关，是各革命阶级联合的政权。[④]

1949年三大战役后，国内外形势对中共越来越有利，组建新的全国性政权不仅可能，而且必要。为此，中共中央采取了双管齐下的办法。一

---

① 杨建党：《华北人民政府时期的人民代表会议制度之考察》，《人大研究》2007年第1期。

② 韩大梅：《新民主主义宪政研究》，人民出版社2005年版，第271页。

③ 中共中央文献研究室编：《建国以来重要文献选编》（第二册），中央文献出版社1992年版，第340页。

④ 韩大梅：《新民主主义宪政研究》，人民出版社2005年版，第190页。

方面，积极筹备新的全国性政权；另一方面，大力向新区推进以各界人民代表会议为组织形式的地方政权的建设。从1949年8月开始，到10月中华人民共和国建立，各界人民代表会迅速发展，并逐渐向全国推广。各地人民代表会议发展的实践表明，这一政权组织在发挥人民对政府工作和干部的监督作用以及克服官僚主义方面，成效显著，同时还为党培养了大批具有实践经验的干部。概括来说，人民代表会议制度具有以下特点。

1. 为保证代表的广泛性，在代表的产生方式上首次明确划分了代表的区域和界别，并将二者结合起来。例如，华北人民代表大会首次明确划分了妇女、职工、军队、少数民族、文化界、社会贤达、工商业与特别聘请等界别的分配比例和名额。

2. 为了保证选举出的代表能体现组织意图和民众意图的统一，各级人民代表会议建立了较完备的选举制度，这些制度涉及了从大行政区的代表到乡级代表等多层级的选举，选举形式也由于多种政权体制的并存而多样。在乡级选举中，各地代表产生的方式更是灵活多样，根据当时人民的教育程度不高、识字较少的事实，为保障选举的公平，有的乡级选举法规定，举手、投豆等也可作为投票的方式。值得一提的是，此时有的乡级选举法还规定了竞选的方式以及提交竞选纲领的主张。① 此外，各地的选举还特别注意少数民族代表的特殊性，规定少数民族代表由少数民族单独进行选举。

3. 为了实施对政府的监督，规定了政府的工作报告制度。各级人民代表会议组织通则规定，人民代表会议听取与审查各级人民政府的工作报告，各级人民政府委员会对各级各界人民代表会议负责，一切重要的工作和活动，须先经过人民代表会议讨论和决议后实行；须定期向各界人民代表会议报告工作，听取其对政府工作的批评、建议及质问。

此外，在地方层面上，华北人民代表会议规定，村、县各级人民政府，必须定期负责向村、县人民代表会议做工作报告，请求审查和批准。每年村人民代表会议改选前，为全村人民讨论与检查政府工作时期，村主席各代表应向人民报告工作，听取人民审查、批评与建议；每两年县人民代表会议改选前，为全县人民讨论与检查政府工作时期，县政府应书面向

---

① 杨建党：《华北人民政府时期的人民代表会议制度之考察》，《人大研究》2007年第1期。

人民报告工作，听取人民的审查、批评与建议。当然，作为一种探索性的制度，加之战争环境的客观因素，各级人民代表会议制度也有一些不足之处。一方面，虽然这一时期中国共产党已经开始比较注重通过制度或立法来规范政权运的行使和运作，但从各种规定的文本来看，人民代表会议的规定有的过于简约、粗疏，一些制度规范缺乏可操作性，这说明当时的党对于履行法定的民主程序还缺乏明确的认识和足够的耐心；另一方面，由于人民代表会议从其产生之日起，就被赋予解决具体问题的职能。因此，这一时期的人民代表会议的召开，不仅仅是对政权建设的加强，更重要的是为完成党在特定时期的任务。换言之，无论是中央还是地方的各级领导，在强调召开人民代表会议的重要性的同时，往往都是从代表会议的结果和功能而不是代表会议本身来强调它的重要性。①

总之，无论是苏维埃代表会议制度，还是“三三制”政权的参议会制度，中国共产党理论的出发点都是建立人民民主的政权形式。而作为人民代表大会制度过渡形式的人民代表会议制度的确立，标志着中国共产党领导的革命根据地政权终于形成了具有中国特色的新民主主义的宪政模式。

四、新民主主义宪政向社会主义民主政治的转变

新中国成立时期，中国社会阶级力量的对比已经发生根本转变，国民党政权被推翻，共产党成为执政党，以工人阶级为领导、以工农联盟为基础的人民民主政权在全国范围内建立起来，当时形势的发展非常需要制定一部国家根本法，以确认革命胜利成果，并明确全党全国人民的新的奋斗目标。然而，由于战争尚未完全结束、新解放区还未进行土改等客观因素的影响，通过普选方式产生各级人大的条件还不成熟，所以，还不能召开全国人民代表大会制定宪法，新民主主义宪政作为向社会主义民主政治过渡的政治形态仍需存续一定时期。1948 年 4 月 30 日，中共中央发布“五一国际劳动节”口号，首次发出“迅速召开政治协商会议，讨论并实现召集人民代表大会，成立民主联合政府”② 的呼吁。这预示着即将产生的

① 何俊志：《从苏维埃到人民代表大会制》，复旦大学出版社 2011 年版，第 135 页。

② 中央档案馆编：《中共中央文件选集》（第 17 册），中共中央党校出版社 1989 年版，第 146 页。

新中国的“政权组织向人民代表大会过渡是通过下述两种形式实现的：在中央通过中国人民政治协商会议，在地方通过人民代表会议”。[①] 1949年9月21日，中国人民政治协商会议第一次全体会议在北京召开，这次会议决定由中国人民政治协商会议全体会议执行全国人民代表大会的职权，制定宪法性文件，以规范和统一全国人民的行动，适时地向社会主义过渡。

(一) 新民主主义宪政的标志性成果——《共同纲领》

1949年9月21日召开的中国人民政治协商会议，通过了起临时宪法作用的《中国人民政治协商会议共同纲领》（简称《共同纲领》），并制定了《中国人民政治协商会议组织法》《中华人民共和国中央人民政府组织法》，此外，大会还选出了行使最高国家权力的常设机关——中央人民政府委员会。《共同纲领》是对中国新民主主义革命经验的总结，也是对近代以来中国人民争取民主政治的经验总结。《共同纲领》除序言外，共7章60条，主要内容包括以下几方面。

1. 规定了人民民主专政的国家政权的性质和任务

《共同纲领》序言在阐述新中国国家政权的性质时规定：“中国人民民主专政是中国工人阶级、农民阶级、小资产阶级、民族资产阶级及其他爱国民主分子的人民民主统一战线的政权。”其总纲又规定：“中华人民共和国为新民主主义即人民民主主义的国家，实行工人阶级领导的、以工农联盟为基础的、团结各民主阶级和国内各民族的人民民主专政，反对帝国主义、封建主义和官僚资本主义，为中国的独立、民主、和平、统一和富强而奋斗。”

2. 确认了国家政权组织形式和原则

《共同纲领》规定：中国的基本政治制度是人民代表大会制。“中华人民共和国的国家政权属于人民。人民行使国家政权的机关为各级人民代表大会和各级人民政府。各级人民代表大会由人民用普选方法产生之。”“中国人民政治协商会议为人民民主统一战线的组织形式。”“在普选的全国人民代表大会召开以前，由中国人民政治协商会议的全体会议执行全国人民代表大会的职权。”“制定中华人民共和国中央人民政府组织法，选

① 蔡定剑：《中国人民代表大会制度》，法律出版社2003年版，第59页。

举中华人民共和国中央人民政府委员会，并付之以行使国家权力的职权。”从以上规定可以看出，第一届中国人民政治协商会议具有明显的过渡性质。与此同时，在地方也采取了由军事管制委员会和各界人民代表会议作为向人民代表大会制度过渡的形式，即在刚刚解放的地方以军事管制的形式镇压反革命，管理地方事务；而在军事行动完全结束，召开地方人民代表大会条件成熟的地方，就应适时的实现普选，向人民代表大会过渡。此外，中国人民政治协商会议在国家机关的设置和职权划分上，也体现了其是一种过渡时期的政权组织形式，表现为将国家权力机关与行政机关集中为一个机关，统一行使国家权力，其他国家机关都由它产生，在各级人大会闭会期间，由人民政府行使各级政权。中国人民政治协商会议之所以没有将人民代表大会确定为国家的权力中心，主要是由于当时的人民代表大会制度，还处于探索和实践阶段，还缺乏成熟的经验。

3. 规定人民享有广泛的民主权利

《共同纲领》关于人民权利的规定散见于总纲、第四章和第五章之中，没有系统的列出人权清单。这一表达方式与20世纪30年代的《中华苏维埃共和国宪法大纲》，40年代的《陕甘宁边区施政纲领》《陕甘宁边区宪法原则》以专门条款规定人权相比，虽然显得比较零散，但并不影响其对人民权利的广泛性的确认。《共同纲领》关于人民享有的权利类型，主要包括自由权，即政治自由、人身自由、宗教信仰自由等；平等权，即在权利的享有上，男女平等、民族平等等。此外，《共同纲领》区分了人民和国民两个概念，人民泛指工人阶级、农民阶级、小资产阶级和民族资产阶级四个阶级和其他爱国分子，他们是国家权力的主体和人权主体；而“国民”指一切有中国国籍的人，除包括人民之外，也包括官僚资产阶级、地主阶级以及代表这些阶级的国民党及其追随者在内，但在国民当中，人民之外的社会成员只享有一定的人权，不享有共和国公民的政治权利。

4. 规定了国家的经济制度

《共同纲领》规定：国家“经济建设的根本方针，是以公私兼顾、劳资两利、城乡互助、内外交流的政策，达到发展生产、繁荣经济之目的”，并规定国家经营范围、原料供给、销售市场、劳动条件、技术设备、财政政策、金融政策等方面，调剂国营经济、合作社经济、农民和手工业者的个体经济、私人资本主义经济和国家资本主义经济，使各种经济成分在国营经济领导之下，分工合作，各得其所，以促进整个社会经济的发展。应该说，实行五种经济成分并存的新民主主义经济制度，反映了当时中国经济客观发展的需要。1954 年宪法仍然延续了这一基本思想，把中国的生产资料所有制形式确立为国家所有制、合作社所有制、个体劳动者所有制和资本家所有制四种形式。此外，还规定了国家在文教、民族、外交政策及军事方面的大政方针。

总之，《共同纲领》是中国新民主主义宪政史上的重要文献，从其规定的内容来看，其目的就是要建立一个实行新民主主义政治、经济和文化教育的共和国。在中华人民共和国宪法颁布之前，《共同纲领》作为新民主主义宪政运动的最高成就，体现了当时全国各族人民的意志和愿望，发挥着国家根本法的作用。《共同纲领》所确认的各项原则，成为以后起草、制定中华人民共和国宪法的重要基础。

（二）社会主义民主政治的开端——五四宪法

新中国成立后，在贯彻、执行《共同纲领》的五年内，国内的政治、经济形势发生了深刻变化。新生的人民共和国，经过土改、恢复生产、基层政权建设、清除国民党残余和匪特、“三反”“五反”等一系列运动，巩固了人民民主专政的政权。在这种形势下，召开全国人民代表大会、制定宪法的条件已经基本成熟。

1954 年宪法的制定是新中国立宪的开端，其指导思想集中反映了中国共产党关于宪法和新民主主义政治的理论。早在抗日战争时期，毛泽东在《新民主主义论》《新民主主义宪政》等文章中，就具体阐述了中国共产党的民主政治观念和理论，指出中国革命的目标就是要建立一个新中国，实现这一目标需要经过新民主主义革命和社会主义革命两个步骤，基本上不外乎资产阶级共和国和无产阶级共和国两种形式。同时明确指出：宪政“就是民主的政治”，“世界上历来的宪政，不论是英国、法国、美国或者是苏联，都是在革命有了民主事实之后，颁布一个根本大法，去承认它，这就是宪法”①。新中国成立前夕，毛泽东又发表了《论人民民主专政》一文，系统地论述了人民民主专政的国家制度。指出，人民民主专政就是工人阶级、农民阶级、城市小资产阶级和民族资产阶级，在工人

① 《毛泽东选集》（第 2 卷），人民出版社 1991 年版，第 732、735 页。

阶级和共产党领导下，对于人民内部实行民主制度，对地主阶级、官僚资产阶级以及代表这些阶级的国民党反动派及其帮凶实行专政。对人民内部实行民主、对反动派实行专政，这两个方面结合起来就是人民民主专政。上述思想对于1954年宪法的制定具有重要的指导意义。

1953年1月13日，中央人民政府委员会通过《关于召开全国人民代表大会及地方各级人民代表大会的决议》，决定成立以毛泽东为主席的宪法起草委员会，开始起草宪法，并于1954年3月提出宪法草案初稿，组织各方面的代表进行讨论，并经过三次大规模的群众性讨论后，最终形成了一个比较成熟的宪法草案。与此同时，1953年3月1日颁布的《全国人民代表大会及地方各级人民代表大会选举法》，为宪法的通过提供了组织准备。1954年9月20日，第一届全国人民代表大会第一次会议通过了《中华人民共和国宪法》，这部宪法是中华人民共和国第一部根本大法，它以《共同纲领》为基础，又是对《共同纲领》的发展。

1954年宪法除序言外，共分4章，包括总纲、国家机构、公民的基本权利和义务以及国旗、国徽、首都，总计106条。其内容可以概括为以下几个方面。

1. 确认了中国的国家性质是工人阶级领导的、以工农联盟为基础的人民民主专政的国家，规定中国实行民主集中制的人民代表大会制度，实行单一制的国家结构形式和民族区域自治制度。这部宪法除要求加强工人阶级对国家的领导、巩固工农联盟以外，还要求加强同非劳动人民之间的联盟，并确认了中国共产党领导的各民主阶级、各民主党派、各人民团体的广泛的人民民主统一战线，这些规范充分体现了人民民主政权具有广泛的社会基础和政治基础，并反映了中国经济、政治和社会关系的特点及发展要求。

2. 在国家机构方面，宪法规定，全国人民代表大会和地方各级人民代表大会为国家权力机关；国务院和地方各级人民委员会为国家权力机关的执行机关，即行政机关；人民法院为国家审判机关，人民检察院为国家审判监督机关。各级人民代表大会分别组织、监督、罢免其他各级国家机关的组成人员，其他各级国家机关分别向产生它的人民代表大会负责。

3. 确认了我国社会主义过渡时期的经济制度。宪法规定，中国的生产资料所有制有四种形式，即全民所有制、劳动群众集体所有制、个体劳动者所有制和资本家所有制。其中，国营经济是国民经济的领导力量，是实现社会主义改造的物质基础，国家保证优先发展国营经济。很明显，1954年宪法所列举和确认的所有制形式，是过渡时期中国多种经济成分在宪法上的反映。国家的任务是尽力巩固、发展社会主义全民所有制和劳动群众集体所有制，并对非社会主义的个体劳动者所有制、资本家所有制的经济成分，逐步进行社会主义改造。

4. 规定人民享有广泛的权利和自由。1954年宪法设专章规定了公民的基本权利和义务，除对《共同纲领》中规定的选举权和被选举权等加以确认之外，还规定公民享有劳动权、受教育权、进行文艺创作和其他文化活动的自由，等等。

从上述内容可以看出，1954年宪法确认的社会主义原则和人民民主原则，反映了中国的经济和政治现实；对于过渡时期的政治、经济和社会政策的规定，体现了宪法的原则性和灵活性的有机结合。毛泽东在谈到1954年宪法的性质时曾说："我们这个宪法，是社会主义类型的宪法，但还不是完全社会主义的宪法，它是一个过渡时期的宪法。"① 这一论断，揭示了1954年宪法的重要特点，它既不是一部《共同纲领》那样的新民主主义类型的宪法，也不是一部"完全"的社会主义类型的宪法，而是一部向社会主义过渡的根本大法，它基本上确立了中国由新民主主义向社会主义过渡时期的宪政体制，对新中国宪法和民主法制的发展产生了深远影响，为新中国的民主政治建设奠定了良好的宪法基础。

① 《毛泽东选集》(第5卷)，人民出版社1977年版，第131页。

第六章　近代中外立宪政治比较

中西方宪政实践是在不同的经济、政治、文化、社会基础和条件下进行的。西方宪政是在西方国家发展到了具备实施宪政的条件下而产生和形成的，在西方宪政进程中，实行宪政的国家一般具有主权独立、商品经济繁荣、政治结构复杂、思想文化多元、社会组织发达、公民素质较高等特点，立宪主体和市民阶级具有要求实施宪政的强烈愿望，并形成不可抗拒的推动宪政的社会政治力量，凸显了西方宪政的内源性、自发性等特征。相比之下，近代中国的宪政运动是在国家尚未具备实施宪政的条件下发生的，近代中国的特点是，主权缺失、国家分裂、经济文化落后、新生阶级力量弱小、法制环境恶劣，即缺乏实施宪政所需要的经济、政治、文化、法律和社会等条件。在中国近代，立宪运动主要是由于受到外来因素刺激和新的尚不成熟的经济、政治、文化、社会力量推动而发生的，所以就整体而言，更多地体现了外源性特征。西方宪政文化与中国社会现实及进步政治主体的宪政诉求之间存在巨大落差，中国近代立宪实践的基础较差，立宪主体对于宪政的诉求，着力点不在于实现宪政本身的价值，更多地表现出工具理性色彩，因此，不重视、不主动创造实行宪政所必需的主观条件和客观环境。由于存在上述差异，中西方宪政制度的设计及其在保障人权、限制政府权力方面的效能迥然不同。

第一节　实行立宪政治的基础比较

实行立宪政治，需要具备与其要求相适应的经济、政治、文化、法律和社会条件，需要充分的思想准备、强有力的政治领导、缜密的组织谋划。由于中西方实行宪政的经济基础、政治基础、文化基础、法律基础和社会环境存在巨大差异，双方立宪主体的立宪动机、宪政价值选择和宪政实践的过程和命运不同。

一、实行立宪政治的经济基础不同

从世界各国实施宪政的经验来看，经济主体、社会结构多元化及利益诉求多样化，必然催生多元化的政治结构，而分权制衡的宪政体制，是建立在适应多元的经济社会主体、政治文化主体要求地位平等和自由发展之上的。所以，商品经济被认为是产生宪政的经济原因，并在事实上构成宪政的经济基础，西方宪政成功和近代中国宪政受挫的经济根源都是基于此。

（一）西方国家实施宪政的经济基础

商品经济是宪政产生的经济前提。中世纪中后期，商品经济关系的产生和发展，引起西方各国经济、政治、文化和社会的一系列变革，商品经济最发达的英国成为立宪主义母国。商品经济之所以成为宪政产生的经济基础，主要是由商品经济的性质决定的。

在商品经济没有取得国民经济主导地位以前，西方国家经济也经历了个体经营的农耕时代和封建经济形态。与东方国家不同的是，资本主义形成之前的西方国家的封建关系，主要表现为附庸对领主的服从和领主对附庸的保护，领主和附庸之间的关系由习惯或契约法来调整。由契约规定和调整的封建关系，基本保证了国家和社会的稳定及有序运转，而且特定领地内存在的领主统治，有力地抵制了国王个人的绝对专权。同时，国王、世俗贵族和教会贵族之间的关系也主要由习惯法来调整和维护。

法治理念随着资本主义商品经济关系的确立，而逐渐向国家和社会领域渗透。当国王或政府力求打破贵族和平民致力于维护的经济关系和社会秩序时，贵族和平民的反抗就出现了。商品经济的发展造就了资产阶级，原有贵族阶层也凭借其所占有的各种物质资源、文化资源、法律资源和社会资源，实现了向资产阶级身份的转化。资产阶级拥有巨额财富，并希望不断扩大财富的欲望，需要构建一种对自己有利的经济、政治、法律关系来加以确认和实现，于是，近代宪法——资产阶级宪法就在这种国度里应运而生。维护有产者利益的资产阶级宪法，首先表现为要求以宪法为依据，实行对国家和社会的双向治理。

不过，商品经济因何成为宪政产生的经济基础，仍需要进一步说明。资产阶级国家建立初期，资本家积累财富的过程伴随着尔虞我诈、巧取豪夺、弱肉强食、社会混乱。生产资料私人占有与社会化大生产之间的矛盾引起社会两极分化，并经常引发资产阶级内部不同利益集团之间的冲突，甚至导致资产阶级统治不稳定，对资产阶级的整体利益构成严重威胁。所以，如何构建规范有序的商品经济运行体系，成为商品经济产生最早的国家必须认真对待和解决的问题。商品经济的有序发展，要求市场主体诚信守法，需要国家合理干预经济，严格依法规范国家和社会生活，充分保障公民自由和权利，由此决定了实行商品经济或市场经济的国家，也必然是宪政国家。而宪政之所以和商品经济具有密切联系，主要是因为商品经济具有以下特征。

1. 商品经济导致市场主体多元化，多元化的市场主体要求经济地位平等，相应地，也要求实行政治多元化和政治主体的地位平等，经济政治多元是宪政产生和发展的社会内在动因。

与农业经济主要为了满足人的生活消费、只存在少量简单商品交换、无固定统一的商品市场、无专门从事社会化商品交易的市场主体不同，商品经济造就了为满足他人或社会需求而专门从事经营活动的商品生产者和商人，并且每一个参与市场活动的社会成员既是商品生产者又是商品消费者。所以，商品经济的产生和发展是市场主体多元化的过程，而社会需求多样化又是市场主体多元化的前提。市场主体的多元化和市场需求的有限性，很容易导致市场竞争白热化，诱使商品生产者和经营者为了自身利益，采用各种不正当、不道德手段，强化自己的市场主体地位，打击、削弱竞争对手，使其处于不利地位，进而形成垄断资本和垄断集团。垄断资本的形成，导致生产技术垄断和价格垄断，必然破坏市场主体多元化的格局，妨碍社会生产力的发展和经济繁荣，损害消费者的正当权益和有产者的长远利益。

为了消除上述现象，必须建立公正的经济秩序和社会秩序。在经历了自由竞争和资本垄断阶段之后，西方国家通过制定反垄断法和反不正当竞争法，规范市场行为。商品经济虽然具有盲目性和自发性等弊端，但也具有自我调适能力，具有挽救市场运行陷入长期崩溃、重塑市场主体并要求他们平等竞争的能力。商品经济所要求的市场主体多元化和主体地位平等化，对国家政治生活和经济社会生活也产生了深刻影响。一是它要求国家通过立法尤其通过立宪的形式，规范所有社会主体的社会行为，即使国家的代表者作为市场主体参与经济活动，也必须接受法律调整，从而把经济公平原则逐步引入政治生活和社会生活，使少数人享有的经济特权发展为公民和社会的权利，进而由经济上的平等权利引申出政治上的平等权利；由要求通过立法保障经济、文化和社会权利，发展到要求保障公民权利和政治权利。二是市场主体的多元化及其运作模式，为政治生活提供了样本，即经济多元是政治多元的基础，并在事实上造成了政治多元化，从而为宪政产生和形成提供了肥沃的土壤和资源，为实行宪政提供了客观基础。

2. 商品经济既是自由经济，又是法治经济，它鼓励市场主体自由经营，公平竞争。同时，它要求所有市场主体必须共同遵守国家法律，必须在国家法律范围内进行生产和经营活动，必须依照市场需求和市场规则有序地参与竞争，从而把市场主体追求利益最大化与满足市场需求及有序运转结合起来。

法治经济，不仅意味着国家依法管理市场主体和市场行为，意味着市场主体依法享有经营权利和履行法律义务，而且意味着国家必须履行保护市场主体合法权利，打击市场主体违法行为的职责。在商品经济条件下，如果国家不能有效地保护市场主体合法的自由经营活动，则必然难以保证资源的合理有效配置，不利于社会经济的繁荣发展，无法满足人民的生活需求；如果国家任凭市场主体超越法律或违反市场规则从事生产经营活动，还必将把商场变成尔虞我诈、巧取豪夺、坑蒙拐骗、伤害消费者权益的战场。因此，商品经济的发展自始伴随着建立和完善市场规则和商业规则的要求，而保护市场主体的自由或权利，依据市场规则规范市场主体行为，不仅对现代民商立法、经济立法提出了艰巨的任务和要求，也拓展了宪政的应用范围，促进了经济立宪主义或财政立宪主义的产生。

3. 商品经济要求市场主体坚守道德诚信和等价交换原则。

商品经济的最本质特征是市场主体追求利益最大化，这就决定了各市场主体为了获得生存和发展，必然进行激烈的竞争，甚至产生恶性竞争，即某些市场主体通过降低生产经营成本，或采用以次充好、弄虚作假、坑蒙拐骗、欺行霸市、垄断市场、囤积居奇、抬高物价等违法和不道德手段，打击竞争对手，损害消费者利益。商品经济的负面效应，不仅会损害消费者的利益，也会损害生产经营者的利益。而对于不正当竞争者而言，他可能是今天的获利者，也可能是明天的受害者，因为其他市场主体可以用同样手段来对付违规操作和不讲诚信的人，甚至与自己的竞争对手展开恶性竞争。所以，在不正当竞争或缺乏市场规范的条件下，不存在真正的赢家。为了克服商品经济的弊端给社会带来危害，必然要求一切市场主体和所有公民树立诚信守法意识和等价交换观念，从而要求将商品经济引入道德经济轨道，并依法调整个体之间、个体与群体之间的关系，避免个人利益与社会利益发生严重冲突，最终实现人人共存共荣的局面。商品经济健康发展的这种趋势，与宪政价值取向是一致的，也为保障人权、实现人的自由全面发展和生活幸福创造了经济条件。

（二）近代中国实施宪政的经济基础

与西方相比，近代中国的商品经济虽然有了一定程度的发展，并出现了商品经济关系，但传统的自然经济仍然在国民经济中占据主导地位，而且由于外国资本的渗透和侵略，本国官僚资本的形成，它们和国内封建经济相结合，中国经济形态表现出成分多样化和财产关系多变的特点。

1. 关于经济成分多样化

在近代中国，除存在小农业和小手工业之外，还存在官僚资本主义工矿企业、交通运输业、商业和金融业，存在民族资本主义中小工商企业和金融业，存在外国资本主义工矿企业、交通航运业、商业和金融业。20世纪30年代以后，还出现了包括社会主义经济成分在内的新民主主义经济，上述各种经济因素的存在，形成了近代中国经济结构中多种生产关系和多元经济主体并存的局面。

小农业和小手工业，有的属于反映近代中国特殊生产关系和非资本主义的个体小生产，更多地则属于封建生产关系残余的个体小生产。作为封建生产关系残余的个体小生产，虽然已经伴随着农村经济的解体而走向衰落，但其消亡的过程仍很漫长。小生产者仍然占据中国社会成员的绝大多数，他们的生产方式、生活方式、生活态度和生活习性，与传统社会相比，没有发生太大变化。在小生产者占绝对优势的社会里，不可能迅速实现由传统社会向现代社会的转型。

官僚资本主义不是近代中国特有的经济形态，在近代中国表现出极典型的掠夺性、欺骗性等特征。官僚资本主义的构成和运动，可以用公式表示：官僚资本主义＝权力+ 资本≥权力+ 资本。它表明，官僚资本主义是权力和资本的结合，二者结合的结果是权力和资本相互借助，形成权力增值和资本增值之和。近代官僚资本的形成并非来源于生产积累，而是某些军阀、政客攫取了国家权力之后，以武力和权力作后盾，或侵吞国家财产，或把公共财产和他人的私人财产据为己有，再以攫取的财产作为资本，进行投机经营。因为有军权、财权、行政权力作后盾，官僚资本家在骤然之间就变成了拥有巨额财富的暴发户。官僚资本及其垄断地位一经形成，又变成了近代中国经济、社会、政治、法律和文化变革的严重阻力。

民族资本主义工业的产生与外国资本主义侵略有关。外国资本主义的入侵，虽然为近代中国引入了资本、先进设备和先进技术，并在一定程度上刺激了中国资本主义经济发展，但它垄断和控制中国经济，压制和打击民族资本主义，始终是阻碍中国资本主义发展的严重障碍。虽然民族资本主义在一定历史阶段代表着先进生产力，但由于受外国资本主义、封建势力、大官僚资本的束缚和压制，其发展极其艰难，随时处于被外国资本和官僚资本吞并或因经营困难而破产的境地。在外国资本主义、本国封建势力和官僚资本主义的束缚下，民族企业为了生存和发展，不得不依附外国资本主义、本国封建势力和官僚资本主义，并被迫接受它们的盘剥。所以，中国民族资本主义自产生之日起，就与封建主义、官僚资本主义、外国资本主义之间形成了既矛盾又联系的关系。

近代中国除存在上述经济形态之外，还产生了新民主主义经济，其中包含着社会主义和资本主义等五种经济成分。这些经济成分和其他经济因素构成了近代中国生产关系多样化、经济主体多元化的经济结构。

2. 关于财产关系多变性

财产关系是一个法律术语，在经济学上称为生产关系。① 这里之所以用财产关系代替生产关系，目的是从法的角度审视中国经济、政治、文化、法律和社会变革。在现代意义上，财产是“指拥有的金钱、物资、房屋、土地等物质财富”和精神财富（专利、商标、著作权等）。② 从传统意义上讲，中国人眼中的财产主要集中体现为钱和物，其中，“物”的范畴主要包括地产、房产、生产和生活用具，而土地是农业社会的主要财产。可以说，古代中国人和近代中国普通民众的“财产权”观念很淡薄，民间无所谓动产和不动产、有形资产和无形资产之分。在“率土之滨，莫非王土；溥天之下，莫非王臣”的“君权至上”的传统社会，国家和社会的一切，甚至王公贵族的生命和身体都属于皇帝，更何况普通人民？

---

① 马克思在《〈政治经济学批判〉序言》中指出，财产关系是生产关系的法律用语。见《马克思恩格斯选集》（第2卷），人民出版社1995年版，第32页。

② 《现代汉语词典》（第6版），商务印书馆2012年版，第118页。

因为普通人民没有多少私产，自然无从产生“产权”意识和产权法律制度。上文讲到的“千年田，八百主”，虽然意指传统社会的土地关系极不稳固，土地频繁易主，但在实际上，土地以外的财产也无保障。在君主政体下，除皇帝之外，任何个体统治者，手中的权力都不牢固，不知哪天因冒犯皇威或失去宠信而丧失权力，甚至沦为阶下囚，更何况王朝兴衰、更迭不已，一旦改朝换代，不仅臣民的财产没有保障，就连皇亲贵胄的生命都难保全。至于普通人民，更没有“恒产”可言，这也是古代中国世袭贵族很少出现、“富不过三代”、社会财富规模小、生产力发展缓慢、阶级关系简单、封建社会漫长的重要原因。

进入近代以后，财产关系不稳定的特征进一步凸显。由于近代中国是社会关系最不稳定、政权更迭最为频繁、遭受外来掠夺最为严重的历史时期，加之公权领域人性中的恶性因素膨胀，所以，中国几乎变成了大大小小军阀、官僚、政客和奸商争权夺利的角逐场。清朝末年，地方军阀和洋务派大官僚们借编练地方军队、兴办洋务运动、开办军事和民用企业之机，侵吞国家财产，掠夺民族资本，搜刮民脂民膏。北洋军阀在接收清朝“遗产”过程中，或将大批“官办”近代企业转为私产，或将“官商合办”企业中的“官股”转为“私股”，或吞并“官督商办”企业，造成民族企业发展缓慢，甚至倒闭破产。北洋军阀倒台后，北洋政府的工矿企业及银行等国家财产以及军阀官僚个人的财产，均被南京国民党政府没收，“四大家族”利用手中权力，以政府名义垄断和控制全国工矿企业、铁路、交通运输、航运、邮政、商业以及金融业等，并变本加厉地将国家财产变为个人私产，运用各种超经济手段排挤、打击、吞并、掠夺民族工商业和民营金融业，导致大批民族企业倒闭或歇业。日本投降后，不仅汪伪政府和汉奸财产被没收，大量民族企业和个人合法经营所得，也被接收大员们冠以种种罪名而私吞。在广大农村，封建地租剥削、土地兼并现象依然十分普遍。孙中山提出的“耕者有其田”主张，在国民党统治下并没有实现。共产党领导的土地改革运动，致力于适应革命需要问题，但因新民主主义土地政策的过渡性，在封建土地关系被打破以后，反映农民要求和中国社会发展趋势的土地关系和土地流转机制并没有确定下来。

历史实践表明，近代中国财产关系不稳定，是产生一系列新的社会矛盾、制约商品经济发展和财富积累的重要原因，也是造成宪政实践的经济基础缺失的经济根源。

二、实行立宪政治的政治基础不同

西方国家实施宪政是以存在多元的政治主体和多元主体的分权诉求为基础的，而中国实施宪政是以否定集权式的一元独大的权力结构为诉求的，二者实施宪政的政治基础不同，因此效果和命运也不同。

（一）西方国家实施宪政的政治基础

社会阶级结构和国家权力结构是影响国家政治的基本要素。权力主体多元和权力分立的政治结构，是宪政产生的政治基础，也是宪政制度建立和发展的政治条件。无论西方国家还是非西方国家，传统社会的政治结构都表现为等级制，但非西方国家的等级制与西方国家等级制有着很大区别。西方国家等级制存在着权力主体多元或权力相对分散的事实，国家权力在不同等级、不同机构和不同官员之间的配置，表现为同级官员之间互相监督和不同等级、不同官职官员的权力相对独立，各级政府组织分别对各级贵族负责。所以，西方国家权力结构既有纵向的权力构成的相对独立，也有横向的权力构成的相对独立，这也是形成立体的权力制约机制与合作机制的前提。在分掌权力的不同等级成员之中，贵族不希望形成王权独大局面，因为这会置他们的安全和利益于危险之中，因而西方国家自古就存在一定程度的分权现象，其权力多元既表现为权力主体多元，又表现为权力配置多样化。例如，古希腊、古罗马时期，国家权力分别掌握在元老院、公民大会、执政官和护民官等机构和人员手中，这种权力配置的目的在于将权力分散化，使不同权力部门之间形成一定分工和制约关系，在某种程度上起到防止个人集权专制的作用，因此避免了绝对王权的形成。

进入中世纪以后，西方国家陷入战乱，贵族势力进一步强大起来，国王不能控制国家权力，而是在国王、贵族、教会和平民之间，按实力分配权力，国王、贵族、教会分别在自己领地内拥有并实际行使统治权和司法权。西方国家之所以形成权力主体多元或分权现象，与西方国家的经济结构、社会结构、政治文化、民族个性以及氏族部落民主遗风的影响有关，更主要的是由现实政治格局决定的。比如，中世纪的英国，国王与大大小小的地方封建领主之间，始终存在着利益冲突和权力斗争。1215 年，封建领主在市民阶层支持下发动武装起义，强迫约翰国王签订的《自由大宪章》，在限制王权的同时，赋予贵族许多特权。由国王或通过契约形式赋予贵族特权，久而久之就变成了贵族享有的习惯权利，他们通常以习惯权利为由对抗王权。

中世纪的封建制和贵族制，不仅不是造成集权专制的权力结构的制度根源，它们在运行中形成的国家架构内的交叉冲突机制，反而促进了权力分立的政权结构的形成，并为贵族之外的社会成员留出了生存和发展空间。市民阶层能够产生并形成影响国家命运的强大力量，不应该仅仅被看作私利驱动和他们自身奋争的结果，还应该看到当时的政治社会环境为什么能够使他们做大，乃至发展成为埋葬封建特权的社会力量，这必须到西方贵族制的特性、基督教文化即新教伦理中去寻找答案。西方国家的政治社会结构为缓解内部冲突留下了妥协空间，基督教教义所内含的宽容精神引导着人们尊重他人的自由和权利，消除了政治上的极端主义，避免了执掌政权的政治实体的家族式、轮回式、兴衰替代式执政局面的出现。市民社会形成以后，进一步整合了传统社会和传统政治中有利于实现市民阶层利益最大化的权力约束机制，并在确保私有权的基础上重新塑造国家模式和政治运行模式。在市民社会推动下，传统社会内在的权力分散结构及其运行机制，演变成了促使封建社会解体和封建权力瓦解的内在动力。正是由于传统社会内在权力结构的分散性和多元化运行模式，封建制度在中世纪早期不仅没有孵化出强大的中央集权制国家，反而造就了强大的封建贵族，并坐视中世纪基督教势力强行环宇。受基督教文化或新教伦理反叛意识的影响，贵族们经常联合起来对抗王权，教会与王权之间的关系时常处于紧张状态。

整个中世纪，西方国家主要是在国王、教会和贵族三者博弈之中度过的，当市民阶层形成和壮大之后，虽然出现了市民阶层支持国王，反抗贵族，建立近代民族国家的要求，但多年形成的政治传统和社会习俗，不可能使西方国家的政治长期滞留在中世纪状态。西方人走出了中世纪，正是多元的社会结构和权力结构所内含的阶层流动和权力分解机制，为他们建构更有活力、能自主进行调节的政治社会制度提供了便利。西方国家的政治社会结构的特性，还使西方人能够打破固有传统对人性的束缚，经过文艺复兴和启蒙运动，在西方终于形成了社会性、全民性的尊重个体和个性解放的理念，以及尊重科学、不断创新的意识，这也是近代以来西方人在各个领域领先于世界其他民族的主要原因。西方多元的政治社会结构，很容易在新生社会力量的推动下，演变成为体现他们的利益和意志的开放性政治结构。宪政所要求的权力分立，也无非是新生社会阶级对传统权力结构的改造和创新。

中世纪末期，随着商业和工场手工业的繁荣，新兴资产阶级迅速成长起来。他们凭借自己强大的经济实力，成为推动社会变革的强大力量，并基于自己的利益诉求和政治追求，引导社会变革，最终将传统的特权社会改造成以市民等级为主体的市民社会。在资产阶级革命取得胜利之后，资本主义生产关系普遍确立，很快形成了统一的国内市场，从而在西方建立了国家、市民社会和市场互动的三元结构模式。

资产阶级掌握国家权力，是社会变革的结果，也是政治变革的动因。因为资本主义生产的目的和资产阶级的本性，与个人集权的封建专制主义格格不入，只有打破分封制、贵族特权和固化的社会结构，构建资本特权和流动性的社会结构，建立由资产者掌控的分权体制，才能保障和扩大资产阶级财产权和政治权利。

（二）近代中国实施立宪政治的政治基础

与西方政治传统有着很大区别，非西方国家尤其受儒家思想影响较大的国家的等级制呈现为宝塔状，形成自上而下逐级实行统治的官僚等级制。这种等级制度从最底层官员开始，逐级向上级官员负责，同级官员之间互不负责，各级各类官员均对皇帝负责，这种权力结构虽有同级官员之间的权力对抗，而对抗的制度安排是为了形成地方或部门官员之间的相互牵制，避免各级官员沆瀣一气，互相勾结，对抗甚至威胁皇权。

以中国为例，官僚等级制的形成和延续，与中国政治传统和礼教文化的关系甚为密切。古代中国人的图腾崇拜，就渗透和传递着敬畏神祇和权力的信息，原始社会的氏族部落生活，也缺乏原始的平等意识和民主气息，氏族部落成员必须服从部落首领，部落首领拥有绝对权力。

中国进入奴隶社会之后，在祭祀和国家活动中形成的“礼”成为一种界定人们身份地位和调整人们行为的规范，也是治国理政的准则。奴隶社会的没落，时人认为是“礼崩乐坏”造成的。春秋战国之交，百家争鸣，儒家脱颖而出，随着封建制度的确立和稳定，提倡“礼教”和“礼治”的儒家思想获得了独尊地位。“礼教”和王权结合，强化了国家职能和封建统治秩序，社会发展受到强大的官僚系统的压抑，中国始终没有形成国家与社会的分离。由于实行“家国一体”，作为社会细胞的“家”被看作国家构成元素，从而形成了家国不分的社会体制和社会意识。在中国，治家和治国的道理是相通的，于是又产生了“修、其、治、平”的家国政治伦理，并集中体现为“三纲五常”的政治准则和行为规范。在“纲常”网络之中，天下每一个人都被固定在与自己身份相对应的网结上，皇帝是唯一的举“纲”之人，除非发生王朝革命，人的身份地位永远不会发生变化，而且世代被固定在同一层级上。这种固化的网络式社会结构，强化了国家的统治功能，在一定程度上起到了稳定封建社会秩序的作用，有效地延长了中国封建社会的寿命，也创造了无与伦比的中华封建文明。

但是，以“礼教”为治国理念和治国手段的封建政治，带来了诸多难以医治的政治弊端和社会问题。如，皇权的至上性和绝对化，使其不受任何限制，致使人性中的阴暗面延伸到国家生活当中，演变成为独裁、暴政和政治惰性，在中国历朝的230多个皇帝当中，真正勤于和精于政事者寥寥无几，多为平庸当道，甚至不乏昏君，由于没有外在强制力能够矫正执政者的不当行为，政治制度的设计缺少内在的纠错机制，因此人亡政息、王朝更迭成为封建政治的“铁规律”。皇权的至上性和绝对化，还体现在国家对社会的全面控制上，封建王朝对社会的控制十分严格和残酷，从不允许民间组织存在，加之以家庭为单位的农耕经济的束缚，民间社会始终是封闭的、分裂的，社会成员各自为生，互不来往，难以凝聚成对抗暴政的社会力量。近代以降，因抗捐、抗税、抗暴和反洋人入侵，才有了自发的民间组织，但它们不是构建现代民主国家所需要的自觉、自为、自主、自治的社会组织。由于封建王朝对社会实行高压统治，社会难以从自身中滋生出现代国家的政治社会细胞，所以，近代中国不可能在自己机体中产生宪政，只能移植西方宪政文化。

三、实行立宪政治的思想基础不同

西方政治文化源于古代自然法、实证主义、中世纪基督教和新教伦理以及近代自由主义理论。其中，自由主义是西方政治文化的核心和资产阶级宪政的主要思想基础；而中国传统政治文化以大一统、集权主义、纲常伦理、等级观念以及排斥个人自由、权利本位等为特征，缺乏构建宪政所必需的现代民主、自由、权利和法治理念。

（一）西方实施立宪政治的思想基础

自由主义“源出启蒙运动个人主义”，“强调自由与理性的关连”，主张“利用国家权力来拆除累世遗传的权威结构”，免除“人类的生活被过度管制”，恢复“由一系列自然而然环环相扣的和谐系统构成”的世界本然状态。[①] 而且它是一个源远流长、内容庞杂、因时因势而发展着的思想体系，其所呈现出的关于公民与国家、个人与社会、权利与权力、自由与法律之间的关系的观点，构成了自由主义的基本范畴。这里讲的自由主义，主要是资产阶级产生以后，在动员和组织本阶级及其他民众的力量，反对君主专制和国家干预过程中形成的政治理论。在16世纪以来的几百年间，自由主义始终是资产阶级争取个人自由、个性解放和发展，建立自由贸易和自由竞争秩序，争取和掌控国家权力，建构与其阶级利益、个性发展相适应的政治制度及其运行机制的主要精神武器。在资产阶级政权建立以后，随着经济关系和社会政治关系的发展变化，传统自由主义逐渐演化为新自由主义和新保守主义两种形态，与之相适应，西方宪政也经历了从“自由优位”到“平等优位”的调整和转变。

自由主义首先源于西方人的习性和传统。自从启蒙运动产生个人主义以来，自由主义思想经过洛克首倡，约翰·密尔、斯宾塞等人的进一步发挥，成为西方人追求自由的传统和习性，演变为他们代代相传的政治理念。这种理念深刻地渗透到国家和社会生活各个领域，成为构建新型国家和政府的基本依据和原则。自由主义的核心是由个人和社会依据理性自我调节，排斥国家对个人和社会生活的不当干预，“到18世纪末叶，已有相当大量的进步意见，主张社会如果不受干预，本质上就能自我调节”。[②] 当自由资本主义兴起并处于自由竞争阶段时，亚当·斯密极力倡导经济自由主义，功利主义者边沁则持之更力。18世纪末19世纪初的自由主义学说，承认国家权力可以用来促进社会改革，但时刻警惕其对社会的危害。约翰·密尔是由传统自由主义向新自由主义过渡的代表人物。[③] 鉴于市场导和竞争向引起的市场失序和社会关系变化，新自由主义对市场和私领域的态度也有所变化，产生了“有原则的干预”的倾向，并“在格林的理论和格莱斯顿或自由主义的实践中走上干预主义立场”[④]。但在总体上，

① ［美］约翰·麦克里兰：《西方政治思想史》，彭淮栋译，海南出版社2003年版，第479—480、469页。

② 同上书，第532页。

③ 吴春华主编：《西方政治思想史》（第4卷），天津人民出版社2006年版，第230页。

④ ［美］约翰·麦克里兰：《西方政治思想史》，彭淮栋译，海南出版社2003年版，第534页。

自由主义始终对国家干预保持警惕，并致力于构建和完善捍卫个体自由、个人幸福、公平正义的国家制度。所以，自由主义传统是宪政的重要渊源，而构成自由主义体系基石的自然权利论、社会契约论、个人主义、功利主义等学说，直接为宪政的诞生提供了思想素材。

1. 个人主义

个人主义是自由主义的核心，早期代表人物为16—17世纪的英国人托马斯·霍布斯。他认为，社会是由一个个具体的人组成的相互之间并无必然联系的集合体，国家和公民社会则是个人基于保存自我利益和意志的目的而形成的，国家仅仅是保卫和平与稳定的秩序的工具，它完全“以保护自然人为其目的”。[①] 在他看来，国家不能制定可以限制人们一切言行的法规，而“在法律未加规定的一切行为中，人们有自由去做自己的理性认为最有利于自己的事情”，“如买卖或其他契约行为的自由，选择自己的住所、饮食、生业，以及按自己认为适宜的方式教育子女的自由等等”,[②] 这些都是法律不能限制的。可见，霍布斯是把经济、社会领域作为个人自由的空间及实现个人利益和意志的舞台。正像人们评论的那样，霍布斯“抛弃了传统的社会、正义与自然法的观念，从互不联系的个人利益与意志中推演出政治权利和义务”[③]。这样一来，尽管霍布斯所构建的远不是一个自由国家，但其提出的原则却成为近代自由主义的基础。18—19世纪接踵而至的“功利主义的学说在根本上也只不过是17世纪设计出来的个人主义原则的重申：边沁建立在霍布斯之上”。[④]

个人主义高度评价自我依靠和隐私权，同时也强调个人在追求自己的幸福时有义务尊重别人的自由和权利，对权威尤其对控制个人的国家权威表示怀疑和否定；认为人能够彼此承认权利，普遍知道互相承认权利能够促进公益，具有自我调适以达到相互适应的能力。“个人选择的幸福之路可能做到彼此和谐”，但“洛克与功利主义者都不认为人类能在未获协助

---

① ［英］霍布斯：《利维坦·引言》，黎思复、黎廷弼译，商务印书馆1985年版，第1页。

② 同上书，第164—165页。

③ 高建主编：《西方政治思想史》（第3卷），天津人民出版社2006年版，第243页。

④ C. B. Macperson, *The Political Theory of Possessive Individualism: Hobbes to Locke*, Oxford University Prss, 1969, p. 2.

之下实现社会和谐”。[①] 他们不赞成只看到人自利的一面，而看不到社会分工又合作的事实。在他们看来，“社会似乎自然而然自行分化为各种不同的经济与社会功能，而且值得注意的是，这些分化的功能彼此互补”。亚当·斯密说，多样化的社会是人类生活所必需的“一个十分过得去的社会，一个进步而富有的社会，应该由许许多多类型与条件的人构成……未来的特征是许许多多种类与条件的人共同过着社会和谐的生活”[②]。当然，个人主义始终坚信：只有个人才是自身利益及通过何种方式促进该利益的最佳判断者，个人享有获取财富和按照自己意志处置财富的最大机会。因此，只要赋予每个人以选择其自身目标及实现该目标的手段的最大自由和责任，并采取与其目标要求相适应的行动，就可以最佳地实现每个正常成年人的利益。这就是自由主义立论的基本依据和出发点，也是其构成西方宪政的理论基础和出发点的理由。

2. 社会契约论

国家起源于原始状态中的人们所订立的社会契约，这个观点在西方有着深厚的历史根源，17—18 世纪的霍布斯、斯宾诺莎、洛克、卢梭等人都对此深信不疑，并有着精湛的阐述。

霍布斯认为，国家不是神意的产物，而是人们通过社会契约创造的；君权不是神授的，而是人民从自己固有的权利中转让的；国家是人性发展的结果，政治权力的根源在于人性；政治权力的目的在于确保现实利益，实现人类和平与秩序。[③] 斯宾诺莎也将国家的起源归结于人性，并对人性做了功利主义的解释，他认为，“人人是会两利相权取其大，两害相权取其轻”[④] 的。人们建立国家的目的是保护自身生命和财产安全，实现共同幸福。因此“政府最终的目的不是用恐怖来统治或约束，也不是强制使人服从，恰恰相反，而是使人免于恐惧，这样他的生活才能够有保障；……实在说来，政治的真正目的是自由”。[⑤]

洛克的社会契约论主要不是探讨国家起源，而是论证人的自然权利的

---

① ［美］约翰·麦克里兰：《西方政治思想史》，彭淮栋译，海南出版社 2003 年版，第 471 页。

② 同上书，第 473 页。

③ ［英］霍布斯：《利维坦》，黎思复、黎廷弼译，商务印书馆 1985 年版，第 131—132 页。

④ ［荷兰］斯宾诺莎：《神学政治论》，温锡增译，商务印书馆 1982 年版，第 215 页。

⑤ 同上书，第 272 页。

神圣性。他认为，加入政治社会以前的人类生活在一种自然状态。自然状态是一种完备无缺的自由、平等与和平状态。在自然状态下，有人人所必须遵守的自然法，对人们起着支配作用；而理性就是自然法，教导着有意遵从理性的全人类，他告诫人们，人和人既然都是平等和独立的，任何人都不得侵害他人的生命、健康、自由或财产。[①] 但自然状态存在着缺陷：一是缺少一种确定的、规定了的、众所周知的法律，作为共同的同意接受和承认为是非的标准和裁判他们之间一切纠纷的共同尺度；二是缺少一个有权依照既定的法律来裁判一切争执的知名的和公正的裁判者；三是缺少权力来支持正确的判决，使它得到应有的执行。所以在自然状态中的权利是不稳定的，有不断受到别人侵犯的危险，造成人的生命、自由、健康和财产权利得不到保障。于是，人们便以个人同意为基础，结成共同体，建立他们认为合适的政府形式，为了共同生存，人们不得不“放弃他们在自然状态中所享有的平等、自由和执行权，而把它们交给社会，由立法机关按社会的利益所要求的程度加以处理，但是，这只是出于各人为了更好地保护自己、他的自由和财产的动机……以防止上述三种使自然状态很不安全、很不方便的缺点”。[②] 这就是立法权和行政权产生的缘由，政府和社会本身的起源，也在于人们结成共同体，以满足保护自身权利的需要。洛克认为，政府权力来源于共同体的委托，“共同体一旦成立，它就可以任命一个‘委托遗赠继承人’，或者不通过任何契约而委托一个政府；共同体也可以根据自己对委托本身的理解，以违反委托为由把这个政府解散掉”，[③] “因为，受委托来达到一种目的的权力既然为那个目的所限制，当这一目的显然被忽略或遭受打击时，委托必然被取消，权力又回到当初授权的人们手中，他们可以重新把它授予他们认为最有利于他们的安全和保障的人”。[④] 洛克的社会契约论，强调人天生是自由、平等和独立的，不经本人同意，任何人不受制于另一个人；生命、自由和财产神圣不可侵犯等自然权利，是一切政治社会和政治秩序的基础；它们构成了自由主义和

---

① ［英］洛克：《政府论》（下卷），叶启芳、瞿菊农译，商务印书馆1964年版，第6页。

② 同上书，第77—80页。

③ 高建主编：《西方政治思想史》（第3卷），天津人民出版社2006年版，第292页。

④ ［英］洛克：《政府论》（下卷），叶启芳、瞿菊农译，商务印书馆1964年版，第91—92页。

资产阶级宪政思想的重要来源。

卢梭的社会契约论，则强调人民如何由分散的个人联合起来，形成集体（国家）的公共约定，而人民联合起来的方式就是缔结一个社会契约。他认为，共同体（或国家）是由不可分割的个人组成的，参与共同体是基于人们的共同意志（公意）；公意表现为社会契约，它以每个人放弃自己的所有自然权利为前提，加入共同体的每个人必须接受公意的指导和约束。但是，“每个人由于社会公约而转让出来的自己一切的权利、财富、自由，仅仅是全部之中其用途对于集体有重要关系的那部分”，“而他所获得的，乃是社会的自由以及对于他所享有的一切东西的所有权”。[①] 社会契约的作用是以联合起来的共同体的力量，保护每一个加入者的生命、人身自由和财富，同时保留个人参与共同体以前的自由。通过社会公约，人们形成一个道德共同体或者公共人格，参加共同体的整体称为人民，个体则称为公民或臣民。卢梭还分析了主权行为的性质和特征，并为其设定了界限。他认为，主权行为“是共同体和它的各个成员之间的一种约定”，是“真正属于公意的行为”，它“同等地约束着或照顾着全体公民”，而且“它是合法的约定，因为它是以社会契约为基础的；它是公平的约定，因为它对一切人都是共同的；它是有益的约定，因为它除了公共的幸福而外就不能再有任何别的目的；它是稳固的约定，因为它有着公共的力量和最高权力作为保障”。“主权权力虽然是完全绝对的、完全神圣的、完全不可侵犯的，却不会超出也不能超出公共约定的界限；并且人人都可以任意处置这种约定所留给自己的财富和自由。”[②] 这样一来，就从社会契约论的角度，论证了保障公民权利、限制国家权力的宪政原理。

社会契约论虽然没有科学地说明国家产生的真正根源，但其对权力性质和来源的分析，以及所提出的权力必须受限制的主张，为建立宪政政府提供了充分的、系统的理论依据。

3. 功利主义

生活于18世纪中期至19世纪初的英国人杰里米·边沁，是功利主义学说的创立者和主要代表。他认为，“自由把人类置于两位主公——快乐和痛苦——的主宰之下。只有它们才指示我们应当干什么，决定我们将要

① ［法］卢梭：《社会契约论》，何兆武译，商务印书馆1980年版，第42、30页。

② 同上书，第44页。

做什么。是非标准，因果联系，俱由其定夺”。[①] 在边沁看来，人们的行为一定出于某种动机，求得最大快乐就是人的行为的根本动机。人的行为的最大特征是功利性，即给利益攸关者带来快乐的事物的特性。边沁把实现最大幸福作为人生、社会和政治的目标，认为社会是个人的总和，每个人在关注自身利益的同时，也在共同的功利中或功利的总量中增加了一份。因此，社会利益就是个人利益的总和。但个人利益或最大多数人的最大幸福的实现，离不开政府和国家立法。这样，人趋利避害的本性及孤立的个人能力的有限性对政治国家的需求，就引发了功利主义者对政府权威、目的及权力界限的思考。

边沁生活在资产阶级已经取得政权的英国，然而，伴随着工业革命的发生及其蔓延，资本主义制度引发了无止境的贫富分化，制造了庞大的、源源不断的失业者队伍。在这种背景下，发生了法国大革命，法国激进民主派提出的政治自由和经济平等主张，对欧洲大陆和英国资产阶级的利益构成了严重威胁。为了巩固资产阶级统治秩序，边沁便提出了实现最大多数人的最大幸福、政府是必要的祸害的观点，以此构成了功利主义的两项重要原则。边沁的功利主义主要包括以下几点。

（1）承认政府权威，批判资产阶级革命时期提出的自然法、自然权利学说和社会契约论。边沁认识到，依照资产阶级革命时期的理论，势必出现个人自由无限扩大的趋势，政府权力不免处于不稳定甚至废立无常的状态，由此必然导致无政府主义。所以，他不赞成自然法学派提出的自由政府的权力，比专制政府的权力要少些的观点，并对亚当·斯密的放任主义学说存有疑虑，认为政府在社会中具有不可缺少的作用。为说明政府的必要性，他赋予自由两种意义：一种是无政府状态下的纯粹自由，另一种是政府创设的自由。后者是“民事上的或政治上的自由，这种自由主要用来限制人们的随心所欲，防止人们被他人侵犯，它是以强制力为基础的”[②]。边沁强调“创造权利，强加义务，保护个人、生命、荣誉、财产、生存，甚至是自由而不牺牲自由是不可能的”[③]。因为一个好的法律如果

① ［英］边沁：《道德与立法原理导论》，时殷弘译，商务印书馆2000年版，第57页。

② 吴春华主编：《西方政治思想史》（第4卷），天津人民出版社2006年版，第31页。

③ E. K. Bramsted and K. J. Melhuish. *Western Liberalism, a History in Documents from Lock to Croce*, Longman, pp. 21—22.

确能保护自由和平等，这种牺牲就是必要的。他认为自然权利学说是无稽之谈，因为权利是由国家法律创设的，法律先于权利；没有法律，就没有权利。政府的作用绝不仅仅是赋予臣民一种形式上的权利，更重要的是帮助他们获得这些权利。他坚信：一个人只有“在与其他人的共同生活中才有更大的利益；而政府的存在则可以促进大多数人的幸福”。[①] 由此可知，边沁已经赋予政府在共同体生活中某种积极的、创造性的角色，表明他已经关注社会财富的公平分配问题，其思想为国家介入预留了空间，正在孕育着新自由主义因素。

（2）认为政府的目的是实现最大多数人的最大幸福。边沁从历史经验中发现，政府权力时时刻刻有被滥用的危险，“权力越大，滥用权力的便利和诱因就越大”。[②] 他还发现，权力与财富具有密切关系，二者是彼此实现对方的工具。因此，权力持有者随时可能偏离公共目标，利用公共权力谋取私利。为了预防权力被滥用，必须把政府的总体目标分解为生存、富裕、安全和平等四项具体目标。四者越是实现得充分，则社会幸福就越大。他主张通过立法保护私有财产，反对限制自由贸易，坚持政府在经济上的不干涉原则，鼓励个人追求私有财产的增长，以此实现最大多数人的最大幸福。边沁并不排斥法的存在和功能，但认为所有法律都是一种邪恶，因为它干涉了人的自由。同样，颁布和实施法律的政府也是一种邪恶。因为法律以赏罚为主要手段，而“任何惩罚都是伤害，所有的惩罚都是罪恶”。[③] 但法律或政府都是必要的祸害，没有这种祸害，人类将受到更大伤害。

（3）提出了权力界限问题。从功利主义者的思维逻辑来看，实现最大多数人的最大幸福本身就是对政府权力的限制。因为实现最大多数人的最大幸福是设立政府的唯一目的，离开这一目的，政府就没有存在的必要。从历史和现实状况来看，世俗权力时常受其治外的人或团体权力的制约，即使在其治域之内，也不能超出臣民服从的界限，否则就会产生摧毁它的力量。边沁主张建立一院制的国家，并通过确定立法权威、改革法律

① E. K. Bramsted and K. J. Melhuish. *Western Liberalism, a History in Documents from Lock to Croce*, Longman, pp. 244、300.

② Ibid., p. 300.

③ 吴春华主编：《西方政治思想史》（第4卷），天津人民出版社2006年版，第33页。

制度、实行人民监督等法治途径，实现功利主义目标。

詹姆斯·密尔是功利主义的积极传播者，但他认为，代议制的政府最有利于实现最大多数人的最大幸福，并把自己的政治理想的实现寄托于中间阶层身上。詹姆斯·密尔之子约翰·密尔进一步发展了边沁的功利主义思想，不仅坚持国家的目的在于保障最大多数人的最大幸福和快乐，而且认为，人的幸福和快乐既有量的差别，又有质的差别，精神快乐的价值远远高于物质快乐的价值。因此，“做一个不满足的人比做一个满足的猪好，做一个不满足的苏格拉底比做一个傻子好”，提出“我们最后的目的乃是一种尽量免掉痛苦，尽量在质和量两方面多多享乐的生活”。① 约翰·密尔虽像他的前辈一样，继续强调个性，将实现社会自由建立在充分发挥个性的基础之上，把个性看作人类进步和社会发展中的主要因素，但又认为，个人自由必须被限制在一定界限内，个人“对他人利益有害的行动，个人则应当负责交代，并且还应当承受或是社会的或是法律的惩罚”。② 基于这种认识，他提出了个人自由和社会控制的关系问题。约翰·密尔强化了社会利益和公众利益，淡化了边沁的享乐主义和极端利己的个人主义色彩，其社会自由的主张，实现了由洛克的政治自由主义、亚当·斯密和大卫·李嘉图等人的经济放任主义，向社会自由主义的演变，为传统自由主义向新自由主义过渡开辟了道路，并强化了实行宪政的思想文化基础。

（二）近代中国实施宪政的思想基础

与西方政治文化具有深厚的自由主义、社会契约论和功利主义思想渊源不同，在近代，以儒家礼教文化为核心的传统文化，在中国社会思想领域仍然占据主导地位。中国传统文化包括封建主义糟粕和优秀民族文化两个方面，除儒家主体文化之外，还有法家文化、墨家文化、道家文化、佛教文化，等等。儒家文化既有封建的、保守的和反民主的一面，又有积极的、进取的、要求平等的一面，而其基本精神则与宗法等级社会和封建专制政治相适应，是君主专制政权的主要思想基础和文化基础，并逐渐上升为封建社会的国家意识形态。近代以后，随着外国资本主义入侵和社会主义运动的发生，西方资本主义文化、其他各种小资产阶级思想和社会主义

---

① ［英］约翰·穆勒：《功用主义》，唐钺译，商务印书馆1957年版，第10、12页。

② ［英］约翰·密尔：《论自由》，许宝骙译，商务印书馆1959年版，第102页。

文化先后传入中国，形成了近代中国多元文化并存、互相斗争、互相渗透、互相交融的局面，并深刻影响了中国政治进程。

西方文化是在鸦片战争以后传入中国的，中国人对西方文化优越性的认识，经历了由物质文化到制度文化、再到精神文化不断深化的历史过程。其中，从1840年鸦片战争到1894年甲午战争，是中国人初步了解资本主义文化、发起学习资本主义物质文明的阶段，代表人物有洋务派、早期改良派和个别开明的清朝官员，标志性的历史事件就是这期间发生的洋务运动。从1894年甲午战争失败到辛亥革命失败，是中国人系统了解资本主义文化、自觉引进资本主义政治制度的阶段，代表人物有资产阶级改良派、清末立宪派和资产阶级革命派，具体历史事件为“戊戌变法”、清末立宪运动和“辛亥革命”。新文化运动前期，是中国人重点传播资本主义文化精神、批判封建文化的阶段，代表人物为资产阶级自由派知识分子、资产阶级激进民主主义者。新文化运动后期至20世纪30年代初，是新旧文化论争进一步深入、资产阶级改良主义和各种小资产阶级思想甚嚣尘上、马克思主义在中国广泛传播的时期，代表人物有资产阶级知识分子、早期马克思主义者、反对资本主义文化和社会主义文化的封建知识分子，这是中国各种文化碰撞、新旧文化论争最激烈的时期，表明中国正处于艰难的文化选择和新文化体系构建的历史转折时期，也是奠定中国文化走向和政治走势的重要历史时期。

新旧文化论争是中国政治关系发生变化的征兆，正是经过这场论争，中国思想界的分野明朗化了，由此奠定了中国资本主义文化、社会主义文化和以儒学为核心的传统文化三种不同质的文化，长期并存、互相斗争、互相渗透、互相交融的思想格局，三者之间的关系及其变化成为以后中国政治走向的风向标。就像新旧文化论争刚刚落下帷幕时，代表工农利益的共产党与当时代表资产阶级利益的国民党合作，共同反对封建军阀和帝国主义那样，政治上的这种变动，表明当时中国的社会利益关系远未通过政治变动确定下来。当眼前的共同敌人被打倒之后，国民党发生了蜕变，它背叛和围剿昔日的盟友与合作者，而后又将追随其反共的民族资产阶级抛弃，这一切以及后来国内阶级关系和政治关系的变化，同样在文化领域充分展现出来。在国民党颓败、中国向何处去仍不确定的情况下，是向资本主义发展，还是向社会主义发展，并不完全取决于一定时期的政治力量对比和政治气候变化，而是取决于国民对社会经济、政治和文化生活的质量和方式的最终诉求。要满足国民的诉求，就必须创立一种在其指导下能够实现社会和谐，保障政府公正履行职能、廉洁高效，并能够促进和保障社会与政府同样和谐的政治哲学或政治文化，这也是近代中国政治变革向我们提出来的历史课题。

但中国传统政治生活也造就了中国政治文化中的消极因素的顽固性，仅就中国人的权力观而言，它充分体现了人们对权力的崇拜。在中国，不少人认为权力是身份、地位和财富的象征，它和资本一样，是能够带来剩余价值的价值。在集权专制的政治体制下，权力和利益成正比，越是位高权重，手中掌握得资源就越多，获得私人利益的机会也就越多。所以，权力犹如资本，它可以给掌权者带来其所想要的一切。正是由于权力的这种特性，它才变成了一切有机会参与政治的人所追求的目标。在这种权力观的侵蚀和作用下，久而久之，政治的正义性被扭曲了，权力至上、权力本位观念在国民意识中被牢固地确定下来。政治领域的等级观念，官僚阶层的盛气凌人、以权压人，民众的惧官、畏权、从上、逆来顺受心理和意识等，与社会领域的伦理等级观念互相渗透，民间社会的小民意识便相机形成，由此造成权力资本驱使下的政治生活的黑暗、龌龊、卑鄙。这些传统观念和政治现实严重阻碍了平等意识、权利意识、民主意识、法治意识等现代公民意识和政治理念的形成与发展。

中国传统文化或民族精神、民族性格、民族信仰中的阴暗面，主要表现为国民中存在的自私短视、贪生怕死、追求安逸、逆来顺受、因循守旧等消极因素。精神因素虽然不能代替物质因素，但在一定条件下，可以转化为物质力量或对物质力量产生重大的影响。同时，国民精神、国民性格、国民信仰，也是影响一个国家政治的重要因素，有什么样的国民，就有什么样的政治；有什么样的政治，就会造就什么样的国民，国民与政治相交相资，二者是一而二、二而一的关系。民族精神和民族性格具有稳定的传承性，而且不易改变，对于政治社会变革而言，其保守性和惰性因素所产生的负面效应甚至比来自经济、政治领域的消极作用还要大，还要稳定，还要深远。这也正是近代西方国家可以取得宪政改革成功，而中国宪政改革不断遭受挫折的深层文化原因。这表明，近代中国政治变革最缺乏的是精神动力和文化因素的有力支持。

四、实行立宪政治的社会基础不同

市民社会是西方宪政产生、形成的主要社会基础。基恩认为，市民社会是“一个不断改变形象的共同体，其符合法律规定的、联合的模式是自愿的，这意味着市民社会成员有能力重新解释并改变影响他们也受他们影响的社会与政治结构”。[①] 哈耶克则引用亚里士多德的话来描述市民社会，他说：“市民社会得以建构和维护所依凭的基础乃是共同的权利和利益。”[②] 为实现个人权利而肯定社会共同体的权利，在各种利益关系的规制和利益原则的贯彻中实现共同权利，既是市民社会属性的反映，也是形成市民社会种种特征的根源。

（一）市民社会的属性

在近代，“市民社会”也称“公民社会”，现代学者对市民社会和公民社会有所区分，但至今尚未形成完整的、统一的、确切的定义，人们主要是通过对它的内在构成要素和外在特征的描述，来把握市民社会的内涵。英国学者约翰·基恩在分析18世纪欧洲区分“市民社会”和“政治国家”两个概念的渊源及其在19世纪初期的发展状况时指出：“‘市民社会’传统上是指一种法治的、和平的政治秩序，现在却是指与领土意义上的国家原则在制度上相区别的生活领域”，[③] “即家庭和国家之间的领域”。[④] 现在人们对市民社会的理解，主要“指的是一种理想的、典型的社会形式，描述、展望了受到合法保护的、既复杂又生机勃勃的非政府机构”。非政府机构是多样化的，它“有足够的力量制衡国家，并且既不会妨碍国家履行捍卫和平与调节各方面利益的职能，又可以阻止国家支配和分化社会其他阶层”；它是社会美德的化身，“是与强制王国形成鲜明对比的自由王国”，它“意味着多元、参与、纯洁和理性；国家则意味着依

---

① ［英］约翰·基恩：《市民社会——旧形象　新观察》，王令愉等译，上海远东出版社2006年版，第25页。

② ［英］哈耶克：《自由秩序原理》（上卷），邓正来译，生活·读书·新知三联出版社1997年版，第208页。

③ ［英］约翰·基恩：《市民社会——旧形象　新观察》，王令愉等译，上海远东出版社2006年版，第3页。

④ ［英］阿米·古特曼等：《结社理论与实践》，吴玉章等译，生活·读书·新知三联书店2006年版，第202页。

从、统治、腐败和盲动”。[①] 所以在今人的眼里，市民社会是与政治国家相对应的一个概念。

但是，从古希腊、古罗马至现代早期，人们主要是在与自然社会相对应而不是与国家相对应的意义上使用市民社会或公民社会概念。如前所述，在古希腊、古罗马城邦制时代，国家与公民社会是一个相统一的有机整体，不存在与国家相分离的公民社会，正像亚里士多德所指出的那样，人天生是政治动物，所以必然组成政治社会。古罗马灭亡之后，各王国内部产生的贵族社会和教会社会，时而与王权相对抗，时而又与其相合作，形成了以维护、扩大私权利为旨归的准国家形态，它们二者无论在哪方面都行使着国家权力，包括立法权、行政权与司法权，是国家的分裂形态。

中世纪后期在城市出现的市民阶层是脱离国家控制，构建市民社会的人员基础，但由于其刚刚产生、力量有限以及与贵族之间存在利益和心理上的矛盾等原因，在政治上采取了与王权合作、反对贵族对抗王权的态度。市民阶层的不断扩大，虽然代表着市民社会形成的趋势，但尚不足以形成它所应具备的多元性、私利性、独立性、开放性、自治性、参与性等特征。直到近代早期，霍布斯、洛克等思想家在研究国家问题时，才开始将市民社会与自然状态相区分，“但其涵义依旧是指与自然状态相对的政治社会或国家，而不是指与国家相对的实体社会”。[②] 一直到19世纪初期，黑格尔才明确了市民社会与政治社会即国家的对应关系，重构并颠倒了洛克的市民社会与国家的关系模式。

在他们界定并对市民社会属性进行归纳的基础上，马克思用历史唯物主义阶级分析的观点，对市民社会本质进行了剖析。1859年，马克思在批判黑格尔法哲学时指出：“法的关系正像国家的形式一样，既不能从它们本身来理解，也不能从所谓人类精神的一般发展来理解，相反，它们根源于物质的生活关系，这种物质的生活关系的总和，黑格尔按照18世纪的英国人和法国人的先例，概括为‘市民社会’，而对市民社会的解剖应

① ［英］约翰·基恩：《市民社会——旧形象　新观察》，王令愉等译，远东出版社2006年版，第3、65、70页。

② 邓正来、［英］J. C. 亚历山大编：《国家与市民社会》，中央编译出版社2005年版，第79页。

该到政治经济学中去寻求。"① 这表明，马克思的思想发展历程是由黑格尔法哲学研究开始，再转向市民社会研究（通过政治经济学批判），而后达到唯物史观的。对市民社会的研究，只是马克思社会理论的一个组成部分，是其揭示家庭和私有制产生、市民社会消解、国家消亡、建立自由人联合体的历史唯物主义体系的一个环节。简言之，马克思研究市民社会的目的，不仅仅限于说明国家与市民社会的关系，还包括寻求市民社会消解和使一切人实现自由的条件。这正是马克思超越黑格尔等古典哲学家，创立唯物史观的价值和意义所在。

马克思的市民社会理论来源于两个方面：一是启蒙运动以来资产阶级学者的市民社会理论，二是近代以来形成的市民社会即资产阶级社会的现实经验。其主要论点包括：市民社会的本质、市民社会与国家的关系、市民社会的前途等。在《黑格尔法哲学批判》中，马克思基本上认同黑格尔关于市民社会是"一切人反对一切人的战争"、是"私人的利己主义"的领域的论断，同时主张明确区分国家与市民社会。他指出："黑格尔把市民社会和政治社会的分离看作一种矛盾，这是他较深刻的地方。但错误的是：他满足于只从表面上解决这些矛盾，并把这种表面当作事情的本质。"② 与黑格尔不同的是，马克思发现，市民社会内部物质利益的对立使得应该为普遍物的国家丧失了应有的权威，法律沦为维护市民社会单方面利益的工具，国家政权为市民社会的资产阶级所掌控，市民社会在本质上演化为资产阶级社会。通过对市民社会的初步分析，被黑格尔颠倒了的国家与市民社会的关系，在马克思那里恢复了它们的真实状态，即不是国家和法决定市民社会，而是市民社会决定国家和法。

后来，马克思和恩格斯合写了《德意志意识形态》一书，对于社会问题的解释，又从市民社会和国家关系的解释模式发展出经济基础与上层建筑关系的解释模式。他们说："市民社会包括各个人在生产力发展的一定阶段上的一切物质交往。它包括该阶段的整个商业生活和工业生活，因此它超出了国家和民族的范围……'市民社会'这一用语是在18世纪产生的，当时财产关系已经摆脱了古典古代的和中世纪的共同体［Gemeinwesen］。真正的市民社会只是随同资产阶级发展起来的；但是市民社会这

① 《马克思恩格斯选集》（第2卷），人民出版社1995年版，第32页。

② 《马克思恩格斯全集》（第1卷），人民出版社1956年版，第338页。

一名称始终标志着直接从生产和交往中发展起来的社会组织，这种社会组织在一切时代都构成国家的基础以及任何其他的观念的上层建筑的基础。"[①] 通过揭示国家的市民社会基础和国家统治的阶级实质，马克思进一步察觉到了资产阶级政治革命和政治解放的局限，提出了经由不停顿的革命超越政治解放，实现全人类解放的目标，并找到了实现这一目标的阶级力量。

通过对现实社会的政治经济学分析，马克思认为，作为近代资产阶级政治革命的动力和成果，市民社会存在的基础是私有制。私有制是阶级压迫、阶级剥削、阶级对立及一切不平等现象产生的根源。所以，马克思对市民社会的研究，集中到了私有制的产生和消灭问题上。依据马克思创立的唯物史观，市民社会作为特定形式的生产关系和交往关系，即资产阶级社会的生产关系和交往关系，一旦成为生产力发展的桎梏，就会遭到扬弃，进而被新的生产关系所代替。这种扬弃作为政治解放的超越和全人类的解放，是对"市民社会"的经济意义上的扬弃，是对以往一切社会的私有制的基础的扬弃。私有财产权是市民社会内部各种生产关系和交往关系的核心内容，否定私有制，就否定了资产阶级社会存在的基础，同时是解决公共利益与个人利益之间的矛盾的前提条件，意味着现实政治国家的消亡。马克思认为，无产者"为了实现自己的个性"，"应当推翻国家"，[②] 即推翻资产阶级政权。在《哲学的贫困》一书中，马克思更加明确地指出：劳动阶级解放的条件就是消灭一切阶级，正如市民等级解放的条件就是消灭一切等级一样。"劳动阶级在发展进程中将创造一个消除阶级和阶级对立的联合体来代替旧的市民社会；从此再不会有原来意义的政权了。因为政权正是市民社会内部阶级对立的正式表现。"[③] 在《共产党宣言》中，他所描绘的未来社会是消灭阶级差别，以"自由人的联合体"代替市民社会的社会，即共产主义社会。到那时，"当阶级差别在发展进程中已经消失而全部生产集中在联合起来的个人的手里的时候，公共权力就失去政治性质"，而"代替那存在着阶级和阶级对立的资产阶级旧社会的，将是这样一个联合体，在那里，每个人的自由发展是一切人的自由发

① 《马克思恩格斯全集》（第1卷），人民出版社1956年版，第130—131页。

② 同上书，第121页。

③ 同上书，第194页。

展的条件”。①

在分析国家和市民社会的关系的时候，马克思既强调国家产生、存在和发展的市民社会基础，也强调国家消亡的市民社会基础。这一论证过程，是与他对国家产生的根源及其实质的分析相对应的。马克思认为，无论在古代或现代民族中，真正的私有制是伴随着动产的出现才产生的。在起源于中世纪的民族那里，部落所有制经历了几个不同的发展阶段——封建地产、同业公会的动产、工场手工业资本——才发展为由大工业和普遍竞争所引起的现代资本，即变为抛弃了共同体的一切外观并消除了国家对所有制发展的任何影响的纯粹私有制。近代国家正是在这种私有制基础上产生的，这种国家——资产阶级国家与私有制是相互适应的。现代国家由于税收而逐渐被私有者所操纵，又由于国债而完全被他们所掌握；现代国家的存在，既然受到交易所内国家证券行市涨落的调解，所以它完全依赖于私有者即资产者提供给它的商业信贷。由于资产阶级已经是一个阶级，不再是一个等级了，它必须在一个国家范围内，而不是在一个地域范围内组织起来，并且必须使自己通常的利益具有一种普遍的形式。“由于私有制摆脱了共同体，国家获得了和市民社会并列并且在市民社会之外的独立存在；实际上国家不外是资产者为了在国内外相互保障各自的财产和利益所必然要采取的一种组织形式……是该时代的整个市民社会获得集中表现的形式，所以可以得出结论：一切共同的规章都是以国家为中介的，都获得了政治形式。”② 这说明近现代西方国家是市民社会的产物和政治表现形式，而国家和市民社会又都是阶级社会的产物，随着市民社会的阶级对立而产生了近现代西方国家，同样地，随着市民社会的发展，也为国家的消亡奠定了经济基础。但也必须承认，马克思从未主张通过政治社会侵吞市民社会的形式，实现二者的统一，而是主张以国家服从市民社会、消除公共权力的政治性质的方式克服国家与市民社会的二元分离。他在《哥达纲领批判》中这样写道：“自由就在于把国家由一个高踞社会之上的机关变成完全服从这个社会的机关。”③ 虽然马克思追求的目标是消灭国家，建立自由人的联合体，但扬弃国家和市民社会，建立自由人的联合体的过

① 《马克思恩格斯选集》（第1卷），人民出版社1995年版，第294页。

② 同上书，第131—132页。

③ 《马克思恩格斯选集》（第3卷），人民出版社1995年版，第313页。

程，是一个十分漫长、艰难曲折而又错综复杂的过程，在这个漫长的历史过程中，国家和市民社会的存在是必要的和不可逾越的阶段。

上述可知，马克思的市民社会理论，绝不仅仅局限于说明国家与市民社会的关系，而且是遵循历史唯物主义原理，站在共产主义立场上，分析市民社会的阶级本质，并从消灭私有制、扬弃资产阶级政治国家的视角，说明市民社会的产生、发展和消解的原因与过程。其合理性在于，它正确地揭示了市民社会的来源、本质、功能和历史命运。但也必须看到，生活在由自由资本主义向垄断资本主义过渡时期的马克思，主要是基于历史经验和资本主义社会现实提供给他的资料，来分析市民社会，由于当时市民社会变化发展的许多因素尚未显现，市民社会对于资本主义政治体制进行调整的诉求和基础性作用，尤其对国家权力的制约作用表现得尚不完全和充分，马克思更多地注意到了资产阶级社会对生产力的束缚和破坏性作用，而对于市民阶层对资本主义社会及其政治上层建筑的解构作用，尤其对于其在由资本主义社会向共产主义社会过渡的漫长过程中产生的复杂作用，没有做更多、更深入的分析。

恩格斯在考察市民阶层的作用时，对马克思的观点做了这样的补充：“在封建的中世纪的内部孕育了这样一个阶级，这个阶级在它进一步的发展中，注定成为现代平等要求的代表者，这就是市民等级。”“社会的经济进步一旦把摆脱封建桎梏和通过消除封建不平等来确立权利平等的要求提上日程，这种要求必定迅速地扩大其范围。”[①] 后来的事实证明，市民阶层的要求甚至是资本主义社会也容纳不了的。马克思把市民社会等同于资产阶级社会，仅是从当时的历史环境和社会条件出发的，并没有从资产阶级社会以外的社会视角探讨构建市民社会的可能性和必然性，这自然影响了后来的人们对市民社会正面效应的深入研究，甚至留下一些空白和疑惑。这些不足之处和其他有待于进一步澄清的问题，在日后的社会主义政治进程中不可避免地影响人们对市民社会的态度，影响社会主义国家的社会政策的制定。因此，对于马克思的市民社会理论，仍然需要结合当代社会发展要求和不同国家的社会现实，进行更深入、更具体的探讨。不过，必须看到，马克思对市民社会的分析，确实说明了市民社会的形成对于资

① 《马克思恩格斯选集》（第3卷），人民出版社1995年版，第445—447页。

产阶级宪政产生的社会影响和作用。

（二）市民社会的特征

市民社会与自然经济状态下形成的社会组织之间的差别，主要体现在它的结构、制度和功能三个方面。

1. 结构性特征

市民社会是由利益诉求多元化的权利主体构成的，主体多元化是市民社会的结构性或主体性特征。市民社会的多元化包括权利主体的多元化和利益诉求的多样化。市民社会初期的组织细胞是各类行业公会和城市自治组织，其实质是私人商业公司的自主以及私人社团和机构的自主，而社会需求即利益社会多样性和社会分工复杂化则是决定市民社会多元化的根源。市民社会多元化还包括市民社会自主领域的多元和每个领域自主团体的多元。前者涉及经济、宗教、文化、知识活动、政治活动等彼此部分自主的领域。"这些领域在彼此的关系中从未完全自主；它们之间的界域也并非毫无渗透。然而，这些界域彼此不同；而且就其在多元社会追求的目标而言，它们基本上是自主的"；[①] 后者包括每一领域内存在的多种部分性自主社团和机构，如经济领域的许多行业和工商业公司，宗教领域的许多教会和教派，知识领域的许多大学、独立的报纸、杂志及广播公司，政治领域的许多独立的政党以及许多独立而自愿的慈善性或市民性社团，等等。

从市民社会及其多元机制的运作来看，它至少具有如下作用：为私人契约及其履行提供条件和司法强制；为集体谈判和工资契约提供条件；为国家权力设定界限，限制国家行为范围，监督其接受法律约束；要求国家有效地实施保障市民社会的利益和自由的法律。另外，还推动了与市民社会需要相一致的完整的政治制度的建立，具体包括：政党竞争制度，保障选民某些自主权的选举制度，奉行法治和保障个人及机构自由的独立的司法制度，政府公开制度及其运行机制，以及落实和完善宪法权利的制度措施，等等。实行这些制度的目的，在于保障市民社会与国家的彼此自主与相互依存，避免将社会完全置于国家控制之下或国家侵吞市民社会。为使上述制度发挥功能，西方国家的做法是建立一些

① 邓正来、［英］J. C. 亚历山大编：《国家与市民社会》，中央编译出版社2005年版，第38—39页。

支持性制度或机构，并保证其某些自由权利，如自愿社团的存在以及它们行使结社、集会、抗议、请愿等权利的自由。个人也是如此。宗教信仰与崇拜自由、结社与教育自由、学术教育与研究自由以及自主调查与出版自由，显然也是市民社会的组成部分。[①] 这些权利主体以及自由制度的存在，是使国家权力受到实质性和程序性制约的制度和机构，维持这种制约不仅保障了个人自由与集体自由的合理存在，也有效地削减了专制权力形成或赖以存在的基础。所以，市民社会也是制约权力腐败的社会性、基础性保障。

市民社会存在的利益与诉愿的多样性，是由市民社会权利结构的多元性决定的。市民社会的内在机制本能地表现出强化自主领域的多元性和在这些领域内或领域之间行动的自主机构的多元性的冲动。但是，虽然它允许其成员追求多样化的目标，而为了保证市民社会机体的健康和共同利益，这种追求必须遵循市民社会的规则有序进行。

2. 制度性特征

市民社会是众多不同利益主体的统一体，由于利益驱动和资源的有限性，市民社会不同利益集团或个人之间时常处于既矛盾又妥协的交织状态。利益的多样化反映了多元主体的共同存在，而对私利的追求又必然导致参与市场的利益主体之间形成激烈竞争关系，甚至产生恶性竞争，因此，市民社会的规则总是同时存在两种趋势，即应对国家权力时的市民社会主体多元拓展趋势，内部竞争时的主体兼融及其削减趋势。前一趋势因受市场和社会自身运动的影响，已为历史经验所证实，无须赘言；后一趋势则更多成为假设的理论逻辑。因为市场内部竞争和市民社会内部竞争的结果，往往不是谁吃掉谁，而常常是通过妥协求得所有参与者的共存共生，而且不断产生新的社会组织或利益主体。所以，市民社会权利主体不断拓展质量规模和数量规模更符合客观实际，这也是利益多样化的现实对权利主体提出的客观要求。但这并不排除一些个案，即恶性竞争下的弱肉强食，而这种恶性竞争在制定市场规范的制度环境和公共道德的约束下，改变不了社会发展的总体趋势。

市民社会运动的过程是，“个人和群体对不同的决策规则和制度的反

① 邓正来、[英] J. C. 亚历山大编：《国家与市民社会》，中央编译出版社 2005 年版，第 40 页。

应，构成了协调个人偏好，以达致共识和效率的政治秩序”。[①] 对秩序的要求是由市民社会多元主体的利益诉求所决定的内在特征。因为，“市民社会不同利益集团的斗争和妥协，必然排斥单一性和独占性而孕育并弘扬民主、宽容和自由理性精神，必然要维护法治权威以免有序的多样性受到威胁”。[②] 在国家和社会一体化或国家侵吞社会的体制下，国家权力是唯一的中心，公共领域和许多私人领域都受其控制，人的个性从属于国家的同一性和强制性，而国家或政府特征深受最高统治者及其所代表的利益集团的利益和偏好的影响。在这种情况下，统治者的利益以国家利益的形式出现，统治者愈强求统一则愈加剧了其内部矛盾，权力集中化则增加了政治的风险和政治规则的不确定性，反过来，统治阶级内部的矛盾又形成对社会的分化力量，从而造成政治失范和社会失序。因此，集权下的统一潜伏着更大的内乱和分裂的可能。相反，不存在一个唯一的权力中心的市民社会，虽然私利之间的冲突不断，但由于每个个人都不能脱离社会而生存，只有承认他人的存在和他人的利益，自己才能存在并得到相应的利益，由此形成的妥协精神和生存规则是人人应该遵循的，这样，便形成了人人自觉遵守的秩序规范。

而且在市民社会前提下，由于不存在唯一的权力中心，人们所信任和依托的对象不是政府与领袖，而是支撑整个国家的法律。政府和领袖只有代表国家法律的价值诉求的时候，才能成为人们信任和依托的对象。对法律的信守，使“在潜在的否决位置范围内可以存在一种平衡，而在权力系统内也能保持一种法律秩序。只要将所有权力中心限制在一个可实施的宪法范围内操作，那么就能保持一个多中心的秩序”。[③] 市民社会对秩序的需求来自于其内部的主体结构和利益结构，它一旦失序，就会将其每个个体成员及个体利益置于不确定的风险之中。所以，市民社会在维护秩序中是积极、主动的角色，它不仅仅充当秩序的信守者，而且还要求国家依法制的形式维护市民社会的秩序。在这里，作为国家意志的法转化为市民

---

① ［英］丹尼斯.C. 缪勒：《公共选择理论》，杨春学等译，中国社会科学出版社 1999 年版，第 9 页。

② 杨心宇主编：《现代国家的宪政理论研究》，上海三联书店 2004 年版，第 11 页。

③ ［美］麦金尼斯等：《多中心治道与发展》，王文章、毛寿龙译，上海三联书店 2000 年版，第 496 页。

社会运转秩序的保护神，同时凝结了市民社会的意志，从而以法律制度为相互渗透的载体和中介，实现了国家与市民社会的互动及合作。

3. 功能性特征

在市民社会舞台上活跃着大量自治性、多元性、社会性、开放性和参与性的社会团体与非正式社会组织。社团是市民社会的存在形式和组织形式，每种形式的社会组织都有它自己的不可替代的作用。市民社会的功能性特征，是通过一个个具体的社团或其他形式的社会组织表现出来的，是由其自身的性质和价值目标决定的。由于没有任何个人有足够的力量单独行为，追求公共目标的社团就显得非常重要。“集体的决策未必就一定比个人的决策更有价值，但是，对于实现集体的善而言，社团的工具作用却是根本的。”① 没有社团和结社自由，市民社会就没有集体表达机制，而许多形式的自我表达和自我牺牲只有在与他人组织在一起的前提下才是可能的。不以众多社会成员的共识所表达的、分散的、个体的意志，自然不能形成对国家政策的渗透力和影响力，从而使市民社会失去存在的价值和意义。英国古特曼教授曾经说：“如果没有一个社会组织，它愿意并且能够为我们所珍视的观念和价值大声疾呼，除非我们正好非常富有，或者非常有名，否则，我们就很难让很多人听到我们的主张，也很难影响政治决策。”②

社团或社会组织，无论其是营利性的社会经济组织，还是非营利性的社会政治组织，抑或教会组织和文化教育组织，所有这些组织，无论其追求什么社会目标和政治目标，是为了自身团体的利益还是为了社会的共同利益，其产生和运作都具有功利性或目的性，或出于保护自身既得利益的需要，或出于影响政府决策以扩大自身利益的需要，或追求重要的公民权利和政治权利，总之是出于自己团体的某一或某些动机。

自治性和参与性，是按照自愿原则组织起来的构成市民社会的社会组织的两项重要的功能性特征。自治性是市民社会始终内在并保持的一种特性，而自治则是一种活动形态或行动方式，是以某些组织固有的相对独立性和自主性为前提的。自治表现为它必须以接受伦理的和宪法的限制为前

---

① ［英］阿米·古特曼等：《结社理论与实践》，吴玉章等译，生活·读书·新知三联书店2006年版，第24页。

② 同上书，第1页。

提，遵守国家法律和政策约束，但不受来自政府及其官员的非法的和任意的干涉；它以自己的价值观为引领，以自己制定的不与公共利益相冲突的章程、原则为依据，以自身的目的和特点决定自治的方式和措施，自我约束、自我管理，对其行为自己承担责任。

自治的领域和事项应该与国家主权及其权力行使的政治领域和应由国家管理的事项严格区分开来，自治主要限于“私”的领域和部分公共生活领域，是公权力原则上不能介入和压制的领域或生活空间。这些领域的自治，有利于个体价值目标的实现和社会的繁荣与和谐，而国家对该领域的渗透或干预，既不符合自身的目的，也会破坏社会的繁荣与和谐，甚至影响乃至削弱国家正常职能的发挥。相对于国家统治而言，市民社会的自治是更有利于实现阶级社会和政治社会向自由人联合体转变的途径，是促使国家由政治型向管理型过渡的桥梁。

市民社会与国家存在共同利益和利益交叉，参与权和公权力都具有张力，因此，二者的相互渗透是必然的。同时，二者又存在价值目标的差异和矛盾，具有互相排斥的一面。市民社会的参与性正是它与国家的复杂关系的反映，是其张力的体现。参与性以开放性为前提，没有政府组织和社会组织的开放性，就不会有公众和社会组织的参与性，而且任何社会团体的自我封闭，都意味着其影响力的消失和自取灭亡。而积极参与公共生活和国家生活，尽其可能地影响国家经济活动和政治决策，才能体现市民社会存在的价值。

市民社会的参与常以保护自身利益、抵制国家干预其自治领域为首要目标，是促进其价值实现的一种方式，参与有利于克服国家的盲目行为或恶行对于市民社会的侵吞，形成对国家权力的有力制约；参与有利于培养公民美德，“这些美德包括：一般意义的美德，如守法、勇气和忠诚；社会方面的美德，如相互协作和开放心态；经济方面的美德，如勤奋、暂缓自我满足、适应变化；政治方面的美德，如发现和尊重他人的权利、要求自己更多地关注付出、监督官员履行自己的职责、积极参与公共讨论和献计献策等”①。公民们只有具备这些美德，才能体现参与的有效性；同时，参与活动要体现社团的合法性目的、由法律所规定、为民主生活所必需等

---

① William Galston, *Liberal Purposes*, Cambridge and New York: Cambridge University Press, 1991, pp. 221—224.

要素。

参与的实践本身说明：市民社会自身的组织结构及其与国家的关系，以及破坏社会与政治平衡的危险对人们的威慑，使市民社会学会了节制，学会了根据不同类型的社会组织的不同目的，选择参与的事项、途径、方式和程度，学会了在哪些领域、事项和程度上接受国家的管理和治理，学会了参与的艺术，懂得保持社会与国家以及社会内部的平衡与和谐的重要性，意识到了“政治规范与社团内部规范之间不一致必然具有政治上不稳定的后果”①，也实际品尝了因滥用参与权利而扰乱公共秩序、侵害公共利益或国家利益，破坏社会与政治平衡而导致无政府主义或政治动乱的恶果，从而参与也是有限的。过分参与未必能促进国家政策公正和社会公平，甚至严重影响政府效率。所以，划定市民社会与国家的界限以及市民社会参与的界限，不仅必要，而且有益。民主的、自由的、合理的参与，有利于促进自我价值的实现，有利于强化参与者对于集体利益的感觉，培养多样性社会中的互利互惠精神，而且有利于通过参与性活动，培养公民政治意识，改进民主政治制度的生活本身。

通过上述分析可以看出，有无市民社会是宪政运动成败的基本条件。市民社会的形成，奠定了西方宪政成功的社会基础；近代中国虽然在沿海城市和大城市产生了市民社会的雏形，但总体上没有形成市民社会，因为中国政治的发展趋势是重视国家控制社会、分化社会、侵蚀社会，所以近代中国立宪主义的传播缺乏社会受体，宪政改革得不到多数国民的认同和支持，这是近代中国宪政实践屡屡受挫的重要社会原因。

第二节　近代中外立宪目的与价值取向比较

在不同历史时期，不同国家的不同阶级或政治派别的立宪目的与价值取向，是由它们的阶级利益、政治理念和不同国家的政治关系、社会组织状况等因素决定的。近代以来，西方国家的资产阶级实施宪政的目的和价值取向，可以概括为限制政府权力，保障公民权利。但在西方范畴内，具有不同政治传统、文化传统的英美和欧洲大陆国家的宪政实践及宪政模式

---

① ［英］阿米·古特曼等：《结社理论与实践》，吴玉章等译，生活·读书·新知三联书店2006年版，第16页。

也存在一定差异。就整体而言，西方国家各民族除了对自由具有共同的偏好之外，英国文化更加崇尚习惯自由和传统权利，法国文化更加提倡平等和民主，而美国文化作为英国文化、欧洲大陆文化和殖民文化的集合体，更加广泛的渗透着自由和民主气息。在西方人眼里，政治制度和政治程序固然重要，但制度价值和程序价值始终是为了实现人的自由价值或人权价值服务的。人权是政治的首要目的，制度和程序是实现人权的保障，程序正义和人权价值应该始终保持着实质的和方向的一致性。在一般意义上，制度及其运作程序只是为了实现人权价值而设计的，所以不能为了实现程序正义而牺牲实质正义，而只能为了实现实质正义去修正、完善与实现实质正义的要求不相适应的制度和程序。

但在近代中国，不仅与西方国家的国情、民情和社会状况不同，而且随着国内不同历史阶段的社会结构和阶级关系的变化，立宪主体也是时常变化的，他们推动立宪的动机和价值取向有着很大差异，有些立宪主体倡导的立宪及其价值取向，不仅与宪政精神不相吻合，甚至还与其完全相悖。

一、西方国家的立宪目的及价值取向

在不同历史时期和不同的国家，西方各国的立宪主体及其价值取向不存在根本性的差异，只存在程度和形式上的区别，而它们与近代中国的立宪主体及其价值取向相比，不仅程度和形式差异很大，而且实质上的差异也比较严重和复杂。

西方国家实行宪政的目的和价值取向，主要包括两个方面，即限制政府权力和保障公民权利。西方国家古老的传统的混合政体理论就蕴含着权力制约因素，并孕育了现代西方政治文明和分权制衡理论。通过宪政制度的设计，在国家权力机关之间合理配置权力，实行分权，达到限权和权力制衡的目的，是近代以来西方资产阶级思想家对国家理论和立宪主义的重要贡献。限权理论在资产阶级宪政实践中的运用和发展，有效地保障了国家机器的有序运转，对于维护资产阶级经济自由和政治权利发挥了重要作用，也蕴含着民主政治的一般原则。

（一）防止权力滥用是西方国家实行宪政的主要目的

权力具有扩张性、渗透性和侵蚀性等特征，但权力无法凭借自身实现张力，只有通过与权力执掌者相结合，并借助一定的组织形式才能实现。

所以，权力的性质是通过其执掌者的人性、价值观及其阶级性而体现出来的，也是由其执掌者的阶级性和价值取向所决定的。即使由人民选择并得到人民信赖的权力执掌者，不管其具有何等高尚的品格，人性中的共同弱点也常常会使其难以抵御外部压力和权力租借者的诱惑和侵蚀。权力的扩张性使权力的行使往往超出了授权人的目的和授权范围，甚至违背授权者的意志和初衷，使授权人自身利益受到严重侵害，以至于权力主体的代表者成为主人，权力主体反被边缘化。

近代西方政治思想家们对滥用权力的现象有深刻的记忆和清醒的认识，尤其孟德斯鸠对此做过精辟地分析和阐述。他提出的权力滥用定律和防止权力滥用原则，是以维护公民政治自由为目的的。在他看来，实行“民主政治和贵族政治的国家，在性质上，并不是自由的国家。政治自由只在宽和的政府里存在。不过它并不是经常存在于政治宽和的国家里；它只在那样的国家的权力不被滥用的时候才存在。但是一切有权力的人都容易滥用权力，这是万古不易的一条经验。有权力的人们使用权力一直到遇有界限的地方才休止。说也奇怪，就是品德本身也是需要界限的！”[①] 这就是著名的权力滥用定律。如何防止滥用权力，古代人进行过深入思考，并在承认集权的大前提下，探讨过通过合理配置权力，杜绝滥用权力和权力腐败问题。但并没有从根本上实行分权制度，所以，不可能真正杜绝权力的滥用。孟德斯鸠对权力的特性做过深入分析，并认识到，“从事物的性质来说，要防止滥用权力，就必须以权力约束权力。我们可以有一种政制，不强迫任何人去作法律所不强制他做的事，也不禁止任何人去作法律所许可的事”。[②] 从而在政治学说史上第一次提出了以权力制约权力，才能防止权力腐败的分权原则和制度设计。

即然权力具有张力，要防止其被滥用，就必须为其设定界限，以强制力约束强制力。在权力的性质和功能上，洛克将立法权看作国家的最高权力，认为这种权力“在最大范围内，以社会的公众福利为限”，[③] 其运作不能超越这个范围。他提出应从四个方面对权力加以限制：一是应该以正

① ［法］孟德斯鸠：《论法的精神》（上卷），张雁深译，商务印书馆 1961 年版，第 154 页。

② 同上。

③ ［英］洛克：《政府论》（下卷），叶启芳，瞿菊农译，商务印书馆 1964 年版，第 83 页。

式公布的既定的法律来进行统治，这些法律对不论贫富、权贵和庄稼人都一视同仁，并不因特殊情况而有出入；二是这些法律除了为人民福利这一最终目的之外，不应再有其他目的；三是未经人民自己或其代表同意，决不应该对人民的财产课税；四是立法机关不应该，也不能够把制定法律的权力让给任何其他人，或把它放在不是人民所安排的其他任何地方。① 这些思想均表明洛克对立法权及其运作的忧虑。

以上可知，近代西方资产阶级启蒙思想家，从一般意义上对权力特性的分析和描述，基本揭示了权力与腐败相伴随的自身结构方面的原因，因此，如何规制权力及其运作程序，如何保障其正当价值的实现，是近代政治思想家们探讨的重要课题，他们就防止权力滥用问题提出了以下设想。

1. 实行分权

洛克是最早提出权力分立的启蒙思想家，他把国家权力分为立法权、执行权和对外权。所谓立法权“是指享有权利来指导如何运用国家的力量以保障这个社会及其成员的权力”。② 洛克认为，由于持续有效的法律可以在短期内制定，立法机关并不需要长期存在，并且立法权和执行权必须分开，如果这两种权力由同一批人或同一机关掌握，必然造成权力滥用，因为，“如果同一批人同时拥有制定和执行法律的权力，这就会给人们的弱点以绝大诱惑，使他们动辄要攫取权力，借以使他们自己免于服从他们所制定的法律，并且在制定和执行法律时，使法律适合于他们自己的私人利益，因而他们就与社会的其余成员有不相同的利益，违反了社会和政府的目的”。③ 所以，立法权和执行权必须分设，并须由不同的人或机构分掌，即在组织完善的国家中，“立法权属于若干个人，他们定期集会，掌握有由他们或联同其他人制定法律的权力，当法律制定以后，他们重新分散，自己也受他们所制定的法律的支配；这是对他们的一种新的和切身的约束，使他们于制定法律时注意为公众谋福利”。④

洛克发现，法律可以在一时或短期内制定，而其效力却是经常和持续

① ［英］洛克：《政府论》（下卷），叶启芳，瞿菊农译，商务印书馆 1964 年版，第 88—89 页。

② 同上书，第 89 页。

③ ［法］孟德斯鸠：《论法的精神》（上卷），张雁深译，商务印书馆 1961 年版，第 89 页。

④ 同上书，第 89—90 页。

存在的，因此必须设置执行权。所谓执行权，是指经常存在的负责执行被制定和持续有效的法律的权力。另外，他还注意到在一个国家当中，个人之间构成社会成员内部的关系，他们同受社会的法律的统治，但是以他们与其余人类的关系而论，他们就构成一个整体，并以整体形态同其余人类仍处在自然状态之中。所以社会的任何成员与社会以外的其他人之间的纠纷，是由公众来解决的；而对于他们整体的一员所造成的损害，使全体都与要求赔偿有关。“整个社会在与其他一切国家或这个社会以外的人们的关系上，是处在自然状态的一个整体。”[①] 因此每个国家还应有另一种权力，即对外权。所谓对外权，又称为国家自然权力，“包括战争与和平、联合与联盟以及同国外的一切人士和社会进行一切事务的权力”。[②]

在洛克看来，执行权和对外权不同，前者表现为社会内部对其一切成员执行社会的国内法，后者则指对外处理有关公共安全和利益的事项；前者受早先规定的、经常有效的明文法指导，后者由掌握这种权力的人们凭借其智谋来行使。两者虽有区别，但很难分开并同时由不同人掌握。因为两者的行使既然都需要社会的力量，那么把国家的权力交给不同的和互不隶属的人们，就是不现实的；而如果两者掌握在可以各自行动的人的手里，就会使公共力量处在不同的支配之下，迟早会导致纷乱和灾祸。所以，执行权与对外权的行使应该是同源的，而不应该是分设的。

上述可知，洛克主张的权力分立，实际上是两权分立，即立法权和行政权的分立，因为行政权是包括执行权和对外权的。在洛克时代，司法权虽然在事实上已经存在，却很少被提及。

在国家权力结构当中，立法权是最高权力，其余一切权力都处于从属地位。但就立法权的来源而言，它属于人民委托的权力，当人民发现立法权与他们的委托目的相抵触时，人民仍有权力罢免或更换立法机关。因为“受委托来达到一定目的的权力既然为那个目的所限制，当这一目的显然被忽略或遭受打击时，委托必然被取消，权力又回到当初授权的人们手中，他们可以重新把它授予他们认为最有利于他们的安全和保障的人”。[③] 社会始终保留着这一最高权力，以保卫自己不受任何团体包括立法者的攻

① ［英］洛克：《政府论》（下卷），叶启芳、瞿菊农译，商务印书馆 1964 年版，第 90 页。

② 同上书，第 90 页。

③ 同上书，第 91—92 页。

击和谋算，但人民的这种最高权力非至政府解体时不能产生。

执行权虽然隶属于立法权，却应该赋予它召集和解散立法机关的权力。这是由于人类事务变幻无常，不能适用一成不变的规定，为保障人民安全，不得不授予执行机关这种应对时势变化的权力。而且“最初创建政府的人不可能有先见之明，充分料到未来的事件，能为未来长时期内的立法机关集会的召开和开会期限预定出适当的期间，完全适合于国家的一切急需，因此，对于这种缺陷的最好的补救办法是把这事委托给一个经常存在和负责照管公共福利的人，由他来审慎地作出决定。立法机关的经常集会和没有必要的长时间持续的集会对于人民不能不说是一个负担，有时还会引起更危险的不利情况”。在这种情势下，“假如原来的组织法对于立法机关召集会议的时间和开会期限没有加以规定，那么这事就自然落在执行机关的手中，但这并不是一种随心所欲的专断权力，而是负有这一委托，即必须根据当时情势和事态变迁的要求，只是为了公共福利来行使这一权力”。[①] 执行机关的这一权力在时间上通常受到下述两项之一的限制：一是原来的组织法规定立法机关每隔一定期间集会和行使职权，执行权只是从行政上发出指令，要求依照正当形式进行选举和集会；二是根据情况和公众要求修改旧法律或制定新法律，或有必要消除或防止加于人民或威胁人民的任何障碍时，由执行权审慎决定通过举行新的选举来召集他们。但是，如果执行机关利用这种力量来阻碍立法机关根据原来的组织法或公众要求进行集会和行使职权，滥用职权并违反对它的委托而施加强力于人民，就是与人民为敌，人民有权恢复立法机关，使它重新行使权力。洛克提出的防止滥用职权的办法，是“用强力对付强力。越权使用强力，常使使用强力的人处于战争状态而成为侵略者，因而必须把他当作侵略者来对待”。[②] 这就是洛克的分权与权力制约思想。

孟德斯鸠发展了洛克的分权学说，主要表现在两个方面：一是将洛克的两权分立发展为三权分立，二是将“用强力对付强力”的控权思想发展为“以权力制约权力”的立宪主义原则。

孟德斯鸠在《论法的精神》一书中指出：“每一国家有三种权力：

---

① ［英］洛克：《政府论》（下卷），叶启芳、瞿菊农译，商务印书馆 1964 年版，第 95—96 页。

② 同上书，第 95 页。

（一）立法权力；（二）有关国际法事项的行政权力；（三）有关民政法规事项的行政权力。依据第一种权力，国王或执政官制定临时的或永久的法律，并修正或废止已制定的法律。依据第二种权力，他们媾和或宣战，派遣或接受使节，维护公共安全，防御侵略。依据第三种权力，他们惩罚犯罪或裁决私人讼争。我们将称后者为司法权力，而第二种权力则简称为国家的行政权力。"① 孟德斯鸠认为，三权分立的目的在于保障公民的政治自由，其意义在于以权力约束权力，防止权力集中在同一个人或同一个机关手中。如果立法权和行政权集中在同一个人或同一个机关之手，自由便不复存在了；如果司法权不同立法权和行政权分立，自由也就不存在了；如果司法权同立法权合而为一，则将对公民的生命和自由施行专断的权力，因为法官就是立法者；如果司法权同行政权合而为一，法官便将握有压迫者的力量；如果同一个人或同一个机关行使这三种权力，即制定法律权、执行公共决议权和裁判私人犯罪或争讼权，则一切便都完了。② 因此三权必须分立并须由不同机关分别掌控和行使。

（1）立法权应该由民选代表组成的议会行使。"在一个自由的国家里，每个人都被认为具有自由的精神，都应该由自己来统治自己，所以立法权应该由人民集体享有。然而这在大国是不可能的，在小国也有许多不便，因此人民必须通过他们的代表来做一切他们自己所不能做的事情。"③ 为了保证代表有能力讨论事情，立法机关的成员不应该广泛地从全国人当中选举，而应该在每一个主要地域由居民选举代表一人。代表机关或议会的职能，是"制定法律或监督它所制定的法律的执行"。④ 鉴于英国的两院制具有既保障贵族利益，又兼顾平民利益的特点，他主张贵族团体和由选举产生的代表平民的团体应该同时拥有立法权。二者有各自的议会、各自的考虑，也各有自己的见解和利益。之所以保持立法团体中的贵族成分，是为了调解、平衡代表平民的立法机关的立法权与行政权之间的关系，兼顾各阶级或阶层的利益和愿望，从而保障政治

① ［法］孟德斯鸠：《论法的精神》（上卷），张雁深译，商务印书馆 1961 年版，第 155 页。

② 同上书，第 156 页。

③ 同上书，第 158 页。

④ 同上书，第 159 页。

和谐。

孟德斯鸠还分析了立法机关不作为的后果和立法权的运作特点。一是长期不集会，不再有立法机关的决议，会使国家陷入无政府状态；或者应该由立法机关做出的决议而由行政机关来做，会使行政权力变为专制权力。二是立法机关在其成员不变的情况下持续不断地集会，会使立法机关一旦腐败而人民对其无法救药。三是立法机关自行召闭会议，侵犯行政权力。“如果行政权没有制止立法机关越权行为的权利，立法机关将要变成专制；因为它会把它所能想象到的一切权力都授予自己，而把其余二权毁灭。”① 当立法权比行政权更腐败时，这个国家就要灭亡。四是立法权不应该对等地牵制行政权力，一般也不应当有司法权。这表明孟德斯鸠对立法权的防范心理强于洛克。

（2）“行政权应该掌握在国王手中，因为政府的这一部门几乎时时需要急速的行动，所以由一个人管理比由几个人管理好些。”② 如果将行政权赋予一些由立法机关产生的人，势必会使立法、行政两权落入相同的一些人手中，导致公民政治自由丧失。

但是，必须注意以下几种情况：一是行政权一般不享有立法权，不应当参加立法辩论和享有立法提案权，而应当有反对权。二是行政权不能拥有决定税收的权力，该项权力应由立法权行使，并应由其逐年议定税收，不能一次性做出永久性的税收决定。三是立法权应当逐年议定行政权统帅军队的权限，以避免行政权在该事项上获得永久性权力而摆脱立法权控制，立法权应有随时解散军队的权力。

（3）在司法权的行使上，赞同英国模式。他认为，立法权应当有权审查它所制定的法律实施情况，并且应当审讯和惩罚坏的行政官员。在以下三种情况下，立法权应当行使司法权：一是显贵人物应由立法机关的贵族院审判；二是为缓和法律的严峻性，作为立法机关的贵族院应享有最高司法权；三是因公务而侵犯人民权利的犯罪，应由众议院向贵族院提出控告，然后由贵族院负责审理。以上显然是“英格兰的基本政制：立法机关由两部分组成，它们通过相互的反对权彼此钳制，二者全都受行政权的

---

① ［法］孟德斯鸠：《论法的精神》（上卷），张雁深译，商务印书馆 1961 年版，第 161 页。

② 同上书，第 160 页。

约束，行政权又受立法权的约束”。[①] 由此可知，孟德斯鸠虽然明确提出了三权分立思想，但他阐述的权力制约原则主要是立法权内部及其与行政权之间的两权制约。

2. 构建分权制衡体制

杰斐逊和联邦党人的分权制衡理论同源于洛克、孟德斯鸠的分权和权力制约思想，但二者又存在明显差别。杰斐逊的分权制衡理论，同以往的民主理论不同，他认为权力集中在同一些人手里是“专制统治的真谛”，即便这些权力由多数人行使也未必能跳出专制的藩篱。因为“173 个暴君肯定和一个暴君一样地富于压迫性”，所以“选举产生的专制政府并不是我们所争取的政府，我们争取的政府不仅仅要建立在自由原则上，而且政府的各项权力必须平均分配给几个政府部门，每个政府部门都由其他部门有效地遏制和限制，无法超越其合法范围”。[②] 这表明他对权力滥用的可能性有更深刻的认识，并高度评价宪法的价值和功能，主张通过建立宪政制度，保障国民自主权利，以便有效地限制权力专断倾向。

杰斐逊比联邦党人更加重视立法机关的作用，为三权分立政体注入了更多民主因素，以期通过民主制度设计，防止权力专横。他不赞成把违宪审查权交给法院执行，认为如果一定要给法律设立一个终极裁判者，它只能是合众国的人民，只有“国会或三分之二的州有权召集他们，并通过他们的代表在国会中被组织起来，任他们来决定他们更想给两个机关中的哪一个以权威”。[③]

联邦党人则从人性恶出发构建政治制度，他们的分权制衡原则既表现在横向的国家权力的立法、行政、司法三权分立和均衡上，也反映在纵向的中央与地方之间的分权上。鉴于历史经验，他们清楚地窥见对权力的迷恋和滥用权力的癖好支配了人类心灵，提出破解政治历史的这一难题的最好办法，就是“行使政治权时，必须把权力分开并分配给各个不同的受

① ［法］孟德斯鸠：《论法的精神》（上卷），张雁深译，商务印书馆 1961 年版，第 163—164 页。

② ［美］托马斯·杰斐逊：《杰斐逊选集》，朱曾汶译，商务印书馆 1999 年版，第 229 页。

③ Thomas Jefferson to William Johnson, 1823. Thomas. Jefferson, The Writings of Thomas Jefferson, Vol. 15, p. 451.

托人以便互相制约，并指定受托人为公共福利的保护人以防他人侵犯”。[①] 麦迪逊设计的政府原则和政府模式，“不仅以自由的原则为基础，而且其权力也要在地方行政长官的几个机构中这样划分并保持平衡，以致没有一种权力能超出其合法限度而不被其他权力有效地加以制止和限制。因此，通过政府法令的会议以这样的根本原则为基础的：立法、行政和司法部门应该分立，以致没有一个人能同时行使其中一个以上部门的权力。但是在这几种权力之间并未设有任何障壁”[②]。联邦党人大量引用孟德斯鸠的分权言论，并在对其解读的基础上得出如下结论：“在一个部门的全部权力由掌握另一部门的全部权力的同一些人行使的地方，自由宪法的基本原则就会遭到破坏。”[③] 他们所要求的政府权力不仅分立和相互制衡，而且应该互通和互相合作。

值得注意的是，联邦党人不像杰斐逊那样看重立法机关的作用，而是认为由人民群众的代表控制国会是共和政体的缺陷，国会权力过重，容易产生腐败。他们的政治目标是“非暴政的共和”，而实现该目标的途径是“把权力均匀地分配到不同部门；采用立法上的平衡和约束；设立由法官组成的法院，法官在忠实履行职责的条件下才能任职；人民自己选举代表参加议会”，“通过这些手段，共和政体的优点得以保留，缺点可以减少或避免”。[④] 这样，从霍布斯、休谟的人性论出发，结合洛克、孟德斯鸠的分权理论和美国的政治实践，联邦党人创造性地在宪政框架内实现了立法、行政、司法三权的制约与平衡，以及州与联邦之间的分权，形成了美国式的立宪主义模式。

鉴于英国议会主权模式在政治实践中的弊端，联邦党人主张限制立法机关的权力，保障行政权的效能，并为司法机关充分发挥制约立法权的职能留下余地。他们认为，立法机关是纯粹的民意机构，容易为多数人所控制而形成多数暴政，因此，除了运用行政与司法手段对其加以制衡外，还必须设立由各州任命的参议院，实行立法机关内部制约。之所以把限权的

---

① ［美］乔治·华盛顿：《华盛顿选集》，聂崇信、吕德本、熊希龄译，商务印书馆 1983 年版，第 320 页。

② ［美］汉密尔顿等：《联邦党人文集》，程逢如等译，商务印书馆 1980 年版，第 254 页。

③ 同上书，第 247 页。

④ 同上书，第 40—41 页。

重点指向立法权，是因为他们认为在三权之中立法权最容易腐败，而法院的权力更值得信赖，这就是他们设计的限权宪法何以为立法机关制定法律设置了种种障碍，并主张由最高法院掌握违宪审查权力的缘由。汉密尔顿解释说："所谓限权宪法系指为立法机关规定一定限制的宪法。如规定：立法机关不得制定剥夺公民权利的法案；不得制定有追溯力的法律等。在实际执行中，此类限制须通过法院执行，因而法院必须有宣布违反宪法明文规定的立法为无效之权。如无此项规定，则一切保留特定权利与特权的条款将形同虚设。"[①] 尽管美国的1787年宪法并没有就司法审查做出明确规定，但在司法实践中，联邦最高法院通过马伯里诉麦迪逊案件的审理，以宪法判例的方式确定了最高法院司法审查的合理性。

以上可知，美国的分权制衡是一种立体、交叉、网状式的，是集横向、纵向和内部制衡于一体的权力监控体系。但这不等于说美国的权力制衡体系在实际运行中是平衡的和完美的，其实，美国政治思想家们从未主张三权绝对平衡，作为美国宪法之父的汉密尔顿，主张严格区分立法权、行政权和司法权，但这并没有阻止他在行政权力上要求实行集权的倾向。他认为，三权的特征和功能不相同，就行政权力而言，"手段必须与目的相称"，"在适于托付这些国民利益的地方，同时也应给予相应的权力"；"倘若把最重要的国民利益的管理交付给一个政府，而又不敢把适当而有效地管理所需要的权力交付给它，就必然是永远荒谬的"。[②] 所以，联邦党人所要求的是强而有力的行政权力，是统一、稳定、有健全的法律支持和充分效力的权力，他们构建的对总统而不是对国会负责的行政班子，总统兼任陆海军总司令，以及部长由总统任命等政府形式的蓝图，在美国政治实践中基本得到了兑现甚至发展，而且在世界范围内产生了广泛影响。

（二）保障公民权利是西方宪政的主要价值取向

人权是立宪主义的核心价值，保障人权是立宪主义理论和实践的出发点和落脚点。西方学者基于个人不同的学识结构和认识角度，提出了不同形态和操作规范的人权理念，在人权属性上形成了自然权利说、道德权利说、法律权利说、社会权利说、普遍权利说和反抗权利说等人权学说。人权认识上的歧义反映了人权问题的复杂性和国内外学者观察人权问题的多

---

① ［美］汉密尔顿等：《联邦党人文集》，程逢如等译，商务印书馆1980年版，第392页。

② 同上书，第117页。

维视角。然而，近代思想家们的人权思想，尚不像现代学者从学理角度分析得那样深入和细致。实际上，了解近代西方人权观，不能脱离西方商品经济发展状况、社会历史进程和政治文化环境，尤其不能忽视12世纪开始的“罗马法复兴”运动、14—16世纪的文艺复兴运动、17世纪德国和法国的宗教改革运动以及17—18世纪的启蒙运动对近代西方人权理论和人权实践的影响。当然需要说明，在特定历史时期为解决特定问题而形成的理论，会随着社会变迁和时代进步而升华或凝练出具有普遍价值的理论。几百年之前产生的人权理念在世界范围内的逐渐传播，被越来越多的国家和不同国家各社会阶层根据自身的需要和理解，而有选择地吸收、消融和改进，形成系统、复杂、多样化的人权理论，并被广泛运用于各国人权实践，由此推动了不同国家乃至世界人权事业的进步。人权发展是一个漫长的过程，人权发展道路是千差万别的，了解人权概念从提出到内涵及外延不断拓展，进而形成人权体系并要求在法律上得到保障，必须从分析人权本原观入手。作为人权理论的基本范畴，人权本原观自近代以来形成了两种不同的传统，即自然权利说和社会权利说。

古典自然法学派认为，人类平等、个人自由本性、人的普遍本性及以善为先的自然权利是人权的来源，自然权利以自然法的正义理性和原则为基础，自然理性及基于自然理性而产生的自然权利是上帝意志的体现。所以，“早期的斯多葛学派的人权观实质上是以绝对个人权利为内容的自然法”。[①] 古罗马的西塞罗继承了自然法学说，近代荷兰的格劳秀斯，英国的霍布斯、洛克，法国的卢梭等人，都是自然法传统的重要传承者，他们从自然法传统中演绎出“天赋人权论”。基于自然理性，这些思想家冲破中世纪以来宗教神学和封建特权的桎梏，要求以理性解释人类，认为个人权利是天赋的。特别经过洛克、卢梭等人的演绎和发挥，提出自由、平等、独立、生命、财产、安全、反抗等是不可侵犯、不可剥夺、不可取代的自然权利，并认定人类为了实现这些自然权利，相互缔结社会契约，由此人类从自然状态进入社会状态，建立了国家和政府，政府和人民共同遵守契约，通过契约方式保障人民主权，实现人民幸福。这样，经过格劳秀斯、洛克、卢梭、杰弗逊等人的演绎，斯多葛学派自然法的人性正当理性

① 关今华：《人权保障法学研究》，人民法院出版社2006年版，第6页。

准则，成为对近代人权实践产生深远影响的“天赋人权论”和古典自然法学派的理论支柱，并为现代新自然法的人权绝对性提供了理论依据。

但到19世纪，西方出现了反对自然法学派的分析法学派、历史法学派和社会法学派。以英国边沁为代表的法律权利说或功利主义学说，极力反对“天赋人权论”，认为自然法或自然权利是一种根本不存在的假设；权利是法律的产物，以法律为前提，没有法律就没有权利；权利是否正当不以道德而定，而是取决于效果，取决于能否给最大多数人带来最大幸福。避灾求乐是个人和政府活动所必须遵循的准则，也是道德和立法的原则；苦和乐的价值是可以用算术计算出来的，立法者的任务就是计算苦和乐。[①] 而以萨维尼为代表的德国历史法学派和以奥斯汀为代表的英国实证法学派则认为，自然法是一种虚构，没有任何实际意义，实在法才是唯一必须遵守的法律，主张离开社会政治经济和历史条件来研究法律，以“法定权利说”否定并取代自然法学派的“自然权利说”。反对自然法学的人权本原观，在现代得到更多人的肯认、发挥和丰富，表明人权问题的严重性和日益复杂化。

19世纪末20世纪上半叶，在经历了一系列重大世界历史事件的磨难和彷徨之后，欧美一些学者提出重新审视19世纪法律的历史，主张构建个人与国家、统治者与被统治者、个人利益与社会利益之间的相互依存的新型关系，并主张法律的重点应由个人利益转向社会利益，由个人权利转向社会权利，从而形成反对自然法学的人权本原观的“社会利益说”和“社会权利说”。

“社会权利”或“法律权利”的人权本原观有以下特征：①在人权上反对古典自然法学派关于权利是与生俱来的、先验的和普遍的观点，认为权利是在历史传统、特定文化和法定的人与人之间的社会关系中所产生和形成的，它取决于特定社群的特定“善”的目的，主张功利主义的权利价值观。②既承认个人的权利主体资格，也承认集体的权利主体资格。③认为国家是人权的客体，强调国家在实现人权中的作用，反对国家价值中立。“法律权利”的人权本原观是为适应自由资本主义的发展需要而提出来的，在揭示“自然状态”的假设与人类历史真实之间的矛盾方面具

① 关今华：《人权保障法学研究》，人民法院出版社2006年版，第6—7页。

有一定的合理性；把保护个人权利和集体权利结合起来，强调人权保障的国家责任和义务，增强了人权的真实性、现实性和人权实施的相对性，促进了人权理想与人权现实的结合，由此形成重视个人积极权利的特点。但在强调社会权利和法律权利的同时，忽视道德权利、反抗权利和自然权利等其他应有权利，尤其强调个人权利要受社会权利的调整和控制，必然为国家以维护社会权利或集体权利为借口，偏向保护少数人的特殊利益或特权，倡导国家干预、侵蚀其他人的正当权利埋下伏笔，从而为统治阶级侵犯人权提供依据。

二、中国不同时期的立宪目的及价值取向

随着资本主义生产关系的形成，中国近代产生了资产阶级和其他新生政治力量，因而发生了适应资本主义发展要求或其他阶级利益诉求的政治变革。主导近代中国立宪运动的不是某一特定的社会阶级，而不同阶级主导的立宪运动主要是为了确认和保护本阶级的经济利益和政治权利，这与西方国家的资产阶级始终是推动宪政改革的主导力量，并始终是为了保护资产阶级的权利而推动宪政进程不同。因为近代中国没有形成资产阶级主导国家和社会生活的稳定的成熟的政治社会关系，这种不成熟的政治社会关系表现为，不同时期各个阶级的不同阶层纷纷出来展现自己的力量，并成为制约其他阶级或阶层的自利性改革的重要因素。由于各社会阶级的经济利益和政治诉求不同，近代中国才出现了不同时期的各类政府相继主导的、立宪动机及价值取向不同的立宪局面。

(一) 改良派的立宪目的及价值取向

近代中国改良派属于资产阶级上层，与封建势力有着复杂的关系，他们在立宪目标和道路选择上，以调和君主政治与民主政治为特征，要求实行君主立宪制，把议会、责任内阁和宪法等宪政的外在形式作为追求目标，他们虽然在口头上提倡民权和自由，却很少涉及人权价值的学理研究，尤其蔑视下层人民的自由和权利。由于国家振兴更加关系到统治阶级的利益，所以如何救亡、如何实现国家富强，包含了他们所追求的一切价值，特别在国家利益优先、集体利益至上的传统理念作用下，改良派从未对个体人权、集体人权和国家利益的关系进行严密地思考，而是一方面强调国家利益实质是本阶级的利益；另一方面，又过分地贬损和牺牲下层民众的权利。在近代危机环境下形成的精英阶层的危机意识，集中反映了近

代中国社会的各种矛盾，也折射出近代中国精英阶层的思维方式的偏失。

改良派虽然力主宪政改革，但对中国政治改革进程做出较大贡献者，主要限于改善社会组织和权力结构的设想方面，在推动限制政府权力、保障人权的宪政改革上，没有多少具有实质意义的建树。譬如，在早期改良派当中，黄遵宪是最早从社会组织视角审察政治文明进路问题的人，他特别介绍了西方社会的特征和政党制度，从其赞许西方结社自由和政党制度的言论中，表明早期改良派是认同外国较为先进的社会治理结构和国家治理结构的，遗憾的是，后来很少有人沿着他的思路走下去。黄遵宪在《日本国志》中指出："泰西人之行事，类似联合力为之。自国家行政逮于商贾营业，举凡排山倒海之险，轮船电线之奇，无不藉众人之力以成事。其所以联合之故，有礼以区别之，有法以整齐之，有情以联络之，故能维持众人之力而不涣散，其横行世界莫之能抗者恃此术也。尝考其国俗，无一事不立会，无一人不结党，众人习之其利，故众人各私其党，虽然此亦一会，彼亦一会，此亦一党，彼亦一党，则又各树其联合之力相激而相争。"[①] 这说明，改良派当中的个别人已经认识到，西方人是把实现个人价值和参与社会组织联系在一起的，热衷于参与，以参加社会组织为生活方式，是西方人社会生活的重要特征；西方国家和社会内部存在着形形色色有组织的相对独立的社会力量，这些组织之间既有相互竞争和相互制约，又有相互联系和相互合作；西方国家把国家治理和社会治理与理、法、情及经济结合在一起，由此构成了西方社会的组织特征。黄遵宪生活在19世纪后期，他对西方社会的描述，与19世纪前期托克维尔对美国社会的描述不谋而合。托克维尔发现，美国人"总是组织团体"，这些团体的宗旨不同，形式多种多样。各种社会组织构成了美国人的日常生活和政治生活的一个非常重要的特色，"美国人不论年龄多大，不论处于什么地位，不论志趣是什么，无不时时在组织社团"。[②]

中国的黄遵宪、法国的托克维尔站在东西方不同国度和不同文明背景下，探讨西方社会组织结构和西方人的社会生活方式对国家政治的影响，

---

① （清）黄遵宪著，吴振清等点校整理：《日本国志》（下卷），天津人民出版社2005年，第916页。

② ［法］托克维尔：《论美国的民主》（下卷），董果良译，商务印书馆1988年版，第637页。

他们观察社会问题和政治问题的这种视角，对于深入理解西方国家结构及其特征有着特别重要的意义。戊戌变法期间，康有为深感上书言事障碍重重，也把注意力投向了建立推动宪政改革的组织机构或政治设施，在《上清帝第四书》中正式提出“设议院”的主张。1895年在“公车上书”中提出“变法图强”的要求遭到拒绝之后，康有为深感体制外之人走上层路线的艰难，便在北京组织强学会，自称其为“政党嚆矢”。强学会的建立，打破了封建时代严禁士人结社的陈规旧习，开了一代风气，而且也与西方国家组织社团、缔结政党，为实行立宪政治奠定组织基础、政治基础的路径选择不谋而合。

对于权力分立、议会制度和选举制度的赞美，表明改良派更重视宪政体系中的制度因素，人权或民权并非其关注重点。严复从济世的角度审视议会价值，高度评价议会选举制度，他认为：“设议院于京师，而令天下郡县各公举其守宰。是道也，欲民之忠爱必由此，欲教化之兴必由此，欲地利之尽必由此，欲道路之辟、商务之兴必由此，欲民各束身自好而争濯磨于善必由此。呜呼，圣人复起，不易吾言也。”[①] 如前所述，康有为在《上清帝第六书》和《请定宪法开国会折》中，对三权分立的优越性也大加赞赏，表明他们对集权专制政治的弊端和危害已经有了清醒认识。但是，康有为是一个典型的半中半西、半新半旧的知识分子，满脑子装着封建纲常伦理观念，当政治进程发展到突破其思想限度的时候，其守旧的一面便占了上风。“百日维新”开始后，他在《国闻报》上发表《答人论议院书》，公开反对设议院、兴民权，甚至说：“今日之言议院，言民权者是助守旧者以自亡其国者也。夫君犹父也，民犹子也，中国之民，皆如同婴孩。问一家中，婴孩十数，不由父母专主之，而使幼童婴孩自主、自学之，能成学否乎？必不能也。敬告足下一言，中国惟以君权治天下而已。”虽然有人认为这是康有为应对时局，为减少变法阻力而不得已所采取的迂回策略，但这在事实上表明他丧失了一个政治改革家所应具有的创新精神和政治勇气，也是与宪政价值目标背道而驰的。

在改良派当中，梁启超、严复、谭嗣同也曾讨论过民权。梁启超结合政治制度的演进解释民权，把人类有史以来政治制度的演化分为三个时

① 周振甫选注：《严复选集》，人民文学出版社2004年版，第35页。

期，即“多君为政之世”“一君为政之世”和“民为政之世”，认为三个阶段彼此相连，循序渐进，不可逆转。通过比较民权政治与专制政治，指出中国专制政治实行的是“收人人自主之权，而归诸一人，以一人而夺众人之权”，造成中国“历古无民主”；而民权政治的最大特征是“人人有自主之权”，人人“各尽其所当为之事，各得其所应有之利，功莫大焉，如此则天下平矣”。就是说，专制政治没有合法性基础，是导致天下动乱的根源；而民主是建立在公平正义的基础之上的，人人所向往，是维护天下太平的保障。

严复是一位深谙西方政治哲学和社会学说的近代思想家，他通过探讨君民、官民关系，宣传西方的“社会契约论”和“天赋人权论”，为否定君权、伸张民权提供了依据。1895 年 3 月，他发表《辟韩》一文，对唐代韩愈宣扬圣君创造历史和“君权神授论”进行了批判。韩愈认为：“君者，出令者也；臣者，行君之令而致之民者也；民者，出粟米麻丝作器皿，通货财，以事其上者也。”① 君主的这种至上地位和权力由神所授予，不可置疑。严复批评韩愈“知有一人而不知有亿兆”，认为君民、官民关系是依据“通功易事”的原则建立起来的契约关系，人民为了生活便利，才“择其公且贤者，立而为之君”。“斯民也，固斯天下之真主也”。既然人民是天下真正的主人，其又为何立君呢？原因是，人民感到：“吾耕矣，织矣，工矣，贾矣，又使吾自卫其生命财产焉，则废吾事。何若使子专力于所以为卫者，而吾分其所得于耕织工贾者，以食子给子之为利广而事治乎？”所以，“国者，斯民之公产也，王侯将相者，通国之公仆隶也”。把民看作国家主人，包括最高统治者在内的各级官吏为民之公仆的观念，不管在严复内心深处是否真正树立起来，其提出本身就足以证明改良派的话语及其传播的某些信息已经具有了近代意蕴，这种理念是任何封建统治者所不可能具有的。

在严复的基础上，谭嗣同提出了“废君权，兴民权”的要求。谭嗣同使用的虽然是中国传统语言，但所表达的却是近代的社会契约思想。谭嗣同说：“生民之初，本无所谓君臣，则皆民也。民不能相治，亦不暇治，于是共举一民为君。夫曰公共举之，则非君择民，而民择君也。夫曰

① 《韩昌黎文集·原道》。

共举之，则其分际又非甚远于民，而不下侪于民也。夫曰共举之，则因有民而后有君。君，末也，民，本也。天下无有因末而累及本者，亦岂可因君而累及民哉？夫曰共举之，则且必可共废之。君也者，为民办事者也；臣也者，助办民事者也。赋税之取于民，所以为民办事之资也。如此而事犹不办，事不办而易其人，亦天下之通义也。”① 在这里，谭嗣同虽然未曾使用“公民”一词，但所表达的却是现代“公民意识”，对后来的资产阶级革命派也有较大影响，他对民权的伸张逐渐成为近代政治变革的一条主线。

在近代中国，改良派无疑是最早提出宪政改革的人，但改良派首领为什么没有把争取人权作为首要的政治目标，甚至不为实现人权积极创造政治条件呢？这与他们对国情的认识有关。在他们看来，一个国家只有具备“风气以开，文学以盛，民智以成”的条件，才能设立议院，实行议会选举。但在当时，中国尚不具备开议院的条件，如果硬要进行议院选举，不仅不能实现民主政治，达不到强国富民的目的，而且是“取乱之道”。所以明智的选择是兴办教育，培养新式人才，废除科举考试，奠定议会政治的社会基础。在他们看来，民族性格、民族体魄和民族精神对于政治至关重要，开民智、厚民力、兴民德是实现由君主专制向君民共主转变的前提条件。严复说：“民生之大要三，而强弱存亡莫不视此：一曰血气体力之强，二曰聪明知虑之强，三曰德行仁义之强。”认为西方各国均“以民力民智民德三者，断民种之高下。未有三者备而民生不优，亦未有三者备而国威不奋者也”。② 这实际上是在探讨民族素质与国家兴衰及政治的关系，严复认为当时的中国人“才未逮，力未长，德未和”，还不具备实行自治的能力，只能保留君主，依靠圣君贤臣，“求所以进吾民之才、德、力”，“去其所以困吾民之才、德、力”，等到人民素质提高了，政治上成熟了，能够“自治”了，明主贤臣们才可能把权力交给人民。他们反对马上“建民主，开议院”。这些议论和主张对后世有两方面的影响：一是告诫后来者必须重视政治变革的基础性工作，不要好高骛远，因而对中国政治社会变革具有一定的正向效应；二是也为某些在政治上无所作为的人实行愚民政策、推托政治责任提供了借口，使中国政治改革，诸如实行议会

① 加润国选注：《仁学——谭嗣同集》，辽宁人民出版社 1994 年版，第 72—73 页。
② 周振甫选注：《严复选集》，人民文学出版社 2004 年版，第 18 页。

制、民主制度等，以“经济落后”“文化不发达”“民族素质低下”等为由，被无限期的拖延下来了。所以，改良派所急于实行的立宪政治，根本目的还不是保障人权、限制政府权力，他们真正看重的是宪政的济世功能及其适应资产阶级统治的政治形式，正因为如此，在西方作为一种政治价值和政治生态而受人青睐的宪政，来到中国之后便被涂上了一层浓厚的功利主义或工具主义色彩。

（二）清政府的立宪目的及价值取向

清政府立宪的动机显然不是要限制自身权力，更不是保障人权，而是借立宪政治之名，维护封建统治秩序。立宪政治是集宪法制定、宪法实施、宪法解释、宪法监督和宪法修改于一体的系统工程和完整过程，宪政作为集权专制的对立物，是完全否定封建政治的。在清末立宪运动中，清政府所接受和认可的仅仅是“制宪”，对于限制皇权和保障人权的宪法实施、宪法监督等宪法制度远未涉及。清政府颁布的《钦定宪法大纲》和《十九信条》，是清末立宪活动中最重要的两项成果，但它们只不过是两个内容极不完整、结构严重缺陷、规范极不合理，与宪政精神严重脱节甚至相互矛盾的宪法性文件。因此，所谓清末立宪，远不是制定和实施保障人权的宪法，更不是真正的宪政改革。

清末一些封建大臣通过考察欧美宪政，掌握了一些宪法知识，知晓了宪法有钦定、协定和民定之分，并毫不犹豫地选择了钦定宪法。在他们的推动下，清政府经过反复斟酌，确定了“大权统于朝廷，庶政公诸舆论”的立宪方针；而在立宪目标和宪政道路的选择上，将实行立宪的价值概括为“皇位永固”“外患渐轻”和“内乱可弭”。当时在朝臣奏折和清廷诏书中虽然经常提到“各国所以富强”，是“由于实行宪法”，“救亡之方只在立宪”，表明清政府的立宪动机内含着挽救清朝危亡，实现国家富强等宪法工具主义因素，但如果仔细观察当时情形就会发现，清政府关心的首要问题是如何稳定封建秩序，巩固满洲贵族统治。载泽在阐释“大权统于朝廷，庶政公诸舆论”的立宪方针时，将君主统治大权概括为立法权、执法权、控制议会权、官吏任免权、军事统率权、外交权等 17 项。这基本上是 1898 年日本帝国宪法的翻版，几乎囊括了一切政治权力，成为 1908 年清朝制定《钦定宪法大纲》的蓝本。清政府的立宪原则和宪法大纲规定：国家的一切政治、军事和经济大权均由皇帝统揽，不允许人民享有任何自由和民主权利。难怪梁启超说，这个宪法大纲不过是“涂饰耳目，敷衍门面”而已。这样的宪法不仅不能变君主专制政体为君主立宪政体，反而以立宪形式确认了皇权的至上性，实现了君权的宪法化，是完全违背宪政精神的。

当然，清政府的顽固立场并非不可改变，由于受中国传统文化的经验理性思维模式影响，在其行将灭亡之际颁布的《实行宪政谕》和《十九信条》，就在形式上改变了“皇权至上”的封建法统。但是，这种改变是在封建政权的基础已经根本动摇而不可挽回之际被迫做出的，因此就当时形势而言，清朝政府已经成为遭到人民彻底唾弃的政权，其任何举措都已经于事无补。不过，它制定的宪法对于其自身治理虽然已经丧失了实际意义，却给后人留下了可资借鉴的珍贵资料，也可看作中国政府形式将要发生转变的一个征兆。这些资料的价值在于，确认了君主政体的非法性和王权的有限性。《实行宪政谕》称：君主“用人无方，施治寡术”，导致举国动荡，造成这种结果的深层根源，是君主政体采取了“政地多用亲贵，则显戾宪章，路事朦于佥壬，则动违舆论”的统治政策，因此表示痛改前非，誓与国民维新更始，实行宪政，做到：“凡法制之损益，利病之兴革，皆博采舆论，定其从违。”虽然这些娓娓动听的词语背后隐藏着中国传统政治的潜规则，而且《十九信条》依然散发着“皇帝神圣不可侵犯”的专制气息，只字未提人民自由和民主权利，但如果由此便认为清政府把维护自己政权看作重大事项，保障人民权利不属于重大事项，那也未免太留于表面化了。因为脱离了中国厚重的历史，中国的一切问题都难以说得清楚。从历史发展过程来看，近代中国经济发展、社会变迁、政治进化和文化转型远未具备实现人权和民主权利的条件与程度，这才是解开中国历史难题的关键。

事实上，中国历史延续到清朝末年，除少数资产阶级民主主义者提出人权要求之外，广大下层民众在国民性上还基本停留在中古时期，他们远未具备成就一场政治变革和社会变革所必需的民主意识和人权观念。辛亥革命及其以前的任何一次政权危机，几乎都与民族危亡和生存危机密切相关，而人民自觉自发地政治参与却十分鲜见，即使资产阶级革命引进了现代民主观念和文化观念，也未能在近代中国造就新的国民，更何况封建统治阶级在不得已的情况下主导的宪政变革和社会转型，在其骨子里不过是一种权宜之计而已，他们不可能真正接受和超越满足于维护自身利益所需要的现代政治理念，他们所选择的当然不是宪政制度保护下的人权、法治、民主等价值，所考虑的只是利用宪政的某些价值功能，以实现自保罢了。因此，等待他们的只能是被更先进的阶级、更先进的政治理念、更先进的政治形式所取代。

（三）革命派的立宪目的及价值取向

实现民权自由和民生幸福，是民主革命的逻辑起点和历史归宿，也是孙中山等革命派对民主政治的最高诉求。革命派认为，民族革命、政治革命和社会革命的最终目标是统一的。在国家政治生活中，对于实现民权自由和民生幸福构成最直接、更严重影响的因素，是国家权力的配置及其运作能否真实地体现权力主体的意志。孙中山的三民主义较详尽地阐明了革命派实现人民权利和民生幸福的愿望，“五权宪法”是改变国家凌驾于社会之上，政府权力超越公共利益、危害民权和民生幸福的制度安排，而《临时约法》则以根本法的形式确定了人民的自由权利，规定了政府组织形式和权力运行原则。

辛亥革命以后，孙中山顺应历史潮流的发展变化，不断赋予三民主义新的内涵，尤其在解释民权概念的时候，将“民”“民权”“政治”“政权”等范畴联系起来进行系统考察，把“民”规范为“有团体有组织的众人”；认为有了团体与组织，就有了政治。政治的意思，“浅而言之，政就是众人的事，治就是管理，管理众人的事便是政治”；民权是“人民的政治力量”，“管理众人之事的力量，便是政权”，“以人民管理政事，便叫做民权”，等等①。这一系列词汇和术语，是社会发展的显示器，承载着时代变迁的气息，也是中国政治文化转型的重要标识，说明孙中山发动革命的目的，决不是重复历史上王朝兴亡、政权更迭的故事，而是彻底改变中国传统的政治形态，正如他所说的：“共和国成立以后，是用谁来做皇帝呢？是用人民来做皇帝，用四万万人来做皇帝。”② 因此，民权的实质上就是民主即人民当家作主，就是恢复人民的国家主人地位。

孙中山关于民权思想的实施过程与其对资产阶级革命进程的认识、“权能分治”的设想密切相关。依据他对共和政治建设、人民政治能力培养所需要的条件等因素的考量，从建立革命政权到建成民主政治，需要经过军政、训政和宪政三个时期。在这三个不同时期，革命党人面临的形势

---

① 《近代中国宪政历程：史料荟萃》，中国政法大学出版社 2004 年版，第 557、558 页。

② 同上书，第 558 页。

和任务不同，人民参与国家政权的途径和方式也有很大区别。在军政时期，国家治理实行军事管制；在训政时期，由革命党训练人民，实行地方自治，培养人民管理国家事务的能力，积累管理国家的经验；然后，当人民政治上成熟起来，具备了管理国家的知识和能力时，便实行宪政，国家就进入了民主宪政时期。孙中山对民主政治进程的认识，虽然不是建立在历史唯物主义基础之上的，但在一定程度上反映了封建政权实行专制统治和奴化教育，造成人民主人意识、政治参与意识和政治能力比较低下的现实，反映了清除阻碍民主力量和民主进程发展的封建势力、封建意识的任务十分艰巨，也反映了中国民主政治发展的一般规律。如果对孙中山的这些思想加以改造，剔除其脱离民众、脱离实际的主观臆想成分，结合中国实际问题制定其具体实施方法和步骤，无疑对中国民主政治建设具有促进作用。

除上述之外，孙中山实施宪政的一个重要举措，是关于“权能分治”的设想。这种设想，既反映了他对于争取人民主权的执著，也反映了其在政治上的幼稚。由于将权力分为“政权”和“治权”两种形态，并将二者的归属割裂开来，主张政权属于人民，治权归于政府，人民实施政权须先由地方自治做起，只有通过实行地方自治，才能培养人民管理国家的能力，所以又认为，“除宪法上规定五权分立之外，最重要的就是县治，行使直接民权。直接民权才是真正的民权。直接民权凡四种：一、选举权，二、罢官权，三、创制权，四、复决权”①。孙中山宪政思想的一个突出特征就是实行精英政治，认为政府应该有“能”，“能”就是政府治理国家的能力，也叫做治权。政府的治权包括“立法权、司法权、行政权、弹劾权、考试权”，它们是分设的，以宪法规范五权，就形成了五权宪法。“五权宪法，分立法、司法、行政、弹劾、考试五权，各个独立”。②政权和治权之间的关系为，“五权宪法如一部大机器，直接民权又是机器的制扣”。③ 所以，政权高于治权、统驭治权，而治权来源于政权，是政权的具体化，必须接受政权制约，这就是通常所说的孙中山的“主权在民”“权能分治”思想。

① 《近代中国宪政历程：史料荟萃》，中国政法大学出版社2004年版，第590页。

② 同上书，第588页。

③ 同上书，第590页。

以上设想表明，孙中山较早地关注到了政治公平与政府效率问题，但是，在孙中山设计的宪政改革方案中，把“权”和“能”分离开来，必然导致民权在事实上不能驾驭治权、发挥“制扣”的作用。因为政权是笼统的、抽象的，缺乏具体的组织机构和运作机制作保障，人民只是形式上享有政权，而实际上无法掌控政权；治权则是实在的、具体的，不仅有具体的组织系统和运作机制，还有人员和财力做保障，因此，可以实际操作。由于行政权力掌握在政府手中，对其缺乏行之有效的制约和必要的舆论监督力量，人民的政权必然落空，从而形成治权侵吞政权的局面。可见，孙中山设计的“权能分治”设想，并不能真正解决权力制约这一政治生活中的历史难题。

但是，孙中山是近代中国最早、最系统地探讨政府形式和民主宪政的人。他在宪政价值的选择上，真实地把实现民权和民生幸福作为革命派追求的目标，使其所领导的资产阶级民主革命真正具有了近代性质，并使中国政治进程融入了世界民主政治发展潮流之中。如果从人权发展潮流而论，17 世纪、18 世纪是西方资产阶级争取人权的时代，那么，19 世纪中期以后，伴随着社会主义运动的兴起和马克思主义的传播，世界已经步入了人民争取人权的时代。在这种国际背景下发生的中国革命，不管其性质与命运如何，都以中华民族特有的语言形式折射出了“宪政与人权的曙光”，这就是近代中国——一个旧的传统的政治势力虽然仍在顽抗，但终究会失败；一种新的进步的政治势力虽然幼稚，但终究会发展壮大，并最终取得胜利的近代中国。如果再回过头来，看一看民国成立之初国民党的宪政主张和宪政实践，对于帮助我们深入理解近代以来中国政治变革的发展规律和价值取向或许是有益的。

1913 年 2 月 4 日，国民党、统一党、共和党、民主党在北京成立了宪法讨论会，至 4 月 1 日，共举行了 6 次讨论。各政党代表在封建气息笼罩之下，展开关于宪法问题的大讨论，提出了许多针锋相对的意见。① 这是发生在 20 世纪初期的一场争论，是“宪法”思想刚刚在中国传播了十几年之后发生的现象。它的起因源于中华民国成立后仅颁布了《临时约法》，依《临时约法》规定：“本约法施行后，限十个月由临时大总统召

① 《近代中国宪政历程：史料荟萃》，中国政法大学出版社 2004 年版，第 197—250 页。

集国会”，“中华民国之宪法，由国会制定。”而袁世凯窃取临时大总统之后，急于当正式大总统，也需要颁布一部正式宪法。在这种形势下，制定宪法成为各方面关注的焦点，各政党、政要及学界名流相继以不同方式参加宪法讨论，陆续提出了各种宪法草案。这里仅对国民党代表的一些宪法主张做些陈述。

第一，分析了各国宪法的优缺点，提出了中国的制宪方针。参加讨论的国民党代表认为，(1) 宪法主义有形式与内容之分，“效力超绝群法，为宪法之形式也。国家组织及作用之根本大原则，为宪法之实质也”。[①]英国的宪法效力与法律同等，“是为形式不备”；德国及美国各州宪法内容杂屑，其规定与国家组织及作用的根本原则无关，“是为实质有亏”。出现以上现象，是“由于国情及历史之影响，一起于宪法法理之未精”[②]。国民党的宪法主张，既不能取法英国，也不应该效法德国及美国各州宪法，而应该“取形质具备主义”，即兼取英、德、美各州宪法的优点，克服各国宪法的不足，实现宪法的实质正义与形式完备的统一。(2) 在国家结构形式上，中华民国宪法如果规定各行省，并赋予其一定权限，是取联邦制宪法，中国不宜采取此种宪法制度，“其不可有二：联邦之事实发达未熟，不便强造，减民国团体之力，一也；联邦制束缚国权，不能圆满活动，与现实政治状态不适，二也。故取单一国主义”[③]，即主张采取单一制国家结构形式。单一制和中央集权，实际上是革命派在国家结构形式和权力结构上的选择。

第二，阐述了国民党关于保障人权的宪政立场。国民党代表认为，宪法首先应该规定国家权力行使的限度。“国家对于个人之权力，决非纵横无限，个人必应有回翔余地，为国权所不能至。此余地即所谓人权，亦即所谓自由。制限国权，保护自由，此宪法第一之本领也。”[④] 自有英国《权利法案》、美国各州权利典章、法国《人权宣言》以来，虽然各国宪法形式不同，有的只“明定人权之范围，立法部不得伸缩之。若立法部决议有侵害人权之范围者，得由司法部宣告其无效”；有的则“只宣明人

① 《近代中国宪政历程：史料荟萃》，中国政法大学出版社 2004 年版，第 230 页。

② 同上。

③ 同上。

④ 同上书，第 230—231 页。

权之种类，其范围之广狭，则委任立法部定之”。但“各国宪法大抵皆有人权、民权之规定”[①]。这表明，当时的国民党代表已经认识到，宪法的首要价值就是保护人权。而保护人权又必须为国家权力和个人自由（权利）分别设定活动空间，并且在宪法上明确规定：对于私领域，国权不得进入。对于立法机关涉及人权的立法，司法机关有权审查并依宪宣告其无效。同时，国民党代表继承了法律限制主义原则，主张对于宪法上所列举个人自由或国民权利，可依法律进行限制。

第三，在国家机构设置及其功能上，要求实行分权主义原则。国民党代表认为，宪法应该规定行使国家权力的机关。“国权之行使，由数机关分司，不许一机关独占，此宪法第二之本领也。故立法、司法、行政三种之国权作用，不许一种独占，实为各国宪法所同。”[②] 但中国政治传统、文化传统与欧美各国不同，应该采取“相对的三权分立主义”，反对“绝对不相通融”的三权独立，“取分立之精神，而参酌政治便利，与以相当之通融。三种机关，虽各有专掌，而于不害本机关主动力之范围内，许他机关之参加。三种机关，固宜独立，而于不生隶属关系之范围内，许其互相监制”[③]。即采纳三权分立原则，使三权之间既互相制约，又互相合作。

国民党参加宪法讨论的代表多数具有西方文化背景，他们对于限制政府权力、保障公民权利是宪法基本问题的认识，已经触及宪政的本质，与当时各立宪国的宪法观念基本一致，与世界进步潮流是相适应的，表明此时中国政界和学界的许多人物，对宪政的理解已经达到了较高水平。虽然国民党代表的立宪主张因辛亥革命失败没有能够得到实行，但这次宪法大讨论，不仅坚持了宪政的基本原则，而且宣传了宪法知识，加深了人们对宪法和宪政的了解，对于促进中国政治进程具有积极意义。

（四）北洋政府的立宪目的及价值取向

北洋政府时期的立宪活动以各政党争夺议会控制权和组阁权为诉求，制宪活动完全屈从于各派军阀政要争夺权利的需要。北洋政府统治中国的十几年间，《临时约法》被废弃，国会几度遭到解散，资产阶级政党多次被摧毁，政治环境极端恶劣，宪法、议会、责任内阁等政治事务，完全成

---

① 《近代中国宪政历程：史料荟萃》，中国政法大学出版社 2004 年版，第 231 页。

② 同上。

③ 同上书，第 230 页。

了各派军阀争权夺利的工具和装饰品。但由于立宪政治具有历史进步性，宪法被看作政权合法性的依据，迫使北洋军阀政府不得不热衷于制宪。它们本能地意识到，20世纪的中国已经不同于历史上的中国，再也不能以传统的政治神话糊弄老百姓了，必须给自己的权力披上一层合乎民意的外衣。这表明进入20世纪以来，"民意"已经不是统治者们不需要顾及的东西了。历史经验证明，当封建军阀们抛弃宪法，变总统制为帝制，开历史倒车的时候，"民意"的作用就彰显出来了，被人民所遗弃的帝制，永远不能再回来了。议会、责任内阁也一样，它们虽然可以被解散、被废弃，但谁都不能明目张胆地鼓吹独裁，不得不保留某种集体议事或集体行动的机构名称，表明现代政治与传统政治不同了。至于政党，既然它代表一定阶级、阶层或集团的利益，就不能再以任何个人意志为意志；而政党政治是一种现代政治制度，是近代以来具有普遍意义的政治现象。这一切表明，现代国家的政治形式，北洋政府时期的中国也基本上具备了。不过，它们在中国还处于由传统政治形态向现代政治形态转型过程之中，20世纪初期，中国只是从西方引进了一些宪政术语，统治者们仍习惯于专制政治，普通中国人还没有产生宪政理念，仍习惯于传统的由皇权统治的生活。在这种政治环境和气氛之中，北洋军阀主导的制宪，没有丝毫的限制政府权力、保障公民权利的色彩，而仍以维护军阀权力、压迫民权和公共舆论为诉求。其之所以如此，是由下列因素决定的。

第一，宪法是商品经济长期发展的产物，宪法关系是商品经济关系尤其是现代财产关系的反映。宪法所确认和保护的社会关系，首先是经济关系中的财产权关系，所以，没有商品经济的充分发展，没有现代财产权关系和财产制度的建立，一切政治权利和社会权利赖以存在的经济基础和社会基础就无法形成，就不可能产生宪法和宪政。依据历史逻辑，商品经济与宪法、资本主义商品经济与资产阶级宪法具有因果关系。

但在北洋政府时期，中国经济是由外国资本主义经济、本国地主经济、本国资本主义经济、分散的个体农业经济和手工业经济构成的。帝国主义通过一系列不平等条约控制了中国财政经济命脉，垄断了中国经济资源和商品市场，它们在中国直接投资设厂，排挤中国民族工业。在帝国主义支持下，地主经济不但保留下来，而且和买办资本、高利贷资本互相勾结，在中国社会经济中占据了优势地位。地主阶级占有农村土地和农民收入的大部分，“是帝国主义统治中国的主要社会基础”①，他们对农民的残酷剥削和掠夺，是造成中国社会经济和社会生活贫穷落后的根本原因，也是中国进行政治社会变革的主要障碍。

帝国主义侵略中国，在导致中国自给自足的自然经济逐渐解体的同时，也产生了资本主义经济。中国资本主义经济分为民族资本主义经济和官僚资本主义经济两个部分，官僚资本主义与帝国主义、封建主义相勾结，是中国近代社会中最腐朽、反动的生产关系，严重阻碍着社会生产力的发展。民族资本主义“对于封建经济来说，它是新经济”，是引发近代中国政治社会变革的经济因素，但是它的力量很薄弱，在帝国主义和封建主义双层压迫下很难得到发展，而且由于军阀政府向民族资本工业征收大量厘金和各种苛捐杂税，加上农村中封建土地制度和封建剥削的存在，给民族资本主义经济的发展带来了很大困难。

个体农民和手工业者属于小资产阶级，他们“都受帝国主义、封建主义和大资产阶级的压迫，日益走向破产和没落的境地”②，无缘爬上有产阶级的地位。

北洋政府时期，帝国主义、封建主义和官僚资本主义互相勾结，形成了对民族资本主义的合围态势，民族经济无法发展壮大，个体的农民和手工业经济力量薄弱，经营困难，时常处于破产境地。在这种经济结构和经济态势下，不能产生多元的地位平等的经济主体和市场主体，不能形成宪政赖以产生和发展的经济财产关系，广大的贫穷的社会主体，既无理由主张财产权权利，也无能力主张政治社会权利。由于没有先进的经济关系和阶级力量的引领，在国民中无法产生和确立商品经济意识和政治权利意识，而没有强大的经济基础作为后盾，由满脑子封建意识、受外国势力操控、没有民众坚决抵制的军阀主导的立宪运动，必然继续沿袭封建政治传统，不可能制定和实施保障公民权利、限制政府权力的现代宪法。

第二，从经济基础与上层建筑的辩证关系来看，一个国家的政治关系是该国占统治地位的经济关系的反映。在西方国家，宪法的制定和实施，是为了保护、发展资本主义经济关系和资产阶级政治权利，即不是先有了资产阶级宪法，才有了资本主义经济财产关系，而是先有了实施资产阶级

---

① 《毛泽东选集》（第2卷），人民出版社1991年版，第638页。

② 同上书，第641页。

宪法的经济社会基础和政治环境，才产生了资产阶级宪法。宪法实施不仅要求资产阶级上升为统治阶级，还要求构建立宪和行宪所必需的国家权力机构和政权形式。宪政国家的权力配置，普遍实行分权制，即立法权、行政权和司法权相互分立、彼此制约，严禁三权掌握在同一机关手里；在中央与地方的关系上，明确中央和地方的权限，赋予地方一定的自治权，中央不得干预地方性事务。除国家权力机构之外，对于大量的非政府组织或准政府组织，国家法律也赋予它们一定的公共权力，这部分公共权力的行使，在一定程度上具有政府职能的色彩，但不具备完整的政府权力的性质。宪政国家多元的政治结构和权力结构，是这些国家的多元经济结构和多元化的经济权益的反映。

此外，西方国家社会权力的分散性既是产生宪政的原因，也是宪政国家的重要特征。社会组织之间的关系通过社会法来调整，社会组织的运行通常由自治来实现，但社会组织是社会权力的载体，权力所具有的排他性和自我约束的非可靠性，在社会权力的运作上自然也有所反映，因此社会组织又必须受到来自国家强制力的法律约束，否则，社会权力也会膨胀起来，进而形成垄断性社会权力的组织，导致社会权力与国家权力关系的失衡，从而使社会陷入动荡。国家权力的分立和社会权力的分散，国家权力和社会权力的平衡制约及其互动，是宪政国家权力结构的两大特点。

近代中国与西方国家不同，一方面，国家主权不完整，权力结构失去了传统国家政权的统一性和单一性特征；另一方面，中央集权的权力机制的运行处于完全失序状态，中央权力与地方权力严重分裂甚至相互对抗。在通常情况下，封建国家的权力结构，是一种集权式、独裁式的权力结构，即下级政权组织绝对服从上级政权组织，地方政权组织绝对服从中央政权，一切权力组织绝对服从皇权，皇帝是国家最高权力机构，具有超然的权力，从而形成自下而上逐级向上负责和自上而下逐级对下统制的双向结合的单一权力体系。这种权力结构的特点，在法律上突出表现为皇权的绝对性、至上性和不可侵犯性，以及政府各级长官的权力不受同级其他政府部门和下级政府权力的制约。在封建国家，因为不存在分权和权力制约机制，所以产生不了以限制权力和保障人权为特征的现代意义上的宪法。

北洋政府统治时期，中国国家权力完全处于分裂割据状态。首先，中央政府像走马灯一样由不同军阀轮流执掌，政权极不稳定，中央政府形不成一贯的稳定的对内对外政策，而且其统辖范围主要限于北京和长江中下游地区。与封建王朝相比，北洋政府的权力结构虽然没有发生根本变化，皇帝变成了总统或执政之类的名称，中央机构和地方官员也都改变了名号，而集权、专制、独裁的政权体制依然像封建王朝，不过，因为地方势力割据，政府短命，中央权力的有效行使则大打折扣。其次，在地方，不仅有南方政府与北洋军阀政府对抗，西南军阀与北洋军阀之间及其内部不同派系之间，经常兵戎相见，地方权力实际上由掌握兵权的大大小小的军阀掌控着，他们俨然像一个一个的小皇帝，在辖区内拥有不受限制的一切权力，这些权力包括军权、政权和财权，甚至对辖区人民拥有生杀予夺职权。最后，帝国主义对军阀采取分割扶植政策，使国家主权和治权处于半独立和分裂状态，中央政府和地方政府都不可能独立行使权力。列强干涉，国权不独立；中央集权，而不能有效行使权力；军阀割据，争权夺利；民主思想被引进，但真正的民主进程无法启动，这就是北洋政府统治时期的中国政治现实。

第三，一个国家的现代化，是经济、政治、文化、法律和社会协调共进的过程，其中最关键的要素是公民意识现代化；没有公民意识的现代化，就不可能有真正的经济、政治和社会的现代化。因为在现代文明国家，公民是经济、政治、文化和社会活动的主体，是现代化的发动者、主导者和推动者，所以，公民意识现代化是国家现代化和社会现代化的集中反映。从西方现代化进程来看，在14—16世纪，由于工场手工业和商品经济的发展，资本主义经济关系已在欧洲封建社会内部产生和形成；在政治上，封建割据引起了人们普遍不满，民族意识开始觉醒，欧洲各国人民表现出要求国家统一的强烈愿望；在文化上，以文艺复兴为标志，人文主义思潮盛行，突出表现为：反对中世纪的禁欲主义和宗教观，要求摆脱教会对人们思想的禁锢，主张打倒作为神学和经院哲学基础的一切权威和传统教条。后来，经过17—18世纪的启蒙运动即欧洲资产阶级民主文化运动，基本上解除了封建传统思想和宗教神学对人们的束缚。文艺复兴和启蒙运动推翻了封建主义在意识形态领域的统治地位，为最终确立资产阶级自由民主思想在意识形态领域的统治地位扫除了障碍。而从哲学视角来看，发生在14—18世纪的这两场思想运动，其历史意义远不止推动了商品经济关系和资本主义政治关系的确立，对人自身的解放和现代公民意识的确立所产生的影响，远远超过经济上和政治上的意义。正是经过这两场运动，欧洲人的主体意识、人权意识、民主意识和法治意识等现代公民意识才真正确立起来。人民的这些意识一旦确立，它们对经济、政治、文化和社会的现代化所产生的推动作用就充分展现出来。西方资本主义现代化，实质是经济、政治、文化、法律、社会和人的现代化，而不是单一要素的现代化。只有这种“多位一体”的现代化，才奠定了西方国家限制政府权力、保障公民权利的宪政理念和宪政制度的可靠基础。

北洋政府时期的中国则不同，虽然在1915—1919年发生了新文化运动，但这场思想解放运动时间短，存在着反对封建传统不彻底、简单化和极端化等非理性倾向，不足以推翻封建主义在意识形态领域的统治地位，封建等级制度和纲常伦理观念仍在政治社会各个领域根深蒂固，对中国社会各阶层仍有严重影响。从立宪运动的领导者和参与者来看，他们既有革命派，也有旧官僚和半中半西的知识精英，后者对大机器工业、民主制度和现代科学技术等现代化因素有着天然的抵触心理，迫切要求获得解放的广大人民还没有真正觉醒，仍置身政治运动之外。热心于立宪政治的许多政党，虽然代表着一定阶级或阶层，但由于缺少现代工业、现代科学技术、现代民主观念和现代政治知识作依托，不能发挥现代政党的功能；它们用传统的思想方法分析新生政治事务，面对强权政治，寻求变通，导致政治诉愿与社会现实严重错位，它们倡导的立宪和议会政治，在封建势力和帝国主义双重打压下严重变异，由于封建主义意识形态仍占统治地位，推行立宪政治不可能走向成功。

第四，宪政国家建立的过程，通常伴随着剧烈的政治社会变革，伴随着传统政治制度和政治设施迅速向现代转型，伴随着旧统治秩序的瓦解和新政治秩序的确立。实施宪法和法治，要求具备和平、统一、稳定的政治环境和社会环境，这是宪政国家走过的共同道路，也是不论自明的道理。而北洋政府时期，中国在形式上保留着中央政府和地方政府，国家机构看似完备，事实上，它们基本不能正常运转。由于帝国主义的干涉和连绵不断的军阀战争，从袁世凯就任大总统到北洋政府统治结束，十几年间，中国没有过一天真正的和平和统一。北洋军阀内部派系林立，各派系除在自己势力范围内实施军事统治外，其政令军令对其他派系及其势力范围完全不能奏效，军阀之间为了巩固自己的地盘，扩大势力范围，拓展财源，增强兵力，有时互相勾结以求自保，有时互相攻击以图兼并对方，除了争权夺利，不讲任何政治原则，也没有任何政治信仰，他们只是依靠武力大行其道，是中国近代寡廉鲜耻、变幻无常的人。在这些武夫、兵痞、政客和暴徒的统治下，国无宁日，民不聊生，如何实行立宪政治？所以不赶走帝国主义，不铲除军阀势力及其社会基础，中国就不能实现独立，就不能实行民主政治。然而，对于这样的政治现实，当时要求实行君主立宪制的立宪派，多数热衷于议会政治的革命党人，都没有清醒的认识，立宪党人的懦弱和幼稚，封建军阀的暴横与世故，封建专制思想对人民的束缚，是实行立宪政治的严重障碍，是议会道路行不通的重要原因。

（五）南京国民政府的立宪目的及价值取向

1928年蒋介石上台不久，先后颁布了《训政纲领》和《训政时期约法》，国民党一党专政和领袖个人独裁的政治体制正式确定下来。但在《约法》颁布不久，日本侵略者发动了“九一八”事变和“一二八”事变，侵占了中国东三省，进而在华北扩大事态，国难日甚。在严重的民族危机面前，国民党内部非蒋系势力、国内的民主力量，强烈要求蒋介石当局结束训政，制定宪法，实行宪政，培育民主政治，动员人民共赴国难。在社会进步力量的压力下，国民党政府被迫着手起草“宪法”，筹备实施宪政。

1931年11月，在国民党第四次全国代表大会上，蔡元培提出了“国难正急，中央亟应延揽人才，于中央执行委员会领导之下，组织一国难会议，以期集思广益，共济时艰”的动议。同年12月，国民党召开四届中央执行委员会第一次全体会议，孙科等人提出提前结束训政、筹划制宪的议案；李烈钧、张知本等人也提出缩短训政时期、进入宪政时期的议案，表明国民党内部一些人对实行训政已经不满。但四届一次会议主席团经过权衡，仅做出召开国难会议和由国民党中常会筹备召开国民救国会议两项决议。翌年4月7日，国民政府在洛阳召开国难会议，会议议题限制在事先设定的“御祸、救灾、绥靖”三项内容范围内，许多与会人员对于国难会议排除宪政议题表示不满，上海、北京、天津等地被政府指定出席会议的人员拒绝出席会议。黄炎培、沈钧儒、史量才、冯自由、王造时、张耀增等人，对于国难会议搁置讨论“实施宪政之案”致电抗议。在国难会议上，与会人员冲破南京当局禁令，纷纷提出改革政治的议案。

国难会议召开不久，孙科公开要求政府开放党禁，允许各政党竞争，尽快建立宪政政府，实行民主政治，[①] 并接连发表从速立宪、由立宪院草拟宪法的主张，但遭到了行政院长汪精卫、监察院长于右任的反对，双方争执不下。正值此时，日本侵略者的铁蹄伸向了华北重镇热河，内忧外患进一步加剧，人民更加痛恨国民党一党专制。在这种形势下，蒋介石为了维护国民党的独裁统治，于 1932 年 12 月，在南京召开了国民党四届三中全会，会议通过定期召开“国民参政会”的提案，并就有关宪政问题的提案作出议决：一是依据《建国大纲》关于地方自治的规定，进行实施宪政的准备工作；二是拟定民国二十四年（1935）3 月召开国民大会，议决宪法及颁布日期；三是由立法院草拟宪法，供国民讨论。会后不久，孙科就任立法院长，他在论述结束训政、实行宪政的意义时，提出了类似于清朝政府实行立宪可致“皇位永固”“外患渐轻”“内乱可弭”[②] 的方针。

1933 年 1 月，宪法起草委员会成立，孙科任委员长，张知本、吴经熊任副委员长。在一年多的时间里，宪草委员会共举行了 11 次会议，至 1934 年 2 月 23 日，完成了《中华民国宪法草案初稿》，3 月 1 日由立法院公布。初稿总的精神是推重国民大会，采取责任内阁制，行政院长为实际行政首脑，总统不负政治责任。但在立法院审查过程中，蒋介石极力插手干预，把宪草初稿中以国民大会推选国民委员会为中枢重心的规定改为国民大会委员会，责任内阁制改为总统制。1934 年 9 月 16 日，立法院完成三读程序，通过《中华民国宪法草案》，呈报国民政府转送国民党中央执行委员会政治会议审核。至 1935 年 10 月 17 日，国民党中央第 192 次常务会议审查宪草完毕，提出 5 项修改原则[③]，交立法院修正宪法草案。修改后的宪法草案，经国民党中央宪草审议委员会审查，国民党中常会核定，立法院复议，通过三读程序，呈报国民党五届一中全会议决，由国民政府于 1936 年 5 月 5 日正式公布《中华民国宪法草案》，史称“五五

① 孙科：《抗日救国纲领》，《申报》1932 年 4 月 25 日。

② 1933 年元旦，孙科在其发表的《实行宪政之意义与国民应有之认识》一文中说，实行宪政可致“内则清除共匪，外则抗御强敌，以复兴中华民族之命运”。

③ 五条原则为：第一，以三民主义、建国大纲和训政时期的约法精神为宪草之所本；第二，政府组织应斟酌实际政治经验，以造成运用灵敏能集中国力之制度。行政权之限制，不宜有刚性之规定；第三，中央政府及地方制度，在宪草内应于职权上为大体规定，其组织以法律规定；第四，宪草中有必须规定之条文，而事实上有不能即时施行，或不能同时施行全国者，其实施程序，以法律规定之；第五，宪法条款不宜繁多，文字务求简明。

宪草”。

“五五宪草”的制定过程是“国权主义”扩张，“民权主义”减缩的过程，因为每一次修改，宪草所体现的民主性因素就愈加减少，独裁的成分愈加扩大。如将宪草初稿中的内阁制改为总统制，将直接民选总统改为由国民大会选举总统，将行政院长由总统任命改为行政、司法、考试院长均由总统任命，删去非解职军人不得任总统、副总统及省长的限制，等等。

“五五宪草”共8章148条，从形式上看，虽然在总纲中规定了“主权在民”原则，在第二章“人民之权利义务”中规定了“中华民国人民在法律上一律平等”，“人民有身体之自由，非依法律，不得逮捕、拘禁、审问或处罚”，人民有居住、迁徙、言论、出版及著作、秘密通信、宗教信仰、集会结社、请愿、诉愿及诉讼等自由，有依法律选举、罢免、创制、复决之权。但关于各项权利和自由的规定，都附有“非依法律，不得限制”的条款，尤其关于“凡人民之其他自由及权利不妨害社会秩序公共利益者，均受宪法保障，非依法律，不得限制之”，“凡限制人民自由或权利之法律，以保障国家安全，避免紧急危难，维持社会秩序，或增进公共利益所必要者为限”等条款，在一党专制、个人独裁的政体下，这些条款为统治者提供了对人民自由和权利“欲取欲夺”的便利，因为何为公共利益不是以人民的判断为尺度，法律的解释权也不在人民手里。所以，即使有了宪法，也不能实行宪政。

“五五宪草”颁布后，国民政府进行了“国大”代表的选举，并于5月先后公布了《国民大会组织法》《国民大会代表选举法》和《五院组织法》。选举法规定，国民代表大会代表之总额为1200名，其中以区域选举方法选出者665名，以职业选举方法选出者380名，以特种方法选出者155名，国民党中央执行委员和监察委员为“当然代表”，实际代表为1440名。1937年4月，立法院又对《国民大会组织法》和《国民大会代表选举法》进行了修改，取消了国民政府制定候选人的办法，另设“指定代表”240人，国民党候补中执监委员也为“当然代表”。这样一来，以区域和职业两种选举方法选出的代表为840人，占代表总数的52%，“当然”“指定”“特种”代表为600人，占42%，即使“民选”代表也全由国民党包办。“国大”代表的整个选举过程充满铜臭气味和肮脏交易，当时即有人在《中华日报》上发表文章，抨击

“国大”代表选举，指出“自选举以来，金钱之活动，权势之滥用，形形色色，日有所闻，言之痛心，此种军阀官僚时代‘猪仔买卖’之丑态，若不根本扫除，则复选时之流弊将更不堪设想”。连美国学者也对国民党政府的专制本质进行了揭露，说“新的国民政府是一个独裁政权。他把孙中山的言论牵强附会，说自己是人民的‘监护人’，而人民则在训政时期中。它的秘密警察无处不在，它的检查制度，像一只密不通风的袋子一样，罩在中国的报章杂志及大学之上。它在任何地方都不举行选举，因为它认为加强自己就是加强中国，它是用命令来管理的。这个政府坐在一张四只脚的凳子上，那四只脚是：军队、官僚、城市里的大商人和乡村的贵族”。① 应该说，国外学者对国民党政权的社会基础及其本质的揭露是准确、深刻的。

“五五宪草”虽然仅在字面上使用了现代民主词句，规定了严格有限的人民权利和自由，实质上仍以维护和巩固国民党独裁政权为最高诉求。但是，它的正式颁布，毕竟使国民党统治下的中国有了宪法，尽管这部宪法距离民主宪法的目标还很遥远，它足以使一些人产生了中国宪政就要起程的幻觉。不过，这种幻觉很快又随着日本侵略者发动全面侵华战争而彻底破灭了。日本帝国主义的全面侵华战争，再一次阻断了中国现代化进程，因为它的入侵必然引起国内政治关系的变动，民族矛盾必然压倒阶级恩怨而上升为最主要的矛盾，由此引起中华民族的全面抗战。这一事实本应唤起国民政府实行民主政治的良知，通过政治改革，祛除自身污垢，争取民心，凝聚力量，共赴国难，战胜入侵者。但一个由大地主、大资产阶级、官僚政客和新式军阀控制的政府，从来就没有真正实行民主改革的设想，眼下的战争状态似乎更给他们提供了推迟宪政、强化独裁统治的理由。而对于人民来说，任何理由都不应该成为阻挡已经觉醒了的他们要求民主、实行全民族抗战的借口。正是由于民族矛盾已经上升为中国社会的最主要矛盾，人民要求动员一切力量实行民主救国、民主进步力量要求实行民主宪政的呼声愈来愈高，尤其在中国共产党积极领导和有力推动下，使20世纪30年代后期出现的民主宪政思潮，演变成了一场旷日持久的民主宪政运动，在这期间还产生了国民参政会、中国政治协商会议（旧政

① 转引自程舒伟《议会政治与近代中国》，商务印书馆2006年版，第248—249页。

协）及其关于民主宪政的“五项决议”[①] 等承载着现代气息的政治事物；正是这些政治事变的发生和民主力量的推动，促使国民党在抗战期间不得不有所顾忌，并被迫解除了党禁，放宽了对民主运动的限制。但抗日战争胜利之后，中华民族与帝国主义之间的矛盾不再是中国社会最主要的矛盾，国内阶级矛盾又上升为中国社会最主要的矛盾，中国政治关系再次进入激烈变动时期，尤其围绕建国问题，在国民党、共产党和各民主党派之间形成了三种不同的政改方案。国民党的建国主张集中体现在“制宪国大”通过的《中华民国宪法》和“行宪国大”通过的《动员戡乱时期临时条款》上。

根据1946年初政治协商会议的决议，“第一次国民代表大会的召集方法由政治协商会议议决之”，即国民党不得擅自召集国民大会。为了推动和平与民主，1946年2月9日，毛泽东代表中国共产党向美联社记者发表谈话时说：“各党当前的任务，最主要的是履行政治协商会议的各项决议，组织立宪政府，实行经济复兴。”[②] 民盟领导人罗隆基在谈到政协会议时认为：“共产党让步多，蒋介石的苦恼大，民盟的前途好。”[③] 而政协会议不久，国民党六届二中全会就以政协决议违背总理遗教为名，提出了五条关于推翻宪草修改原则的意见，并在宪草审议会议上，迫使共产党和民盟代表修改已经正式签字的政协协议。为了顾全大局，共产党征得民盟同意，向国民党做出了三点让步：一是国民大会由无形改为有形，其组织和权力再行商定；二是同意取消立法院对行政院的不信任投票权和行政院对立法院的解散权，但行政院仍需对立法院负责，行政院如何对立法院负责及立法院如何监督行政院，再行商定；三是改省宪为自治法，具体内容再行研究。然而，由于政协协议与国民党集团的统治存在冲突，国民党始终将自身利益置于国家利益和人民利益之上，并无落实政协协议的诚意，他们仍然利用一切机会，破坏政协协议的实施。对此，美国马歇尔也给予

① 五条原则为：第一，以三民主义、建国大纲和训政时期的约法精神为宪草之所本；第二，政府组织应斟酌实际政治经验，以造成运用灵敏能集中国力之制度。行政权之限制，不宜有刚性之规定；第三，中央政府及地方制度，在宪草内应于职权上为大体规定，其组织以法律规定；第四，宪草中有必须规定之条文，而事实上有不能即时施行，或不能同时施行全国者，其实施程序，以法律规定之；第五，宪法条款不宜繁多，文字务求简明。

② 《政治协商会议资料》，四川人民出版社1981年版，第351页。

③ 《中国各民主党派》，中国文史出版社1987年版，第137页。

了较客观的评论："尽管中执会结束，宣布它已经完全批准了政协会议，但有迹象表明，此种批准受到许多保留条件的阻挠，而国民党内顽固分子则竭力破坏政协纲领。"①

正值人们火热地议论宪政、要求修改宪草之时，1946 年 6 月下旬，国民党军队大规模进攻中原共产党军队占领区，全面内战爆发。同时，国民党视政协会议决议关于国民大会必须在停止内战、改组政府、结束训政、完成宪草修正之后才能召开的规定于不顾，在 7 月 3 日召开国防最高委员会会议，单方面决定于 11 月 12 日召开国民大会。国民党的这一决定，立即遭到共产党和民盟的强烈反对和坚决抵制，但由其一手包办的国民大会仍于 11 月 15 日延期两天后在南京举行。出席国民大会的代表名额，据国民党政府公布的人数为 1580 名，其中 950 多人为 1936 年的旧选代表，另有所谓的遴选代表，国民党 220 人，青年党 100 人，民社党 80 人和"社会贤达" 70 人。由于这次大会的任务是制定宪法，故称"制宪国大"。大会于 12 月 25 日通过了《中华民国宪法》，1947 年元旦由国民政府颁布，并宣布于 1947 年 12 月 25 日开始实施。

《中华民国宪法》共 14 章 175 条。由于它是在特定的历史条件下制定的，在一定程度上反映了当时的社会政治关系，深刻烙上了中国民主政治力量逐渐发展壮大的印迹，如其在"总纲"中规定："中华民国基于三民主义，为民有、民治、民享之民主共共和国"，"中华民国之主权属于国民全体"；在"国民大会"一章中规定，国民大会"代表全国国民行使政权"。这些规定虽然仅仅体现了国民党政府"还政于民"的姿态，但至少在形式上较之"五五宪草"关于"党国一体"的"三民主义共和国"的规定有了一定进步，而且这部宪法是以西方资产阶级宪法为蓝本，结合孙中山关于政体设想而设计和制定的，在政治体制上采用了国会制和责任内阁制，在经济制度、政治制度、教育制度、民族关系等方面，打破了封建制度的框架，因此，反映了中国政治发展不得不跟随世界进步潮流并受民主力量推动的特征，较真实地记录了中国民主宪政的历程。当然，它是由国民党主持召开的国民大会制定和通过的，国民大会作为民意机关，把真正代表资产阶级的民主党派和代表工人、农民、小资产阶级、民族资产

① 《马歇尔使华》，中华书局 1981 年版，第 80 页。

阶级等大多数人民利益的共产党拒之门外，也就完全失去了代表民意的权威性。这部宪法的基本精神仍然沿袭了《训政时期约法》和“五五宪草”关于一党专制及个人独裁的本质，并且深刻嵌入了蒋介石个人的意志。

首先，它违背了宪政关于保障人权的根本宗旨。《中华民国宪法》在罗列人民自由权利的同时，又在第23条规定：“以上各条列举之自由权利，除为防止妨碍他人自由，避免紧急危险，维持社会秩序，或增进公共利益所必要者外，不得以法律限制之。”而当时的中国，每天都会出现当政者认为需要限制人民自由权利的情况，这种对于人民自由权利的限制性规定，显然与立宪主义所追求的“民权优位”原则是相悖的，尤其在缺乏民主和法治传统，专制和人治习惯经常能改变法律和道义的情况下，对人民自由的任何限制，都会为当政者剥夺人权提供欲取欲夺的法律依据。

从形式上来看，《中华民国宪法》引入了代议制原则，规定国民大会代表人民行使国家权力，体现了民主精神。但事实上，这部宪法使人民处于无权而独夫集权的地位。（1）由国民党包办的国民大会本身就不能代表人民；（2）以法律限制人民自由权利的规定，最终使人民的自由权利形同虚设；（3）宪法实施后，国民政府制定的《维护社会秩序临时办法》《戡乱时期危害国家紧急治罪条例》等法规和政令，以及后来“行宪国大”颁布的《动员戡乱时期临时条例》等法律，赋予总统个人绝对权力，与宪法规范相互冲突，推翻了宪法关于人民自由权利的规定。正像当时的报刊舆论所揭露的那样，宪法虽然规定了“人民有言论、讲学、著作及出版自由”，而事实是“报纸、刊物登记困难，登记了发行困难，种种束缚，样样挑剔，再加上各地乱列禁书，毫无章则，自由主义及主张民主的出版物，封的封，倒的倒，机关被捣毁，人被殴打，弄得文化衰落，作家贫病，社会浑浊，人心郁结，而请议不闻，这不合民主潮流，更非国家之福”①。又如，宪法虽然规定“人民身体之自由应予保障”及“非经司法或警察机关依法定程序，不得逮捕拘禁；非由法院依法定程序，不得审问处罚”，“人民因犯罪嫌疑被逮捕拘禁时，其逮捕拘禁机关应将逮捕拘禁原因，以书面告知本人及其本人指定之亲友，并至迟于二十四小时内移送该管辖法院审问”等，而事实上，“许多机关常常非法逮捕拘禁人民，一

① 《大公报》1947年1月4日。

禁十天数月，甚至一次也不讯问”，“又如国大代表雷启霖，近在京被捕，据称受宁夏高院之嘱托，但据北京报载，所谓高院公文，是由宁夏省府驻京办事处所代办，文尾声明日后另补各该机关正式公文，果真如此，不无滥用职权，侵犯人身自由之嫌”。[①] 如通过以上事实，审视《中华民国宪法》，不难看出所谓保障人民自由权利，只是愚弄人民、欺骗舆论的游戏而已，对于人民来说，所谓自由权利只是一种可望而不可即的梦呓。

第二，它以形式上的国会制和责任内阁制掩盖了事实上的总统独裁制。从字面上看，《中华民国宪法》采用的仍是政治协商会议决定的国会制、责任内阁制和省自治的政治制度。但它又赋予总统极大权力，有召集国民大会、统帅陆海空军、提名行政院长司法院长及考试院长、公布法律、对外宣战及缔约媾和、宣布戒严、任免文武官员等权力，加之总统对军权和党权的控制不受宪法限制，院与院之间发生争执，得由总统召集各有关院长会商解决之，立法院与行政院发生争执，由蒋介石裁决，五院之间不仅不能相互制约，实质上都必须对总统负责，受总统指挥，责任内阁制也就变成了总统制，国会制则变成了蒋介石实行个人独裁的遮羞布。难怪有人说：“当时的国民大会不仅在召集期间听命于蒋介石，就是在其闭会期间其权力也是由蒋介石代为行使，蒋介石的权力远远超过民初总统袁世凯和贿选总统曹锟。”立法院长孙科在立法报告中则毫不掩饰地说：“根据条文意义来讲，行政院是有条件地对立法院负责，还不能称责任内阁制”，“行政院仍受总统指挥，也可以说这个制度是一种修正的总统制”。[②] 所谓“修正的总统制”，其实质就是总统独裁制。

第三，它违反地方自治原则，实行中央集权制。地方自治是宪政的重要原则，而《中华民国宪法》在中央与地方的关系上，不是以地方自治为基础，而是以中央集权为出发点；不是将省能够自治的事权划归于省，而是将中央集权的残余遗留给省。它规定了 33 项中央事权，12 项省事权，11 项县事权，而制定“省县自治通则”的权力属于中央，并规定省自治法不得与宪法相抵触，省法规与宪法相抵触者无效，宪法未规定的中央与地方权限纷争，由立法院解决，而立法院听命于总统。这样一来，宪法实施的结果，只能是人民无权，政府专权；地方无权，中央集权；议会

① 《为人民权利自由尔呼吁》，《大公报》1947 年 2 月 9 日。

② 张学仁、陈宁生主编：《二十世纪之中国宪政》，武汉大学出版社 2002 年版，第 227 页。

无权，总统集权。

第四，它采取了保护大地主大资产阶级和帝国主义既得利益、限制民族资本主义发展的经济政策。宪法虽然规定：“国民经济应以民生主义为基本原则，实施平均地权，节制资本，以谋国计民生之均足。”并规定：“人民依法取得之土地所有权，应受法律之保障与限制。”就当时国情而言，拥有土地者为大地主和官僚阶层，而更加需要土地投资者为工商资产阶级阶层，因此保护与限制的对象及目的是分外明确的。另外规定：“国家对于私人财富及私营事业，认为有妨害国计民生之平衡发展者，应以法律限制之。”实际上，以“四大家族”为代表的官僚财富及其资本，才是国民党统治时期妨害国计民生平衡发展的最大障碍，不仅从未见过国民党以法律限制之，反而经常见到军阀官僚们利用手中权力，使自己非法占有巨额财富的行为合法化，而那些苦心经营的工商业者们，稍有不慎就会受到“法律限制”。

由于国民党政府先后与美国政府订立了许多不平等条约，该宪法还在“基本国策”一章中规定了“尊重条约”的条款，表明完全承认帝国主义在华特权，确认了它们对中国经济、政治和文化侵略的合法地位。所以，这部以“民有民治民享”相标榜的宪法，实质上是一部维护大地主大资产阶级和帝国主义在华利益的宪法。

国民党违反政协决议、单独召开国民大会之后，于 1947 年 3 月 15 日至 24 日，又在南京召开六届三中全会，集中讨论如何结束训政，实行宪政及行宪准备事项，国民党一方面表示：愿以普通政党地位，与各政党平等相处，以扩大政府的政治基础；另一方面，又在会议通过的《现阶段的党务方针决议案》中说：“今日党派虽多，舍本党而外，实更无任何一党担负得起建设三民主义新中国的责任”，“中国盛衰兴亡的关键，不操于任何一党之手，而是操于本党之手”①。蒋介石甚至在开幕词中斥责共产党“拒绝参加国民大会，否认国民大会所通过的宪法，对于政府商谈和平的提议，也遭其断然拒绝”，因此，“政治解决的途径已经绝望”，只能同共产党决裂，以军事手段解决共产党问题。由此可见，在国民党一党专制的政治形势下，不仅各党不能平等相处，甚至不承认非以“三民主

---

① 荣孟源主编：《中国国民党历次代表大会及中央全会资料》下册，光明日报出版社 1985 年版，第 1106 页。

义”为政纲、敢于反对其独裁统治的党派的合法地位，由此将广大人民及代表不同阶层的党派逼向了武装反抗和政治对抗的道路。

为了做出行宪的姿态，4 月 17 日蒋介石宣布改组国民政府。改组后的国民政府委员会由 29 人组成，其中国民党 17 席，青年党 4 席，民社党 4 席，社会贤达 4 席。国民政府主席、副主席和五院院长均由国民党员担任，蒋介石任主席，孙科任副主席兼立法院长，张群任行政院长，居正任司法院长，于佑任任监察院长，戴季陶任考试院长。

国民政府改组后，行政院长张群在就职宣言中说，国民党业已结束训政。国民党宣传部长彭学沛在同一天举行的记者招待会上也宣称：“一党专政已于今日结束，国民党已实践其还政于民的诺言。”蒋介石则宣布他的政府已经成为“多党政府”“自由民主政府”，似乎中国真的进入了宪政时期。

完成改组后的国民政府，面临的任务是主持大选，召开国大，选举总统。但由于 1947 年国民党在军事上接连失败，政治经济陷入严重危机，“行宪国大”因战事吃紧而一拖再拖。蒋介石为使其统治合法化，不顾客观上能否实行宪法和国民党内部一些人的反对，仍积极准备召开“行宪国大”。3 月 31 日，国民政府公布的《国民大会代表选举罢免法》规定：“经 500 人以上选举人之签署，或由政党提名，得登记为候选人。”说明取得候选人资格有两条途径：或由政党提名，或“经 500 人以上选举人之签署”。但蒋介石很清楚，按目前国民党、青年党和民社党的实力，如按选举法的规定选举，将难以保障青年党和民社党有相应的比例，其“民主政府”“多党政府”的伪装就会被撕掉，因此，他在国民党六届四中全会上又提出：“党员参加选举，必须由党提名，绝对禁止自由竞选，任何党员如不听命令，自由竞选，党部即开除其党籍。”按照蒋介石的旨意，12 月 2 日，国民政府第 16 次国务会议通过了一个《政党提名补充规定》，规定各党党员参加竞选，“须由各所属政党提名”，“用选民签署手续登记提名者，以无党派者为限”。由于这项规定与《国民大会代表选举罢免法》相矛盾，引起参选的国民党员不满，他们仍坚持“经 500 人以上选举人之签署得登记为候选人”的规定，积极参加竞选活动，各地未经国民党提名而由选民签署选出的代表达 600 多人，三党约定分配给青年党和民社党的名额仅有少数人当选，青、民两党则以退出政府相要挟，国民党不得不委曲求全，又给青、民两党增加名额，但这又引起一些可能落选的国民党员的不满，纷纷指责按比例分配名额的办法，“无异于分赃主义”，是“剥夺民权”，并进行抵制。结果青、民两党的许多候选人落选，他们又反过来指责国民党言而无信。为了安抚拉拢青、民两党参加国民大会，国民党又采取了强制本党党员所占青、民两党名额一律退让的办法，并制定了《自愿退让奖励办法》。在这种乌烟瘴气的竞选闹剧中，“行宪国大”由原定于1947年11月25日召开，结果推迟到1948年3月29日才匆匆开幕。蒋介石在开幕词中指出，这次大会的使命“只是行使选举权，已完成中华民国政府的组织”，其实核心是选举国民政府总统和副总统。

但在围绕总统和副总统选举、国民党内部各派竞争激烈之际，蒋介石却在4月4日国民党六届中执委临时会议上出人意料地提出“不参加大总统竞选”，并提出首届总统选举应由国民党党外人士担任候选人，其条件是：“（甲）富有民主精神及民主思想。（乙）对中国之历史文化有深切之了解。（丙）对宪法能全力拥护，并衷心执行。（丁）对国际问题，国际大势，有深切之了解及研究。（戊）忠于国家，富于民族思想。”很显然，蒋介石不肯竞选总统，只是一种托词，其心中却另有打算。张群从中窥出了个中原委，在4月5日就总统选举问题而专门召开的国民党中常会议上说：并不是总裁不愿当总统，而是根据宪法规定，总统是一位虚位元首，他不愿意处于有职无权的地位。于是，中常会决定，赋予总统紧急处置权力。4月18日，国民大会又通过《动员戡乱时期临时条例》，规定“总统在动员戡乱时期，为避免国家或人民遭受紧急危难，或应付财政经济重大变故，得经行政院会议之决议，为紧急处分，不受宪法第三十九条或第四十三条所规定程序之限制。”如此一来，宪法对总统权力仅有的两项限制也被取消了，总统因此有了至高无上的权力。这样的总统职位，蒋介石自然不会拒之门外。为了装饰民主，蒋介石拉拢居正陪选。4月19日，举行总统选举，蒋介石以2430票当选中华民国第一任总统。

耐人寻味的是，蒋介石当选总统没有丝毫悬念，因为当时的国民党内部，无论如何没有人能够和他竞争，而围绕副总统的选举，斗争就复杂了，其原因在于，除蒋系之外，国民党内还有众多实力派，他们之间始终存在着争权夺利的矛盾，尤其蒋介石与李宗仁之间的明争暗斗，几乎从未停止过。这时的蒋介石极力支持孙科竞选副总统，孙强有力的竞选对手就是李宗仁。孙科得到广东派和CC系的支持，又有蒋介石暗中撑腰，但其平日作风甚不民主，名声欠佳。李宗仁身为贵系首领，又有美国暗中支持，踌躇满志，并高调提出，如能当选，势必“肃清贪污，改革政治”，“实行三民主义，铲除豪门资本”，“树立独立自主的外交”。蒋介石为了帮助孙科当选，不仅为其打气，命令国民党中央提名孙科，还对李宗仁施压，并亲自劝说李宗仁退出竞选。而李宗仁毫不相让，并与程潜、于右任建立竞选联盟，共同反对由中央提名。4 月 6 日，国民党中执委临时会议否决了由党提名的做法，改为由国民党党员依法联署提名参加竞选。在竞选过程中，竞选人为了战胜竞争对手，不惜以重金收买“代表”，甚至派出打手捣毁支持对方的舆论阵地。经过腥风血雨的四轮投票之后，李宗仁以 1438 票的微弱多数战胜了孙科（获得 1295 张选票），当选为中华民国第一届副总统。5 月 17 日，孙科、陈立夫当选为立法院正、副院长，同月下旬，组成以翁文灏、顾孟余为正、副院长的行政院。5 月 20 日，蒋介石、李宗仁就任总统和副总统。至此，国民党的“行宪国大”完成了由作为国民党总裁、国民政府主席蒋介石的权力向同样作为国民党总裁、中华民国总统的蒋介石的权力移交，这就是国民党标榜的“还政于民”的宪政。当然，这次选举结果还表明，由于战局变化，国民党军队处于土崩瓦解之势，国民党内部的权力结构也在发生变化，蒋介石已无力控制局面，中国即将迎来一个新的时代。

（六）根据地民主政府的立宪目的及价值取向

争取人权是新民主主义革命的重要任务之一，因此，如何理解和争取人权，必然成为新民主主义宪政理论和实践的重要内容。

中国传统社会和传统文化当中一向缺乏人权和人权理念，而近代中国一方面由于民族矛盾和阶级矛盾相互交织，异常激烈，人权状况更加恶化；另一方面，中国人民争取民族独立、民权自由和民生幸福的意识已被唤醒，一代又一代华夏子孙发起了波澜壮阔的救亡图存的民族战争和反对阶级压迫的阶级战争，使人民争人权、国家争国权成为近代中国历史的两大主题。而在这一过程中，伴随着西方文化的传入，近代西方人权理念首先在中国革命志士和知识分子当中传播开来。马克思主义传入中国并成为先进知识分子观察和改造社会的工具之后，其人权思想也为先进知识分子所接受和弘扬。中国传统文化虽然遭到近代自由资产阶级知识分子的怀疑和批判，但它所承载的爱国主义精神、仁爱思想、人本观念、朴素平等意识，对于近代中国人民争取人权的斗争仍是重要的思想资源，仍有丰富的开发价值。中国共产党的新民主主义人权思想，就是在马克思主义引领下，在整合以上人权理念和人权思想的基础上形成的。

新民主主义人权思想的产生远远早于新民主主义政权理论的产生。五四新文化运动以后，由激进的资产阶级民主主义者转变而来的早期马克思主义者，开始改变个人人权优位于国家权力的西方自由主义人权观，转变为强调民族解放和国家独立，并把争取个人自由幸福融入争取国家独立和民族解放的斗争之中。中国共产党建立后，虽然把争取“民主政治”确立为自己的奋斗目标，并且很早就提出了“争取自由和人权”的口号，但对人权的理解仍然比较抽象和笼统，没有形成具体的在实践中能够实施的人权纲领。之所以如此，主要是因为近代民主革命不能简单地归结为“人权革命”。人权斗争在整体上是服从争取国家独立和政治民主的斗争的，更具体一点，可以说人权斗争是在民族斗争和阶级斗争之下进行的。就像中国共产党所宣誓的那样：它是“为全民族的解放，为被压迫的兵士、农民、工人、小商人及知识阶级的特殊利益”[①] 而战的，这表明中国共产党所理解和争取的人权，主要不是个体人权和个人自由，而是典型的集体人权，是国家利益和民族解放。

大革命失败以后，中国共产党的人权思想融入了土地革命和建立苏维埃政权的斗争之中。在这一时期，由于对国民党和资产阶级背叛革命的痛恨，民主革命的主体、苏维埃政权的阶级基础只剩下了工人阶级和农民阶级。从中共颁布的施政纲领和《宪法大纲》来看，人权主体也只剩下了工人、农民和革命士兵，地主、富农和资本家被排除在了人权主体之外。在实践当中，在中华苏维埃共和国区域内，由于较少有工业，主要是农民的劳动权、生命权和人身自由权、婚姻权和受教育权得到了一定保障。但在大革命失败之后至抗日战争爆发之前，中国在军事上和政治上是工农民主政权和国民党政权互相对峙的局面，中共争取人权的斗争融入了两党之间的军事斗争和政治斗争之中，中共的主要目标是推翻国民党的统治，建立全国性的工农民主政权。

抗日战争爆发之后，民族矛盾上升为主要矛盾，国共两党建立了抗日民族统一战线。中共提出了建立“联合政府”的主张，在陕甘宁等抗日

---

① 中央档案馆编：《中共中央文件选集》（第1册），中共中央党校出版社1982年版，第104页。

根据地先后建立了抗日民主政权，而联合政府和抗日民主政权的阶级基础必然不同于工农民主政权的阶级基础。在抗日救亡成为全民族的共同任务的形势下，中共中央认为，应该“停止没收地主土地，停止武装推翻南京政权的方针，就是把国内的矛盾服从于中日的主要矛盾，把中华民族的利益看作高于一切”，[①] 即在人权上，把争取民族解放、人民的和平权和生存权等集体人权放在了首位。就是说，政权形式的变化，也要求人权主体和人权内容与建立抗日民主政权的要求相适应。除汉奸和反共分子之外，一切抗日的阶级和民主人士，都可以参加抗日民主政权，都享有抗日民主政权的人民所应享有的人权。而且中共争取人权的斗争方式也作了如下调整：一是推动国民党全面抗战，动员全民族的爱国力量争取国家独立、民权自由和人民幸福；二是与民主党派和民主人士团结合作，利用国民参政会等政坛，争取和维护人民的生活保障权、就业权等经济权利，保障妇女和未成年人等特殊群体的人权；并不失时机地把争取经济权利的斗争引向争取政治权利的斗争；三是利用国民党政府颁布的法律保障个体人权。就抗日战争时期中共对人权的探讨和争取人权的斗争来看，是把个性解放和个体权利融入国家独立和民族解放的集体人权之中的，而且把个体人权和集体人权看作一体，认为集体人权高于个体人权。如毛泽东所说：“中国如果没有独立就没有个性，民族解放就是解放个性，政治上要这样做，经济上也要这样做，文化上也要这样做。广大群众没有清楚的、觉醒的、民主的、独立的意识，是不会被尊敬的。”[②] 毛泽东在这里讲的个性是一种群体性的个性，群众的意识也是集体的意识，不是个体的意识。对个性和群众意识的这种理解，与后来强调阶级意识和集体意识有着一脉相承的关系。

抗日战争结束以后，国共两党的共同敌人消失了，都把消灭对方放在了首位。但在这一时期，由于中间党派的活动和影响，两党主持制定的宪法性文件当中，程度不同地记载了那一时期中国政治关系的变动所引发的人权观念的变化，以及这种变化给不同阶层人民带来的人权活动空间。在共产党方面，这些变化在经济领域表现为把抗战时期实行的减租减息政

① 中央档案馆编：《中共中央文件选编》（第11册），中共中央党校出版社1991年版，第173页。

② 《毛泽东文集》（第3卷），人民出版社1996年版，第336页。

策，改变为没收地主富农封建半封建的土地财产，向农民颁发土地证，确定农民的地权；在城市没收官僚资本归人民的国家所有。在政治领域，确定新政权的性质“是中国工人阶级、农民阶级、小资产阶级、民族资产阶级及其他爱国民主分子的人民民主统一战线的政权”，[①] 由此决定了人民范围、国家政权主体及人权范畴。规定人民享有选举权和被选举权，有思想、言论、出版、集会、结社、通信、人身、居住、迁徙、宗教信仰及示威游行的自由权利；国家“保护工人、农民、小资产阶级、民族资产阶级的经济利益及其私有财产”，“保护农民已得土地的所有权”。[②]《共同纲领》规定的人民所享有的权利和自由，是一百多年来尤其是中国共产党成立以来人民斗争的结果，而人民的这些权利和自由也体现了新民主主义政权的性质。

新中国成立以前，共产党领导的根据地民主政府选举，除陕甘宁边区在抗日战争胜利初期实行三级普选之外，其他大多数解放区是在解放战争后期，在完成了土改的农村进行的。经过长期战争，刚刚获得解放的广大农村，虽然进行民主选举的条件并不成熟，但对于一个遭受了几千年封建专制统治尤其遭受了近百年外国侵略者蹂躏、封建军阀践踏的国家和民族而言，实行政权机关及其领导人员的民主选举却有着极其特殊的意义。

（1）它使中国人民受到了从未有过的政治训练，使几千年受压制的人民终于萌生了主人意识和政治热情，使人民真正享有了一定的民主权利，并保障了人民切身利益。

（2）通过民主选举，建立了属于人民自己的政权，因而为解放区人民政权的巩固和发展，奠定了可靠的群众基础。

（3）选举制度的实施，使政府权力及其工作人员受到了人民监督和一定程度的制约，对于改善政府机关作风，促使政府工作人员树立对选民负责的意识，增强领导干部的责任心和事业心，密切政府与人民群众的关系产生了促进作用。

（4）根据地和解放区人民政权的民主实践，是在社会下层人民仍然没有参政经验和政治知识的情况下进行的，他们在共产党领导下，经过斗争获得了参政机会，并在新民主主义实践中得到了政治锻炼。

---

① 《中国人民政治协商会议共同纲领》，《人民日报》1949 年 9 月 30 日。

② 同上。

(5) 根据地人民政权的民主实践证明，民主参政对于人民来说绝不是可望而不可即的，人民参政的最严重障碍主要不是人民自身能力低下和政治知识匮乏，而是社会上层对权力的垄断和对人民参政的排斥。在人民政权建立之后，政府必须自觉承担推进民主政治建设的责任，这是实现政治和社会变革的关键。

中国共产党领导新民主主义革命成功的历史经验尤其是实行民主政治试验的经验告诉我们：共产党在政治上的成功，一是因为她不是一个代表少数人私利、为少数人的私利去争权夺利的狭隘的政党，而是真正代表了广大下层人民的根本利益；二是无论在多么艰难困苦的条件下，她总是把人民的利益、国家的利益、全民族的利益放在第一位，真正处心积虑地为实现人民利益、国家的利益、全民族的利益而英勇奋斗，积极探索和勇于创新。而国民党政权的失败恰恰因为其代表的是少数社会上层的利益，它是少数人的政权，是为少数特权阶层服务的，它在政治上推行“训政”，背离了民主政治发展规律，因为人民一旦获得解放，完全有能力行使属于自己的权力。总之，人民的政治能力是不能低估的，中国共产党和革命人民在战争年代创造和积累的政治经验，是中国人民的一笔宝贵财富，但人民在战争环境中争得的民主权利，如何在和平环境下得到巩固和发展，并上升为法律规范和制度规范，仍是值得认真思考的历史课题。

第三节　近代中外立宪主体与宪政进程关系比较

近代中外宪政实践是在不同的社会发展阶段以及不同国家的不同经济、政治、文化和社会环境中进行的，由于中外立宪主体的经济、政治、社会地位和文化素质不同，他们的利益诉求、价值观念和政治理念存在很多差异，这些差异决定了他们在宪政进程中所发挥的作用不尽相同，并由此决定了近代中外立宪政治的不同的历史命运。

一、近代西方立宪主体与宪政进程的关系

（一）西方国家立宪主体的演化和更替

在西方国家，最早主张实行宪政的政治实体，是享有特殊经济利益和政治特权并要求特殊保护的社会群体，或伴随着社会发展逐渐形成的市场、商人阶层和手工业阶层，中世纪的领主——贵族阶层、商人、手工业

工场主和其他市民阶层，是最早参与宪政改革的政治社会群体。近代以后，随着资本主义经济关系的确立和发展，资产阶级产生并日益强大，资本主义国家的人民也成长起来，成为推动宪政改革的政治力量。

1. 推动宪政改革的早期社会力量

（1）中世纪社会结构对宪政主体的培育。中世纪早期，由于实行土地分封制，西部欧洲国家的教俗领域形成了规模不等的领地即封邑，比如在“加洛林王朝之后的法国，大大小小的武士贵族都是封臣制的组成成分，一个势力强大的公爵或伯爵通常至少在理论上是国王的封臣；比他们低等的贵族通常是这些公爵和伯爵的封臣，有自己的封地；而这些低等的贵族又会有自己的封臣，又要再给他们一些封地。因此，同一个人可能既是大领主的封臣，又是小封臣们的领主”。[①]“领主可以发布规章制度，裁决争端，或以别的方式行使公共权威”，对于领地上的农民来说，“政府实际上就是他们的领主，因为他们的生命只是在‘当地’才受到保护和制约的”。[②] 封建领主为其附庸提供保护，附庸对自己的领主负责。在这种情况之下，“领主和附庸之间的关系，是一种契约关系；而契约的理论向上推到包括国王在内”。[③] 既然在等级地位不同而利益相关的社会成员之间形成的是契约关系，当然就没有绝对的权利主体和义务主体。

从 12 世纪初叶开始，欧洲兴起了大规模的土地拓荒运动，社会的变化开始改变封臣和领主的关系，10 世纪以前产生的特许契约或“特许权”契约，在中世纪晚期演化成为欧洲一种非常普遍的制度。德国和英国拥有特许契约的地方多为普通城堡，“对特许契约的授予起决定作用的是市场、商人阶层以及手工业阶层的存在，而在其他国家这一运动所影响到的则是普通的村庄”，“在德国庄园中，召集附庸定期聚会的习惯仍相沿承袭，这种习惯是加洛林王朝公共法庭制度的遗风。它为领主提供了一个宣读传统法规的大好机会，附庸以这些法规接受统治，而参加聚会、倾听领

---

① ［美］朱迪斯·M. 本内特、C. 沃伦·赫利斯特：《欧洲中世纪史》，杨宁、李韵译，上海社会科学院出版社 2007 年版，第 146 页。

② 同上书，第 111—112 页。

③ ［美］汤普逊：《中世纪经济社会史》（下卷），耿淡如译，商务印书馆 1963 年版，第 325 页。

主宣读法规似乎表明服从这些法规”,[①] 而不是服从领主本人。

13 世纪以后，不断出现农奴解放运动，法国和意大利的农奴数量日益减少，许多群体因为废除农奴制而获得自由，以前无数租佃人曾经被任意征税，现在他们所负担的义务必须以契约为基础。依照契约征税“表明了一种态度和一种法律结构，这种态度和法律结构已远离封建社会第一阶段的社会风尚”。[②] 如《萨克森法鉴》规定：“一个人在他的国王逆法律而行时，可以抗拒国王和法官，甚至可以参与发动对他的战争……他并不由此而违背其效忠义务。”以战争方式维护法律或形式上对等的权利义务关系，及由此而在国民中形成的誓死捍卫平等的观念，对人性解放和社会解放的意义自然不须多言。

在国民交往中普遍形成的权利义务关系，是由西欧社会结构决定的，早在中世纪初期，就有人提出当时的社会是三等级社会，即僧侣、贵族和平民的社会。并认为，“僧侣的责任是：祷告、赞扬上帝并在精神上救济人类；贵族的责任是：保护秩序、执行警察权并防御侵犯；平民的责任是：劳动来支持上面两个特权等级”[③]。虽然封建社会的贵族性决定了不可能有真正的社会平等，但也不是每一个占据支配地位的社会等级都享有贵族称号，“配得上贵族这一等级称号的等级显然必须具备两个特点：第一，必须拥有自己的法律地位……第二，这一地位必须是世袭的”。[④] 在 9—10 世纪的英国，贵族仅指国王的亲属。德国的贵族等级包括：①国王；②作为王室附庸的教会公侯；③大公爵、侯爵、享有王权的伯爵；④拥有教会封邑的世俗公侯；⑤属于世俗大王公的附庸的伯爵和男爵；⑥自由骑士，即伯爵和男爵的附庸；⑦“半骑士”，即不自由出身的人。后来，担任军事服务，表现勇猛，从农奴被提升到半骑士地位的人，也可

---

① ［法］马克·布洛赫：《封建社会》（上卷），李增洪、侯树栋、张绪山译，商务印书馆 2004 年版，第 435、436 页。

② 同上书，第 437 页。

③ ［美］汤普逊：《中世纪经济社会史》（下卷），耿淡如译，商务印书馆 1963 年版，第 333 页。

④ ［法］马克·布洛赫：《封建社会》（下卷），李增洪、侯树栋、张绪山译，商务印书馆 2004 年版，第 471 页。

以受封于正式骑士或其他贵族，但不能受封于相互之间。[1] 贵族阶层始终是欧洲社会变革，尤其是英国政治变革的一股强大势力，对于立宪主义因素的产生发挥了特殊作用。

中世纪的教会在各个领域都发挥着统治作用，超越了西方所有种族、民族、语言的界限而通行无阻，是一个统一而又遍及各国的机构，不仅行使宗教统治，而且行使经济、政治、文化和社会权力；它的行政组织比封建王国的组织更加巩固和统一。教会王国的最高统治者是教皇，教会"以宗教大会和会议作为自己的立法会议；它制定自己的法律，设立自己的法院和自己的监狱。教会拥有庞大的土地基金"；对社会中的所有人课征"一种经常税即什一税"，并"收集无数的酬费"。[2] 除了犹太人之外，每个人都是教会属民，必须对教会效忠，无论谁反叛教会，都将受到惩罚。中世纪教会权威的确立，与无休止的动乱和战争以及世俗政权软弱无能有关，正因为如此，教会认为，它不仅负有要保护它自己成员的特殊责任，而且还要保护所有弱者，即保护那些按教会法已将监护权托付给教会的可怜之人。这样一来，教会的势力就渗透到了整个世俗社会，并对立宪主义元素的产生具有一定影响。

中世纪的经济形态是一种自然经济，了解土地占有状况及农民负担问题，对于研究中世纪的经济结构和经济发展具有重要意义。从本质上讲，中世纪社会发展的基础力量是广大劳动者，离开了他们的生产活动，就不会有丰富多彩的中世纪历史。但在中世纪的政治关系和社会生活中，作为第三等级的劳动者（主要是农民）不但不是决定性的力量，反而经常被排除在政治之外。农民阶级是由农奴、隶农、半自由人、贱民等构成的，[3] 他们的生活和庄园制度紧密结合在一起，完全属于乡村农业生活。中世纪欧洲人口以农村人口居多，他们居住在封邑内的村庄里，以种田为业，从法律意义上讲，每个村庄就是一个庄宅或庄园。村庄是最低级的行政单位，是家族上面的最简单的社会有机体，同时属于一个纯粹的私人集团。庄园制度是封建制度的下层，它体现了地主阶级与那些居住在他们土

---

① ［美］汤普逊：《中世纪经济社会史》（下卷），耿淡如译，商务印书馆 1963 年版，第 335 页。

② 同上书，第 262 页。

③ 同上书，第 360 页。

地上的依附劳动者的关系，“反映出贵族对中世纪社会内的‘非贵族’阶级的关系”。[①] 庄园出现于罗马帝国后期，庄园制度在9世纪末期才成为固定形式。从11世纪开始，与地中海地区及东方贸易日益频繁，商业和工业发展起来，出现了城市并孕育、造就了市民阶层。但当时的城市居民多数不属于自由民，而是不自由的工人和手工业者。新的商人阶层形成和壮大后，中世纪的社会经济结构才逐渐发生变化，并引起了政治上层建筑的变革。

中世纪的经济结构始终以农业经济为主，11世纪以前的商业、手工业是从属于农业经济和为军事服务的；以等级制度为特征的社会结构，虽然表现为强烈的封建性和贵族性，但教会、国王、贵族之间的关系错综复杂，教会排斥世俗政权干涉教务，贵族和教会利用习俗法律和议会限制王权，贵族和教会也存在利益冲突，他们在博弈过程中形成的合作要求与制约机制，构成了欧洲社会和政治的重要特征，并对近代立宪主义的产生具有重要影响。

（2）中世纪商业的发展促进了城市和市民阶层的出现。从11世纪开始，商业进入复兴时期，并受到两个策源地的推动：一个是威尼斯和南意大利，另一个是佛兰德尔海岸。由于重开对外贸易，西部地区的商业得以恢复和发展。商人利益开始得到教俗两个方面的保护，一是教会“以开除教籍惩治拦路抢劫的强盗”，[②] 加之倡导上帝的和平与“十字军战争，欧洲在贸易、文化、学术等方面和伊斯兰文化、拜占庭文化的接触达到了前所未有的密切程度”；[③] 二是政府也保护商人，查理大帝颁布了有利于犹太人、基督教的香客和商人的措施，王侯们为了增加商品通行税卡的收入，非常注意将商人吸引到他们的国家，伯爵们采取有力措施打击匪徒，维护集市的良好秩序和交通线的安全。

商业活动需要比较简便、比较迅速和比较公平的法律，以维护商人之

---

① ［美］汤普逊：《中世纪经济社会史》（下卷），耿淡如译，商务印书馆1963年版，第358页。

② ［比利时］亨利·皮雷纳：《中世纪的城市》，陈国梁译，商务印书馆2006年版，第82页。

③ ［美］朱迪斯·M. 本内特、C. 沃伦·赫利特斯：《欧洲中世纪史》，杨宁、李韵译，上海社会科学院出版社2007年版，第257页。

间的交易活动和安全。所以在集市和市场上，商人们制定了一种商业习惯法。[①] 商人的特性，即自由身份和从事交易的公平理念，吸引着越来越多的乡下人涌入城市。随着城市的扩大，工匠和商人越来越多，一个新的社会阶层——市民阶层就这样产生了。市民阶层很快就由一个从事商业和工业的普通社会集团，发展成为一个被王侯政权所承认的合法集团，有了这样一种法律地位，他们必然要求授予其一个独立的司法组织，并要求建立起与其所从事的商业活动相适应的城市制度。

商人大量云集城市，商业活动日益频繁，带来了工业发展和兴旺，促进了城市繁荣，催生了市民阶层进行社会变革的要求。从 11 世纪上半叶开始，商人们"不仅是每个城市中最富有、最积极和最渴望变革的成分，而且他们还拥有行会给予的力量"，"商业的需要早就促使他们组成称为基尔特或汉萨的行会——不依附于任何权力的自治团体，在那里只有他们的意志才是法律。伯爵领地的觊觎者诺曼底的威廉和以后阿尔萨斯的蒂埃里为争取市民阶级的支持，接受了市民阶级提出的要求"，[②] 建立有利于商人活动的商业制度。

12 世纪初授予圣奥梅尔的特许状，集中反映了佛兰德尔市民阶层的政治要求。该特许状包括：承认城市为独特的司法地区，全体居民享有共有的特别法律、特别执行吏法庭和充分的公社自治。其他一些伯爵领地的城市也有类似的特许状。从此以后，城市的地位得到了书面证书的保证和承认。依据城市特许权，无论财富多寡，所有市民身份都是平等的，人人享有自由。而且出身贵贱无关紧要，即便是农奴，只要在城市内居住满一年零一天，就确定无疑地享有了自由，"时效取消了他的领主对他本人和他的财产所拥有的一切权力"。[③] 城市人一旦获得人身自由，立刻要求享有与其身份自由相适应的财产自由，首先是土地自由，昔日那些妨碍土地自由出让、禁止土地作为信贷工具并作为资本价值的法律，纷纷被废弃。城市的土地在性质上发生了变化，纯自然的农业用地变成了建筑地面，即被赋予了商业价值，地面之上竖立起排排房屋，伴随着房屋和其他建筑物

---

① ［比利时］亨利·皮雷纳：《中世纪的城市》，陈国梁译，商务印书馆 2006 年版，第 82 页。

② 同上书，第 117、120 页。

③ 同上书，第 122 页。

的增多，土地不断增值，久而久之，房屋主人获得了建房用地的所有权，至少是持有权，到处所见的是以往领主的土地变成了自由地产即自由租地。土地的解放虽然并未剥夺旧领主的土地，但其对土地所行使的领主权，再也不能造成自由租地的持有者对他们的人身依附。城市法实施的结果，不仅个人的奴隶身份和土地的奴役状态被取消了，从事工商业的领主权利和税收障碍也被排除了。

11 世纪末 12 世纪初，城市法的内涵，无论从民事观点还是从刑事观点来说，都产生了自己的特色。“为着讨论婚娶、继承、动产抵押、债务、不动产抵押，特别是讨论商业法的问题，一个全新的立法机关正在城市中形成，而且城市法庭的判例越来越丰富和精确，产生了民事习惯法。”为了使纳税人服从法律，必须借助于强制办法，每个人必须根据自己财产的多寡，为城市利益分担所需的费用。而且日益变动当中的社会，使城市成为四方杂居的地方，“充满背井离乡的人、流浪汉和冒险者”，作为商业中心，城市还吸引着盗匪，为了震慑犯罪，维持治安，严格法纪是必需的。城市刑法是严厉和残酷的，“任何人进入城市的大门，无论是贵族还是自由民即市民，一律要服从刑罚”。[①] 拒不承担费用者，则被驱逐出城，由此推动了法治进程。

城市还有自己的特别法庭和行政官。从 11 世纪末 12 世纪初开始，在意大利、法兰西南部、德意志的一些城市，成立了自己的特别法庭，法庭成员被称为执政官；在尼德兰、法兰西北部被称为执行吏；还有一些地方称为管事。虽然特别法庭的审判权不无限制，有时领主还要自己审理一些特别案件。但最重要的是“城市是一个强制性的联合组织，即一个法人”，它“既是一个司法地区又是一个公社”；“作为一个公社，城市由一个市政会管理”，市政会成员“既是市民阶级的法官又是他们的行政官”；市政会的工作是进行各个方面的日常行政管理：“负责财政、商业和工业的管理，决定和管理公共工程，组织城市的供应，管理公社军队的装备和风纪，建立儿童的学校，提供老贫救济院的经费。”[②] 其颁布的法令成为名副其实的城市立法。

---

① ［比利时］亨利·皮雷纳著：《中世纪的城市》，陈国梁译，商务印书馆 2006 年版，第 125—127 页。

② 同上书，第 128—130 页。

市民阶层的形成及其高度的政治参与热情，逐渐改变了贵族和教会排斥王权、国家分裂、公共权力遭受侵蚀而式微的局面，为新型民族国家的构建及其政治机制的形成开辟了通路。15 世纪法国史学家乔治·夏特兰在评价市民阶层的政治作用时说："组成第三等级的特许城市阶层、商人和工匠阶层，使王国构成为一个整体。"[①] 市民阶层参与政治，最早出现于西班牙，1188 年阿尔方索九世在召开全国性的代议制会议时，要求城市选派代表参加，13 世纪许多王国相继实行。1295 年，英格兰爱德华一世召集的"模范议会"，选派了 110 个城市的 200 名市民代表参加。在法国，除腓力普四世于 1302 年为对抗罗马教廷，而召开的三级会议有市民代表参加之外，1308 年，为镇压"圣殿骑士团"，再次召开三级会议，有 226 个城镇的市民代表出席。中世纪的议会，基本都是由国王召集的，市民阶层成为支持国王维护国家政权统一，反对封建贵族分裂割据的重要社会力量，也是推动欧洲中世纪向现代转型的基本动力。

城市的兴起和市民阶层的出现，改变了西部欧洲教士、贵族和农民的传统的三元结构社会，形成了教士、贵族和市民的新的三元结构社会。市民阶层为欧洲社会注入了积极的、活泼的、必然引起社会结构、国家结构翻天覆地变化的新的社会力量。这个新的社会阶层，虽然从问世之日起就表现出了私利性和排他性，却承担了向周围传播自由思想、促使农业社会解体和农民阶级逐渐解放的使命。

随着城市市场扩大，买主骤增，农民们确信自己的农产品可以卖掉，由此改变了农业的生产经营目的，一天一天地引起农村生产经营方式的变化。教会和世俗的领主们，也从这种亘古未有的变化中获得利益，他们到处拓荒和建立新的村庄。为吸引更多的劳动者，领主们答应除保留对他们的审判权之外，免除压在农奴身上的其他一切负担，而村庄居民则以缴纳年金的办法得到一块块的土地。于是，一种新型的摆脱了农奴身份、享有自由的农民出现了。这种自由身份之所以产生，是由于农村组织受到了城市影响。

新村庄的居民本质上就是农村的市民，许多特许状也称他们为市民。在市民阶层中，商人尤其活跃，他们虽然不直接创造财富，却使财富的内

---

① 计秋枫：《市民社会的雏形》，《南京大学学报》（哲学·人文科学·社会科学）2005 年第 2 期。

涵逐渐扩大，并使财富的价值不断增长。这些早期的商业资本家，随着资本积累的扩大，不断向政治领域渗透和扩张使他们成为促进旧制度瓦解、资本主义制度产生和形成的核心力量。

（3）中世纪英国贵族阶层对立宪主义的贡献。中世纪英国是一个封建君主制国家，但国王的权力不像东方国家的君主权力那样强大、充分、绝对和不受法律约束。主要是因为中世纪英国的经济、政治、社会和文化结构，不同于同时代东方国家的封建专制王朝。当时英国的农业经济仍然是其封建国家的主要经济基础，只不过国王不能垄断经济，各级贵族都有自己的地产。除国王和各级封建领主存在着激烈的权力争夺之外，骑士、中下层教士、自由农和市民也与王权之间也存在着尖锐矛盾，这些阶级或阶层常常附和封建贵族反抗王权。从1215年封建领主在新兴市民阶层支持下举行武装起义到1688年光荣革命，传统贵族和新贵族与国王之间的斗争，一直没有中断，斗争结果往往以双方相互妥协、签订合约而告终。

1215年的《自由大宪章》只是中世纪君主与封建贵族订立的众多协议之一。对于大宪章的法律性质，现代学者有以下观点：第一，它由国王颁赐，具有国王授予的形式，是一项法律；第二，它是一项具有公法性质的协议，采取了国王授予的形式；第三，它是私法性质的协议；第四，它既是宪法性法律，又是权利法案，还是君主与人民的协议。

还有学者对以上观点提出反驳，指出将现代国家法的分类套用于中世纪是不恰当的。德国学者卡特·施密特认为，大宪章是一项没有任何精确国家法意义的规定或协议，它虽然具备了成文法形式，但同某些表面上的一般原则性措辞一样，并不表明其有什么宪法意义。从历史上看，“大宪章”这个名称的出现，肯定是与1217年颁布的包含狩猎法内容的“小宪章”或森林宪章相对应的，大宪章初名为“自由宪章”或“贵族宪章”。实际上，早在11—12世纪，英国国王就分别颁布过类似宪章，直到几百年之后，尤其17世纪以后，经过英国议会与斯图亚特王室绝对王权主义的斗争，大宪章才变成了自由宪法的典范，并被给予了现代意义的解读。然而，如果谁从大宪章中找出哪怕只是接近于现代自由宪法或民主宪法的东西，都会犯下史实错误；即使说这部大宪章保障了一切自由民免于王权侵害的某些权利，它也完全不同于近代意义的人权宣言或公民权宣言。因为13世纪的“自由民”仅限于贵族（含教会贵族），只有贵族才被视为自由人，甚至才被视为人。在内容上大宪章共有 63 条，涉及对国王封地权、司法权（如规定，一切自由民非经同级贵族依法判决或按国法定罪，不受逮捕或监禁）及税务法的限制。尤其重要的是大宪章规定设立一个抵抗委员会，如果国王不遵守这些条款，贵族甚至可以动用武力。①

大宪章确实对王权设定了许多限制，但这只是站在保护贵族立场上做出的，对于改善下层民众的权利状况没有太大影响。其主旨在于保障贵族特权，限制王权，也反映了商人的利益和要求。亨利三世在位时，于 1216 年、1217 年、1225 年相继颁行大宪章，“国王不得为非”的观念逐渐深入民心。

13 世纪中期，在封建领主孟福尔伯爵的领导下，再度发生反对国王的斗争，并俘虏了约翰国王及其继承人爱德华，建立了自己的政权。为巩固胜利成果，扩大自己势力，孟福尔于 1265 年召集有封建领主、骑士、自由农民和城市市民参加的会议，形成英国等级会议，它被认为是英国议会的开端。孟福尔政权被爱德华王子的军队击垮后，君主专制又得到恢复，但新的英王迫于各方面的强大压力，只好保留已经形成的等级会议。很显然，等级会议是英国封建地主阶级内部争夺权利的产物，也是近代议会产生的制度根源，对立宪主义制度的形成具有深远意义。

14 世纪之后，英国资本主义经济迅速发展，新兴资产阶级的经济实力不断壮大，但其低下的政治地位与其拥有的经济实力不相对应。他们针对国王不断向其增加赋税，提出了“不出代表誓不纳赋税”的口号，表明资产阶级的权利意识和民主意识已经觉醒。经过反复较量，国王被迫同意资产阶级选派代表参加等级会议，资产阶级终于取得了参与国家事务的权利。14 世纪中期以后，英国等级会议形成两派：一派为封建贵族和高级教士；另一派为地方各县和市镇的骑士、市民和资产阶级化的贵族。两派分别代表不同阶层的利益，双方不断进行斗争，最终形成了议会上下两院。资产阶级凭借不断壮大的经济实力，以议会为平台，千方百计地排斥贵族和王权，发动宪政改革和政治革命，为近代立宪主义的诞生和完善，奠定了必需的物质基础、思想基础和制度基础。

① ［德］卡尔·施密特：《宪法学说》，刘锋译，上海人民出版社 2005 年版，第 54 页。

中世纪英国政治进程中产生的许多理念、原则和法律制度，构成了近代立宪主义诞生的重要元素。然而，中世纪的英国历史，不仅是贵族社会千方百计扩张权力的历史，也是国王殚精竭虑扩张王权、企图控制整个国家和贵族社会的历史。这两股相向而行的力量，一直处于对抗和较量之中：以贵族阶层为代表的政治势力要求保障、扩大自己的权利和自由；以国王或王室为代表的中央政府，则要求提升王权，建立公共权威。国王与贵族、政府与社会的博弈，是中世纪英国政治的常态。但在博弈过程中，双方也发现了他们的共同利益及政治失衡可能带来的危险，所以双方的政治博弈，通常以共同能够接受的结果而告终。

总之，中世纪的英国虽然产生了《自由大宪章》这一具有历史意义的伟大文献，并较早确立了“国王不得为非”“王在法下”等观念，个别杰出思想家甚至提出了治理权与审判权相分离、管理程序规制与法律权利的确定相区别的原则，但这些观念或原则还停留在思想层面，与当时社会的要求还有较大差距。而且这些观念本身仍然渗透着浓厚的贵族气息和专制主义色彩。由于国家政治共同体长期没能形成，贵族与国王之间的矛盾主要表现为私权利的冲突，而不是表现为政治共同体下的统治者与被统治者之间的充分宪政意义上的斗争。中世纪的政治仍然呈现出国王专权、贵族专制等特征，但作为由中世纪后期向现代转型中的国家，英国政治生活中却产生了立宪主义因素。

第一，有限王权。13 世纪以前，制约国王的因素，除政治上的贵族势力和教会势力以外，主要还有习俗法律的力量。这些习俗法律包括先王定制、王室令状、章程和国王加冕典礼上的誓约，它们集中表现为对既有习惯的肯定和确认。

限制王权观念的确立和立法经历了漫长过程。1066 年，征服者威廉统治英格兰时，并没有使自己的权力受限制的意识，在实践中也不可能存在对王权的限制。1100 年亨利一世即位后，颁布了自由宪章，这份加冕宪章共 14 个条款，是对古老的盎格鲁—撒克逊习惯开始确认和法律化的标志。1164 年，亨利二世又颁布了《克拉伦敦宪章》，该宪章包括一个序言和 16 项条款，主要是依法确定贵族与国王、教会与国王的权利关系。在亨利朝的初期，人们“发现了迄今为止仅凭靠国王的良知发挥效力的习惯法的道德约束转化为确定的、有法定约束力的，并且具有了我们开始称之为宪制的恒久形式的努力”。[1] 这种努力表现为，任何一个国王即位，都要在加冕典礼上宣读誓言，誓言的基本精神是要求其臣民发誓忠诚于国王，而国王则发誓遵守先王的良善法律，善待其臣民，主持正义。这样，就在国王和臣民之间建立了一种双方都要遵守的双边协议。这种协议就是习俗法律的表现形式之一，它不仅被用来制约国王，也用来约束臣民，所以，关于自由保障制度的要求，在1215年的《自由大宪章》颁布以前就产生了。

中世纪英国王权与贵族的关系，决不取决于单方面的主观愿望，双方的限权与反限权的斗争是利益和观念的冲突，核心是由谁来控制国家权力。限权的起因和结果，也不是一种因素或者一种力量在起作用，经常是多因多果的。综合起来，影响王权与贵族关系的因素主要有以下几个方面。

首先，双方实际力量的对比。王权如果强大，国王就会越来越多地实施王权，而减少对封臣的义务；贵族如果强大，他们就会超越限度地伸张臣权，而减少对封君的义务。11世纪之前，日耳曼人在罗马帝国废墟上建立的诸多王国普遍采用领主制，权力和政治之间的关系，凸显为私人性特征。在各王国之内，伯爵、国王的附庸、主教、贵族等独立的势力，各自做大，私战连绵，王权十分薄弱，难以在管理公共事务中发挥主宰作用。正如乌尔曼所言：“英国的王权是一架笨重的吱嘎作响的老爷车，它必须通过与教士和贵族的协商和同意，才能协同工作。”[2] 公共权力缺位，造成政治上的无政府状态，为教会权力扩张提供了广阔空间，但宗教本质决定了其只能约束少数虔诚的教徒，对于充满私欲和邪恶的人而言，宗教则无能为力。因此，教会无法持久、有效地维护社会秩序。封建割据和贵族混战不仅阻碍经济发展，也危害社会稳定，造成政局动荡，这种局面紧迫地呼唤着强有力的公共权力出现。

从11世纪开始，城市化运动蓬勃兴起，一些国王借助市民阶层的力量，利用教皇权威，削弱领主势力，强化中央集权。王权的公权力、公法性质和地位开始彰显，并得到民众认可，因而走向强势。到15世纪，君权已经发展到能够控制全部西欧的程度，贵族和教会则失去了昔日的权

① G. B. Adams Carta, *The Origin of English Constitution*, Yale University Press, 1931, p. 27.

② Walter Ullmann, *Wedieval Poltical Thought*, p. 155.

威，作为代表公共权力的民族国家应运而生。所以，中世纪虽然存在教会和贵族对王权的制约，但绝不是现代立宪主义意义上所要求的权力分立，它至多是为现代立宪主义的产生提供了某种历史经验。

其次，国王与封臣需要相互依赖、相互合作与自我约束。国王与封臣在疆域上同处于一个共同体之内，具有共同的利益，双方在履行权利和义务时，不会轻易走向极端。国王在实施权力时，一般会理性地考虑手中权力的界限及冲破该界限可能产生的后果。臣民也会理性地考虑否定作为公权性的王权可能对自身造成的危害，因为在任何政治形式下，统治和服从都是必需的，对作为公权的王权的服从，也是对秩序的服从，是实现个体利益和维护自身安全的需要。

最后，遵守法律和习惯的罗马传统的约束。国王遵守法律的观念，在中世纪已经相当流行。罗马法传统认为，凡涉及众人之事必须经过众人的认可，国王没有经过同意就不能征税，“人民同意”成为教俗生活的一条重要原则。这一原则渗透到了神职人员的选举、国王的税收、社团领导人的产生、契约的订立等一切活动之中。“人民同意”也暗含了民权意识的产生和民权现实的存在。1295 年，爱德华一世在召集教士参加议会的令状中，就引用罗马法的条文：“涉及所有人的事务应当被所有人批准”。爱德华二世举行涂油加冕典礼时，曾发誓保持前辈的法律和习惯，维护王国共同选择的法律和习惯。爱德华三世遭受罢黜，也是因为其拒绝遵守王国的法律和习惯。正如日耳曼修道士马尼高德为教皇格里高利七世废黜亨利四世的行为辩护时所说：“由于没有人可自己称王，人民推举某人做他们的统治者只基于一个目的，那就是他应依据正当统治的原则进行统治和治理，给予每个人他应得的那一份，褒扬良善而惩罚罪恶，给予每个人正义。但是，事实上，如果他破坏了遴选之际的契约，扰乱了他本当维持秩序的事务，那么，合理的结论就是他解除了人民遵守契约的义务，因为是他自己首先放弃了约束双方当事人诚信的契约。”① 由此可见，贵族与王权力量对比关系的变化、新的社会力量的出现、盎格鲁—撒克逊人的理性、日耳曼传统的有限君主制、罗马法理论的影响等，都是决定或形成王权有限性的因素。

---

① ［爱尔兰］J. M. 凯利：《西方法律思想简史》，王笑红译，法律出版社 2002 年版，第 92 页。

第二，议会主权。中世纪的议会主要是上层社会角逐的场所和权力斗争的政治工具，尚不具备现代议会的规范性特征。但在14—15世纪的英国，议会确实已经发展成为相对独立的权力机构，并形成了两院制、选举制、议会行使职权的提案制、议案委员会制、三读制、表决制等程序规范，为现代议会制度的建立和职能发挥，提供了历史经验和制度基础。

英国议会上院由大主教、主教、修道院院长等教会贵族和世俗贵族代表组成，他们不是由选举产生，而是采取任命制或世袭制，国王指定的世俗大贵族代表则实行终身制。下院由骑士和市民代表组成，采用选举制和任期制。整体来看，中世纪的议会选举，范围有限，基本局限于每个自治市的两名市民代表、每个郡的两名骑士代表的选举。下院拥有比较广泛的代表性，享有征税权及与上院平等的立法权，议会议员在会议期间的言论自由、不被逮捕的权利受法律保护。当选议员是市民参政的重要渠道，也是提高自己政治地位的重要途径，因此备受社会关注，也促使下院选举逐步走向规范化和制度化。

1406年，英国议会通过了第一个选举法，规定郡长选举必须依据程序进行，选举权不受干涉。后来又规定，大法官监督郡长选举，对违反选举法的郡长处以刑罚或监禁，并规定了选民居住地、财产资格，当选议员的身份地位和财产状况。在城市选区，只有自治市才享有选举议员资格，各自治市议会均制定了选举法规，一般规定只有地产主、商会会员、行会师傅等独立经济纳税人才享有选举权，而对于被选举权，则规定了更高的财产条件限制。所以，这种选举制度是一种优先选举制。由于受财产条件限制，即使到了18世纪，享有选举权者也仅占城市居民的4%；而享有被选举权者，只能是极少数贵族和富人，占人口绝大多数的城市无产者和农民没有选举权和被选举权。由于下层民众没有选举权和被选举权，中世纪的议会不过是纳税人的代表机构和权贵们的分赃机器，即使下院也“无非是一个不依赖人民的关门的中世纪同业公会”,[①] 这种状况一直持续到19世纪的议会改革才结束。

议会在宪政中的意义，在于它是限制王权、保障臣民权利的最重要的政治制度，是凝结资产者力量和表达其意志的体制机制，是创造资产阶级

---

① 《马克思恩格斯全集》（第1卷），人民出版社1956年版，第685页。

法律的高效机器，是平衡贵族阶级和有产阶级政治关系、尤其是协调统治阶级内部关系的调节器，是维护国家秩序和社会秩序、不断实现和扩大有产阶级利益的政治平台。当然，中世纪中后期，英国实行的是议会君主制，议会和王权还不是平衡的，议会对王权的制约是有限的，王权仍是英国权力体系的中心和枢纽，在维护国家统一、社会稳定方面发挥着难以替代的作用。

但是，历史的辩证法和理论逻辑的发展表明，历史上产生的任何事物，其合理性及其价值都是由当时的历史条件和社会环境决定的，历史留给人类的具有永恒价值的东西，只有事物的形式和抽象的原则。这些形式和原则只有连续不断地提供能够有效应对日益变化的新环境、指导解决不断涌现的新问题时，才表现出其价值的真实性。而后人的使命，则是不断地赋予历史正义或公正价值新的内涵，由此形成维系民族命脉和国家生存的所谓“传统”。英国议会制度的合理性，对于英国人而言，它是符合盎格鲁—撒克逊民族传统和文化的制度选择，而且是英国人能够接受的制度形式。到 17 世纪英国发生资产阶级革命时，议会君主制则发展为君主立宪制，英国从制度上彻底走出了中世纪，具有完全资产阶级宪政意义的议会制得以确定下来，议会成为真正的主权所在地，成为限制王权的最有效的工具。

第三，贵族特权的转化。在中世纪的英国，人权在本质上属于贵族权利，普通民众不属于人权主体范畴。人们常说，英格兰人天生爱好自由，视自由如生命，“这一天性只是为自由制度的确立提供了较好的氛围，而不是提供了自由制度本身。从自由的意识层面跨入法律中的自由保障制度层面，既需要向往自由与权利的执著与激情，也需要争取权利的勇气与智慧，更需要以社会的集体行动为桥梁”。[①] 英国贵族逼迫国王签订自由大宪章，是贵族的集体行动，议会建立后颁布一系列法律是贵族或贵族和市民的集体所为。没有集体持续争取人权的行动，英国政治发展史必将改写，但在争取人权的集体行动中，较少发现底层人民的身影。贵族常以恢复古老法律的名义反抗王权，目的是索回“固有的”习惯自由与权利，并不是要求国王赐予新的自由和权利。这符合贵族贪婪的本性吗？但历史

① 齐延平：《自由大宪章研究》，中国政法大学出版社 2008 年版，第 104 页。

的真实情况确实如此。

亨利一世即位后，果断地采取措施，削弱世袭贵族，减损其固有的自由和权利；同时，扶持新贵，大批教士、平民、外国人受到重用，王权迅速提升。利益所在即生命所寄，亨利一世剥夺贵族“习惯自由与权利”的行为，立即激发了贵族反叛。可见，“英国在封建王权建设过程中，从蛮族王权时代延续而来的封爵加赏制度以及由这种封爵加赏带来的不平衡”，是反叛行为爆发的政治体制方面的原因。[①] 封爵加赏制度的矛盾在于，推行该制度本出于换取受封贵族忠诚和支持王权的目的，而结果却加剧了贵族对王权的离心力，构成对王权的巨大威胁。由于封赏按照实力大小进行，实力越大则封赏越多，受封越多则势力越大，从而对王权的威胁也越大。当国王认识到这种危害时，必然进行政策调整，打压贵族势力，削减世袭贵族的权利，因此又引起新的矛盾。

由于受英国贵族等级制的影响，贵族势力比较强大，在和王权的斗争中，贵族始终占据上风，从亨利一世、斯蒂芬到约翰，国王既要对贵族随时可能的反叛保持戒心，又需要贵族的财政支持和政治忠诚，为了在无法回避和取消的矛盾中求得相对平衡和君权稳定，国王们不得不加大分封力度和分封范围，从而又引起新的一轮不满。所以，由分封失衡引发的矛盾和冲突呈周期性、加剧性发展趋势。为了维持王国运转或筹集军费，从理查德到约翰，竟大量卖官鬻爵，出售王室特权。国王除尊重贵族的习惯权利，或一再追授贵族们权利之外，没有其他道路可供选择。贵族权利一旦受到王权侵害，必然激起反抗，王国也就很难再维持下去了。尊重或追加贵族权利的结果，不断加剧政治失衡，并加速了王国的削弱和灭亡。

“习惯自由与权利”的内涵与范围，随着贵族势力的增长而不断扩大。贵族固有的权利究竟是如何产生的？一向遵守习惯的英国人，无须进行烦琐论证。这些权利可能因军功而被赐予，也可能因国王特许而获得，或因与国王签订大宪章之类的文件而取得，总之是因为某种原因而获得或曾经获得的，哪怕是国王让渡给贵族的权利，久而久之，便成了贵族习惯的自由和法律。像大宪章所规定的那样：任何伯爵或男爵，或因军役而从国王直接领有采邑之人身故时，伯爵和男爵的继承人只要缴纳 100 英镑，

---

① 齐延平：《自由大宪章研究》，中国政法大学出版社 2008 年版，第 104 页。

就可享受全部遗产；武士继承人最多缴纳 100 先令后，即可享受全部封地。其他均应按照采地旧有习惯，应少交者须少交。

按照惯例，男爵和武士的继承人能否继承先人的领地和爵位，是受王室操控的，国王甚至可以封建宗主身份控制贵族婚姻市场。寡妇改嫁、嫁于何人、何人能迎娶寡妇，都可能关系到土地占有关系的变动，影响到王国政治稳定。因此，寡妇要获得改嫁自由，须先征得国王同意，并交纳一定金钱。在 12 世纪的王室档案中，寡妇购买婚姻特许权及对子女监护权的惯例已有记载。到 1215 年，自由大宪章第 6、7、8 项条款终于做出了附加一定条件的规定："继承人得在不贬抑其身份条件下结婚"；"寡妇于其夫身故后，应不受任何留难而立即获得其嫁资与遗产"；"寡妇自愿孀居者，不得强迫其改嫁"。婚姻自由和继承权不受干涉的规定，显然不是自由大宪章的起草人前瞻性立法的结果，而且在初始阶段，肯定是国王不得已而特别恩赐给极少数人的。但这些日益增多的社会现象，在当时也肯定具有极强的示范效应。对权利的垄断性控制一旦被打破，就像决堤的洪水一样，到处蔓延和扩张。

国王赐爵封赏，必然侵蚀王室特权，削弱王权根基，同时也会在社会上培育并助长自由意识，在民众之中植入权利基因。这一过程是与社会基础的变化、政治经济利益的重新分配和行政管理体制的调整紧密联系在一起的。"王室特权的出售需要有两个方面的配合，一是国王为了实现自己的政治目的愿意出售，二是社会有购买的欲求。而在社会危急时刻，这两个条件是很容易实现的。""在约翰时期，人们通过郡法院和百户区法院购买自由权……并且都有明确的价格。在当时充任巡回法庭和各地方法院的法官和陪审员是一项很少有人愿意承担的法定义务，那么缴纳一定数额的金钱就可以购买到免于承担此项义务的自由……这种做法其实早在亨利一世时期就已出现。"[①] 从历史视角来看，最初有资格享有自由和人权的人，必定是极少数社会成员，而特权更是特殊社会阶层才享有的权利，这些权利与普通民众无关，但世上恰恰是普通之人众多，能够"购买"自由之人甚少，所以，在私有制和有产者的统治确立之后，世上众多之人原本并无"自由权利"，正是有了特权出现，才给权利的产生提供了前提，

① 齐延平：《自由大宪章研究》，中国政法大学出版社 2008 年版，第 107 页。

因此说，权利是由特权转化而来的。但是，任何特权社会都是不安全、不稳定、不能持久的，只有将少数人的特权转化为多数人或一切人共享的权利时，才能形成公正、安全、有序运行的社会。

而且就权利结构而言，随着经济社会和政治关系的变动，也在不断地分解、细化和扩张，尤其随着中世纪城市的产生和工商业的发展，商品经济关系逐渐取代农业经济关系，生产力迅猛发展，社会分工日趋复杂，市民阶层以新型自由人的身份，执着地追求参与政治的权利，不仅使自身获得解放和自由，而且强烈地冲击着农村经济关系和传统社会关系，使社会最底层的广大农民逐渐摆脱了封建关系的桎梏，由人身不自由或半自由之人成为完全人身自由之人。在市民运动的激荡和感召之下，资产阶级自由和人权观念逐步确立起来，构建资产阶级人权体系的目标也日渐明朗化。

以上从三个方面分析了中世纪英国的立宪主义因素，不容讳言，中世纪的英国只是产生了立宪主义的某些元素，就限制王权和保障贵族权利而言，当时的英国无论在理论上还是实践上，都处于自为阶段和盲然状态。首先，还不可能形成系统限制王权的法律制度。所谓限制王权，主要是运用古老的“王权有限”观念，依靠贵族阶层的力量，抗击王权对自身利益和自由的侵害。其次，所谓保障人权，主要是保护贵族的自由和权利，普通民众的自由和权利仍不受重视。同时，在保障个体自由的设施和措施上，所凭借的不是成熟的法律制度及其运行机制，而是议会及贵族自身的实力和斗争策略。但这并不是说中世纪的立宪主义没有历史价值和进步意义，相反，正是在中世纪立宪主义因素中，演化出了现代西方政治哲学中权力有限的观念，并以此为细胞滋长出了现代人权、法治和宪政理念。而且中世纪立宪主义因素中有关个体地位、个人权利的观念，也是近现代立宪主义的历史起点，因为在自由和权利等具体内容上，历史的发展具有连续性，英国人尊重习惯、服从传统的思维方式又强化了历史的连续性。所以“在近代政治思想中，有关自由、权利和平等的观念成为自由主义的精义，同时，尊重习惯和服从传统的思维方式也成为保守主义倡导的主旨”。① 自由主义内部的激进和保守两种不同倾向，表面上看似矛盾，实际上是中世纪英国宪政思想母体中的一对连体婴儿，二者始终保持着根本

① 丛日云主编：《西方政治思想史》（第2卷），天津人民出版社2006年版，第272页。

目标的一致性

2. 市民阶级的兴起

从西方历史演变过程来看，立宪主义的实现，主要是市民阶级努力推动的结果。但欧美为什么能够首先实现立宪主义，推动社会变迁的强大力量为什么能够产生，是学者们长期思考的问题。近代西方思想家曾把理性视作社会变迁的推动力量，把西方社会变迁解释为抽象观念的产物。现代学者用技术决定论、人口决定论、市场决定论、自然环境决定论、工业决定论等各种模式解释西方社会变迁。西方历史不同程度地证明了上述理论的合理因素，但每一种理论观点又都带来了许多新的问题，这也是上述各种理论把复杂的问题简单化的后果，因为西方社会变迁绝非单一因素造成的，而是多种因素综合作用的结果。

以西欧历史为例，中世纪后期，商品经济的发展导致第三等级即后来的市民阶级出现。中世纪长期的思想运动导致文艺复兴运动的发生，这一运动为市民阶级提供了有利的思想武器，奠定了立宪主义运动的个体主义思想基础。16 世纪前后，封建势力受到社民社会冲击而严重削弱，国家制度的理性化最后完成，从而形成了立宪主义制度的载体。17—18 世纪，市民阶级通过政治革命，夺取了国家政权，建立了立宪主义制度。18—19 世纪伴随工业革命的发生，市民社会的力量日益壮大，立宪主义制度在欧洲得到巩固，资产阶级民主制度在欧洲普遍建立起来。

以上介绍可以使我们通过考察从市民社会兴起、市民阶级形成到市民阶级革命的历史和逻辑关系，把握立宪主义实现的关键要素。

(1) 第三等级的兴起。市民社会是一个行动中的社会集团，它兴起于中世纪后期，其成员是构成第三等级的市民化的农民、城市市民和资产阶级，其中富裕农民、富裕市民和资产阶级是市民社会的核心力量。摩尔在评价该集团在西方民主革命中的作用时指出："这类革命的关键特征，是兴起了一个有着独立经济基础的社会集团，它摧毁了来自既往的对于民主资本主义的种种障碍。虽然城市中的工商业资产阶级提供了主要动力，但这还远非历史的全部内容。"①

第三等级兴起的前提，是西方独特的社会经济结构尤其是传统的产权

① ［美］巴林顿·摩尔：《民主和专制的社会起源》，拓夫等译，华夏出版社 1987 年版，第 4 页。

结构和产权保护制度。14 世纪以来，人们运用私产积累财富不受限制、所有经济资源均可在市场流通的商业原则，促使产权保护制度逐步走向成熟，封建经济日益瓦解，新的土地贵族、富裕农民和工商业资产阶级迅速成长起来。

中世纪后期西欧国家农村的变化，主要表现在富裕农民规模扩大和商业原则普及两个方面。这种现象的出现，得益于10—14 世纪西欧农村普遍存在的产权保护制度，以及农奴转化为自由农所释放出来的巨大生产力，由于富裕农民的地产和牲畜成倍增加，剩余产品比率大幅度上升，从而促进了农业产品的商品化、地租的货币化、自由劳动力的增长和土地的自由买卖，这一切又导致农村的新兴地主成为独立的个体，使他们摆脱了与国王的封建依附关系。富裕农民和新兴地主是第三等级的基本力量，他们的形成为立宪主义的实现增添了动力。

但是，仅有农村富裕农民和新兴地主，没有城市市民和工商业资产阶级，第三等级就没有领导力量，就缺少了灵魂，就不可能实现议会民主和立宪主义。西欧第三等级形成的关键，在于新的经济形态、政治形态和思想形态的产生，并造就了城市市民和资产阶级，而城市市民和资产阶级的发展壮大，又使其所代表的新的经济、政治和思想形态取代了传统的经济、政治和思想形态。这种新的经济形态，是在中世纪后期的农业社会内部逐渐发展起来的工商业经济；新的政治形态，是商业文明所带来的代议制政治、民族国家的兴起和统治权力的世俗化；新的思想形态，则是与新的经济、政治形态相适应的立宪主义思想体系。正是因为它们的产生和发展，才形成了立宪主义所调整和保护的公共财产、公共权力、个体自由、人权价值观等范畴体系。

当然，第三等级的形成过程，也是利益关系、阶级力量对比关系发展变化的过程。在中世纪后期，随着商业发展、城市兴起和市民社会形成，抑制王权的力量开始由贵族和教士阶层向逐渐形成中的第三等级转移，因为贵族和教士阶层的存在，虽然是避免王权专制、导致立宪主义首先在西方产生的必要条件，但它们所造成的封建义务、人身依附关系和权力割据，却不利于商品经济体制的形成，阻碍了按商业规则运行的农业和工商业的发展。中世纪后期，富裕起来的农民、城市市民和王权结盟，联合打击贵族和教士势力，这是西方市民社会向立宪主义迈进的第一步。而国王为了削弱封建主的势力，获得新的赋税来源，也热心于建立新城市，庇护逃亡农奴，保护农民利益，受理农民的上诉，向富裕农民授予或出卖贵族爵位，为反抗贵族特权的城市提供保护，向有产者举债，授予富裕的工商业者贵族爵位，等等。王权与农民和市民结盟，增强了农民、市民和国王的经济实力，削弱了封建主的势力，封建庄园急剧下降，加上通货膨胀因素，许多旧贵族债台高筑，以至于破产。据统计，从16世纪中叶到17世纪初，63个贵族平均年收入降低26%，每个贵族平均拥有庄园数由54个减少到39个。[①] 教士阶层的衰落，在英国源于亨利八世大规模没收教产，迫使教士退出议会上院，建立国王控制的国教；在法国则源于世俗社会对教会特权和教士奢侈生活的抨击，以及教士内部贫富分化及纷争所带来的教士声誉扫地。

在旧贵族衰落、第三等级兴起的过程中，国王的势力一时得到加强，英国都铎王朝时期、法国路易十四时期，都出现了王权专制，但西欧并未因此而最终陷入专制主义统治之下，原因就是第三等级继承了限制王权的历史传统，填补了旧贵族退出后留下的政治真空。

在欧洲革命发生前的一个世纪里，英国人口增加了1倍，净收入增加了近3倍，伦敦成为全国贸易、制造业中心和欧洲最大的资本化都市，查理后期的工业规模比亨利八世时高出7—8倍。法国大革命前的80年里，人口增长了44.4%，工业产量增长近60%；在大革命前的60年中，外贸增长了4倍，而且有了稳定的顺差。[②] 工商业的发展带来了经济繁荣，造就了由富裕农民、市民、工商业者、资产阶级化的乡绅和骑士构成的对社会具有决定性影响的纳税人集团，由于他们拥有共同的利益和价值观念，是政治、司法和军事活动的共同参与者，因此在他们中形成了共同体意识。在民族国家和理性化的国家制度形成过程中，因为具有共同的利益和价值诉求，而逐渐发展为利益共同体、政治共同体和文化共同体，他们被称为“第三等级”，是市民阶级的前身，也是立宪主义的实践者和主要推动者。

（2）第三等级与王权的合作和对抗。第三等级与王权合作和对抗的过程，也是第三等级向市民阶级演化的过程。中世纪后期，刚刚出现的第

---

① 侯建新：《社会转型时期的西欧和中国》，济南出版社2001年版，第189页。

② ［英］佩里·安德森：《绝对主义国家的系谱》，刘北成、龚晓庄译，上海人民出版社2001年版，第106、136页。

三等级，与国王有着共同利益基础，因此，二者在一定时期内进行了有条件的合作，但二者根本利益不同，所以合作是暂时的，斗争是必然的。

第三等级的兴起与商品经济的发展密不可分，与王权给予的有条件的支持具有一定关系，所以它更像一个商品化的社会政治集团，最终目标是建立统一的自由市场和人权保障制度。对于他们来说，当时实现这一目标的最大障碍，是普遍存在的封建等级制和教俗贵族等割据势力。而当时的国王在教会和贵族势力的制约和打压下，权势卑微，经济拮据，名实不符，所以，铲除教会和贵族势力，强化王权，建立君主专制的国家制度，恢复秩序，增加财税收入，是其竭力追求的目标，而影响其实现这一目标的障碍，同样是封建等级制和教俗贵族割据势力。眼前的共同敌人，使第三等级和国王暂时结合在了一起。但由于国王与第三等级的根本利益和最终目标存在冲突，当眼前的共同利益实现之后，二者发生对立和斗争是不可避免的。

国王建立君主专制的行动，一是通过宣扬主权理论和君权神授思想，制造君权至上的理论依据，打击教会势力，建立王权控制的国教，从教皇手中夺回主教任命权，使王权取得了高于教皇权力的优越地位；二是通过取消贵族特权，建立国王控制的行政系统，任命官僚队伍，建立国王常备军，实行中央集权；三是通过扶持新贵族、保护农民、市民和工商者，取消封建义务，扩大税收来源；四是制定成文法，统一司法制度，建立统一的国内自由市场。这些措施既在一定程度上保护了富裕农民、市民、工商业者和资产阶级的利益，同时也强化了王权、妨碍甚至侵害了人权的进一步发展。

英国君主专制和国家制度的理性化进程，始于16世纪的亨利七世。其具体措施，一是逐步建立由国王控制、以枢密院为核心的官僚机构，通过严格的选官制度和治安官监督，强化王权对地方的控制，将原有的国会变为王权专制的工具。二是建立统一的司法体制，运用星室法庭强化对贵族的最高特殊审判权，将原有政务法院性质的法庭变为王室镇压叛乱和分裂活动的工具，取消地方领主的自治权和司法权，以国王名义向地方派出巡回法官，依照先例原则开展审判活动。

法国君主专制和国家制度理性化进程与英国有所不同。17世纪建立了以国王主持的小型最高会议为国家最高行政机构的体制。1661年路易十四亲政之后，国王集王室权威和行政权于一身，取消与国王对抗的贵族法院，各类王室法庭和省三级会议成为驯服的工具，城市自治受到限制；通过任命职位不可取消、不可买卖，由中小贵族担任的司法、警察、财政总监等常设官员，实现了国王对地方的控制。建立国王常备军，也是法王加强君主专制、巩固官僚机构的重要举措，路易十四晚期建立了30万人的常备军。除此之外，法王还以罗马法及其精神统一国家司法制度，利用罗马法强调君主在法律上具有绝对的最高权力，私有财产神圣不可侵犯，打击贵族势力，削弱贵族特权，争取第三等级支持，挑选精通罗马法的律师担任行政官员。通过这些措施的实施，法王换取了第三等级与王权的合作，有力地巩固了王权和官僚政治制度。

第三等级之所以与王权合作，更多地出于对自身利益的考虑。因为在混乱纷争的中世纪晚期和近代早期，与国王结盟，由国王充当自己的保护伞，对于打击封建等级势力，消除等级特权，实现个人身份平等，建构理性化的官僚制国家机器，促进政治的合法化，维护国内和平，恢复社会秩序，制定统一和公正的法律，推行对外扩张，保护私人财产，发展对外贸易，扩大自身权利等，都是有利的。但在第三等级与王权合作、削弱了割据势力、推翻了贵族等级制度、建立了国内统一的自由市场以后，第三等级所追求的自身利益和自由权利并未实现，双方因终极目标不同而固有的裂痕逐渐凸显。构成第三等级的富裕农民、市民、律师、报人、工商业者和资产阶级化的贵族，在相互交往和密切合作中渐渐地融合为具有“相似的经济关系（商品经济关系）、相近的社会意识（个人权利的觉醒）和共同的集体行动（参与国家政治）的阶级，即市民阶级，整个社会也因此形成具有相对文化同一性的均匀化社会”。① 在近代君主专制代替中世纪封建特权和等级制度、第三等级转化为市民阶级以后，反对中世纪神权政治和等级制度的斗争，又立即转化为市民阶级反对君主专制、保障人权的斗争。

（3）市民阶级革命。君主专制代替贵族专制基本上是历史自然演进的过程，而立宪主义代替君主专制，则经历了艰难的革命过程，且后者是通过政治上的市民阶级革命和经济上、技术上的工业革命才完成的。从两次革命的关系来看，前者为后者提供了有效的制度基础，后者则是对前者

① 刘守刚：《西方立宪主义的历史基础》，山东人民出版社2005年版，第338页。

成果的扩张和深化。

市民阶级革命以17世纪的英国革命、18世纪的法国革命为代表，是市民阶级在农民和下层市民帮助下，推翻君主专制，夺取国家权力，大规模重建经济、政治和社会制度，兼具破坏和建设的政治行为。在17—18世纪，英国和法国之所以发生市民阶级革命，主要是因为君主制度的建立，不但没有减轻市民阶级的经济负担，反而加重了其财税负担；君主权力不但不受法律制约，反而构成了对市民阶级人身自由和安全的新的威胁；专制王权不但没有彻底消灭封建主义，反而通过出售贵族爵位、授予恩惠等形式，制造了新的贵族和封建关系。例如在法国，路易十四之后不仅没有进行理性化的政体改革，甚至没有建立统一的财税和关税体系，法典及地方行政机构也没实现统一。这种状况自然威胁到了市民阶级的人身自由安全和经济、政治利益。而近代社会早期，市民社会的成熟和市民阶级的形成，进一步推动了市民阶级的共同体意识和权利意识的觉醒，加之出版业、教育、通信的普及，市民团体和活动场所迅猛增长，大众挫折感加深，攻击性增强，这就与人民合理的要求受到压制、合法的民意表达手段匮乏形成了巨大反差，从而把他们逼上了革命道路。

第一，英国。英国最早发生革命和实现立宪主义的原因，一是因为英国工商业发达，市民阶级力量比较强大，并以纳税为条件，较早参与政治而受到了政治训练；二是英国国会具有较高地位和较大权力，具有代表市民阶级利益、凝聚民众力量的重要功能；三是英国国王没有常备军和完备的行政官僚系统，不具备足以压制市民阶级的力量。尤其英国国会，自16世纪20年代以后，下院未领骑士称号的乡绅和市民代表人数迅速增加，地位大幅度提升，政府议案多由其创议。都铎王朝时期，“王在议会”原则的确立，提高了国会的政治功能和权威，并开始萌生议会至上精神，使企图撇开国会、实行王权专制的斯图亚特王朝的两位君主难以有所作为。在宗教领域，市民阶级和依靠土地商业化经营起家的新贵族联合在一起，他们以加尔文教为武器，反对国教和国王的天主教倾向。在农村，反对圈地运动的国王，遭到了按照商业原则经营土地的新贵族和城市市民的联合反对，而因圈地运动失去土地的农民，因国王保护不力也对其不满，并因此站到了国王的对立面。至17世纪上半叶，英国社会已布满了燃烧王权专制的火柴，国会则成为代表新生社会力量、凝聚各方面势力、反对王权专制的政治核心。

当试图撇开国会，实行君主专制的斯图亚特王朝国王，为了解决财政困难，增加税收，试图于1628年3月再次召开国会时，已经掌握国家经济实力的市民阶级代表，以税收为代价向国王提出了《权利请愿书》，规定了不经国会同意，不得强迫人民缴纳税赋；不以法律不得逮捕关押人犯或剥夺其财产；不得以军事戒严令任意逮捕公民等权利要求。在国王无诚意实施该法律的情况下，国会进一步制定了输入天主教、任意征收赋税、未经国会同意自愿缴纳吨税和磅税者为国民公敌的严厉制裁措施。1630年，因查理一世发出对未出席国王加冕仪式的骑士处以罚款的命令，要求王室古代曾有产权的林地使用者补缴重税，而激起了相关中小地主和大贵族的愤怒；变本加厉地迫害清教徒，导致宗教矛盾激化，甚至激起了苏格兰人的武装反抗。

1641年4月，因与苏格兰作战失利，查理一世又企图通过召开国会筹集税款引起下院强烈不满。国会通过对国王大臣斯特拉福判决死刑的形式，确立了自己至高无上的地位。该次会议通过的《三年法案》《关于吨税和磅税的法案》，做出了至少每三年召开一次国会、废除国王终身征税特权、废除星室法庭和其他特权法庭等规定。但国王并不承认社会发展所带来的权力结构的巨大变化，因而采取了错误的行动。1642年1月4日，查理一世带兵闯入下院企图逮捕反对派议员，此举激起伦敦市民强烈抗议，王党议员也脱离议会，出现代表市民阶级的议员独占议会的局面。自此之后，因国王逃跑，国会只得以自己的名义制定和发布法令，并组织了国会军队。1645年10月，国会军队战胜国王军队。1649年1月4日的下院会议，通过了人民主权原则及下院为国家最高权力机关的重要决议，①1月30日查理一世被处决。从此，英国实现了古代宪政向近代宪政的历史性飞跃。

但英国宪政的发展并不是一帆风顺的。1652年4月，议会被解散，克伦威尔军事独裁政府成立。该政府虽然推行了一系列消灭封建关系和封建势力、鼓励和支持发展资本主义商品经济的政策，却不能消除因社会剧烈动荡而造成的各阶级之间的紧张关系，无法解决因权力交替所带来的政治稳定问题。社会发展需要稳定，民众期盼政治稳定，市民阶级为了自身

---

① 阎照祥：《英国政治制度史》，人民出版社1999年版，第163页。

利益也要求稳定，所以，1660 年 5 月，当查理二世承诺信教自由、尊重现有产权关系等条件后，在国内人民的普遍支持下，王政和国会被同时恢复。为防止国王像革命前那样任意拖延召开国会，1644 年国会又重申《三年法案》；1679 年 5 月又通过《人身保护法》，以防止国王和大臣们侵害人权。这一时期，市民阶级力量逐渐壮大，政治进程渐渐加快，并产生了反对或支持政府的辉格党和托利党。政党政治的引入，促进了议会政治的发展，也标志着市民社会的形成。但在查理二世之后，詹姆斯二世又试图恢复王权专制和天主教，因此引发了 1688 年的光荣革命，这次革命再次确认了议会至上的地位和权威。1689 年 12 月 16 日，议会通过《权利法案》，规定未经议会同意或允许，国王不得停止法律或法律实施，不得征税、不得招募或维持常备军以及不得限制议员应受保护的自由权利。1701 年的《王位继承法》规定：议会拥有议立新君的权力；非经两院奏请，国王不得免除终身任职的法官的职务；国家一切法律及条例，非经议会通过均属无效等。1707 年之后，国王不再行使议会立法否决权。

英国是一个社会矛盾极其复杂的国家，英国人也是一个具有妥协精神的民族。极具宪政色彩的《权利法案》，“按其形式来看，是英国国会请来即位的奥伦治亲王与国会之间的一种类似于协议的规定。但在这里，议会是作为英国政治统一体的代表而出现的。权利法案包含 13 个针对王权滥用的条款。这些条款类似于近代意义上的宪法法规，因为政治统一体的概念已经非常明确，议会与国王之间的协议肯定没有建构统一体，而是预设了统一体；在此过程中，议会作为统一体的代表而出现”。[①]《王位继承法》不仅赋予议会限制王权的职权，而且扩大了自身权力。以上立法对于立宪主义进程的贡献，一是确认了国会的权威及人民主权所在的位置，使市民阶级掌握了国家最高权力，地方政府则被乡绅和土地贵族所控制；二是由于宪政改革巩固了人权和产权保护制度，引发了 18—19 世纪上半叶的工业革命，使英国迅速成为近代世界经济、政治、文化和军事强国，并对全球经济政治进程产生了深远影响。

第二，法国。大革命以前是法国经济上最繁荣的时期，但全国处处迸发出不满情绪，原因是造就经济繁荣的第三等级仅仅占有全国三分之一的

① ［德］卡尔·施密特：《宪法学说》，刘锋译，上海人民出版社 2005 年版，第 54 页。

土地，却承担着向国王纳税、向领主缴纳封建地租、向教会缴纳什一税的沉重负担，而且没有参政权力。因此，他们对享受免税权和政治特权的贵族以及庇护贵族的王权心怀不满，他们虽然可以花钱购买爵位和官职，对国王却不肯言听计从，旧贵族们也不满意国王独断专行。在宗教领域，天主教徒反对国王对新教徒的宽容，而新教徒又从未从国王那里得到自由。赞助法国文人和哲学家们的国王和贵族，推动了启蒙运动在法国的蓬勃发展，但也助长了反对专制的公共舆论。在市民阶级推动下，民众的不满情绪升华为反对君主专制政体的强大力量。只要历史能够为这股力量提供宣泄的舞台，它就可以转化为改变历史的洪流。重大历史事件的发生，或许是一种机缘巧合。由于与英国长期处于敌对状态，波旁王朝选择了支持美国独立战争的立场，庞大的军费开支形成了巨额财政赤字。为填补财政亏空，路易十六不得不于 1789 年 5 月 5 日，召开废止实行了 175 年的三级会议。国王采取的鼓励第三等级纳税、削弱贵族势力的措施，为市民阶级提供了凝聚力量的场所，但也因此为国王和贵族挖掘了坟墓。5 月 28 日，第三等级的代表邀请僧侣和倾向于平民的贵族代表组成议会，6 月 17 日，第三等级代表又单独组成国民议会，由于第三等级人多势众，僧侣中的多数代表和 47 名贵族代表也被裹入了国民议会。从此，法国近代议会正式产生。

国民议会的主要职能是通过立法限制王权。6 月 20 日，议会代表宣誓制定法兰西宪法，得到群情激愤的巴黎人民的积极响应。他们以自发选举巴黎市政府、攻占巴士底狱的武装起义方式，支持国民议会，使国民议会约束王权的制宪行动和巴黎人民反对王权的革命斗争紧密结合起来。在巴黎市民的带动下，法国各地群情激昂，纷纷建立国民自卫军，举行武装起义，以民众自发的革命行为，实现了国家权力由君主专制向市民阶级的民主宪政转变。8 月 26 日，国民议会发布了震撼和影响世界的《人和公民的权利宣言》，这一宣言实现了由英国开启的从保护产权到保护人权的立宪主义目标。

自 7 月 14 日巴黎市民攻占巴士底狱到 1790 年 6 月，巴黎市民和国民议会采取了一系列铲除封建体制，捍卫人民主权的措施。1791 年 6 月 20—25 日发生国王试图逃跑事件，完全堵塞了法国实行君主立宪的道路。同年 9 月 29 日，法国颁布了废除封建制度、实行人民主权、建立代议制政府、保障人权的第一部宪法。但由于贵族势力图谋恢复特权制度、教会阴谋夺回被没收的财产、路易十六不肯与国民议会合作，1792 年 8 月 10 日，巴黎民众再次起义，法国革命陷入暴力恐怖之中，国王被囚禁，大批盗贼、妓女、牧师、贵族和政治犯被枪杀。9 月 20 日国民公会成立，宣布废除王政，实行共和。1793 年 1 月 21 日国王被处死，同年 6 月的巴黎起义，推翻了国民公会中主张实行立宪主义的吉伦特党，法国陷入了革命狂热和无政府状态。

法国革命后的无政府状态，为拿破仑军事独裁的建立提供了契机。法国的社会结构、政治传统和人文精神与英国有所区别，它没有英国那样强大的市民阶级，没有英国那种可以凝聚第三等级力量的议会，缺乏具有政治智慧、政治经验的领导者，构成市民阶级主体的大部分人思想比较绝对和激进。由于缺乏渐进的政治传统、政治经验、政治意识的历练和积累，在外国势力干预下，1814 年 4 月出现了波旁王朝复辟，人民主权原则和人权保障制度没有确立起来，国会没有取得相对于国王的优势地位，所以随后又爆发了几场革命，直至 19 世纪下半叶才确立了国会的地位和人权保障制度。法国的政治社会变革表明，它已超越了旧的时代，王朝可以复辟，旧制度却不能复活，复辟的路易十八只得承认通过大革命确立的代议制政府原则，只得接受立宪君主制，只得承认经大革命形成的私有财产关系以及经《拿破仑法典》确认的政治法律秩序。托克维尔曾热情地赞扬大革命“通过一番痉挛式的痛苦努力，直截了当、大刀阔斧、毫无顾忌地突然间便完成了需要自身一点一滴地、长时间才能成就的事业。这就是大革命的业绩”。① 如果没有大革命的外力冲击，法国社会变革的力量只是在旧制度框架内一点一滴地积累，新的政治社会形态就难以破茧而出。

第三，美国。美国立宪主义制度的建立是资产阶级直接推动的结果，体现了资本主义自由原则。美国是经过独立战争，一跃而成为资产阶级立宪主义国家的。独立前的北美殖民地社会结构比较简单，作为没有等级制和封建制的殖民地，不存在封建压迫和宗教压迫。从外部关系来看，英国殖民者与殖民地人民之间的矛盾，是北美殖民地的主要社会矛盾；殖民地内部的社会矛盾，如阶级矛盾、种族矛盾等，尚未构成影响创建美国立宪主义制度的最紧迫、最现实的问题。美国的立宪主义实践，在很大程度上

---

① ［法］托克维尔：《旧制度与大革命》，冯棠译，商务印书馆 1997 年版，第 60 页。

是英国传统和法国理念的结合，是美国有产阶级和共和国的缔造者们，结合美国社会现实，借鉴欧洲各种政治理念，预测未来政治发展，精心设计的理想与现实相统一的产物。正像杰斐逊所说："我们得到了一处祭坛，在这里我们将写上我们意欲的东西"，"我们没机会去查阅那些发霉的历史纪录，也没有机会使用半野蛮的祖先的法律和制度"。[①] 很显然，美国社会没有英国制度中的阶级、爵位和等级差别那些沉重的身份符号，自然无须顾及和释放来自历史包袱的压力，而是径直建立了资产阶级民主宪政。

立宪主义实践表明，市民阶级的经济社会基础及其功能的强化始终是近代西欧政治社会变迁和立宪主义实现的基本动力。市民阶级之所以具有创造历史的伟大作用，是由该阶级的经济利益、社会地位、政治性格和文化心理结构等因素决定的。没有市民阶级，就没有欧洲的宪政，而立宪主义政府的建立及其职能变化，也是在市民阶级推动下，适应社会政治变迁的结果。在市民社会和政府的二元结构中，没有市民阶级首先推动变革，旧政府往往不会主动地和自觉地改革旧的政府制度。因为旧社会既得利益阶层的利益完全是由旧制度和旧秩序来保障的。近代市民阶级的自身利益和政治要求，只有通过社会政治变革才能实现；没有社会政治变革，他们的利益就不可能通过建立新的制度确定下来。所以，市民社会希望建立代表自己利益和要求的政府，而在实际政治运行中，政府与市民社会的诉愿总是存在差别，导致二者之间始终存在张力；但市民阶级利益的实现，又要求将二者之间的张力限制在合理的范围之内，即必须在二者利益交叉或共同利益的基础上，保持相互之间必要的合作关系，否则，二者就会发生分裂并形成激烈对抗关系。如果二者在价值目标上冲突过甚，市民社会和政治国家就会处于动荡或动乱之中，其结果不是产生乌托邦主义，就是出现新的暴政。所以，市民社会和政府双方只有相互制约并保持合作关系，才能有效地构建立宪主义制度和政治秩序。

保持市民社会和政府之间张力与合作关系的途径，是在二者交叉或共同利益基础之上，构建公正的产权制度及相互包容的政治形态和观念形态，促使市民阶级和政府确立共同的立宪主义理念。欧美国家先后把民主

---

① ［美］摩根：《制定者们失去的世界》，［美］肯尼斯·W. 汤普森编：《宪法的政治理论》，张志铭译，生活·读书·新知三联书店 1997 年版。

引入立宪主义范畴，建立民主国家和民主政府，是截至目前解决市民社会与政府冲突的最有效的制度保障。

在近代以来的政治生活中，民主的价值在于可以促使人民和政府共同发挥建设立宪主义国家的能动性。人民的能动性不仅表现为基于维护自身利益而积极参与政治，谨慎地选择为自己服务的政府，而且享有依照法定程序撤换不称职政府的权力，使政府成为自己驯服的工具。政府的能动性则是人民的能动性的派生物，是迫于政治、法律和道德责任而产生的。政府应该清楚人民的利益所在，知道自己怎样做才最有利于保障人民的根本利益。在立宪主义条件下，国家机构和政府部门是基于人民授权和对民主的敬畏，依据分权和合作原则，行使行政、立法和司法权力，履行人民赋予的经济、政治、文化、法律、社会和军事职能，履行管理国家事务的权力和职责，不是任意地或随心所欲地行使手中权力。所以，民主制度的确立和引入，促进了立宪主义政治主体和权利主体的不断扩大，保证了立宪主义政治功能的有效发挥，欧美各国代议制民主的建立已经证明了这一点。

（4）法律变革对政治革命成果的确认和矫正。历史上任何一次政治革命都会引发法律变革，但政治革命和法律变革是两个不同层次的范畴。政治革命以破坏旧秩序、建立新秩序为特征，法律变革则以确认新秩序、保护新秩序，调整旧的社会关系，促进社会和谐、实现个人幸福为目的。政治革命是短暂的，法律变革则是长期的历史过程。

过去，人们常把政治革命胜利后制定的宪法和法律看作是对革命成果的确认，这种认识的合理性已经被历史进程所证明。但是，如果人们的认识仅仅停留在这一点上，也还是不全面和非理性的。因为任何一次政治革命所确立的政治社会秩序，都是革命的直接结果，具有维护特定社会关系的过渡性特征。我们承认，政治革命对法律变革具有直接推动作用，法律变革具有确认、巩固革命成果的功效。西方学者在分析11—12世纪教皇革命对法律变革的影响时也曾说过：它“使一个独立的、自主的教会国家和一个独立的、自主的教会法体系首次形成”，“也使各种不具有教会职能的政治实体和各种非教会的法律秩序首次形成”。[①] 教皇革命直接导

---

① ［美］哈罗德·伯尔曼：《法律与革命》，贺卫方等译，中国大百科全书出版社1993年版，第331页。

致了封建法、商业法、庄园法、城市法和王室法等世俗法律体系的形成。但是，我们也认为，法律变革或新的法律制度的建立，从来不是局限于确认和巩固革命的成果。法律既要确认经革命形成的新的社会关系和政治秩序，也要引导现实社会关系和政治秩序中的不合理因素向理性化方向发展。因为革命的目标、内容、规模、程序、后果等因素和环节，不是革命爆发前能够准确预设的，革命理想总与革命的实际过程、实际状况存在出入或脱节。将革命中的偶发因素所造成的后果作为普遍经验和规律，并用法律形式加以确认和巩固，显然有悖于公理和正义。

欧洲 17—18 世纪的市民阶级革命引发了法律变革，形成宪法统领下的、公法与私法明确划分的民事、刑事和行政法律自成一体的法律体系。而且专门调整公民权利与政府权力关系的宪法的产生，改变了完全依赖神意、自然法、社会契约等抽象理念或不断变化的阶级力量来约束王权或政府权力，使社会政治的运行长期处于不确定、不稳定状态的现象，减少了人为因素和偶然因素对经济、政治和社会生活的影响，将国家范畴的个体生活、社会生活、经济生活和政治生活引入了可以预期和能够依法调整的运行轨道。宪法所承载的正义理念成为塑造政府形象、指导社会生活和国家生活的最高原则。用以调整现实的经济、政治和社会关系的一切实在法的立法和修改，都遵循宪法所承载的正义理念或立宪主义精神来进行。当某次政治革命所确认的特定的经济、政治和社会关系，随着历史的自然演进而变为束缚社会继续发展的或不合时宜的因素时，即使原有法律对它们已经予以确认和保护，也须依照宪法和法律正义理念和精神，予以废除或修正。

17—18 世纪，在立宪主义哲学影响下制定的民法、刑法、行政法等部门法律，是近代市民阶级革命引起的法律变革的成果。而随着 19 世纪及其以后商品经济、市场经济、市民社会的继续发展，西方国家的经济、政治和社会关系进一步变化，经过市民阶级革命确立的经济、政治和社会秩序，需要进一步进行调整和重新确认。但以暴力形式作为调整各种社会关系手段的负面效应也反映出来。社会良俗及人们遵守社会良俗的习惯，并不是通过一次政治革命所能确立起来的，而是社会长期演化积累的结果。一蹴而就的感性经验，往往难以经受得住历史和正义理性的检验。19 世纪末 20 世纪初期，近代西方宪法和法律向现代宪法和法律的转型，并不是再次爆发政治革命的结果，而是适应社会发展的法律变迁过程的反映，体现了法律变革较之政治革命所具有的理性化的特征。而法律变革的理性化是对政治革命的飞跃性所带来的社会理想化、社会调控手段情绪化等缺陷的补充和矫正。因此，基于社会发展的历史经验而形成的宪法和法律体系，是检控社会生活和国家生活，使它们朝着人性化、理性化、规范化方向发展的更加稳定、更可预期的制度性规范。

（二）近代西方立宪主体对宪政进程的推动

在西方国家，虽然中世纪就有宪政元素产生，但真正的宪政是和资本主义商品经济关系、资产阶级市民社会的形成紧密联系在一起的。没有资本主义商品经济，没有资产阶级市民社会，就没有西方宪政。近代西方宪政的发起者和推动者，是在商品经济和市民社会基础上产生的资产阶级及其政党。

西方国家的商品经济为什么能够发展为资本主义经济？西方市民社会为什么能够发展成为资产阶级市民社会？资产阶级为什么热衷于宪政，为什么能够推动宪政变革走向成功？这一系列“为什么”为什么不能在近代中国发生？

对于这些问题，我们必须到中西方不同的历史传统、近代社会经济关系和政治关系当中去寻找答案。历史传统当中包含着一切现实的根源，政治领域的事物也不例外。从古至今，政治的核心问题始终是权利即权力和利益问题，政治参与者实现自己权利的途径是掌握国家权力，并使权力配置和运行符合自己的意志和利益。资产阶级产生以前，西方国家政治社会结构处于分裂状态，在政治社会领域存在着教会、贵族和国王三股势力之间的尖锐矛盾。教会不仅在自己领地行使行政权和司法权，而且在国家意识形态领域也行使统治权。贵族统治着自己的领地，并在国家经济领域占据优势。国王的权力不是绝对的，为了维护自己的权威，他甚至经常发动打击贵族和教会的战争。自由农民“被战争和掠夺弄得破产，不得不去寻求新贵族或教会的保护”，“不过这种保护使他们不得不付出很高的代价”。[①] 商品经济和新生市场主体的发展受到贵族、教会和王权的多重压制，但贵族、教会和国王的利益又都与市场和商品贸易密不可分，这也为商品经济发展预留了空间，使商品经济的发展凸显了向资本主义商品经济

---

① 《马克思恩格斯选集》（第4卷），人民出版社1995年版，第154页。

飞跃的趋势。中世纪晚期出现的市民社会也迅速向资产阶级市民社会转化，进而为资本主义生产关系的形成和发展奠定了经济和组织基础，资产阶级随即在中世纪经济社会关系中产生和成长起来。

有意思的是，自从国家产生以来，就出现了以阶级斗争、阶级关系为核心的政治和政治关系，而政治关系的变动和发展，始终以权力和利益的实现及其扩张为焦点。原始社会末期，随着氏族部落内部剩余财产的出现，氏族部落首领利用管理氏族部落事务的便利，把氏族部落的剩余财产变为自己的财产。“这样，在制度中便加入了一个全新的因素——私有财产”,[①] 原始的公有制逐渐被私有制所取代。私有制的产生和发展奠定了阶级和国家产生的物质基础，并推动了人类第一个阶级社会——奴隶社会的产生，人类社会第一次出现了两个互相对立的阶级——奴隶主和奴隶、剥削者和被剥削者。在奴隶社会，奴隶和土地是奴隶主的主要财富，作为财富——奴隶可以在奴隶主之间互相赠送和买卖，奴隶制国家的实力以拥有奴隶、军队和军事装备、土地、城池的数量和规模为表征，奴隶主之间的战争通常是为了争夺奴隶、土地和城池而发生的。但奴隶社会的政治关系，不仅表现为奴隶主之间的关系，更表现为奴隶主与奴隶之间的压迫与反对压迫的斗争。在奴隶社会，奴隶主可以任意买卖、处治和宰割奴隶，奴隶阶级为争取生存，过上人的生活，多次发动起义，但都被奴隶主阶级镇压下去了。在奴隶社会的阶级关系中，奴隶阶级被奴役的地位的改变，并非完全取决于奴隶反抗奴隶主阶级的斗争。但是，如果没有奴隶反对奴隶主压迫的斗争，奴隶永远不会获得人身自由，奴隶主阶级也不可能自觉调整奴隶社会的政治关系。

奴隶社会向封建社会的转变起因于生产力的发展要求突破旧的生产关系束缚的需要。奴隶主阶级向地主阶级转化、奴隶向农奴和自由农转化的过程还伴随着农业和手工业的分工。在这种社会分工的基础上，逐渐“创造了一个不再从事生产而只从事产品交换的阶级——商人”,[②] 这在一定程度上满足了由奴隶主或因战功转化来的地主阶级实现自己更大利益、维护新的政治秩序的需要。但商业经济关系的发展、商人阶级的产生和壮大，不是封建制度和地主阶级的福音。商品经济自始就形成了与地主经济

---

① 《马克思恩格斯选集》（第4卷），人民出版社1995年版，第114页。

② 同上书，第166页。

的对立关系，商人阶级与封建贵族始终存在着利益冲突，而用来调整这种阶级对立关系的工具就是国家。不管是奴隶制国家、封建制国家还是现代的代议制国家，都“是从控制阶级对立的需要中产生的，由于它同时又是在这些阶级的冲突中产生的，所以，它照例是最强大的、在经济上占统治地位的阶级的国家，这个阶级借助于国家而在政治上也成为占统治地位的阶级，因而获得了镇压和剥削被压迫阶级的新手段”。而且“在历史上的多数国家当中，公民的权利是按照财产状况分级规定的，这直接宣告国家是有产阶级用来防御无产阶级的组织”。①

但在传统社会中，畜牧业和农业时代缺乏资本积累的冲动，忽视生产力发展，不重视科学发明和技术创新。在与农业社会顺天应时的特点相适应的政治国家里，统治者最为关注的是如何强化国家政治职能和统治能力。这种国家在政治体制及其运行机制上需要实行集权专制。所以，奴隶制国家和封建国家始终是压制新的经济、政治和社会因素产生及发展的残暴工具。这也是简单商品生产要经过漫长的奴隶社会和封建社会才能发展成为复杂的商品生产的根本原因。在传统社会向现代社会转型过程中，由商人、工场手工业主演化来的商业资本家和工业资本家，一旦发展成有组织的力量，就成为否定传统社会、传统国家和传统政治的社会阶级。资产阶级的经济特征就是追求资本最大化，政治特征则是要求保障本阶级自由个性的发展，所以“在它的不到一百年的阶级统治中所创造的生产力，比过去一切世代创造的全部生产力还要多，还要大”。② 它与历史上的奴隶主阶级以及地主阶级的政治品性完全不同，它反对一切个人独裁专制的国家形态和政府形式，要求建立与其追求资本最大化及自由个性的发展相适应的资产阶级民主国家和责任政府，这也正是资产阶级在近代西方国家成为宪政改革的积极推动者的根本原因。

西方资产阶级宪政实践再次表明，政治的本质就是社会各阶级的利益关系及各阶级满足自己利益需求的实现方式，而政治革命和政治改良是各阶级实现自身利益和意志的两条基本途径。各阶级的价值诉求或政治变革的经济成果往往通过变革所有制确定下来，正如恩格斯所指出的：“迄今的一切革命，都是为了保护一种所有制以反对另一种所有制的革命。它们

① 《马克思恩格斯选集》（第4卷），人民出版社1995年版，第172、173页。

② 《马克思恩格斯选集》（第1卷），人民出版社1995年版，第277页。

如果不侵犯另一种所有制，便不能保护这一种所有制。”①

但是，在资产阶级产生以前，奴隶社会和封建社会的被统治阶级反对统治阶级的斗争都是不成功的。只有在商品经济关系中孕育和成长起来的资产阶级，才懂得动员和组织整个市民社会的力量，并在冲破传统社会各种关系对自己束缚的漫长斗争中，确立了宪政民主的一系列理念，最终创立了资产阶级所有制和资产阶级民主制度。近代西方国家的资产阶级，之所以能够在宪政变革中充当设计者和领导者，是由其在经济社会关系中的强势地位及独立性格决定的。资产阶级逐渐形成的强大的经济社会地位和对封建专制政治的排斥，源于它的成长经历及其所代表的生产关系。资产阶级是由商人、市民阶层和贵族发展或转化来的。在中世纪后期，贵族一直是主张权利、反抗王权的主要力量，英国贵族不惜以暴力反对国王横征暴敛，逼迫其签订《自由大宪章》，是他们强烈的权利意识和追求独立自由的政治品格的展现。大宪章虽然算不上真正法律意义上的宪法，也不是保护所有人的权利证书，但其对后来欧洲各国宪政改革和现代宪法的诞生所产生的影响是不能低估的。中世纪的英国贵族不是一个纯粹的食利阶级，他们不仅经营土地，一些人还因在工商领域进行投资，而转化为资产阶级化的贵族。当这些人与商人、资本家共同把资本的习性带入政治领域，并按照自己的价值诉愿改造国家政治的时候，英国政治关系的变化也就完全朝着有产阶级设定的方向和目标迈进了。《自由大宪章》问世之后的几个世纪里，英国还产生了一系列限制王权、保障公民权利的宪法性文献，但英国公民的权利，绝对不是依靠几个法律文件作保障的，如果没有国家强制力作为后盾，任何人的权利都是不可靠的。在中世纪后期的英国，真正在国家政治生活中发挥作用的机构是议会，议会是贵族和自由民与国王分享权力的场所，在资产阶级革命以后，它成为人民主权的所在地。在关涉英国政治的所有元素中，贵族和议会的作用是最不应该忽视的。英国贵族有独立的经济资源和财富做屏障，因此是独立的政治势力，在经济上和政治上都不受制于王权。后来的资产阶级继承和发展了贵族的这种特性，而且其经济势力和占有财富的规模远远超过传统贵族，它更是利用议会作平台，积极推动宪政改革。从1215年签订《自由大宪章》到

① 《马克思恩格斯选集》(第4卷)，人民出版社1995年版，第113页。

1688年光荣革命，英国商人、资产阶级化的贵族和市民阶级与王权斗争了近五百年，才最终建立了资产阶级宪政制度，英国才成为资产阶级宪政国家。

其他西方国家启动资产阶级宪政进程的时间晚于英国。在中世纪法国的社会结构中，贵族缺少独立性，对王权的依附性强，政治上保守，甚至和国王结盟，反对资产阶级政治变革，但法国在资产阶级革命之前，至少在拿破仑时代就开始了资本主义化的进程，并在市民社会内部产生了资产阶级。由于贵族和王权结合，封建势力比较强大，法国资产阶级革命十分艰难和曲折，屡屡出现王朝复辟。经过一百多年的斗争，资产阶级革命才取得成功，资产阶级宪政制度才确定下来。美国没有经历过封建社会，资产阶级经过独立战争，直接在殖民地基础上建立了自己的政权，不过，美国宪政制度最充分地体现了资产阶级启蒙思想家的三权分立思想。这一切表明，西方宪政实践的过程非常漫长，资产阶级是宪政进程的起动者和一贯的推动者，没有资产阶级的积极推动和长期不懈的努力，资产阶级宪政制度就不可能建立起来。

二、近代中国立宪主体与宪政进程的关系

近代中国宪政变革不是中国社会自然演进的产物。在近代中国，发动和参与宪政变革的“政治主体”,[①] 不是特定的阶级或特定的政治派别，而是多数社会阶级和它们的政治代表都卷入了宪政变革，这些社会阶级或政治派别因利益诉求和政治理念不同，对宪政的认识存在很大差异。在中国近代不同历史阶段，因经济结构和政治结构的变化，先后出现了清朝政府立宪派、资产阶级改良派、资产阶级革命派、国民党右派、国民党左派、各种社会主义者、资产阶级民主派，等等。他们的阶级立场不同，政治主张各异，都参与了立宪运动。很显然，近代中国的立宪主体，成分比较复杂，当政者和在野派当中都有主张实行宪政的，甚至程度不同地参与了立宪运动。

---

① 西方国家推动或参与宪政改革的社会阶级基本是固定和一贯的，主要包括有资本主义倾向的贵族和近代资产阶级；而近代中国推动或参与宪政改革的社会阶级是变化的，除农民阶级之外，其他社会阶级的政治代表几乎都提出过宪政主张，反映了中国社会关系、政治关系的不成熟性、不稳定性和复杂性。

西方国家与近代中国的情况有较大差别。西方国家的资产阶级启蒙思想家是宪政的设计者。整个资产阶级都是宪政的推动者和最重要的宪政主体。他们具有雄厚的经济基础和强大的经济实力，政治上独立并受过长期政治斗争磨炼，具有丰富的政治经验，进行政治变革的思想理论准备工作做得充分，有自己系统完备的政治文化，具有领导资产阶级宪政改革走向成功所需要的经济、政治、文化和其他一切条件。近代中国资产阶级则不具备这些特点。它是在半殖民地半封建社会的环境中产生的，不完全是中国社会自然发展的产物；在经济上无法摆脱外国资本主义和本国封建主义的束缚，经济基础薄弱，经济势力弱小，对外国资本主义和本国封建主义有很大的依附性；缺乏政治斗争经验，没有形成反映本阶级利益、适合宪政改革需要的系统的政治文化，所以，在中国社会关系和政治关系中始终没有占据主导地位，不具备领导近代中国政治变革走向成功的资格和物质、精神等方面的条件。

例如，在中国近代史上，资产阶级始终要求按照本阶级的利益和意志改造中国社会，为实现本阶级的政治愿景，资产阶级的不同阶层先后发动和领导了戊戌变法、辛亥革命、新文化运动和民主宪政运动。

戊戌变法是中国资产阶级登上政治舞台的显著标志，是资产阶级上层发动和领导的效仿日本明治维新、推动中国政治由传统向现代转型的政治改良运动。在戊戌变法期间，康有为、梁启超、严复等人深刻地批判了封建制度，提出了设立议会、限制过重的皇权等主张。他们相信：通过政治改良的方式，就可以改变中国封建专制制度，建立资本主义君主立宪制度。但是，当时的中国普通民众和上层社会均缺乏对政治改良运动的认知，在新旧政治势力严重失衡的情况下，改良派要求设立议会、限制君权、扩大资产阶级权利的梦想被封建势力彻底粉碎了。

时隔 13 年之后，中国的政治变革由君主立宪阶段发展为民主革命阶段。戊戌变法被镇压以后，资产阶级彻底看清了清朝政府的政治面目，他们不再对清政府主导的宪政改革抱任何幻想，清醒地认识到立宪派提倡的渐进的温和的改良道路不可能改变中国的政治现实，也无法挽救国家危亡，中国的政治变革必须以全新的资产阶级理论为指导，效仿法美，实行彻底的民主革命，建立资产阶级宪政制度。相应的，推进政治变革的政治主体已经由戊戌变法时期具有封建思想因素的资产阶级上层转变为辛亥革命时期倾心于西方民主政治的资产阶级中下层。中国的政治变革由此踏上了真正近代意义上的资产阶级民主革命征程。

但是，在20世纪初期，经过维新运动和辛亥革命洗礼的中国，政治走势仍不确定，封建势力仍十分强大，政治复古事件时有发生。存在这些现象显然与以下因素密切相关，即资产阶级作为中国最年轻的社会阶级，所代表的资本主义生产关系仍很脆弱，在政治上不成熟，缺乏政治斗争经验；资产阶级自由民主理念不能成为多数国民追求的价值目标，中国人数最多的社会主体——农民阶级仍然处于中古时期的茫然状态，不清楚自己所处的历史方位，不具备早就现代国家所需要的现代公民意识，不懂得如何争取国家主人的地位。这些因素引起了启发国人反封建之蒙的新文化运动的发生。

新文化运动的主旨是批判封建文化，宣传资本主义文化，启发国民心智，造就现代国民，为建立资产阶级民主政治扫除精神障碍，营造适应政治变革的文化氛围。然而，这场具有历史进步意义的思想解放运动并没有取得预期效果。其根本原因在于，资本主义价值理念与中国传统的经济、政治、法律、伦理及社会关系存在严重冲突，在近代中国的传播过程中遭到了传统社会势力的顽强抵抗和诋毁，不能与中国固有文化相融合。

国民党南京政府建立以后，中国的政治社会变革不但没有沿着戊戌维新以来的历史发展轨迹运行，反而在政治上、思想文化上都发生了倒退现象。从戊戌变法、辛亥革命、新文化运动、社会主义运动等政治变革或文化革命来看，否定封建政治传统和政治文化，解放国民思想，构建民主生活，是近代政治变革所彰显的历史进步的一条主线。而蒋介石掌控的南京政府建立以后，打断了历史演进的这条主线，蒋介石本人及其统治集团完全抛弃了国民革命的民主精神，明目张胆地提倡封建政治文化，把国民政府变成了个人独裁专制的工具，资产阶级也跟着蒋介石跑了。至此，近代中国政治变革的上层路线被蒋介石集团彻底终结了，政治变革的动力源泉又回到了社会底层，这也表明近代中国的社会上层甚至中间阶层都不会成为中国政治社会变革的中坚力量。

近代政治变革的历史表明，在半殖民地半封建的中国，处于统治地位的阶级及其政治集团，因为本身享有各种特权，已经习惯于特权政治，不可能真心实意地推行宪政改革，只有在社会矛盾极其尖锐而不得不采取妥协策略的情况下，才不情愿地搞点儿立宪活动，骨子里却根本反对实行宪政。晚清政府、北洋集团和蒋介石政府，虽然都搞过立宪活动，但政治形势一旦缓和，或在政治上站稳脚跟之后，它们就或者解散立宪机构，中止立宪；或者取消宪法，拖延宪政。在它们的统治之下，即使成立了议会，制定了宪法，也不可能真正实行宪政。所以它们不是近代中国政治社会变革的推动力量，而是抵制宪政改革的顽固势力。

工人阶级和农民阶级处于中国社会底层，是近代中国最期盼和要求政治变革的社会力量。在近代中国革命进程中，共产党代表工农大众的利益，适应社会发展潮流，领导新民主主义革命，创立工农民主政权，保障工农劳苦大众的权利，颁布了大量宪法性文件。但当时共产党立法活动的主旨，尚不是构建宪政国家或法治政府，而是服务于当时革命战争需要。而且在战争状态下，共产党领导的革命根据地时常遭到敌人围攻和蚕食，也不可能具备实施宪法所要求的和平环境。从工农民主政权的社会基础来看，工人阶级、农民阶级和小资产阶级是其社会基础，其中，工农两个阶级是它的最主要的社会基础。众所周知，农民阶级是中国传统社会的主要阶级之一，是中国传统文化的主要载体，长期受封建意识形态的浸染和束缚，即使受过近代社会变革的洗礼，也远远不具备实行宪政所需要的现代政治意识。近代中国工人阶级虽然最具组织性和革命性，但人数稀少，而且多数人出身农民，和农村联系密切，保持着农民的特点和习性。小资产阶级在政治上缺乏理性，容易狂躁和冲动，是一个极不稳定的社会阶级。所以，它们都难以自然地独立地担当起中国政治社会变革的历史重任。

在新民主主义革命过程中，共产党为了反对国民党的独裁统治，在和各民主党派共同发起的宪政运动的高潮时期，提出了新民主主义宪政概念，并进行了新民主主义政治实践。很显然，新民主主义宪政是一种从属性、过渡性的政治形态，因为新民主主义的发展前途是社会主义，新民主主义体系之中包含着许多非社会主义成分。共产党的政治目标是建立社会主义国家，她一贯主张用马克思主义武装全党和全国人民。马克思主义国家理论和民主学说，是指导共产党政治实践的行动指南。共产党领导的革命不可能停留在新民主主义革命阶段，而近代的宪政理论和宪政实践问题基本属于资产阶级宪政范畴，随着新民主主义革命的胜利，宪政问题被搁置也就在情理之中。

结　语

马克思主义认为：“历史不外是各个世代的依次交替。每一代都利用以前各代遗留下来的材料、资金和生产力；由于这个缘故，每一代一方面在完全改变了的环境下继续从事所继承的活动，另一方面又通过完全改变了的活动来变更旧的环境。”① 从世界史的角度来看，近代中国史是近代世界史的一个组成部分，近代世界各先进国家政治社会变革的成果，不可能不对近代中国政治社会变革产生影响。事实上，近代中国政治社会变革正是在比较、选择、借鉴、吸收乃至继承世界各发达国家政治理论、政治经验和政治模式的基础上进行的，离开了近代世界史的具体环境和国际关系，就无法正确理解和解释近代中国的政治社会变革。同样的，近代中国史也是中国历史自身的延续，近代中国政治社会变革是在自己政治社会的传统基础之上进行的，割裂中国传统政治、传统文化和传统社会与近代中国政治社会变革的关系，也不可能科学地解释近代中国各阶级及其政治派别在近代中国政治社会变革中的政治立场、政治态度、政治选择和政治命运。在近代中国政治社会变革中，不同社会阶级及其政治派别存在着利益冲突，因此在政治价值诉求和政治选择上存在不可调和的矛盾，但在现代国家政体模式选择上，都不同程度地受到了西方政治哲学——立宪主义的深刻影响。从西方政治文明发展史来看，立宪主义是在资本主义商品经济、民主政治、多元文化和市民社会基础上产生、发展起来的，是商品经济关系、多元政治和文化关系以及市民社会关系的产物。可以说，没有资本主义商品经济、民主理念、法治理念、自由主义思想文化和市民社会基础，就没有西方立宪主义。所以，西方立宪主义充分体现了西方政治文化的特征，它虽然具有合理性和可借鉴性，但也具有不可复制性。

---

① 《马克思恩格斯选集》（第1卷），人民出版社1995年版，第88页。

与西方立宪主义产生的经济、政治、文化和社会基础相比，近代中国虽然产生了一定规模的商品经济，传入了一些西方现代政治文化理念，政治社会结构发生了一些变化，东南沿海地区和个别城市甚至出现了市民社会组织的雏形，但基本上没有形成实行立宪主义所必需的商品经济基础和市民社会基础，没有真正形成促使本国文化传统和民族精神发生重大改变，以适应立宪主义改革所必需的文化氛围。近代中国立宪主体及其所代表的阶级，也没有能力营造政治社会变革所必需的经济社会基础、多元政治文化和现代民主、人权理念，这些状况与西方立宪主义国家构建过程中立宪主体及其所代表的社会阶级的状况迥然不同。近代中国社会总体上还弥漫着封建气息，国家是中古时的国家，官吏是中古时的官吏，民众是中古时的民众，文化基本是中古时的文化。只是在传统经济关系、政治社会关系的裂缝中和文化领域里闪烁着些许现代火花，并且仅有散落在社会上的少数被西化或接受了现代西方政治理念的政治精英和文化精英，真正信奉立宪主义，追求立宪主义政治，要求构建立宪主义国家。而他们倡导的立宪主义，都不过是用笔和墨在书本上勾画出来的理想政治蓝图，与改造中国社会现实的具体要求和民众的利益诉求相距甚远。那些积极推动立宪政治改革进程的资产阶级改良派和革命派，受到了来自封建既得利益集团的百般阻挠和破坏，难以遂愿。即使企盼政治社会变革，蕴藏着政治变革潜能的普通民众，也远不具备实行立宪政治所要求国民具备的政治文化素质。近代中国下层民众要求政治变革的动力，主要来源于对社会现实不公和经济剥削的事实的不满。他们基本是凭借对政治正义、社会公平的朴素情感和生存需要，被迫地或被动地参与政治社会变革的。所以，或者由于立宪者的扭曲，或者因为传统力量的制约，或者因为下层民众的政治惰性和缺乏现代公民素质，这些因素严重滞缓了近代政治社会变革进程。近代中国社会上层主导的立宪运动，留给后人的绝不是成功经验，而是沉重的历史缺憾。这些缺憾向世人诉说着中国政治社会变革的艰难。选择立宪主义道路，尽管反映了旧中国几代人的心路历程，但这一要求改变中国政治传统的变革，始终未被导入宪政倡导者们设计的轨道。因此，选择立宪主义道路虽然在近代中国具有政治进步性，也是当时融入世界民主政治潮流的大势所趋，却与近代中国基本国情不符，与中国历史文化和政治传统冲突太甚，所以不能成功。中国政治社会变革只能走符合自己国情的而非照搬西方式的道路，具体而言，就是沿着发展市场经济和文化教育，培养现代公民，建设法治社会、法治国家和法治政府，推进民主政治的路径，采用渐进与突破相结合的战略。在这个过程中，领导阶层必须担负起主要政治责任，坚持立足于本国实际，合理地吸收外国政治文明的优秀成果，自觉地站在引领和推进政治社会变革的前沿，敢于冲破传统政治惰性的束缚和既得利益集团的阻挠，以保障、扩大人民利益和构建公正社会为价值诉求，否则，由领导阶层主导的政治改革也可能被民众自发的政治革命所取代。

一、构建实施民主的政治基础

19 世纪下半叶至 20 世纪上半叶，中国之所以发生以民主为取向的政治变革，是因为中国初步形成了政治变革所需要的一定的经济、政治、文化和社会条件；而近代中国政治变革之所以遭受挫折甚至失败，则是因为催生近代中国政治变革的经济、政治、文化和社会基础还没有完全形成。所以，中国政治变革如欲取得完全成功，就必须同时具备以民主为取向的政治变革所必需的经济社会基础，政治制度环境和思想文化条件。这些基础、环境和条件的构成，对于实施民主政治有着不同层次的意义。资产阶级民主政治实践的经验证明，立宪主义首先产生于英国，是有着历史原因、经济原因、文化原因和社会原因的。中世纪中后期的英国，长期延续的重商传统终于使商品经济逐渐在国民经济中占据了主导地位。商品经济关系取代封建经济关系产生了两个后果。一是使生活在该经济关系中的所有人因为参与商品经济活动而成为社会网络的连接点，社会需求的多样性引起社会分工的复杂化和多样化，使人与人之间的社会交往日益频繁和密切。在商品经济条件下，由于个人抵御风险的能力微不足道，人与人之间、人对社会的依赖性空前增强，个人脱离了社会即无法生存，由此促使相同阶层、相同领域或相同行业具有相同利益或志趣的人结合在一起，人与人之间的结合产生了各式各样的社会组织。大量的社会组织是一个个相对独立而又不得不与其他组织或政治国家发生关系的利益有机体，它们在运行中需要确定协调自身内部关系的理念和准则，而人身安全和交易安全也需要将这种理念、准则扩展到调整它们与外部组织和政治国家的关系之中。于是，在人们的交往之中便形成了个人之间、个人与团体之间以及团体与团体之间的制约和合作意识。二是利益主体的多元化和利益关系的复杂化，产生了要求国家建立化解社会矛盾，减少、缓和利益冲突制度及协调机制的愿望。

而在现实中，国家权力掌控在强势社会阶级或阶层手中，成为他们谋取私利、掠夺其他社会成员的工具，这种状况常常使权力体系之外的社会成员迸发出强烈的不满和怨愤情绪，并日益激发和强化着他们的公民意识。公民意识在现实生活中表现为，公民把自己与国家的关系（即国家主人与国家权力执行者之间的主仆关系）定格为以自觉履行公民义务为条件，换取国家对自己承担保护的职责。他们自愿出让属于自己的部分权力，目的是换取政府对他们的合格的服务，政府一旦违背他们的意愿，他们则可以立即收回转让给政府的权力，另行选择更好的服务者组成政府。这种社会契约思想虽然萌芽于商品经济关系成熟之前，却在其取代封建经济关系之后迅速强化，发展成为西方立宪主义国家的社会意识。这种意识本身就是对政府权力的一种约束，是对当政者的一种经常的精神上的警示。它提醒当政者们要时刻注意履行职责、洁身自律，并警告那些敢于践踏公民权利和肆意妄为的人，一旦违背公意，必须对自己的行为承担不利后果。在这种社会氛围和舆情压力下，当政者必须有所顾忌。

民主政治的建立，仅有商品经济基础仍是不够的。专制集权的传统权力结构的解体，权力多元格局的形成以及由这种变化所带来的多元权力之间的相互制约因素的增长，对于促进权力分立及互相制衡的权力结构的形成，具有不可忽视的作用。在历史上，西方实行立宪主义的国家，几乎没有形成长期的绝对的王权统治，总有其他政治力量或社会力量形成对王权的制约，以保持政治结构的大体平衡。当然，中世纪的西欧，近千年间战争不断，给人民带来的灾难十分深重。但是，不管是贵族、教会与国王之间的战争，还是宗教战争，更多的是为了争夺“权力”，或捍卫、扩大自己习惯自由和权利的战争，不像同期东方封建专制主义国家，经常地表现为单纯争夺“王位”的战争或频繁的王朝更迭。而且参战各方经常不是一方消灭另一方，往往以权力在各参战方重新分配、利益格局获得重新调整而结束战争，最终形成国王、教会、贵族和平民各依其实力分配权力的政治格局。各个上层社会和市民社会的代表参与国事，互相之间形成事实上的制约关系。这种制约关系虽然在当时并没有以制度化的形态出现，也因各社会阶层的力量彼消此长、失去平衡，而经常被打破，但社会政治形态的发展和演化表明，西方特有的政治结构和社会结构，为西方资产阶级民主政治的构建提供了阶级力量，奠定了阶级基础。

西方民族性格对于立宪主义的产生也具有直接影响。西方文化形成于资产阶级民族国家建立以前，是塑造立宪主义政治的人文基础。它以个体为本位，以个体自由为诉求，尊重个体权利，提倡个性多样化，反对强权和集权专制，强调国家服务职能和政府责任，因此形成个人自由和权利优位的自由主义传统。自由主义传统是建构西方立宪主义政治模式的主要精神动力，是西方国家在立宪主义制度中将人权置于国家权力之先的主要原因。可以说，没有自由主义传统，就不会产生西方立宪主义。而西方人尤其是美国人喜结社团和热衷于社团生活的习性，无疑为传播和扩大自由主义影响提供了便利，并在其作用之下形成西方市民社会的组织性、自治性两个突出特征。大量社会自治组织的存在，无疑为个人意志的表达搭建了平台，形成比个人力量更能吸引世人或政府注意力，从而影响政府决策和社会行动的集体力量。这些就是催生西方资产阶级宪政体制的主要精神因素和社会因素。

相比之下，清末以来的近代中国，自然经济仍占统治地位，一家一户分散经营、自我封闭的生产方式没有根本变化，脆弱的商品经济处于封建主义和帝国主义的夹缝之中，不能发展壮大，无法产生和形成实施立宪政治的强大的经济基础和阶级力量。由于没有商品经济的充分发展，资产阶级和其他市民阶层的力量难以发展起来。由于受中国封建传统镇压结党和“君子不党”观念的影响，近代中国政党得以产生的经济基础、阶级基础和社会基础十分薄弱。

在封建主义长期摧残下，中国人的人权意识、民主意识、法治意识十分淡漠，无法形成具有广泛群众基础和影响力的大众化的现代政治文化。不仅清朝当政者以“规制未备，民智未开”为由拖延政治改革，即使像孙中山这样伟大的、以建立资产阶级民主宪政为职志的革命家也认为，已经习惯于当奴隶的中国人民，还不晓得争做主人，也不可能在短期内学会做主人，所以不能马上实行宪政，必须对他们进行民主训练，等待他们具备了管理国家的知识和能力之后，才可以实行宪政。他们没有认识到，现代公民只有在亲身参与政治实践的过程中才能历练出来。人民一旦在政治上获得解放，获得参政机会，不仅能够成为改造客观世界的强大物质力量，也完全可以将自己培养成为现代公民。由于过分低估人民的知识和能力，近代中国的资产阶级改良派和革命派，都不敢动员人民投身政治变革，只有共产党领导的新民主主义革命，才改变了这种局面。因此，不管是清朝政府还是其他立宪政治倡导者，都不具备实施立宪政治的社会基础和政治力量，始终没有能力对中国政治进行根本改革。在这种状况下，他们领导的宪政改革不可能取得成功。在近代中国，推翻封建统治，赶走外国侵略势力，争取国家独立和民族解放，扫清发展商品经济的各种障碍，发展文化教育，培育现代公民，为各类有益的社会组织的发展和成熟创造条件，建设民主国家和法治社会，才是争取政治变革取得成功并将这种变革推向新的发展阶段的必由之路。

二、确定符合本国实际的改革目标

在西方政治文明中，资产阶级保障自身权利和自由的诉求，是通过限制政府权力和分权制实现的。人们通常认为，凡是权力不受制约、权力运作不规范和人治盛行的地方，人权也是无保障的。西方立宪主义把保障人权作为首要价值，强调人权在其价值体系中的不可选择性，这是资产阶级价值理念的集中体现，是西方资产阶级政治文明的突出特征。但立宪主义被引入近代中国以后，无论是晚清政府、北洋政府，还是国民党政府，都没有把保障人权作为宪政改革的价值目标。为了维护自己的政治统治，或确认自己政权的合法性，它们任意曲解立宪主义，片面扩大立宪主义的功能性价值，把宪法变成了单一的确认政权合法性的工具。这固然与它们的阶级本性有关，但立宪主义价值的内在矛盾及其多样性，也为中国当政者维护自身统治提供了可供选择的余地。

当然，从西方立宪主义发展进程来看，资产阶级对立宪主义价值的选择，是与资产阶级民主政治的演变直接相关的，而且基本沿着由单一价值功能到多元价值功能，再到价值目标的路径演进。在立宪主义价值选择和立宪主义制度构建过程中，对立宪主义价值目标、价值功能和价值手段的选择，突出体现了资产阶级的利益和意志。但是，民主政治本身对于以维护资产阶级自由为核心的立宪主义，也形成了巨大冲击，所以在西方立宪主义国家，在劳动人民的斗争压力下，人权主体和人权范围也呈缓慢扩大趋势，立宪主义政治的发展，在价值取向上呈现出功能和目标逐渐统合的趋势。

就近代中国政治变革而言，不同的专制政府或资产阶级既然以立宪政治标榜自己主导的宪政改革，就应该以实现立宪主义价值、保证权利与权力的平衡为宗旨，不能因强调立宪的工具理性而丢掉其价值理性，更不能把它们的不同价值对立起来。虽然政治进程的阶段性和政治生活的复杂性为人们的价值选择提供了多种可能，但肆意扭曲自身本已偏私的价值体系，不仅背离了中国政治传统和政治趋势，也远离了资产阶级的政治诉求。这种借助现代政治文明的外衣，推行维护旧传统的政治变革，只能走向失败。

凡有政治常识的人都清楚，近代中国的政治问题，不可能通过以宪政为导向的政治变革来解决，因为半殖民地半封建社会的政治变革，不是一般地建构限权政体和保障人权问题，而首先是解决民族独立和政治民主问题。政体变革和保障人权的任务，只能通过融入民族、民主和社会革命的途径来整体解决。近代中国的政治环境、社会环境的特殊性，决定了其与西方国家的政治变革的性质、任务和道路的殊异性。例如，早在13世纪初期，以《自由大宪章》的签订为标志的英国宪政改革，目的是限制国王权力，保护贵族、中下级教士和骑士阶层的权利。但这种权利形态在当时英国社会中仅属于上流社会和部分市民的权利，即少数社会成员的权利，而不是全体国民的权利，是特权而非普遍人权。即使在英国资产阶级政权建立之后，当时语境下的人权，也仅指资产阶级或有产者的自由权利，无产者和其他下层人民并未包含在人权主体范畴之内。而且，享有政治权利和自由，需要一定的财产条件和知识背景，而这些条件也是广大下层人民所不具备的。所以，人权只是就相同社会阶层而言的，在当时的英国只是法律的或抽象的权利，对于多数下层民众而言，远不可能享受与上层社会同等的权利。到19世纪末20世纪初，英国才在工人运动、妇女解放运动和社会舆论的压力下，被迫通过立法取消了对于某些人权的性别歧视和财产限制，权利主体由有产者阶层缓慢地扩大到普通公民，但对于无产者和社会下层而言，财产权和政治权利仍然不是实际享有的实实在在的权利。

18世纪末19世纪初，在美国《独立宣言》和法国《人权宣言》发表的时候，资产阶级的自由和权利尚无保障，下层人民的权利更是无从谈起。同样，到19世纪末20世纪初，它们先后实现了法律上的人人平等，后来的美国取消了种族歧视政策，但国家权力由财阀垄断的事实依然没有改变。西方立宪主义国家所走过的道路，实施立宪主义的具体程序、步骤、方式存在很大差异，但也有相同之处，即通过建立资产阶级民族国家，由资产阶级控制政权，实现资产阶级人权，而后通过缓和阶级矛盾，调整社会关系，扩大人权主体范围，发展人权内涵，进而在法律制度上确立普遍人权，使下层民众的某些自由和权利逐渐得到一定程度的保障。然而，即使在当今，对西方国家所标榜的“人权”价值观，也需要作具体分析。作为社会的人，其实际享有人权的范围和程度，历来与其占有的经济、政治、文化和社会资源状况紧密相关。如果认为西方立宪主义确认的人权和自由，是所有人的现实的人权和自由，这显然与西方人权状况不符。立宪主义虽然首先产生于西方，但西方人从来没有将立宪主义原则全面、彻底、平等地贯彻到社会各个领域和各个阶层，如果忽略了这一点，就不可能抓住西方立宪主义的要害。

以上可知，在西方国家，不管资产阶级如何标榜人权，都不可能平等地保障所有人的自由和权利，更做不到保障下层人民的人权。因为随着西方资产阶级政权的建立和巩固，立宪主义被严重地意识形态化了。作为意识形态化的限权和人权理念，对于统治阶级具有实实在在的价值，对于普通民众则具有更多的欺骗性和虚伪性。但资产阶级政治文明较封建政治文明的进步性也是不可否认的。由于保障多数人的人权是国家安全、社会稳定的基础和前提，任何一个政权，不顾人民的生存和生活，只顾维护既得利益集团的权利，最终必然激起人民的怨愤和反抗。没有多数人的适当的自由和权利，任何特殊社会阶层的自由权利都是不安全的，运用政权的力量不可能长期压制人民争取生存、改善生活的愿望。少数人掌控的反民主、压制多数人人权的政权是不可能长久的。具体到近代中国，清朝政府、北洋政府和国民党政府推行的宪政改革，以维护统治集团的权力为目的，实行宪法工具主义，甚至“流放”了资产阶级宪政原则，名为立宪，实则借立宪之名，行巩固少数贵族特权之实。诚如载泽劝谏最高当政者时所言：立宪可保“皇位永固”“外患减轻”“内乱可弭”。这种宪政方针，与立宪主义原则不着边际，如此实行立宪政治，难怪当时的革命派和改良派都攻击其为“假立宪”了。由于清末立宪本质上属于“朝廷”立宪，并且背离立宪主义精神，即使真正制定了宪法，也难以实现真正的民主宪政，至于北洋政府时期的“安福国会”“贿选总统”“猪仔议员”之类，则更加扭曲了立宪主义。国民党的立宪活动，虽然没有遵循立宪主义原则，但民国时期政府形式的变化，表明其政府治理结构已经超越了传统政府形式，而其在大陆统治的迅速垮台则说明，走出帝制时代的中国，应该积极跟随世界民主潮流，否则就不能建立稳定、持久的现代国家政权。中国共产党实行的新民主主义宪政，既是近代中国政治变革的制度创新，也是一种过渡性的政治形态，但其内涵的社会主义民主因素，代表了中国未来的政治发展趋势。

三、探索适合本国国情的民主制度及其实现形式

一个国家选择何种政治模式，是由本国国情决定的。这里所说的国情因素包括经济状况、历史传统、制度环境、社会习俗、教育程度、文化水平、道德风尚、民族性格和国民素质状况，等等。这些因素都会影响一个国家的政治进程和政治模式的选择。

在西方政治发展史上，英国之所以选择议会主权模式，是其国内阶级关系和各种政治力量博弈的结果。中世纪后期的英国，国王、教会、封建贵族、新贵族和在商品经济中发展起来的资产阶级贵族，在社会经济结构中均占有重要地位。资产阶级革命以前，随着资本主义经济因素增长，新兴资产阶级的经济力量膨胀起来，打破了以往国王、贵族和教会“三分天下”的政治格局，但当时资产阶级所代表的资本主义经济还不能够取代国王经济、贵族经济和教会经济等封建经济，进而在政治上占绝对优势。因此，资产阶级通过与国王和贵族势力妥协，采取君主立宪形式，建立了与贵族分享政权、议会主权的立宪主义模式。但英国议会制度是变化发展的，议会的构成随着社会各阶级力量的变化不断改变，由于各种政治势力发展不平衡，资产阶级力量逐渐凸显，形成了先是贵族把持议会上院并控制内阁，资产阶级控制议会下院，进而把持议会并控制内阁的政治格局。随着市场经济体制的确立，资产阶级的力量不断壮大，逐渐全面控制了国家权力，最终实现了国家政权和意识形态的资本主义化，传统贵族势力作为一种政治力量逐渐退出了历史舞台。

在英国议会主权的立宪主义模式构建过程中，中世纪后期形成的市民阶级发挥了基础性作用。市民阶级对于解构传统政治国家、构建资产阶级民主国家之所以重要，是因为“市民社会的精髓，是个人有自由去决定自己的身份，去创造自己的人生，毋须在对专横的权力的恐惧中生活。市民社会是在架构上和思想上多元的社会，没有人或团体能垄断真理，社会秩序并非是神圣不可侵犯的，而是工具性的，社会中的团体是人们可自由

加入或退出的，政府是向人民负责的，其领导人是定期改选的”。[①] 这表明，市民阶级是按照自己的意志和利益需要而生活的，不仅排斥外在强制力的干扰，而且按照自己意志塑造政治国家和社会生活。所以，市民阶级是立宪主义产生的阶级动力，或许可以说，英国的立宪主义原则，如“法律至上”“议会主权”“国王不得为非”等，实际上是市民社会生活准则的政治化、国家化和制度化。

英国文化传统或民族特点，即遵守法律和习惯的传统，对于英国政治模式的构建也具有重要影响。基督教的“原罪说”、信仰主义和财富观与商品经济的结合，形成了宪法至上和平等、自由等权利观念，基督教的财富观（特别是新教伦理）极大地促进了资本主义扩大再生产的实现，并最终形成私有财产神圣不可侵犯的财产权观念。中世纪的基督教会对世俗立法权和司法权的侵入，使国王等世俗统治者习惯于主要行使行政权，确立了立法权和司法权相对独立的观念，为分权学说的产生提供了现实基础。古罗马文化的复兴又使波利比阿和西塞罗的分权学说得到传承，为分权理念的生成提供了历史和心理的基础。[②] 凡此种种，一种客观存在的必然导致议会主权产生的经济、政治、文化、社会和民族性格，以及市民阶级的形成及其政治运动，没有理由不产生他们所要求的政治模式。

美国在继承母语国文化和反对殖民化的同时获得独立，建立了三权分立的资产阶级宪政国家。美国是西方唯一没有经历过封建社会而直接建立资本主义制度的国家。在其获得独立之前，资本主义经济已经获得北美殖民地主要经济形态的地位，其社会阶级构成已经是资产阶级独大的局面。在此前提下，资产阶级显然有能力依据本阶级的利益和意志，设计国家权力结构及其运作机制。由于美国独立以前已经存在各州实行宪法的事实，积累了行宪的经验，所以其独立之后，创建怎样的国家政体，如何配置中央权力、划分中央与地方的权限，如何处理国家权力与公民权利的关系，为共和国的缔造者们提供了许多可供参照的经验。由于美国国内矛盾不像其母语国——英国那样复杂，其政体选择直接适应了资本主义经济扩张的

① 梁治平编：《国家、市场、社会：当代中国的法律与发展》，中国政法大学出版社 2006 年版，第 35 页。

② 程乃胜：《基督教文化与近代西方宪政理念》，法律出版社 2007 年版，第 33 页。

需要，适应了美国的社会风俗，径直建立了以总统制、三权分立制为特征的资产阶级民主制度，资产阶级独大的局面，使当政者无须顾忌或受制于各种复杂的社会阶级的利益平衡要求。

中国近代国情既不同于17—18世纪的英国，也不同于18世纪末19世纪初的美国，甚至不同于19世纪中后期的日本。中国既不能走美国资产阶级民主宪政之路，也不能走英国、日本君主立宪之路。中国国情的特点是，社会经济依然以一家一户的自然经济为主体，国家主权不独立、不完整，封建势力强大，专制集权思想和封建意识形态统治着国家生活、社会生活和个人生活的方方面面；商品经济在国民经济中的比重增长缓慢，资产阶级的力量十分脆弱，国民没有政治参与的经验和习惯。在这种情况下，中国面临的政治变革的首要任务，不是构建立宪主义制度，而是争取国家独立和人民主权，并在此基础上将它们二者有机结合起来。同时，必须对封建势力和封建主义影响的严重性保持清醒认识，必须投入必要的时间和精力，彻底清除封建主义遗毒，进而创造实行民主制度所必需的经济、政治、文化和社会条件，建立与民主国家要求相适应的政治体制及其运作机制，并在立法上规制权力的分配和运作，然后才能真正建立起体现人民主权的现代民主国家。而要在近代中国完成这样艰巨的历史任务，至少需要正确解决四个方面的矛盾：一是传统的自然经济、外国资本主义经济、官僚资本主义经济同民族资本主义经济之间的经济矛盾。二是帝国主义、官僚资产阶级同人民大众之间、地主阶级同农民阶级之间、资产阶级同工人阶级之间以及它们相互之间的阶级矛盾。三是西方文化同本国传统文化之间以及资本主义文化同封建主义文化之间的矛盾。四是新民主主义文化及其转化形态与中国传统文化以及资本主主义文化之间的矛盾。正确解决这些矛盾的关键是必须找到一条符合当时中国国情的经济、政治、文化和社会发展道路。这条道路只有更先进的阶级才能找到，在经历了资产阶级领导的民主革命之后，由马克思主义武装起来的中国共产党找到了这条道路。这条道路可以表述为：坚持工人阶级的先进的政治领导，依靠广大民众，推翻帝国主义、封建主义和官僚资本主义统治，争取国家独立和人民主权，发展和解放生产力，建设积极向上的大众化的先进文化，培育健康的和理性的现代公民，坚持真正保障人民的人权的新民主主义政治道路，并逐渐地向社会主义民主政治过渡。

四、培养与现代政治生活要求相适应的理性公民

在一定意义上，社会和国家的现代化首先是人的现代化。没有现代理性公民，就没有社会和国家的现代化。公民素质尤其公民的思维方式、行为方式是关系到能否实行民主政治、实行什么样的民主政治以及如何实行民主政治的关键要素。人的思想和思维方式决定人的行为方式。人对客观事物的认识要经过感性认识和理性认识两个紧密衔接而又不同的阶段，感性认识是对客观事物表象的认识，是认识的初级阶段，是理性认识的基础和前提；理性认识是对感性认识的升华，是对客观事物内在联系即本质的认识，是对客观事物发展规律的全面把握，是认识的高级阶段。与认识发展的两个阶段、两种形态相联系，思维方式分为感性经验思维和理性抽象思维两种方式。在认识论上，感性经验思维的特点主要表现为对客观事物或历史经验的感知，是一种表象思维。这种思维重视经验，不追求建立脱离感性经验的绝对知识，而是以经验为基础筹划未来、确定自己的行为及其方式，属于显性思维，具有守成性。理性抽象思维是对感性经验思维的超越和升华，它以经验材料为基础，强调对事物的内在联系即本质的把握，追求建立绝对知识体系，强调理性对人的行为及其方式的指导，其优点是有利于克服感性经验思维的盲从性，但也容易导致对人的藐视。对于这两种思维方式，应该综合它们的优点，克服它们的缺陷，构建综合性、创新型的思维方式，以取代单一性的思维。否则，任何单一性思维方式的应用都将对国家、社会、人生及生态发展带来某些不平衡或不利影响。

思维方式是衡量公民理性状况的重要尺度，也是近代以来制约中国政治社会变革的重要精神因素。从近代政治社会变革来看，由于主导政治革新的某些阶级、政治力量缺乏创新意识和创新能力，在非西方环境下抄袭只有在西方环境下才能形成的政治经验，模仿西方民主模式的现象大行其道，所以未能在中国建立起真正的民主政治。

在近代中国，西方文明一经传入，就产生了中西文化冲突问题。这种冲突不只是后人所归纳的“以集体为本位”和“以个体为本位”或“重义”和“重利”之间的两种本体论、价值观和人权观的冲突，更是两种文化的最核心部分即“感性经验思维”与“理性抽象思维”两种思维方式的冲突。在两种文化的冲突中，由于西方文明尤其先进的物质文明和中国落后的物质文明之间的落差比较明显，使人们不得不正视西方文明的价

值和优势。在对待西方文明和本土文明的态度及处理二者关系的思想方法上，形成了表现形式各异，而在本质上同属于表象思维或感性经验思维的思维方式：一是以洋务派后期首领张之洞概括的“中学为体，西学为用”为代表，其影响甚巨，成为很多人处理中西文化关系的准则；二是以“国情特殊论”为代表，其影响久远，成为后来不少人盲目排斥西方文明的借口，也往往成为一些人拒绝借鉴外来先进事物和改革自己传统的理由。这两种处理本土文明和外来文明关系的思维方式或思想方法，显然不应该成为理性公民所应具有的精神品格。

在清末立宪中，无论是主张立宪者还是反对立宪者，都看到了中国国情的特殊性，或要求缓行立宪政治，或干脆反对立宪政治。例如，主张立宪的载泽在奏折中指陈清政府适宜实行预备立宪的理由时说：“中国数千年来，一切制度、文物……与各立宪国相合之制度，可以即取而用之者，实不甚多”，若贸然“仿各国之宪法而制定、颁布之，则上无此制度，下无此习惯，仍不知宪法为何物，而举国上下无奉行此宪法之能力。一旦得此，则将举国上下扰乱无章，如群儿之戏舞，国事紊乱不治，且有甚于今日。是立宪不足以得安，而或反以得危矣”。[①] 所以中国应该实行预备立宪，而不是马上立宪。反对立宪者则以中外“政治之不同”“宗教俗尚之各异”、中国“民智未开，议员未设，人民程度优劣之悬殊”为由，认为中国不适宜实行立宪政治，也不具备实行立宪政治的条件，不能贸然改变自己传统的治国理念和方式。他们煞有介事地说：“政无新旧，惟顺乎民情，学无中西，惟求诸实事”，[②] 似乎中国固有的一切文物制度都优越于近代西方文明，而且它们是立国之根本、民族之精粹，全然合乎国情民俗和本民族传统，不能有丝毫改变。

他们不了解立宪主义的来龙去脉，断定清末立宪风潮的来临，是少数别有用心的人兴风作浪所致，攻击议会政治是“上下互相劫制之道，竞争之祸愈烈，荼毒之害愈深”；蔑视宪政制度的设计，“其谋甚拙，其势甚险”；无视清末立宪为时势变迁使然，反诬其为“初由一二留学生敛钱设社研究，起发于上海，报馆助之，乃渐渍于学堂。袁世凯与铁良不合，

① 《东方杂志》1906 年第 3 卷第 13 期。

② 故宫博物院明清档案部编：《清末筹备立宪档案史料》，中华书局 1979 年版，第 107—110 页。

欲藉是以倾政府，端方以维新自豪，欲藉是以要时誉，两奸比谋，渐达天听。二三浮薄希宠之徒，如吴廷燮、张一麐、杨度等，相与鼓煽其间，五大臣归自海邦，皆知有隙可乘，遂一发而不可收拾”，[①] 等等。从这些不痛不痒、不着边际的庸俗之见中可以看出，清朝君臣以及整个官僚系统多以抱守祖宗遗留下来的陈规陋习为业，已经丧失了理性和政治敏感性，完全没有了顺应时势、与时俱进、革除时弊、创立新政的勇气和精神；从中还可以看出，封建统治阶级上层的因循守旧、顽固僵化、过分信赖和沉溺于自己历史传统的感性经验思维方式，已经成为中国政治变革的严重精神障碍。

孙中山等资产阶级革命派在创立民国、设计民主政府的理想蓝图时，表现出前所未有的政治勇气，但在涉及实现其所追求的政治目标的具体途径和政策措施时，尤其对实现与其政治理想相关的国情条件和国民素质的认识上，也受到了感性经验思维定式的束缚，即过于推崇西方的政治经验和民主模式。清政府以“规制未备，民智未开”为由，在社会舆论的强烈压力下，才勉强许以实行“预备立宪”；资产阶级革命派则提出“以党建国”“以党治国”“党在国上”[②] 的控权主体拓展了的“君权至上”原则，当然，这里所说的“以党治国不是用本党的党员治国，是用本党的主义治国”。[③] 但是，孙中山为什么主张“党治”和“党在国上”呢？难道这符合近代政治理念和民主潮流吗？其背后隐藏着怎样的玄机？恐怕这些问题与他们对国情、民情的认识及中国政治传统仍然有着直接关系。

孙中山认为，建立共和国，实行五权宪法，需要经过三个时期：“第一为军政时期，第二为训政时期，第三为宪政时期”。孙中山关于训政时期的设计和认识内含着不可忽视的消极因素，他以中国人民长期生活在旧制度之中，对于民主政治不习惯为由，否定了革命政权建立后迅速推行民主政治的可能性。他说：“中国奴制已行了数千年之久，所以民国虽然有了九年，一般人民还不晓得自己去站那主人的地位。我们现在没有别法，只好用些强制手段，迫着他来做主人，教他练习练习”，又说：“共和国

① 故宫博物院明清档案部编：《清末筹备立宪档案史料》，中华书局 1979 年版，第 345—347 页。

② 《孙中山全集》（第 9 卷），中华书局 1986 年版，第 103—104、122 页。

③ 《孙中山全集》（第 8 卷），中华书局 1986 年版，第 282 页。

皇帝就是人民，以五千年被压作奴隶的人民，一旦抬他作皇帝定然是不会作的，所以我们革命党人应当来教训他。”[①] 孙中山的这些言论，代表着当时革命派对人民的力量和能力的普遍看法。这些思想对后世也有消极影响，南京国民政府长期利用“训政”理论，以党代政，以党包政，党政一体，实行“党治”，实质是借故推行人治，大搞独裁专制，践踏民主和人权。而且这种从民族习惯和民族精神的角度判断人民政治能力与实行民主政治的关系的思维定式，早在鸦片战争之前的地主阶级改良派的政治判断中就已露端倪，资产阶级改良派和清朝宪政大臣们都对此作过明确表述。不同时期、不同阶级甚至持不同政见者对某些国情因素对中国政治变革影响竟持如此相同的态度，恐怕只能到中国政治传统和文化传统的感性经验思维中去寻找答案了。

为了把以上问题说得更加清楚，不妨再回顾一下近代中国思想领域的变化。辛亥革命时期，人们对西方资产阶级政治学说虽然已经相当了解，民主、自由、人权理念已在知识界广为传播，尤其到了新文化运动时期，在中国近邻——俄国发生了社会主义革命，世界政治进程出现了马克思主义的影响迅速扩大、中国民主革命和社会改造运动发生转向的情况下，一些反对用新思想、新观念对中国社会实行根本改造的人，仍然以“国情”“民情”特殊为由，反对新思想的传播，反对彻底改造中国的旧传统、旧制度，抵制中国政治和文化转型。

1920 年 11—12 月，基尔特社会主义者张东荪发表《由内地旅行而得之又一教训》和《现在与将来》的长篇文章，挑起了“关于社会主义的论战”。他认为社会主义不适用于中国，中国应该走资本主义道路，原因在于“社会主义之传播与实现，不能不以劳动阶级为运动之主体，劳动阶级不存在之国家，欲社会主义之实现，其道无由”。在中国“除了交通埠头因为有少数工厂才有工人以外，简直是没有”，而这少数工人尚不能自觉，“直不能有何势力”；中国农民虽多，但“大抵蠢然一物，较原始人所差无几”，以此情形去宣传社会主义，没有接受对象，“真正的劳农革命决不会发生，而伪的劳农革命恐怕难免”，其结果“不过在已有的许多内乱上再添一个内乱罢了”。依张东荪的看法，“救中国只有一条路，

① 张磊：《孙中山思想研究》，中华书局 1981 年版，第 97 页。

一言以蔽之，就是增加富力。而增加富力就是开发实业”。“实业之兴办，虽不限于资本主义，然不以资本主义之方法，决不能竞存于现在经济制度之下”；而“社会主义所以不能实现于中国者，其总原因在于无劳动阶级”。依这些论点，不仅取消了中国的社会主义革命，也否定了在中国建立无产阶级政党的可能性，因为“党是代表那阶级的，若他背后没有阶级必不成立，中国现在离劳动阶级的完成与自觉尚早”。[①] 所以，在中国成立工人阶级革命政党的条件是不具备的。

面对基尔特社会主义者的诘难，早期马克思主义者的回答是：“按资本生产制，一面固然增加财富，一面却增加贫乏”，“只顾增加物质文明，却不讲适当方法去分配物质文明，使多数人都能享受物质文明的幸福，结果物质文明还是归少数人垄断，多数人仍旧得不着人的生活”。他们强调：“资本主义虽然在欧洲、美洲、日本也能够发达教育及工业，同时却把欧洲、日本之社会弄成贪鄙、欺诈、刻薄、没有良心了”，“幸而中国此时才创造教育、工业，在资本制度还未发达的时候，正好用社会主义来发展教育及工业，免得走欧美、日本底错路”。[②] 可想而知，如果当年的社会主义者按照基尔特社会主义者的思维行事，听信他们的主张和逻辑，接受其对中国国情、社情和阶级形势的分析，放弃社会主义的宣传和革命斗争，放弃创建无产阶级政党的活动，不是以自己特有的政治勇气和创新精神积极开拓，不畏艰险，创造条件，促进革命形势的发展，以后中国的历史势必要改写了。

以上情况是值得深思的，因为在中国每遇到经济、政治或社会重大变革的时候，总有人站出来以国情特殊为由，凭借历史经验和传统习惯，或阻扰、反对变革，或抱以懒惰无为、投机取巧、蹑手蹑脚、不求进取的心态对待变革，或不顾国情、不依事物内在的本质要求促进变革，到头来只是敷衍塞责、朝令夕改、不负责任、得过且过。如果我们仅以经济因素和政治因素为由解释这种现象，而不触及民族习性和传统文化中的感性经验思维，不将传统思维改造成为开放的、具有内在创新动力的综合性的理性抽象思维，或者说，“不摆脱感性经验事物，上升到真正抽象的高度来思

---

① 沙健孙主编：《中国共产党通史》（第 1 卷），湖南教育出版社 1995 年版，第 327—329 页。

② 陈独秀：《关于社会主义的讨论》，《新青年》1920 年第 8 卷第 4 号。

考”，并“建立起真正的抽象思维”①，而仅凭经验、凭感觉确定具有战略性的发展目标和任务，并以此设计执行程序，很容易导致目标多变和程序不确定。抽象理性思维的特点是，关注历史事物与现实事物的联系，强调面向未来，强调人的主体性的发挥，以满足人的需求为诉求来创立科学体系，以实现对现实的改造作为满足人的欲求的途径。这种思维可以用公式表述为：“是什么——应该是什么”，它所关注的焦点不是历史经验，而是人们从历史经验中得到哪些回报和伤害，如何使人性从历史经验中解放出来，以便进一步实现和提升人的价值，因此，它是一种理性思维，是现代公民应该具备的文化品性。感性经验思维的特点是强调历史和现实的关系，关注事物的成因，珍视感性经验，力求从经验中发现历史发展逻辑，在此基础上构建经验思维体系。这种思维可以用公式表述为：“是什么——为什么”。思维方式决定行为方式，思维方式不同，将导致人们对政治事务、社会事物的态度不同，对政治社会变革的认识和参与方式不同，对构建国家与社会关系模式的影响不同。重视经验的感性思维，容易引导人们向后看，容易导致追求事物的单纯性和完美性的理想主义，容易演化为极端化的思维方式。只有超越感性思维，在尊重历史、吸收传统文化的合理因素、理性对待人类政治文明的优秀成果，积极推动文化创新的基础上，树立批判性的抽象理性思维的主导地位，才能把传统文化改造成为充满生机和活力的面向未来的现代文化，才能造就构建现代社会和现代国家所需要的理性公民，进而推动社会和国家的现代化。具体而言，就是说民主政治建设目标的实现，要求公民必须具备理性、守法和参与意识，而培养现代理性公民，也就是培养具有理性，能够担当，具有较高政治素质、文化素质和法律意识的公民。

① 方朝晖：《关于东西方思维差异的两个试验》，《光明日报》2010年10月27日。

参考文献

中文著作

1. 《马克思恩格斯选集》第1—4卷，人民出版社1995年版。

2. 《马克思恩格斯文集》第1—10卷，人民出版社2009年版。

3. 《毛泽东选集》第1—4卷，人民出版社1991年版。

4. 《刘少奇选集》下卷，人民出版社1985年版。

5. 习近平：《在纪念毛泽东同志诞辰120周年座谈会上的讲话》，2013年12月6日。

6. 习近平：《在首都各界纪念现行宪法颁布30周年大会上的讲话》，2012年12月4日。

7. 魏新柏：《孙中山著作选编》（上、中、下），中华书局，2011年版。

8. 《胡适全集》（第21、22、24、31、32、33卷），安徽教育出版社2003年版。

9. ［英］迈克尔·奥克肖特、特里·纳尔丁、卢克·奥沙利文：《政治思想史》，泰传安译，上海财经大学出版社2012年版。

10. ［美］唐纳德·坦嫩鲍姆、戴维·舒尔茨：《观念的发明者——西方政治哲学导论》，叶颖译，北京大学出版社2008年版。

11. ［古希腊］柏拉图：《理想国》，郭斌和、张竹明译，商务印书馆1986年版。

12. ［古希腊］柏拉图：《法律篇》，张智仁、何勤华译，上海人民出版社2001年版。

13. ［古希腊］亚里士多德：《政治学》，吴寿彭译，商务印书馆1965年版。

14. ［古罗马］西塞罗：《国家篇　法律篇》，沈叔平、苏力译，商务印书馆 1999 年版。

15. ［意］阿奎那：《阿奎那政治著作选》，马清槐译，商务印书馆 1982 年版。

16. ［意］马基雅维利：《君主论》，潘汉典译，商务印书馆 1985 年版。

17. ［英］霍布斯：《利维坦》，黎思复、黎廷弼译，商务印书馆 1985 年版。

18. ［英］洛克：《政府论》（下篇），叶启芳，瞿菊农译，商务印书馆 1964 年版。

19. ［英］洛克：《论宗教宽容》，吴云贵译，商务印书馆 1982 年版。

20. ［英］边沁：《政府片论》，沈叔平等译，商务印书馆 1995 年版。

21. ［英］约翰·密尔：《论自由》，许宝骙译，商务印书馆 1959 年版。

22. ［英］密尔：《代议制政府》，汪瑄译，商务印书馆 1982 年版。

23. ［法］卢梭：《社会契约论》，何兆武译，商务印书馆 1980 年版。

24. ［法］卢梭：《论人类不平等的起源和基础》，李常山译，商务印书馆 1962 年版。

25. ［德］洪堡：《论国家的作用》，林荣远译，商务印书馆 2000 年版。

26. ［法］孟德斯鸠：《论法的精神》，张雁深译，商务印书馆 1961 年版。

27. ［法］托克维尔：《论美国的民主》，董果良译，商务印书馆 1988 年版。

28. ［英］霍布豪斯：《自由主义》，朱曾汶译，商务印书馆 1996 年版。

29. ［英］霍布豪斯：《形而上学的国家理论》，汪淑钧译，商务印书馆 1997 年版。

30. ［荷兰］斯宾诺莎：《神学政治论》，温锡增译，商务印书馆 1982 年版。

31. ［美］唐纳利：《普遍人权的理论与实践》，王浦劬译，中国社会科学出版社 2001 年版。

32. ［德］康德：《法的形而上学原理——权利的科学》，沈叔平译，商务印书馆1991年版。

33. ［德］黑格尔：《法哲学原理》，范扬、张企泰译，商务印书馆1961年版。

34. ［美］汉密尔顿等：《联邦党人文集》，程逢如、在汉、舒逊译，商务印书馆1980年版。

35. ［美］潘恩：《潘恩选集》，马清槐译，商务印书馆1981年版。

36. ［英］柏克：《法国革命论》，何兆武译，商务印书馆1998年版。

37. ［英］柏克：《自由与传统——柏克政治论文选》，蒋庆等译，商务印书馆2001年版。

38. ［法］贡斯当：《古代人的自由与现代人的自由》，阎克文、刘满贵译，商务印书馆1999年版。

39. ［英］戴雪：《英宪精义》，雷宾南译，中国法制出版社2001年版。

40. ［美］杜威：《哲学的改造》，许崇清译，商务印书馆1958年版。

41. ［德］韦伯：《新教伦理与资本主义精神》，于晓、陈维纲译，生活·读书·新知三联书店1987年版。

42. ［奥］凯尔森：《法与国家的一般理论》，沈宗灵译，中国大百科全书出版社1996年版。

43. ［英］哈耶克：《自由秩序原理》（上、下），邓正来译，生活·读书·新知三联书店1997年版。

44. ［英］哈耶克：《法律、立法与自由》（第一、二、三卷），邓正来译，中国大百科全书出版社2000年版。

45. ［英］哈耶克：《通往奴役之路》，冯兴元译，中国社会科学出版社1997年版。

46. ［英］哈耶克：《经济、科学与政治——哈耶克思想精粹》，冯克利译，江苏人民出版社2000年版。

47. ［美］米尔顿·弗里德曼：《资本主义与自由》，米瑞玉译，商务印书馆2004年版。

48. ［美］罗尔斯：《正义论》，何怀宏等译，中国社会科学出版社2009年版。

49. ［美］罗尔斯：《政治自由主义》，万俊人译，译林出版社2000年版。

50. ［美］罗尔斯：《作为公平的正义——正义新论》，姚大志译，上海三联书店 2000 年版。

51. ［美］伯林：《自由论》，胡传胜译，译林出版社 2003 年版。

52. ［美］伯林：《反潮流：观念史论文集》，冯克利译，译林出版社 2002 年版。

53. ［美］波普尔：《开放社会及其敌人》，陆衡等译，中国社会科学出版社 1999 年版。

54. ［美］波普尔：《历史决定论的贫困》，杜汝楫、邱仁宗译，华夏出版社 1987 年版。

55. ［美］诺齐克：《无政府、国家与乌托邦》，姚大志译，中国社会科学出版社 1991 年版。

56. ［美］德沃金：《认真对待权利》，信春鹰、吴玉章译，中国大百科全书出版社 1998 年版。

57. ［美］德沃金：《自由的法：对美国宪法的道德解读》，刘丽君译，上海人民出版社 2001 年版。

58. ［美］德沃金：《身披法袍的正义 》，周林刚、翟志勇译，北京大学出版社 2010 年版。

59. ［美］萨托利：《民主新论》，冯克利、阎克文译，东方出版社 1998 年版。

60. ［美］熊彼特：《资本主义、社会主义与民主》，吴良健译，商务印书馆 2000 年版。

61. ［美］萨拜因：《政治学说史》（上卷），邓正来译，上海人民出版社 2008 年版。

62. ［美］萨拜因：《政治学说史》（下卷），邓正来译，上海人民出版社 2010 年版。

63. ［英］维尔：《宪政与分权》，苏力译，生活·读书·新知三联书店 1997 年版。

64. ［英］詹宁斯：《法与宪法》，龚祥瑞、侯健译，生活·读书·新知三联书店 1997 年版。

65. ［美］埃尔斯特：《宪政与民主——理性与社会变迁研究》，潘勤、谢鹏程译，生活·读书·新知三联书店 1997 年版。

66. ［美］弗里德里希：《超验正义：宪政的宗教之维》，周勇、王丽芝译，生活·读书·新知三联书店 1997 年版。

67. ［美］汤普森：《宪法的政治理论》，张志铭译，生活·读书·新知三联书店 1997 年版。

68. ［美］埃尔金：《新宪政论：为美好的社会设计政治制度》，周叶谦译，生活·读书·新知三联书店 1997 年版。

69. ［美］亨金：《宪政与权利：美国宪法的域外影响》，郑戈等译，生活·读书·新知三联书店 1996 年版。

70. ［美］罗森鲍姆：《宪政的哲学之维》，郑戈、刘茂林译，生活·读书·新知三联书店 2001 年版。

71. ［美］亨金：《宪政·民主·对外事务》，邓正来译，生活·读书·新知三联书店 1997 年版。

72. ［比］亨利·皮朗：《中世纪欧洲经济社会史》，乐文译，上海人民出版社 2001 年版。

73. ［美］汤普逊：《中世纪经济社会史（300—1300 年）》（上、下册），耿淡如译，商务印书馆 1961 年版。

74. ［美］迈克尔·桑德尔：《民主的不满：美国在寻求一种公共哲学》，曾纪茂译，江苏人民出版社 2008 年版。

75. ［美］汤因比：《历史研究》，郭小凌译，上海人民出版社 1997 年版。

76. ［美］斯科特·戈登：《控制国家——从古代雅典到今天的宪政史》，应奇等译，江苏人民出版社 2005 年版。

77. ［美］C. H. 麦基文：《宪政古今》，翟小波译，贵州人民出版社 2004 年版。

78. ［英］甘米奇：《宪章运动史》，苏公隽译，商务印书馆 1979 年版。

79. ［美］赫尔德：《民主的模式》，燕继荣译，中央编译出版社 2004 年版。

80. ［美］邓恩：《民主的历程》，林猛等译，吉林人民出版社 1999 年版。

81. ［美］斯托纳：《普通法与自由主义理论》，姚中秋译，北京大学出版社 2005 年版。

82. ［美］亨廷顿：《变革社会中的政治秩序》，李盛平译，华夏出版社 1988 年版。

83. ［美］亨廷顿：《第三波——20 世纪后期民主化浪潮》，刘军宁译，上海三联书店 1998 年版。

84. ［美］亨廷顿：《文明的冲突与世界秩序的重建》，周琪等译，新华出版社 1999 年版。

85. ［美］奥斯特罗姆：《公共事物的治理之道》，余逊达、陈旭东译，上海三联书店 2000 年版。

86. ［德］卡尔·施密特：《宪法学说》，刘锋译，上海人民出版社 2005 年版。

87. ［美］朱迪斯·M. 本内特、C. 沃伦·赫利斯特：《欧洲中世纪史》，杨宁，李韵译，上海社会科学院出版社 2007 年版。

88. ［法］马克·布洛赫：《封建社会》（上、下），李增洪，侯树栋，张绪山译，商务印书馆 2004 年版。

89. ［比利时］亨利·皮雷纳：《中世纪的城市》，陈国梁译，商务印书馆 2006 年版。

90. ［美］奥斯特罗姆：《复合共和制的政治理论》，毛寿龙译，上海三联书店 1999 年版。

91. ［英］帕特南：《使民主运转起来》，王列、赖海榕译，江西人民出版社 2001 年版。

92. ［意］马斯泰罗内：《欧洲政治思想史：从十五世纪到二十世纪》，黄华兴译，社会科学文献出版社 1992 年版。

93. ［意］马斯泰罗内：《当代欧洲政治思想（1945—1989）》，黄华兴译，社会科学文献出版社 1996 年版。

94. ［意］马斯泰罗内：《欧洲民主史：从孟德斯鸠到凯尔森》，黄华兴译，社会科学文献出版社 1998 年版。

95. ［美］奥尔森：《国家兴衰探源》，吕应中译，商务印书馆 1993 年版。

96. ［德］柏伊姆：《当代政治理论》，李黎译，商务印书馆 1990 年版。

97. ［美］达尔：《论民主》，林猛、李柏兴译，商务印书馆 1999 年版。

98. ［美］达尔：《民主理论的前言》，顾昕等译，生活·读书·新知三联书店 1999 年版。

99. ［美］约瑟夫·威勒：《欧洲宪政》，程卫东译，中国社会科学出版社 2004 年版。

100. ［英］斯金纳：《近代政治思想的基础》，奚瑞森、亚方译，商务印书馆 1989 年版。

101. ［意］拉吉罗：《欧洲自由主义史》，杨军译，吉林人民出版社 2001 年版。

102. ［德］斯宾格勒：《西方的没落》，齐世荣等译，商务印书馆 1963 年版。

103. ［英］艾伦：《法律、自由与正义——英国宪政的法律基础》，成协中，江菁译，法律出版社 2006 年版。

104. ［美］布坎南、塔洛克：《同意的计算——立宪民主的逻辑基础》，陈兴金译，中国社会科学出版社 2000 年版。

105. ［英］阿克顿：《自由史论》，胡传胜等译，译林出版社 2001 年版。

106. ［法］费尔南·布罗代尔：《15—18 世纪的物质文明、经济和资本主义》（第一、二、三卷），顾良、施康强译，生活·读书·新知三联书店 2002 年版。

107. 梁启超：《中国近三百年学术史》，上海三联书店 2006 年版。

108. 程乃胜：《基督教文化与近代西方宪政理念》，法律出版社 2007 年版。

109. 许崇德：《宪法与民主政治》，中国检察出版社 1994 年版。

110. 张晋藩：《中国宪法史》，人民出版社 2011 年版。

111. 韦庆远：《清末宪政史》，中国人民大学出版社 1993 年版。

112. 高放等：《清末立宪史》，华文出版社 2012 年版。

113. 迟云飞：《清末预备立宪研究》，中国社会学科学出版社 2013 年版。

114. 夏新华：《近代中国宪法与宪政研究》，中国法制出版社 2007 年版。

115. 徐建平：《清末直隶宪政改革研究》，中国社会科学出版社 2008 年版。

116. 高旺：《晚清中国的政治转型——以清末宪政改革为中心》，中国社会科学出版社 2003 年版。

117. 王人博：《中国近代的宪政思潮》，法律出版社 2003 年版。

118. 蒋碧昆：《中国近代宪政宪法史略》，法律出版社 1988 年版。

119. 王永祥：《中国现代宪政运动史》，人民出版社 1996 年版。

120. 侯宜杰：《二十世纪初中国政治改革风潮——清末立宪运动史》，人民出版社 1993 年版。

121. 卞修全：《立宪思潮与清末法制改革》，中国社会科学出版社 2003 年版。

122. 罗荣渠：《现代化新论——世界与中国的现代化进程》，商务印书馆 2004 年版。

123. 虞和平：《中国现代化历程》（第一、二、三卷），江苏人民出版社 2007 年版。

124. 高瑞泉：《中国近代社会思潮》，华东师范大学出版社 1996 年版。

125. 丛日云：《西方政治文化传统》，大连出版社 1996 年版。

126. 邓正来、[英] J. C. 亚历山大：《国家与市民社会——一种社会学理论的研究路径》，中央编译出版社 1999 年版。

127. 季卫东：《宪政新论——全球化时代的法与社会变迁》，北京大学出版社 2005 年版。

128. 朱学勤：《道德理想国的覆灭》，生活·读书·新知三联书店 1995 年版。

129. 莫纪宏：《现代宪法的逻辑基础》，法律出版社 2001 年版。

130. 童之伟：《法权与宪政》，山东人民出版社 2001 年版。

131. 夏勇：《人权概念起源——权利的历史哲学》，中国政法大学出版社 2001 年版。

132. 夏勇：《宪政建设——政权与人民》，社会科学文献出版社 2004 年版。

133. 熊文钊：《大国地方——中国中央与地方关系宪政研究》，北京大学出版社 2005 年版。

134. 张学仁、陈宁生：《二十世纪之中国宪政》，武汉大学出版社 2002 年版。

135. 李林：《法治与宪政的变迁》，中国社会科学出版社 2005 年版。

136. 潘伟杰：《现代政治的宪法基础》，华东师范大学出版社 2001 年版。

137. 白钢、林广华：《宪政通论》，中国社会科学出版社 2005 年版。

138. 黄基泉：《西方宪政思想史略》，山东人民出版社 2004 年版。

139. 张德瑞：《宪政论衡》，吉林大学出版社 2008 年版。

140. 张明新：《宪政与法治的中国语境》，中国法制出版社 2007 年版。

141. 马长山：《国家、市民社会与法治》，商务印书馆 1996 年版。

142. 刘守刚：《西方立宪主义的基础》，山东人民出版社 2005 年版。

143. 陈德顺：《在有限与有为之间——西方立宪政府的理论与现实》，四川大学出版社 2007 年版。

144. 李步云：《宪政与中国》，法律出版社 2006 年版。

145. 秦国荣：《市民社会与法的内在逻辑——马克思的思想及其时代意义》，社会科学文献出版社 2006 年版。

146. 常保国：《中间党派与中国二十世纪四十年代宪政运动》，中国政法大学出版社 2008 年版。

147. 程舒伟：《议会政治与近代中国》，商务印书馆 2006 年版。

148. 蔡定剑：《中国人民代表大会制度》，法律出版社 2003 年版。

149. 朱海波：《论现代立宪主义的文化基础——理性主义与自然法哲学》，法律出版社 2008 年版。

150. 李剑农：《中国近百年政治史（1840—1926 年）》，复旦大学出版社 2002 年版。

151. 桂宏诚：《中国立宪主义的思想根基：道德、民主与法治》，社会科学文献出版社 2009 年版。

152. 齐延平：《自由大宪章研究》，中国政法大学出版社 2008 年版。

中文期刊

1. 殷啸虎、刘守刚：《西方宪政发展的自由主义背景》，《华东政法学院学报》2002 年第 3 期。

2. 程汉大：《大宪章与英国宪法的起源 》，《南京大学法律评论》2003 年秋季号。

3. 程汉大：《17 世纪英国宪政革命的博弈分析 》，《南京大学学报》

2004 年第 1 期。

4. 陈建平：《宪政的妥协——成功立宪的前提》，《湖北社会科学》2011 年第 2 期。

5. 赵晓阳：《对中国近代宪政建设模式的反思》，《政治与法律》2011 年第 6 期。

6. 王勇：《清末立宪运动的观念史演变及其内在逻辑》，《法学评论》2011 年第 1 期。

7. 张中祥：《从有限政府到有效政府：价值 · 过程 · 结果》，《南京社会科学》2001 年第 3 期。

8. 张晓玲：《人权与宪政的关系问题》，《中共中央党校学报》2004 年第 4 期。

9. 钱福臣：《西方宪政思想中的人民主权与限权政府》，《云南大学学报：法学版》2002 年第 2 期。

10. 占美柏：《宪政的价值构成与宪政的合理性分析》，《现代法学》2001 年第 4 期。

11. 刘立华、李志治：《理与善治——一种国家与公民社会的新型关系》，《兰州学刊》2005 年第 3 期。

12. 王存河：《市民社会与宪政之路》，《现代法学》2003 年第 6 期。

13. 陶琳：《西方宪政思想流变及其制度演进中的权力制约》，《理论月刊》2003 年第 8 期。

14. 张昕：《宪政主义与创新政府》，《中国行政管理》2002 年第 3 期。

15. 陈炳辉：《20 世纪西方民主理论的演化》，《厦门大学学报》1999 年第 3 期。

16. 夏勇：《中国宪法改革的几个基本理论问题》，《中国社会科学》2003 年第 2 期。

17. 夏勇：《法治是什么——渊源、规诫与价值》，《中国社会科学》1999 年第 4 期。

18. 谢维雁：《论宪政的平衡性》，《四川师范大学学报》2002 年第 3 期。

19. 李明伟：《清末立宪派群体政治文化论》，《中州学刊》1998 年第 5 期。

20. 殷啸虎:《近代中国宪政运动的发生及其反思——关于清末“立宪”的几个问题的探讨》,《法学》1998 年第 7 期。

21. 殷啸虎:《论宪政模式选择中的本土文化传统因素》,《政法论坛》2000 年第 5 期。

22. 谢晖:《政治家的法理与政治化的法——二十世纪中国法理对“宪政”的支持关系及其变革》,《法学评论》1999 年第 3 期。

23. 刘文静:《宪政制度在近代中国为什么难以确立》,《暨南学报》2000 年第 4 期。

24. 丁应通:《试论清末预备立宪的必然性》,《江西社会科学》1998 年第 7 期。

25. 王人博:《中国宪政文化之自由理念》,《现代法学》1997 年第 6 期。

外文文献

1. Bellamy Richard. Political Constitutionalism: A Republican Defence of the Constitutionality of Democracy [M]. Cambridge: Cambridge University Press, 2007.

2. Schweber Howard. H. The Language of Liberal Constitutionalism [M]. New York: Cambrisge University Press, 2007.

3. Bellamy Richard. Constitutions and Constitutionalism-Practice [M]. Ashgate, 2004.

4. Stephen L. Elkin and Karol Edward Soltan. New Constitutionalism: Desiging Political Institutions for a Good Society [M]. Chicago: Chicago University Press, 1993.

5. Hardin Russell. Liberalism, Constitutionalism, and Democracy [M]. New York: Oxford University Press, 2003.

6. Griffin Stephen M. American Constitutionalism: From Theory to Politics [M]. Princeton: Princeton University Press, 1996.

7. Daniel P. Franklin, Michael J. Baun, ed. Political Culture and Constitutionalism: A Comparative Approach [M]. N. Y.: M. E. Sharpe, 1995.

8. Powell Jefferson. The Moral Tradition of American Constitutionalism: A Theological Interpretation [M]. Durham: Duke University Press, 1993.

9. Richards David A. J. The Foundations of American Constitutionalism [M]. New York: Oxford University Press, 1989.

10. J. W. Gough. The Social Contract: A Critical Study of It's Development [M]. London, Oxford University Press, 1957.

11. Felix Oppenheim. Political Concepts: A Reconstruction [M]. Oxford: Basil Blackwell, 1981.

12. George de Walker. The Rule of Law, Foundation of Constitutional Democracy [M]. Carlon: Vic.: Melbourne University Press, 1988.

后　记

从晚清开始到中华人民共和国成立，不同时期各种社会政治力量围绕中国走什么道路的问题展开了激烈博弈，最后以新民主主义的胜利使争论暂时平息下来。但由于产生博弈的根源没有消除，其在以后的政治生活中，不时地以新的形式反映出来。所以，我们认为，本项成果虽然在时间段上截取近代政治变革为研究对象，但得出的结论和一些观点绝非仅限于历史价值，至少对现代生活还有启示意义。这种启示意义告知人们：塑造一种新的政治生活，必须使人们能够体认塑造它的理念，实际感受到它的价值，而后形成对它的信仰，并使这种信仰在人们心中扎下根来，使它成为一个国人必然的、必需的、不证自明的生活选择。也只有在这种情况下，人们才能把构建这种政治生活的理论、道路和制度作为完整的价值信仰体系，并坚定不移地确定对它们的信仰。讲清楚这些道理，启示人们理性地、负责任地参与政治生活，是进行本项目研究的目的和任务所在。这项课题成果就要问世了，而是否达到了写作目的和要求，则要靠读者来评判了。

本项课题的主持人是张继良教授，他承担了本书的导论、第二章、第六章和结语的写作任务。其他两位同志为合作者，其中，褚江丽教授承担了第一章、第五章的写作任务；叶立周博士承担了第三章、第四章的写作任务。

最后，特别要感谢评审课题专家、鉴定专家提出的批评和修改意见，尤其要感谢教育部社科司、高校社科研究评价中心在项目研究过程中给予的热心帮助，同时还要感谢中国社会科学出版社的任明主任和其他有关人员。如果没有他们的批评建议和无私帮助，呈献给读者的这部书是难以达到目前水平的。

作　者

2016 年 8 月 30 日